Gerhart Wolff
Deutsche Sprachgeschichte

Athenäum Taschenbücher
Sprachwissenschaft

Gerhart Wolff

Deutsche Sprachgeschichte

Ein Studienbuch

Originalausgabe

athenäum

Lektorat: Horst Linder

CIP-Kurztitelaufnahme der Deutschen Bibliothek

Wolff, Gerhart:
Deutsche Sprachgeschichte: e. Studienbuch /
Gerhart Wolff. – Orig.-Ausg. – Frankfurt am Main :
Athenäum, 1986.
(Athenäum-Taschenbücher ; 2188 : Sprachwissenschaft)
ISBN 3-7610-2188-7
NE: GT

Satz: Computersatz Bonn GmbH, Bonn
Druck und Bindung: Claussen & Bosse, Leck
Printed in West-Germany
ISBN 3-7610-2188-7

Inhalt

Einleitung

> Sprachen wachsen nicht wie Bäume. Sie funktionieren nicht wie Maschinen. Sprachen sind feinstrukturierte Sozialgebilde, die ihren Ort im Bewußtsein vieler Sprecher haben und sich nach den wechselnden Bewußtseinszuständen dieser Sprecher unaufhörlich verändern. Ob zum Besseren oder Schlechteren, das hängt von vielen Umständen ab.
> (Harald Weinrich 1985, 7)

Die Sprachdiskussion des letzten Jahrzehnts in Hochschule und Schule ist zunehmend geprägt von einem neu erwachten Interesse an Phänomenen der Sprachgeschichte. Davon zeugen etwa der von D. Cherubim herausgegebene Reader („Sprachwandel", 1975) oder das umfassende zweibändige Handbuch zur Sprachgeschichte (de Gruyter 1984/85), ebenso einschlägige Sektionen bei Germanistenkongressen und Symposien. Alle großen Fachzeitschriften haben inzwischen sprachgeschichtliche Themenhefte herausgebracht. Ferner laufen zahlreiche Forschungsprojekte, konzentriert vor allem auf zwei für die deutsche Sprachgeschichte maßgebliche Perioden (frühneuhochdeutsche Zeit, 19. Jahrhundert). Nach dem Vorrang strukturalistischer oder generativer Sprachanalysen in den sechziger Jahren und einer ungehemmten Kommunikationseuphorie noch zu Beginn der siebziger Jahre entstand so wieder eine Bereitschaft dafür, die synchronische Untersuchung von Sprache durch diachronische Betrachtung zu ergänzen und über Sprachkultur zu reflektieren.

Diesem Bedürfnis und dem Verlangen nach Orientierung angesichts einer Flut von Veröffentlichungen will die vorliegende Gesamtdarstellung entgegenkommen. Sie hat zu berücksichtigen, daß nicht nur die einseitig historisch-nationale und historisch-philologische Sicht der traditionellen Germanistik obsolet geworden ist. Auch eine diachronische Linguistik, die sich auf den „Strukturwandel der Oberflächenstrukturen (Ausdrucksseite) als Systemwandel" (v. Polenz 1986, 20) beschränkt, bedeutet noch keine Sprachgeschichte. Wenn das Buch also den aktuell diskutierten Begriff des *Sprachwandels* in den Mittelpunkt rückt, ist damit ein Vorrang sozialgeschichtlicher und zugleich sprachpragmatischer Aspekte gemeint. Denn sie allein ermöglichen es, Veränderungen im Sprachgebrauch auf den Wandel von gesellschaftlichen Normen und Bewußtseinsinhalten zu beziehen und dadurch die notwendige Tiefe bei der Sprachinterpretation zu erreichen. Es wird deshalb gefragt nach der *Art* von Veränderungen und dem *Grund* für Veränderungen; dabei erhält der Bedeutungs- und Funktionswandel von Sprache einen höheren Stellenwert als die isolierte Formengeschichte. Eine solche Konzeption gebietet allerdings, die Forschungsliteratur nach dem Erscheinen der bisherigen Darstellungen (Moser 1965[5], Bach 1970[9], Eggers 1963–77, v. Polenz 1978[9]) gründlich aufzuarbeiten sowie Tendenzen in der deutschen Gegenwartssprache ausführlicher als früher einzubeziehen.

Der Band ist ferner konsequent als *Studienbuch* angelegt, um dem heutigen Germanistikstudenten oder Lehrer den Zugang zu erleichtern. Er soll dem Leser einen zuverlässigen Überblick über die Forschungsgeschichte und den gegenwärtigen Forschungsstand, die fachlichen Grundlagen und einzelne Entwicklungslinien der Sprachgeschichte vermitteln. Damit ist das Buch zugleich gedacht als Einführung in die Sprachwissenschaft überhaupt und als Hinführung zu sprachgeschichtlichem Denken und Arbeiten. Da es sinnvoll erscheint, Spielraum für eigene Folgerungen zu lassen und weitere Untersuchungen anzuregen, werden die äußeren Rahmenbedingungen von den sprachlichen Strukturen getrennt dargestellt. Es versteht sich von selbst, daß die gebotene Auswahl von Perspektiven und Materialien dabei zu Verkürzungen führt und trotz aller Zurückhaltung nicht wertfrei sein kann. Die zahlreichen, in den Text eingebetteten Verweise versetzen den Benutzer jedoch in die Lage, solche Einschätzungen nachzuvollziehen und diskursiv zu behandeln. Dabei spielt auch die Absicht eine Rolle, zum selbständigen Umgang mit Fachliteratur und Fachlexika anzuleiten.

Im einzelnen dienen der geschilderten Zielsetzung:

- der systematische Aufbau des Bandes;
- die übersichtliche Gliederung und Auszeichnung des Stoffes;
- das Bemühen um lesbare und einprägsame Darbietung;
- die Einführung in Probleme der Sprachbeschreibung;
- das Referat wissenschaftlicher Kontroversen;
- der Bezug auf andere sprachgeschichtliche Werke;
- der Abdruck von Faksimiles, Karten, Graphiken und Schemata;
- die Erklärung von Termini und die Diskussion von Leitbegriffen;
- die exemplarischen Textanalysen und Aufgaben.

So hofft der Verfasser, daß das Buch dazu beiträgt, Gegenwart aus der Vergangenheit zu begreifen und die Verflechtung sprachlicher und sozialer Prozesse besser zu verstehen. Hingewiesen sei auch auf die kleine Textsammlung „Deutsche Sprachgeschichte“ (Reclam 1984), die in mancher Hinsicht eine Ergänzung bietet und Materialien zu einzelnen Themenkreisen (z. B. Entwicklung der pronominalen Anrede, Rechtschreibung im 19. und 20. Jh., Sprache und Politik) enthält.

1. Theoretische Grundlagen

Das folgende Kapitel ist einigen Fragen gewidmet, die allgemein bei der Beschreibung von Sprache und im besonderen bei ihrer Betrachtung als historisch gewachsenes System auftauchen. Der Leser wird hier zunächst mit wichtigen Grundbegriffen vertraut gemacht, sodann in Probleme des Sprachwandels eingeführt. Schließlich ergeben sich daraus Kriterien für die Konzeption der anschließenden Kapitel.

Auch in den allgemeinen Teilen wird bereits auf die Sprachgeschichtsschreibung Bezug genommen.

1.1 Allgemeine Aspekte: Sprachbeschreibung

1.1.1 Vorkommensweisen von Sprache

Auf einer sehr abstrakten Ebene können über das Phänomen Sprache zunächst zwei Aussagen gemacht werden:

1. Sprachliche Äußerungen erfahren wir nicht als Einzelzeichen oder als Summe aus ihnen, sondern als strukturierte und nach einem gewissen Prinzip organisierte **Texte** (lat. textum = Gewebe).
2. Sprachliche Texte begegnen uns in zwei Erscheinungsformen:
   - als **primäres Zeichensystem** in der *gesprochenen Sprache* (ausgezeichnet durch Klang, Phonemfolgen; begleitet von *paraverbalen* Ausdrucksmitteln wie Tonhöhe, Tonstärke, Tonrhythmus etc. und *extraverbalen* Ausdrucksmitteln wie Mimik, Gestik, Proxemik etc.);
   - als **sekundäres Zeichensystem** in der *geschriebenen Sprache* (ausgezeichnet durch schriftliche Fixierung, Graphemfolgen, differenzierte semantische Notationen; stark beeinflußt durch Überlieferung und normative Regelungen).

Beide Erscheinungsweisen betreffen innerhalb von Saussures berühmter **Dichotomie langue-parole** die „parole“, das konkrete Sprechereignis. Es ist jedoch klar, daß die geschriebene Sprache stärker herausfordert zur Analyse des grammatisch-syntaktischen oder des semantischen *Systems*, also der „langue“ in ihren strukturellen *syntagmatischen* (horizontalen) und *paradigmatischen* (vertikalen) Beziehungen (vgl. dazu etwa Bünting 1984, 40).

Schon aus methodischen Gründen wurde die schriftliche Aufzeichnung so auch zum dominanten Untersuchungsgegenstand der traditionellen

Sprachgeschichtsschreibung – und zwar vornehmlich in Form einer einheitlich gesehenen *Nationalsprache*, deren Entwicklung von den schreibkundigen höheren Schichten getragen und als Spiegel einer allgemein anerkannten kulturellen Gesamtentwicklung verstanden wurde.

Wie einseitig und gefährlich zugleich diese Sicht sein kann, haben **sprachsoziologische** und **sprachpragmatische Forschungen** der letzten Jahrzehnte gezeigt:

- Eine Sprache ist *kein Monosystem,* sondern ein *Polysystem.* Die allgemeine Verkehrssprache einer Epoche (heute auch *Standardsprache* oder *Gemeinsprache* genannt) ist in sich vielfältig gegliedert und wird beeinflußt von

  – regionalen Varietäten (= Dialekte, „Mundarten"),
  – sozialen Varietäten (= Soziolekte, Gruppensprachen),
  – funktionalen Varietäten (= Fachsprachen),
  – individuellen Varietäten (= Idiolekte, Eigensprachen).

- Eine Nationalsprache ist *keinesfalls homogen,* sondern gekennzeichnet durch *„strukturierte Heterogenität"* (Reichmann in Althaus u. a. 1980, 515).

  Die erwähnten Varietäten, beispielsweise im Geltungsbereich des Deutschen, überlagern und befruchten sich gegenseitig; für die Anwendungsbereiche in verschiedenen Zeiten bilden sich recht unterschiedliche, parallel existierende Sprech- und Schreibstile heraus.

- Solche Schreibstile können als zweckorientierte **Funktionalstile** beschrieben werden, für die jeweils dominante *Textsorten* maßgeblich sind. E. Riesel hat hierfür bereits in den sechziger Jahren ein Modell entwickelt, das W. Sanders wie folgt zusammenfaßt (Sanders 1973, 88; vgl. auch Klein/Koch 1979, 11–30):

(I) Stil des *öffentlichen Verkehrs* (amtliche Texte, Dokumente, Vorschriften, Protokolle, Akten etc.);
(II) Stil der *Wissenschaft* (wissenschaftliche und technische Publikationen, Vorlesungen, Vorträge, Diskussionen usw.);
(III) Stil der *Publizistik* und der *Presse* (Zeitungsberichte, Nachrichten, Reportagen, Kommentare usw.);
(IV) Stil des *Alltagsverkehrs* (auch „Alltagsstil, Umgangsstil" genannt, der alle Ausdrucksformen der nicht offiziellen Sphäre des Privat- und Familienlebens, des Arbeits- und Geschäftsverkehrs usw. umfaßt);
(V) Stil der *schönen Literatur* (literarisches Schrifttum aller Art).

Wenn dieses Modell auch noch zu undifferenziert erscheint, so hat es doch für alle Sprachuntersuchungen einen hohen heuristischen Wert.

- Schreibstile müssen mit *Sprechstilen* in Beziehung gebracht werden. Gerade zur Beschreibung von Gegenwartssprache ist es nötig, *Alltagssprache* und *Alltagskultur* zu berücksichtigen (man denke etwa an den Einfluß von Jugendsprachen und Jugendjargon auf die heutige Umgangssprache), welche sich ja vornehmlich in mündlichem Sprachgebrauch artikulieren.

Die Fülle sprachlicher Erscheinungsformen läßt sich also *stratifikatorisch* und *systematisch* erfassen, d. h. sowohl *vertikal* gliedern (nach *Stilschichten* oder *Stilebenen*) als auch *horizontal* (nach *Stiltypen* oder *Stilarten*; vgl. dazu Sanders 1973, 108). Hieraus ergeben sich natürlich mancherlei methodische Probleme, auf die schon der umstrittene Begriff des Stils selber verweist.

1.1.2 Beschreibungsmethoden

Schwierigkeiten bei der korrekten Wiedergabe und sachgerechten Auswertung sprachlichen Materials kann man mit Hilfe eines Kategorienschemas kennzeichnen, das N. Chomsky (1964) entworfen hat: Er unterscheidet die drei „Adäquatheitsebenen" (Angemessenheitsebenen) der Beobachtung, der Beschreibung und Erklärung.

Beobachtungsangemessenheit erfordert die vollständige und genaue Wiedergabe aller relevanten Elemente eines Textkorpus sowie die Kennzeichnung ihrer Relationen und Verknüpfungen. Sie beruht zwar auf exakter Datenerhebung, ist jedoch, da sie bereits sprachlich-begrifflich geschieht, nur annäherungsweise und stets schon theoriebezogen zu leisten. Mit anderen Worten: Es gibt keine neutrale Beobachtungssprache; „über der Ebene der beobachtbaren Vorgänge schwebt ein dreidimensionales theoretisches Netzwerk mit Knotenpunkten als Begriffen und Verknüpfungsfäden als Hypothesen und Theoremen" (Lewandowski 1984, 178). Sprachgeschichtsschreibung muß sich zu diesem Zweck mancher Hilfswissenschaften bedienen: der Volks- und Kulturkunde, der Soziolinguistik, der ethnographischen und ethnomethodologischen Forschung.

Beschreibungsangemessenheit verlangt eine „Orientierung durch Einordnung und Klassifizierung" (Lewandowski 1984, 179), bei der schon Zielsetzungen und Erklärungsmodelle wirksam werden: „Wir beschreiben in der Regel immer mehr, als wir beobachten" (ebda.). So ist hier vor allem auf *Kohärenz* (inhaltliche Zusammengehörigkeit)und *Konsistenz* (innere Einheitlichkeit) der Beschreibung bzw. der Beschreibungssprache zu achten.

Die Sprachgeschichtsschreibung hat, zur Darstellung vergangener

Sprachformen, schon im 19. Jh. zwei Methoden entwickelt (vgl. Lehmann in Althaus u. a. 1980, 551):

- die *komparative Methode* (Vergleich zweier Sprachzustände; Beschreibung des Wandels einzelner distinktiver Merkmale, z. B. der Konsonanten, der Flexionsendungen);
- die *Methode der inneren Rekonstruktion* (Annahmen aus beobachteten Gesetzmäßigkeiten innerhalb eines Paradigmas für eine frühere Sprachperiode, z. B. Erschließen idg. Wurzeln ohne direkte historische Zeugnisse).

Erklärungsangemessenheit wird dann erreicht, wenn Strukturen oder Prozesse einer Sprache mit Hilfe einer Theorie gedeutet werden, deren Prinzipien und Kategorien ausreichen, um alle Erscheinungen zu erfassen und in ihren inneren Zusammenhängen sowie in ihren äußeren Bedingungs- und Wirkungskomplexen zu interpretieren. Eine solche Theorie muß es insbesondere ermöglichen, Formen und Inhalte einer Sprache auf Funktionen zu beziehen.

Für die Sprachgeschichtsschreibung ist vor allem die Erkenntnis wichtig, daß Sprachvariation und Sprachwandel (wie alle Sprach-und Kulturphänomene) *nicht kausal,* sondern nur *final* oder *intentional* erklärbar sind (vgl. v. Wright 1974, Coseriu 1974). Sie ist also nicht nur angewiesen auf eine adäquate Sprach- und Spracherwerbstheorie, sondern auch auf einen umfassenden philosophisch-anthropologischen Begriff von Geschichtlichkeit (siehe v. Polenz in Besch u. a. 1984, 5). Sprachgeschichtliche Deutung befaßt sich zudem zentral mit dem Verhältnis von *Sprachstil und Zeitstil* (vgl. Eggers 1978, 9 ff.). Dafür müssen neben den primären Sprachdokumenten einer Epoche Zeugnisse aus dem Alltagsleben, aus Politik und Kultur, schließlich literarische und wissenschaftliche Texte herangezogen werden.

Vereinfachend lassen sich die hier angeführten, bei Chomsky hierarchisch geordneten *Adäquatheitsebenen* auch anhand von Fragetypen charakterisieren:

Ebene	Fragetyp	Erläuterung
1. Beobachtung	Was-/Welche-Fragen	Was läßt sich beobachten? Welche Sprachelemente, welche Äußerungsbedingungen sind erkennbar?
2. Beschreibung	Wie-/Wozu-Fragen	Wie werden solche Elemente in einem System verwendet? Wozu werden sie in einem Zusammenhang gebraucht?

Ebene	Fragetyp	Erläuterung
3. Erklärung	Warum-Fragen mit Damit-Antworten und Weil-Antworten	Warum werden gerade diese Sprachelemente oder Textformen gebraucht? Warum entwickeln sich bestimmte Gesetzmäßigkeiten und Strukturen?

1.1.3 Beschreibungsdimensionen

Für die methodische und „adäquate" Beobachtung, Beschreibung und Erklärung des Sprachstils einer Epoche geben die drei **Zeichendimensionen** erste Anhaltspunkte, die der Semiotiker CHARLES W. MORRIS 1938 in einer kleinen Programmschrift (deutsch: Grundlagen der Zeichentheorie, 1972) herausgestellt hat:

1. *Syntaktik* (= Beziehung eines Zeichens zum gesamten Zeichensystem; sein Stellenwert in ihm)
2. *Semantik* (= Beziehung eines Zeichens zu den gemeinten Gegenständen oder Sachverhalten)
3. *Pragmatik* (= Beziehung eines Zeichens zu den Benutzern, d. h. den Menschen, die mit ihm agieren und auf es reagieren).

In einer kleinen Skizze verdeutlicht:

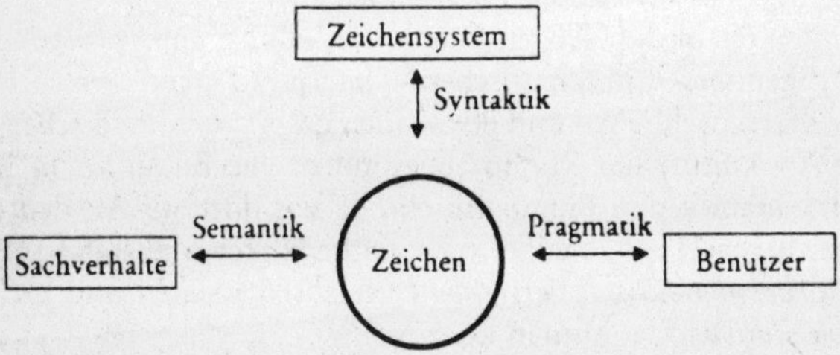

Die *Syntaktik* hat es ganz wesentlich mit *formalen* (strukturalen) Beziehungen der Zeichen untereinander zu tun, die *Semantik* mit *inhaltlichen* Relationen, die Pragmatik mit *funktionalen*. Dabei ist dieses Modell, wie die spätere Diskussion ergab (vgl. vor allem Schneider 1975), nicht additiv, sondern integrativ zu verstehen: Alle drei Dimensionen sind abhängig voneinander, ergänzen und bestimmen sich gegenseitig.

Auf den umfassenden und komplexen Charakter der Pragmatik hatte bereits Morris verwiesen: Sie beschäftigt sich „mit den lebensbezogenen Aspekten der Semiose", d. h. „mit allen psychologischen, biologischen und soziologischen Phänomenen, die im Zeichenprozeß auftauchen" (Morris 1972, 52). So erscheint es verständlich, daß die ältere Sprachgeschichtsschreibung im Gefolge von J. Grimm sich auf die „isolierende Behandlung bedeutsamer Einzelfakten" (Cherubim in Besch u. a. 1984, 806), also eine Art „Spracharchäologie" (v. Polenz in Besch u. a. 1984, 2) aus Syntaktik und Semantik beschränkte. Pragmatisch aufgefaßte Sprachgeschichte begreift demgegenüber „die Entwicklung einer Sprache als soziales Handeln von Menschen unter historischen Bedingungen" (Cherubim in Besch u. a. 1984, 810), wobei Syntaktik (als historische Grammatik) und Semantik (als Etymologie) gewissermaßen als Zulieferinstitute gelten können.

Welche Schwierigkeiten sich jedoch für ein derartiges Unternehmen ergeben, sei bereits hier an einem Beispiel verdeutlicht. Den für uns ungewöhnlichen Ausdruck „sunufatarungo" aus dem Hildebrandslied kann man zunächst semantisch-inhaltlich mit „Vater und Sohn" übersetzen; syntaktisch-formal handelt es sich um ein Kompositum. Darüber hinaus müßte man aber erfahren, ob diese Form damals allgemein gebräuchlich war (= syntaktischer Aspekt), in welchen Zusammenhängen sie innersprachlich (semantisch und syntaktisch) sowie in welchen situativen Kontexten (pragmatisch) sie benutzt werden konnte, was ein Sprecher mit ihr zum Ausdruck bringen wollte und welche Wirkungen er beim Hörer damit auslöste (pragmatisch). Hierfür fehlen uns jedoch zureichende zeitgenössische Zeugnisse. Ähnliche Defizite gibt es bei vergleichbaren Fällen bis in die Neuzeit hinein. Deshalb ist eine kritische Haltung gerade gegenüber „pragmatischen" Interpretationen angebracht, die Lücken eilfertig schließen und etwa einen germanisch-heldischen oder einen deutsch-kulturellen Mythos begründen. Die Bildung von Ideologie setzt bei Semantik und Pragmatik ein, da wir dort auf Ausdeutung und Wertung aufgrund zeitgemäßer oder zeitbedingter Maßstäbe angewiesen sind, also *hermeneutisch-verstehend* verfahren müssen und nicht allein *empirisch-statistisch* ermitteln können.

1.1.4 Beschreibungsebenen

Für eine systematische Analyse im *sprachinternen Bereich* (im Hinblick auf Syntaktik und Semantik) kann man sechs Ebenen unterscheiden, mit deren Hilfe das Zeichenrepertoire horizontal (= *klassifizierend*) und vertikal (= *hierarchisierend*) geordnet werden kann (s. Übersicht auf S. 19; vgl. Messelken 1971, 19; ferner Lewandowski 1984/1985; siehe auch Schweikle 1986, 13 ff.).

Ursprünglich handelt es sich bei diesem Modell um einen *strukturali-*

Ebene	Erklärung	Anwendungsbeispiele
1. TEXTEMATIK = Ebene des Textes	betrifft die tektonische Struktur eines Textes (als der natürlichen Erscheinungsweise von Sprache)	Textform einer Erzählung, eines Berichts, eines Liedes (etwa im Mhd. oder im Nhd.)
2. LEXEMATIK = Ebene der Wortschatzeinheiten	betrifft die lexikalische Struktur, die Lexik (vor allem Bedeutungsbeziehungen, paradigmatische Assoziationen)	Wortschatzumfang; Wortschatzgliederung (z.B. in einem Bericht); Bedeutungswandel (etwa vom Mhd. zum Nhd.)
3. SYNTAGMATIK = Ebene des Satzes und der Satzteile	betrifft die Verkettung und Verknüpfung von Wörtern, die Regeln ihrer linearen Kombination (syntagmatische Assoziationen)	Satzstrukturen (Parataxe bzw. Hypotaxe), Satzmuster; auch Satzlänge (z.B. im Barock oder im Funktionalstil der Presse heute)
4. MORPHEMATIK = Ebene der kleinsten bedeutungstragenden Einheiten	betrifft Flexion (Deklination und Konjugation) sowie Wortbildung (Komposition, Ableitung, Präfigierung); oft Morphemik genannt	Pluralbildungen (etwa Vergleich Ahd. - Nhd.); Suffixbildungen (z.B. in der Aufklärung und heute); Komposita (z.B. Entwicklung vom Mhd. zum Nhd.)
5. PHONEMATIK GRAPHEMATIK = Ebene der Laute bzw. Schriftzeichen	betrifft Vorkommen und Funktion der Laute als der bedeutungsunterscheidenden Zeichen sowie ihrer Äquivalente im sekundären Zeichensystem der Schrift	Konsonantenbestand und -veränderungen (etwa im Ahd.); Diphthongierungen (vom Mhd. zum Nhd.); Orthographie (z.B. im Barock; Entwicklung der Großschreibung)
6. PROSODIE = Ebene der paralingualen (sprachbegleitenden) Phänomene	betrifft Mittel der Redegliederung wie Betonung, Akzent, Intonation (also suprasegmentale Merkmale)	Orthoepie (Aussprachenormen, z.B. Hochlautung; Sprechpausen (in der Barockzeit z.B. angedeutet durch die Virgel /)

Sechs Ebenen zur Beschreibung des sprachlichen Zeichenrepertoires

stisch-synchronen Untersuchungsansatz, eine *Taxonomie,* die auf strenger Segmentierung und Klassifizierung beruht. Es läßt sich jedoch als Beschreibungsschema auch für *diachronische Analysen* nutzen (durch die Beobachtung von sprachlichen Variablen und den Vergleich von Sprachzuständen). Von jeder Ebene her ist außerdem die *pragmatische Dimension* zu erreichen (durch Rekonstruktion außersprachlicher Gebrauchsbedingungen).

1.1.5 Aufgaben

a) Informieren Sie sich genauer über wichtige Grundbegriffe (paraverbal – extraverbal, langue – parole, syntagmatisch – paradigmatisch u. a.) anhand eines linguistischen Wörterbuchs (Bußmann 1983, Lewandowski 1984/85).
b) Entwerfen Sie auf der Basis der soziolinguistischen Varietätenlehre und/oder der kommunikationsorientierten Lehre von den Funktionalstilen ein differenziertes Modell der heutigen „Nationalsprache Deutsch" (s. a. 6.5.3.1).
c) Diskutieren Sie die Problematik des Stilbegriffs und einzelner Stildefinitionen (nach Sanders 1973).
d) Zeigen Sie an anderen Beispielen die Schwierigkeiten einer pragmatischen Interpretation von Sprachäußerungen.
e) Verdeutlichen Sie die Beschreibungsebenen in 1.1.4 an dominanten Merkmalen eines geschlossenen Textbeispiels (etwa Zeitungsnachricht aus dem 20. und/oder 19. Jahrhundert).

1.2 Geschichtlichkeit der Sprache und Sprachgeschichtsforschung

1.2.1 Synchronische und diachronische Sprachbetrachtung

Die bereits erwähnten Begriffe *Synchronie* („Gleichzeitigkeit") und *Diachronie* („Aufeinanderfolge") stammen von dem Schweizer Ferdinand de Saussure (1916), dem Ahnherrn einer modernen, methodisch begründeten Sprachwissenschaft und Linguistik. Saussure plädierte erstmals dafür, die Sprachwissenschaft analog zu allen Wissenschaften, die es mit Werten zu tun haben, in „zwei prinzipiell verschiedene Teile zu gliedern" (Saussure 1916/1967², 94):

> „Sicher wäre es für alle Wissenschaften wichtig, die Achsen sorgfältig zu bezeichnen, auf welchen die Dinge liegen, mit denen sie sich befassen; man müßte überall gemäß der folgenden Figur unterscheiden: 1. die Achse der Gleichzeitigkeit (AB), welche die Beziehungen nachweist, die zwischen gleichzeitig bestehenden Dingen obwalten und bei denen jede Einwirkung der Zeit ausgeschlossen ist, und 2. die Achse der Aufeinanderfolge (CD), auf welcher man stets nur eine Sache für sich allein betrachten kann, auf der jedoch alle die Dinge der ersten Achse mit ihren Veränderungen gelagert sind" (Saussure 1916/1967^2, ebda.).

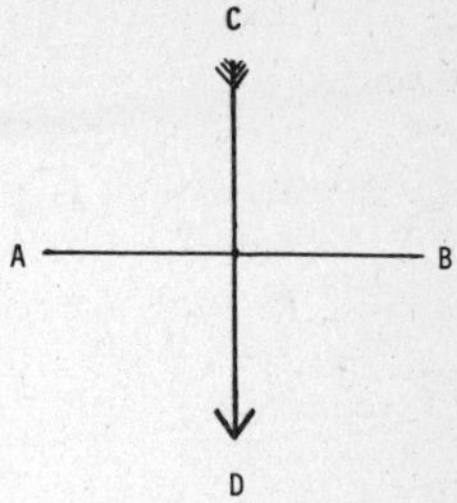

Die Kompliziertheit des sprachlichen Wertesystems gebietet es nun, beide Achsen gesondert zu untersuchen. Deshalb trennt Saussure streng zwischen einer *statischen* (synchronischen) und einer *evolutiven* (diachronischen) Sprachwissenschaft:

> „Synchronisch ist alles, was sich auf die statische Seite unserer Wissenschaft bezieht; diachronisch alles, was mit den Entwicklungsvorgängen zusammenhängt. Ebenso sollen Synchronie und Diachronie einen Sprachzustand bzw. eine Entwicklungsphase bezeichnen" (Saussure 1967^2, 96).

Bemerkenswert ist an diesem Erklärungsgang vor allem, daß Saussure die Begriffe „Geschichte" oder „historische Sprachwissenschaft" ausklammert und die Synchronie vorrangig behandelt. Hier zeigt sich einmal eine deutliche Distanz zur traditionellen Sprachwissenschaft des Historismus; zum anderen entscheidet er sich eindeutig für den Primat einer deskriptiven, synchronisch orientierten Sprachwissenschaft, wie sie dann lange Zeit im europäischen und amerikanischen Strukturalismus die Diskussion bestimmte.

Kritik an Saussures rigidem Systembegriff, an der „Antinomie von Synchronie und Diachronie" und einer geschichtsfernen Linguistik hat in neuerer Zeit vor allem E. Coseriu geübt: Synchronie und Diachronie gehören nicht, wie Saussure behauptet, der Objektebene, sondern der Betrachtungsebene an; Sprache ist Gegebenheit und Möglichkeit zugleich, so daß jede Sprachbeschreibung beide Aspekte berücksichtigen muß; jedes Sprechen schließt historisches Bewußtsein und die Geschichtlichkeit von Sprache mit ein (Coseriu 1974 und 1975). Zu klären wäre dann allerdings der hier sowie in der älteren und neueren Sprachwissenschaft zugrunde gelegte Geschichtsbegriff.

1.2.2 Geschichtlichkeit von Sprache in der traditionellen „historischen" Sprachwissenschaft

In Jakob Grimms Vorrede zur „Geschichte der deutschen Sprache" (1848) steht der berühmte Satz:

„Mir kam es versuchenswerth vor, ob nicht der geschichte unsers volks das bett von der sprache her stärker aufgeschüttelt werden könnte, und wie bei etymologien manchmal laienkenntnis fruchtet, umgekehrt auch die geschichte aus dem unschuldigeren standpunct der sprache gewinn entnehmen sollte" (Grimm 1880^4, XI).

Sprache wird damit zur „hilfswissenschaftlichen Fundgrube", zur „Quelle für ein anderes Erkenntnisobjekt" (v. Polenz in Besch u. a. 1984, 2), nämlich für die vaterländisch-nationale Geschichte. Grimms *historischer Ansatz*, angelegt schon in der Vorrede zur „Deutschen Grammatik" von 1819, enthält den Gedanken, „daß Struktur und Funktion von Sprache nur in ihrer Entwicklung begründet und nur von dorther erklärbar sind" (Cherubim 1975, 8); und er meint ein *empirisches Vorgehen*, das sich bewußt auf Beobachtung und Beschreibung beschränkt. Geschichtliche Entwicklung begreift J. Grimm dabei als „tief angelegter, nach dem natürlichen gesetze weiser sparsamkeit aufstrebender wachsthum" (Grimm 1819/1890, 30), also im Sinne einer organologischen Auffassung, die das ganze 19. Jh. durchzieht. Leise kündigt sich hier schon eine Orientierung an den Naturwissenschaften an, die um die Jahrhundertmitte einen ersten Höhepunkt im Materialismus bei A. Schleicher erreicht: Beobachtete Regelmäßigkeiten in der Sprache fungieren bei ihm als kausal wirksame Gesetze. Aus dieser Auffassung entwickelt sich dann der Ansatz einer **vergleichenden Sprachwissenschaft** (Franz Bopp u. a.), der die germanische Philologie bis heute beeinflußt.

Wichtig aber ist vor allem, daß die damals geführte Auseinandersetzung mit naturwissenschaftlichem Gedankengut entscheidend beitrug zur Ausbildung einer eigenständigen **Sprachtheorie,** für die ein anthropologisch-kulturwissenschaftlicher Geschichtsbegriff wirksam wird. Als ihr Wegbereiter kann Wilhelm von Humboldt gelten, der eine *genetisch-energetische Sprachauffassung* begründet:

„Die Sprache, in ihrem wirklichen Wesen aufgefasst, ist etwas beständig und in jedem Augenblicke Vorübergehendes. (...) Sie selbst ist kein Werk (Ergon), sondern eine Thätigkeit (Energeia). Ihre wahre Definition kann daher nur eine genetische seyn. Sie ist nemlich die sich ewig wiederholende Arbeit des Geistes, den articulierten Laut zum Ausdruck der Gedanken fähig zu machen" (v. Humboldt 1830–35/1972^4, 418).

Humboldts Sprachphilosophie kreist hier und an anderen Stellen um Wesen und Gebrauch von Sprache, auch schon um das Verhältnis von Sprache und Denken; sie stellt jedoch, in einem modernen Sinne, noch keine geschlossene Theorie zur Geschichtlichkeit von Sprache oder deren systematischer Untersuchung dar. Das ist erst 40 Jahre später der Fall bei William Dwight Whitney, dem eigentlichen Begründer einer **allgemeinen Sprachwissenschaft,** die bei ihm bereits „Linguistik" genannt wird. Whitney bezeichnet in seinen Hauptwerken „Language and the Study of Language" (1867) und „Life and Growth of Language" (1875) Sprache als ein *gesellschaftlich-soziales Produkt,* das historisch überliefert und gewachsen ist. Sprache dient dem *Ausdruck des Denkens* und dem *Bedürfnis nach Mitteilung* (heute in modischer Verkürzung „heuristische" und „kommunikative Funktion" genannt). Nach Whitney beginnt die Geschichte der Sprache mit der Geschichte des in der Gemeinschaft lebenden Menschen, mit seiner zielgerichteten Willenstätigkeit. Sprachwissenschaft gehört daher auch eindeutig zu den historischen oder Geisteswissenschaften; die wirksamsten Faktoren der Sprachgeschichte, z. B. die Analogie, können nicht kausalistisch-naturwissenschaftlich erklärt werden.

Noch deutlicher wird die theoretische Fundierung und Abgrenzung der historischen Sprachwissenschaft in den „Principien der Sprachgeschichte" von Hermann Paul (1880), dem Standardwerk der sogenannten „Junggrammatischen Schule". Sprachwissenschaft ist für Paul zunächst „Kulturwissenschaft", als solche aber „Prinzipienwissenschaft", insofern sie die Aufgabe hat, „die allgemeinen Bedingungen darzulegen, unter denen die psychischen und physischen Faktoren, ihren eigenartigen Gesetzen folgend, dazu gelangen zu einem gemeinsamen Zwecke zusammenzuwirken" (Paul 1880/1968[8], 7).

Hier wird deutlich: Sprache existiert primär als individuelle *Sprechtätigkeit,* die nur mit Hilfe von Psychologie und Physiologie geklärt werden kann. Sie wird aber beeinflußt vom allgemeinen *Sprachusus,* den sie zugleich ständig verschiebt und verändert. Deshalb steht die Prinzipienwissenschaft zwischen den „experimentellen Gesetzeswissenschaften" (zu denen die Psychologie zählt) und den von diesen unabhängigen Geschichts- oder Kulturwissenschaften. Damit vollzieht Paul die „so entscheidende Abwendung von der historischen Rekonstruktion früherer Sprachstufen und -entwicklungen zugunsten der historischen Erklärung gegenwärtiger Sprachzustände" (Cherubim 1975, 19).

1.2.3 Der Zusammenhang von Sprache, Gesellschaft und Geschichte in neuerer Sicht

Die bisher dargelegten Versuche, die Geschichtlichkeit von Sprache zu bestimmen und eine historische Sprachwissenschaft zu begründen, sind aus heutiger Perspektive in mehrfacher Hinsicht defizitär:

- Sie beschränken sich meistens auf eine diachrone Beschreibung einzelner Phänomene auf bevorzugten Ebenen (Etymologie bei J. Grimm, Phonologie bei W. D. Whitney u. a.) und führen damit zu einem *Sprachatomismus,* der nur unvollkommen durch einen vagen Begriff organologisch-nationalen Wachstums verdeckt werden kann.
- Sie deuten die Verschränkung von Sprachgebrauch, Sprachsystem und Sprachveränderung lediglich an und operieren mit *sporadischen Einzelbeispielen* (v. Humboldt, Whitney).
- Sie liefern *mechanistisch-kausalistische Erklärungsmodelle,* die sich einseitig an die Naturwissenschaften anlehnen (Schleicher, Bopp) und Sprache als Kulturprodukt oder soziale Institution vernachlässigen.
- Sie behandeln recht abstrakt *Prinzipien und Gesetze* der Sprachgeschichte und unterstellen dabei Homogenität sowie Universalität des Sprachsystems (Paul).
- Sie operieren mit der Antinomie von diachronischer und synchronischer Sprachwissenschaft und fördern damit eine *ahistorische Betrachtungsweise* (de Saussure).

Unser Referat der Forschungsgeschichte macht jedoch deutlich, daß spätestens seit H. Paul zwischen *Sprachgeschichtsschreibung* und einer *Theorie des Sprachwandels* deutlich unterschieden werden muß (vgl. auch Mattheier in Besch u. a. 1984, 720). Auf beiden Ebenen gibt es seit 1945 zahlreiche Versuche, Einseitigkeiten zu überwinden und vor allem sozial-kommunikative Aspekte stärker zu betonen.

In der **Sprachgeschichtsschreibung** sind hier repräsentative Gesamtdarstellungen zu nennen, die Aspekte wie „Gemeinschaft", „Gesellschaft" oder „Sozialgeschichte" als Bezugspunkte wählen. Das Standardwerk von A. Bach (1938/1970[9]) begreift Sprache als „Kulturgut", das unter historischen, geographischen, soziologischen und psychologischen Parametern zu betrachten ist (Bach 1970, 22 f.). Sprache ist demnach an eine „Verkehrsgemeinschaft" gebunden und „spiegelt deren Eigenart und Schicksale" (25). Es ist jedoch nicht zu übersehen, daß bei Bach zahlreiche ideologisch-völkische Wertungen einfließen und hier ein „kultur- und sprachhistorischer Purismus" (Stötzel 1983, 89) vertreten wird.

Die vierbändige Sprachgeschichte von H. Eggers (1963–1977) stellt im Einleitungskapitel „Sprache und Gesellschaft“ ebenfalls den Leitbegriff „Sprachgemeinschaft“ und „Verkehrsgemeinschaft“ heraus, widmet sich jedoch vor allem dem Wortschatz und den syntaktischen Verbindungen als einem „Spiegel der geistigen Entwicklung“ (1963, 21). Allgemeine Geschichte (als Sozial-, Wirtschafts-, Literatur- und Geistesgeschichte) und Sprachgeschichte werden hier in einem hermeneutischen Verfahren textbezogen miteinander in Verbindung gebracht.

Stärkeres Gewicht auf die Beziehungen zwischen Sprache und Politik legt das verdienstvolle Bändchen „Geschichte der deutschen Sprache“ von P. von Polenz (1978[9]); es ist eher problembezogen als epochenorientiert und widmet dem Nhd. zwei von insgesamt fünf Kapiteln, wobei zum ersten Mal Sprachwandel als Normwandel auf der Basis einer polyfunktionalen Auffassung von Sprache in den Vordergrund tritt.

Erwähnt sei noch die unter Leitung von W. Schmidt von einem Autorenkollektiv verfaßte „Geschichte der deutschen Sprache“ aus der DDR (1980[3]), die eine zusammenhängende Darstellung der historischen Entwicklung der Sprache mit einem grammatischen Teil verbindet. Sie räumt, aus materialistischer Sicht, der jeweiligen politisch-sozialökonomischen Situation einen besonderen Platz ein. Das macht sich vor allem bei der Kennzeichnung der Feudalgesellschaft des Mittelalters, der Wertung des neueren Wortbestandes („kapitalistische Ausbeutung des Menschen durch den Menschen“, 138) und der Charakteristik „des faschistischen deutschen Imperialismus und Militarismus“ (148) bemerkbar.

Bei der Ausbildung einer **Theorie des Sprachwandels** können vereinfachend vier Ansätze unterschieden werden:

1. Ein **diachronischer Strukturalismus** wird vor allem von A. Martinet (1952, 1955, 1957) begründet und vertreten. Ähnlich wie R. Jakobson versucht Martinet, Erklärungen für konkret beobachtbare sprachliche Veränderungsprozesse zu finden. Er überwindet dabei die Dichotomie Saussures mit Hilfe einer Lieblingsvorstellung des Prager Strukturalismus: der Korrespondenz zweier horizontal und vertikal miteinander verbundener Entwicklungsreihen, die strukturell bestimmt werden können. So steht einer gesellschaftlich-sozialen Entwicklungsreihe eine sprachliche Entwicklungsreihe gegenüber; auf beiden Ebenen vollzieht sich ein struktureller Wandel, der sich in vielfältiger, nicht vorhersehbarer Weise auch in der jeweils anderen Reihe auswirkt. So kommt Martinet zur Unterscheidung von *externen und internen Faktoren* des Sprachwandels: Die externen betreffen die konkreten Lebensbedingungen historischer Sprachgemeinschaften, aus denen spezielle Kommunikationsbedürfnisse resultieren; die internen betreffen die Dynamik des Sprachsystems selber und die psycho-physisch bestimmten Sprachaktivitäten des Menschen.

2. **Diachronischer Funktionalismus** sei hier der Versuch von E. Coseriu (1958/1974) genannt, das Nebeneinander von synchronischer und diachronischer Sprachbetrachtung aufzuheben. Coseriu präpariert aus der Kritik an Saussure und am diachronischen Strukturalismus die neue Kategorie einer strukturellen Geschichte, die sowohl das Werden wie das Funktionieren von Sprache umfaßt:

„Die Sprache funktioniert synchronisch und bildet sich diachronisch. Doch sind diese Begriffe weder antinomisch noch widersprüchlich, weil das Werden der Sprache sich auf das Funktionieren hin verwirklicht" (Coseriu 1974, 237).

Die Sprache ist nicht, wie es Martinet noch darstellt, dynamisch, weil sie sich wandelt, sondern sie wandelt sich, weil ihr Wesen (als schöpferische Tätigkeit) dynamisch ist. Wandel bedeutet also nicht die einfache Modifizierung, sondern die ständige Erneuerung, das Werden des Systems. Eine solche „ständige Systematisierung" (Coseriu 1974, 236) kann konkret an sprachlichen Gebrauchsmustern (Normen) oder Verwendungsregeln (Typen) untersucht werden (Beispiele in Coseriu 1965/1975, 141 ff.).

3. Während bei Martinet und Coseriu aus methodischen Gründen noch die Annahme einer Homogenität von Sprache und Gemeinschaft aufrechterhalten wird, thematisiert die **diachronische Soziolinguistik** ernsthaft die komplexen Zusammenhänge von Sprache, Gesellschaft und Geschichte. Vor allem die empirischen Arbeiten von William Labov zum sprachlichen Wandel im sozialen Kontext (1965, 1968, 1972) haben diese Forschungsrichtung begründet und gegen die Theoreme des amerikanischen Strukturalismus (besonders die generativ-transformationellen Auffassungen N. Chomskys) durchgesetzt. Labov geht aus vom Primat empirisch beobachtbarer Fakten, der grundsätzlichen Heterogenität sprachlicher Systeme und der funktionalen Äquivalenz sprachlicher Äußerungen in koexistierenden Subsystemen einer Sprachgemeinschaft. Am Beispiel von Lautvariablen in ländlichen und städtischen Gebieten der USA demonstriert er Lautwandel als das Ergebnis von schichtspezifischen Gruppeneinflüssen (Korrekturen von „unten" und von „oben"; Labov 1972). Damit wird die Praxisferne der bisherigen diachronischen Ansätze überwunden; Beobachtung, Beschreibung und Erklärung stehen wieder in einem ausgeglichenen Verhältnis.

4. Eine **diachronische Sprachpragmatik** existiert bisher nur in ersten Ansätzen und Umrissen. Als eine Art Pilotstudie kann man die Arbeit „Zur Ethnologie des Sprachwandels" von John J. Gumpertz (dt. in Cherubim 1975) betrachten, in der gruppeninternes Sprachverhalten (in Abhängig-

keit beispielsweise von Partner und Thema) und dessen Einfluß auf Sprachvariation und Sprachenkontakt untersucht wird. Sprachpragmatik wendet sich also den externen Bedingungen zu; sie betrachtet grundsätzlich „Sprache als Form sozialen Handelns" und ihre „Einbettung in soziale und situative Zusammenhänge" (Cherubim in Besch u. a. 1984, 803). Insofern ist natürlich, wie D. Cherubim bemerkt, schon die bisherige Sprachgeschichtsforschung etwa bei Eggers oder v. Polenz pragmatisch orientiert, wenn sie „den entstehungsgeschichtlichen Hintergrund sprachlich-literarischer Werke mitaufarbeitet" (Cherubim in Besch. u. a. 1984, 804). Die Hauptaufgabe einer diachronischen Sprachpragmatik sieht Cherubim jedoch heute darin, mit den Mitteln der Sprechakttheorie sprachliche Handlungstypen in Vergangenheit und Gegenwart zu charakterisieren bzw. approximativ zu rekonstruieren, ihre Bewertung in historischen Prozessen zu verfolgen, den Wandel von Textformen und Textfunktionen in sozialgeschichtlichen Zusammenhängen zu studieren, die Anteile gesprochener Sprache und der Sprache des Alltags an der Entwicklung der Standardsprache herauszustellen (Cherubim 1980 und 1984). Dabei geht es auch um eine „Pragmatisierung der Beschreibungssprache" (v. Polenz 1980), d. h. um die exakte und explizite Kennzeichnung von Spracheinflüssen anstelle pauschal-abstrakter Formulierungen (etwa in politisch-historischen Handlungszusammenhängen). In dieser Hinsicht können die Untersuchungen von Polenz (1981) zu Sprachhandlungen in mittelalterlichen Dialogen und Cherubim (1983) zur bürgerlichen Sprache des 19. Jhs. als beispielhaft gelten.

1.2.4 Aufgaben

a) Charakterisieren Sie den Standort von Saussure zwischen der traditionellen und der neueren Sprachwissenschaft.
b) Vergleichen und erörtern Sie den Begriff der Geschichte in ausgewählten Texten von Grimm, Humboldt, Whitney und Paul.
c) Demonstrieren Sie das spracharchäologische Verfahren von J. Grimm an Beispielen aus den vier ersten Bänden des „Deutschen Wörterbuchs".
d) Erläutern Sie an einem begrenzten Zusammenhang die unterschiedliche Vorgehensweise in ausgewählten Sprachgeschichtswerken (z. B. Bach vs. v. Polenz, Eggers vs. Moser oder Schmidt).
e) Beschreiben Sie genauer den Normen- und Typenwandel nach Coseriu (1965/1975, 141 ff.), und vergleichen Sie diese Auffassung mit den sprachtheoretischen Betrachtungen von Humboldt.
f) Untersuchen Sie die Begriffe „Sprache", „Gesellschaft" und „Geschichte" in den vier dargestellten Theorien zum sprachlichen Wandel.
g) Informieren Sie sich über Grundlagen der Sprechakt- und Handlungstheorie.

Erläutern Sie das Vorgehen der diachronischen Sprachpragmatik an einem Beispiel aus der angegebenen Sekundärliteratur.

1.3 Sprachwandel und Sprachkontinuität

1.3.1 Wandel vs. Veränderung und Entwicklung

In der neueren Diskussion um diachronische Prozesse hat sich, das zeigt die Übersicht im letzten Abschnitt, der Begriff „Sprachwandel" fest etabliert. Er findet sich bereits um 1950 bei H. Moser und W. Porzig, während früher z. B. bei H. Paul nur allgemein von „Veränderungen des Sprachusus" (Paul 1968, 32) oder bei de Saussure von „Entwicklungsvorgängen" die Rede war.

Der Begriff **Veränderung** besagt lediglich, „daß sich ein Gegenstand in der Zeit nicht gleich bleibt" (Boretzky 1977, 28); er betrifft außerdem beobachtbare Oberflächenphänomene. Veränderungen können allein nach Zahl und Art festgestellt, nicht aber erklärt werden. Folglich bedeutet „Veränderung" eine *quantitative Kategorie,* die dem dynamischen Charakter von Sprache nicht gerecht werden kann.

Mit dem Begriff **Entwicklung** wird dagegen die Vorstellung von einem kontinuierlichen, zielgerichteten Ablauf verbunden (Evolution) und zugleich dessen Wertung (Dekadenztheorie oder Prozeßtheorie). Damit stellt „Entwicklung" eine *teleologische Kategorie* dar, die ganz bestimmte Regulative (Entwicklungsgesetze), Einteilungen (Entwicklungsstufen) und Deutungen (z. B. fortschreitende Vervollkommnung, Sprachdifferenzierung oder auch Sprachzerfall) impliziert.

Demgegenüber bezeichnet **Sprachwandel** die schon geordnete „Vielfalt der ständig verlaufenden Prozesse der Umgestaltung, des Verlusts und der Neubildung sprachlicher Elemente" (Lewandowski 1985, 1027). Die Vorstellung vom Sprachwandel setzt demnach voraus

- den dynamisch-veränderbaren Charakter der Sprache;
- die Kontinuität in einem gleichbleibenden Grundbestand (z. B. Wortschatz, Satzmuster);
- die Interpretationsoffenheit einzelner Phänomene;
- eine funktionelle Annahme bei der Erklärung von Veränderungen (Wandel entsprechend den kommunikativen Bedürfnissen).

In diesem Sinne kann „Sprachwandel" als eine *pragmatische Kategorie* bezeichnet werden, die metaphysische Deutungen ausschließt und überhaupt das Forschungsinteresse verlagert auf Bedingungen und Faktoren von Veränderungsprozessen.

1.3.2 Ursachen, Bedingungen und Faktoren des Sprachwandels

Wie wir gesehen haben, ist jeder Überlegung zum Sprachwandel die Frage nach Gründen und Hintergründen schon inhärent. Dabei wird in älteren Darstellungen meist von Ursachen und Bedingungen gesprochen (aus denen sich dann Theorien ableiten lassen), in neueren eher und offener von Faktoren.

Unter den älteren Autoren hat H. Moser (1950/1965[5]) ein relativ ausführliches Modell aufgestellt, das auf der Unterscheidung von **Triebkräften** (als primären Ursachen) und **Ausbreitungsbedingungen** (als sekundären Ursachen) beruht. Es wird aus S. 30 übersichtlich zusammengefaßt (vgl. Moser 1965, 51 ff.).

In ähnlicher Weise wie H. Moser fragt auch W. Porzig bei der Erörterung des Sprachwandels „erstens danach, wie Abweichungen vom Sprachgebrauch entstehen, und zweitens nach den Bedingungen, unter denen sie sich durchsetzen" (Porzig 1957[2], 303). Veränderungen charakterisiert er als Abweichungen, also *Fehler,* die durch das Streben nach Deutlichkeit, Nachdruck, Richtigkeit, Schönheit entstehen und später zur Regel werden.

Auf A. Martinets Unterscheidung zwischen *externen und internen Faktoren* des Sprachwandels wurde bereits in 1.2.3 eingegangen. Der Linguist ist gehalten, unter den externen Faktoren den „entscheidenden Einfluß der sozialen Struktur auf die sprachliche" zu erkennen (Martinet 1963, 163), muß sich jedoch aus methodischen Gründen primär mit internen Faktoren beschäftigen. Den hauptsächlichen innersprachlichen Grund für Sprachwandel sieht Martinet in der ständigen „Antinomie zwischen den Kommunikationsbedürfnissen des Menschen und seiner Tendenz, seine geistige und körperliche Tätigkeit auf ein Minimum zu beschränken" (Martinet 1963, 164). Somit ist die sprachliche Entwicklung durch das *Prinzip des geringsten Kraftaufwandes* (Tendenz zur Ökonomie) bestimmt. Dies äußert sich beispielsweise bei Univerbierungen (Maschine zum Waschen > Waschmaschine), Kurzformen (Photographie > Foto, Akkumulator > Akku) oder Vereinfachungen im Dialekt.

1.3.3 Theorien zum Sprachwandel

Wenn auch immer wieder auf die *Rolle des Zufalls* bei Sprachveränderungen hingewiesen wurde (vgl. z. B. Porzig 1957, 315), so gab es doch schon relativ früh und gibt es noch heute Versuche, geschlossene Theo-

Hauptklassen	Unterklassen	Einzelaspekte / Beispiele
1. primäre Ursachen:	1.1 <u>innermensch-liche</u>	
<u>Triebkräfte</u>	- physiologische	Verhalten der Sprechwerkzeuge, z.B. beim kombinatorischen Lautwandel (Umlaut, Palatalisierung)
	- psychologische	Vereinfachungstrieb (bei Volksetymologien: mhd. sintfluot > nhd. Sündflut) Einordnungstrieb (bei Analogiebildungen: Plural auf -er; Umlaut) Spieltrieb (bei bestimmten Wortbildungen)
	- geistige	Bewußtseinsveränderungen (Bedeutungswandel: Tugend, Minne)
	1.2 <u>innersprach-liche</u>	
	- Betonungsverhältnisse	Tonakzent (Tonhöhe) und Druckakzent (bewirkt Abschleifung der Endungen)
2. sekundäre Ursachen:	2.1 <u>psychologisch-soziologische</u>	
<u>Ausbreitungsbedingungen</u>	- Nachahmungstrieb	Einfluß der sozialen Stellung (Rolle der Hochsprache, Dichtersprache, Amtsdeutsch)
	- Sprachregelung	Einfluß der Oberschicht (bei Wortformen, Rechtschreibung etc.)
	2.2 <u>geschichtlich-geographische</u>	
	- Besiedelung	Einfluß der Bevölkerungsmischung (Ostkolonisation)
	- Verkehr	Einfluß von Straßen u. Handelsverbindungen (z.B. bei Köln)
	- politische Grenzen	Einfluß d. Territorialgrenzen nach 1648 (hochdt. Lautverschiebung

Triebkräfte und Ausbreitungsbedingungen des Sprachwandels nach H. Moser

rien aufzustellen und mit ihnen zugleich die Entstehung bzw. Ausdifferenzierung von Einzelsprachen zu erklären. Solche Modelle verfahren kausal, final oder intentional.

In der **Stammbaumtheorie** (A. Schleicher 1863) verschmelzen die genealogischen Auffassungen der Antike (Tacitus, Germania!) mit den organologischen und biologistischen Vorstellungen des 19. Jhs. Danach haben sich die idg. Sprachen durch *Spaltung* aus einer Ursprache entwikkelt. Abhängigkeiten und *Sprachverwandtschaften* können in Form eines Stammbaums dargestellt werden. Diese *kausal orientierte* Theorie bestimmte maßgeblich die ältere Sprachwissenschaft und wirkt bis heute nach (vgl. 2.2).

Ein damit konkurrierendes Modell stellt die **Wellentheorie** dar (J. Schmidt 1872): Von bestimmten politisch-geographischen Zentren gehen Neuerungen aus, die sich durch *Sprachstrahlungen* oder *Sprachströmungen* wellenförmig ausbreiten, jedoch nicht alle Sprachschichten bzw. Sprachebenen gleichmäßig erfassen. Mit Hilfe dieser Theorie, deren Denkweise v. Polenz (1986, 12) als „mechanistisch" und „kartographiebegeistert" kritisiert, wurde beispielsweise auch die dialektale Aufgliederung eines Sprachraums erklärt (F. Wrede, A. Bach).

Die **Entfaltungstheorie** (O. Höfler 1955) rechnet dagegen mit der allmählichen Durchsetzung angeborener Eigenheiten eines Volkes, also einer erbbiologischen *Prädisposition*, die sich zeitlich-räumlich recht unterschiedlich auswirken kann. So gibt es nach Höfler im germanischen Bereich etwa eine Anlage zur Lautverschiebung oder zum analytischen Sprachbau, deren Entfaltung sich durch die Jahrhunderte zieht. Einzelne Phänomene des Sprachwandels sind demnach nur Symptome, die auf tieferliegende Ursachen verweisen. Diese Auffassung wird heute aber weitgehend als spekulativ bezeichnet (vgl. Bach 1970, 28ff.; Schildt 1983, 558).

Einen anderen Grundgedanken verfolgt die **Konvergenztheorie** (Trubetzkoy 1939): Sprachen stehen in ständigem Kontakt, beeinflussen sich gegenseitig. Durch *Sprachmischung* (auch genetisch nicht verwandter Sprachen) ergibt sich allmählich eine strukturelle Angleichung (z. B. durch Entlehnungsprozesse). Im Gegensatz zu solchen kausalen oder finalen Erklärungsweisen stehen heute verschiedene Ausprägungen einer **kommunikativen Theorie** des Sprachwandels, die funktionale und intentionale Aspekte berücksichtigen. Nach v. POLENZ (1978, 10; 1986, 6f.) ist Sprache grundsätzlich variabel und schon im kommunikativen Vollzug ständiger *Variation* unterworfen, die im Sinne von Coseriu einen permanenten Normwandel bedingt. Denn jeder Sprecher hat *Varianten* (sprachliche Alternativen) zur Verfügung, zwischen denen er auswählt und die sich auf konkurrierende Grundmuster *(Variablen)* zurückführen lassen, welche sich ihrerseits durch den Sprachgebrauch dauernd verschieben. Auch für R. Keller (1982) verdankt sich die Sprachentwicklung einem Zusammenspiel von *Variation und Selektion* im Kommunikationsakt. Damit sind die „Veränderungen von morgen" jedoch „die kollektiven Konsequenzen unseres kommunikativen Handelns von heute" (Keller 1982, 14). Kollektive Konsequenzen gehen zwar auf intentionales individuelles Handeln zurück, sind jedoch selber nicht intendiert. Folglich lassen sich natürliche Sprachen weder als Naturprodukte (mit kausaler Erklärung) noch als Kulturprodukte (mit finaler Erklärung) zureichend beschreiben. Sie stellen vielmehr *„Phänomene der dritten Art"* dar, die wie alle sozio-kulturellen Ordnungen eine „Invisible-hand-Erklärung" verlangen. Auf das Wirken einer solchen „unsichtbaren Hand" führte schon der Nationalökonom A. Smith (1920) das Funktionieren des Marktes zurück. Gemeint ist also bei Keller eine „genetische Erklärung, die eine Ordnung als kausale Folge intentionaler Handlungen, die nach ähnlichen Maximen vollzogen werden, erklärt" (Keller 1982, 25).

1.3.4 Aufgaben

a) Erläutern und exemplifizieren Sie die These vom fortschreitenden Sprachzerfall, und bestimmen Sie ihre theoretischen Implikationen.
b) Vergleichen Sie verschiedene Definitionen des Begriffs „Sprachwandel" in Fachlexika.
c) Überprüfen und ergänzen Sie das Modell von H. Moser zu den Ursachen und Bedingungen des Sprachwandels. Wo könnte eine Kritik ansetzen?
d) Weitgehend anerkannt wurde Martinets Unterscheidung zwischen externen und internen Faktoren des Sprachwandels sowie sein Grundprinzip der Ökonomie. Nennen Sie aus dem Vergleich der erwähnten Auffassungen Gründe für diese positive Rezeption.
e) Diskutieren Sie anhand der Fachliteratur (Bach, Boretzky, v. Polenz) Einwände gegen Stammbaum-, Wellen- und Entfaltungstheorie.
f) Welche Vorteile enthält die kommunikative Theorie des Sprachwandels? Welche Schwierigkeiten bringt sie mit sich?

1.4 Folgerungen für die Konzeption einer Sprachgeschichte

In den bisherigen Ausführungen wurde versucht, den theoretischen Rahmen für die späteren Kapitel abzustecken. Jedoch sind im folgenden Teil noch kurz einige terminologische Klärungen vorzunehmen, um Mißverständnisse auszuschließen.

1.4.1 Prinzipien, Regeln und Gesetzmäßigkeiten

Die erwähnten Theorien zum Sprachwandel, so unterschiedlich sie sein mögen, setzen dreierlei voraus:

1. Sprachwandel vollzieht sich stetig und kontinuierlich.
2. Sprachwandel unterliegt bestimmten Prinzipien.
3. Sprachgeschichte kann sich nicht auf die Darstellung eines System- oder Strukturwandels beschränken.

Prinzipien hat H. Paul als „allgemeine Bedingungen" beschrieben (vgl. Zitat S. 23). Zugleich macht er darauf aufmerksam, daß sich jede Kulturwissenschaft als Gesellschaftswissenschaft verstehen müsse. Folglich wird man die bei ihm genannten „eigenartigen Gesetze" aus heutiger Sicht nicht in Analogie zur Naturwissenschaft auffassen dürfen, sondern, wie etwa bei Keller, als komplexes, intentional-kausal wirksames Bedingungsgefüge verstehen müssen. Mit anderen Worten: Es erscheint angezeigt, nur von **Gesetzmäßigkeiten** zu sprechen und damit an eine gewisse Regelmäßigkeit bei Veränderungen zu erinnern, nicht aber von Gesetzen (z. B. „Lautgesetzen"), die ja „Ausnahmslosigkeit als methodisches Prinzip" implizieren (Boretzky 1977, 25). Ähnlich ist der Begriff **Regel** nur mit Einschränkung und Vorsicht zu verwenden. Wenn auch nach Searle (1969) konstitutive Regeln Sprechakte erst ermöglichen oder nach Wittgenstein (1953) den geltenden Sprachgebrauch als Sprachspiel bestimmen, so handelt es sich doch keineswegs um einen „rigiden Regelapparat", sondern nur um „modifizierte Regulierungen, die den meisten Sprechern nicht bewußt sind" (Boretzky 1977, 55) und selten explizit als Regel formuliert werden können. Insofern muß man auch mit Coseriu Sprache als „offenes System" bezeichnen, das sich in Gebrauchsmustern oder Sprachnormen realisiert.

Vielfach werden die Begriffe *Sprachregel* und *Sprachnorm* synonym verwendet. Sprachregeln betreffen jedoch eher Oberflächenphänomene der Sprache, während Normen als grundlegende, anerkannte Handlungsvorschriften oder Handlungserwartungen definierbar sind, die sich höchstens in „Sprachregeln" ausdrücken lassen („Duden-Regeln"). Sprachwandel, auch hier folgen wir Coseriu, betrifft primär den Wandel von Normen (d. h. der realen Struktur) und erst sekundär den Wandel im System (d. h. der idealen, abstrakten Struktur). Bei der Beschreibung des Sprachwandels ist ja zu berücksichtigen, daß sich Neuerungen nur allmählich gegen die Erwartungsnorm durchsetzen, diese zunächst modifizieren und dann erst ins Sprachsystem Eingang finden.

1.4.2 Gliederung der Phänomene

In der älteren Germanistik zeigte sich die Tendenz, diachronische Prozesse auf *Phonologie* (Lautwandel) und *Etymologie* (Wortwandel als Wortbildungs- und Bedeutungsgeschichte) zu reduzieren. Dies hängt zweifellos mit den erwähnten Bestrebungen zusammen, von kleinsten bedeutungsunterscheidenden und bedeutungsbildenden Einheiten ausgehend Entwicklungen zu beobachten und Gesetze zu konstruieren. Dabei lag das Schwergewicht anfangs auf der Ausdrucksseite des sprachlichen Zeichens.

Derartige Einschränkungen dürfen nach dem heutigen Forschungsstand als überholt gelten. Schon N. Boretzky gliederte seine „Historische Linguistik" (1977) in die Kapitel „Lautwandel", „Grammatischer Wandel" und „Semantischer Wandel", wobei syntaktische und morphologische Phänomene als funktionale Wechselbeziehungen innerhalb dieser Einteilung erscheinen. Boretzky geht von dem Grundsatz aus, daß morphologische und lexikalisch-semantische Teilsysteme von Sprachen offener sind als das phonologische (Boretzky 1977, 76). St. Sonderegger weist sogar insgesamt sechs solcher Teilsysteme aus, die sich gegenseitig bedingen und voneinander abhängig sind (Sonderegger 1979, 25):

(1) das Akzentsystem (Wortbetonung und suprasegmentale Satzintonation),
(2) das phonologische Lautsystem,
(3) das Formensystem (Flexion; morphologisches System 1),
(4) das Wortbildungssystem (morphologisches System 2),
(5) das syntaktische System,
(6) den Wortschatz (Lexikon).

Aus der Sicht einer pragmatisch orientierten Sprachgeschichtsschreibung müssen demgegenüber noch Textmuster bzw. Textstrukturen und Kommunikationsformen berücksichtigt werden; andererseits erscheint es linguistisch vertretbar, die bei Sonderegger getrennten morphologischen Systeme zusammenzufassen. Wir folgen deshalb bei unserer Übersicht sprachlicher Veränderungen der Einteilung in sechs Sprachbeschreibungsebenen, die in 1.1.4 wiedergegeben wurde: Textematik, Lexematik, Syntagmatik, Morphematik, Phonematik/Graphematik, Prosodie. Wir fassen sie jedoch nicht als streng hierarchische Ordnung auf und werden sie flexibel handhaben. Sprachwandel kann, aber muß nicht zugleich auf allen Ebenen erkennbar oder nachweisbar sein.

1.4.3 Probleme der Periodisierung

Es ist üblich und sogar notwendig, den sprachgeschichtlichen Ablauf *chronologisch* zu gliedern, um Prozesse des Sprachwandels (als Umgestaltungen, Verlust oder Neubildung) überhaupt übersichtlich darstellen und Sprachstufen gegeneinander abheben zu können. Man muß sich jedoch vergegenwärtigen, daß es sich bei allen derartigen Ordnungssystemen um „subjektive Sinngebilde" (Wolf in Besch u. a. 1984, 815) handelt, die nur eine relative Einheit und Einheitlichkeit konstatieren. Dies bedeutet auch, daß die Kriterien und Aspekte benannt werden müssen, nach denen jeweils eine Einteilung erfolgt.

Neben dem relativ neutralen Begriff der **Periode** (gr. = Umlauf, Kreislauf) tauchen in der Diskussion dabei Kennzeichnungen wie „Sprachstufen", „Sprachstadien" und „Sprachepochen" auf. **Sprachstufen** und **Sprachstadien** kennzeichnen den Versuch, mit Hilfe sprachinterner Kriterien zu einer Einteilung in relativ selbständige Abschnitte zu kommen, wobei die Zeiträume recht variabel sind. Seit den Untersuchungen von H.-H. Lieb (1966ff.) hat sich der Ausdruck „Sprachstudium" gegenüber den von H. Paul verwendeten Bezeichnungen (Sprachstufe, Sprachphase) durchgesetzt. **Sprachepochen** sind nur mit Hilfe sprachexterner Kriterien und anhand der Wertung allgemeiner „Geschichtszeichen" abgrenzbar.

Sprachinterne Kriterien für eine Periodisierung der deutschen Sprachgeschichte betreffen vor allem die *Phonologie* (Veränderungen im Konsonantismus: Lautverschiebungen; Veränderungen im Vokalismus: Umlaut, Monophthongierung und Diphthongierung u. a.), später zunehmend *morphologisch-syntaktische Phänomene* (Komposition, Übergang vom synthetischen zum analytischen Sprachbau). Neuerdings treten pragmatische Aspekte (Sprachnormierung, Textsortenwandel) hinzu. Sie führten jedoch alle bisher nicht zu einem klaren Periodisierungskonzept und können daher nur als lockere Anregung verstanden werden.

Aus diesem Grunde wurden zumeist **sprachexterne Kriterien** für eine Einteilung gewählt und folglich *Sprachepochen* unterschieden (vgl. die Übersicht bei Schweikle 1986, 70f.). So folgt etwa die bekannte Dreiteilung von J. Grimm (1819; Ahd., Mdh., Nhd.) der seit dem 15. Jh. üblichen Gliederung der allgemeinen Geschichte in Altertum, Mittelalter und Neuzeit. W. Scherer (1878) dagegen orientiert seinen Periodisierungsvorschlag an der Literaturgeschichte (z. B. höfische Blütezeit, Klassik) und fügt erstmals eine eigenständige frnhd. Epoche ein. Noch stärker differenziert H. Moser, allerdings unter Hinzunahme sprachinterner Kriterien, wenn er im Bereich des Nhd. beispielsweise die Entwicklung zum einheitlichen Schriftdeutsch (bis etwa 1875) und danach zum „Einheitsdeutsch" als Abgrenzung verwendet. Auf dem Wege zur Pragmatik befindet sich P. v. Polenz; er räumt dem Verhältnis von „Politik und Sprache" vor und nach 1945 einen besonderen Raum ein. In marxistische Ansätze (Schildt 1973, Schmidt 1980) fließen sowohl die Lehre von den sozialökonomisch bedingten Gesellschaftsformationen (Feudalismus, Kapitalismus, Sozialismus) als auch Modellvorstellungen von Grimm und Scherer ein.

In Anbetracht der Schwierigkeiten, sprachinterne Kriterien sowie sozialhistorische oder sozialökonomische Faktoren in einem Periodisierungsvorschlag zu berücksichtigen, folgen wir in diesem Studienbuch zunächst der Grobeinteilung von W. Scherer, die mit gewissen Modifikationen Eingang in die meisten neueren Darstellungen der Sprachgeschichte gefunden hat (Eggers 1963ff., Schmidt 1980, LGL 1980). Wir betonen dabei den Vorrang der literarischen Produktion bis ins 19. Jh. hinein, die Rolle der jeweils kulturtragenden Schichten und die Leistung einzelner Persönlichkeiten (Notker, Luther, Goethe), in neuester Zeit zudem demographische Entwicklungen. Nicht relevant ist für uns natürlich Scherers umstrittene Phasengliederung (regelmäßiger Wechsel zwischen Höhen und Tiefen im Abstand von 300 Jahren: höchste Entfaltung um 600, 1200 und 1800). Modifikationen sind vor allem angebracht bei Scherers Abgrenzungsdaten: Hier müssen grundsätzlich fließende Grenzen angenommen und im Rahmen unserer Aufgaben auch alternative Vorschläge diskutiert werden (vgl. Wolf 1971, 82f. und Wolf in Besch u. a. 1984, 818ff.). Bei der besonders prekären Binnengliederung in nhd. Zeit orientieren wir uns hilfsweise an kulturellen und gesellschaftlichen Entwicklungen.

1.4.4 Aufgaben

a) Klären Sie genauer den Unterschied zwischen Gesetzen, Regeln und Normen (z. B. nach Heringer 1974, Gloy 1975).
b) Beschreiben Sie das Vorgehen der Etymologie anhand von Artikeln in einschlägigen Wörterbüchern (Wasserzieher, Kluge/Mitzka).
c) Grenzen Sie davon andere Kernbegriffe der Lexikologie wie Semasiologie und Onomasiologie ab.
d) Vergleichen und diskutieren Sie neuere Periodisierungsvorschläge zur deutschen Sprachgeschichte (etwa Moser vs. Polenz und Schmidt).
e) Erörtern Sie, welche Einteilungskriterien für das Nhd. sich aus den Anregungen zu einer pragmatischen Sprachgeschichtsschreibung ergeben (nach Sitta 1975, Cherubim 1984).

2. Vorgeschichte der deutschen Sprache

Von einer deutschen Sprache im strengen Sinne kann man erst mit dem Beginn schriftlicher Überlieferung in der sogenannten „karlischen Epoche" reden, also zur Zeit der Konsolidierung des fränkischen Großreichs im 8. Jh. Ihre Geschichte reicht jedoch weit in vorliterarische Zeit zurück. Wir geben deshalb im folgenden Kapitel eine Übersicht über die Probleme der Zuordnung, der Einordnung und der Ausgliederung aus dem Ie. (Idg.).

2.1 Sprachgruppen der Erde

Seit dem bahnbrechenden Werk von Franz Bopp „Vergleichende Grammatik des Sanskrit, Zend, Armenischen, Griechischen, Lateinischen, Litauischen, Altslawischen, Gothischen und Deutschen" (6 Bde., 1833–1852) hat die Forschung sich bemüht, von einer **indogermanischen (idg.) Ursprache** auszugehen, „Urverwandtschaften" herauszustellen und zudem die Sprachen der Erde nach ihren lautlichen und grammatischen Besonderheiten in „Familien" einzuteilen. Fr. Bodmer (o. J., 181f.) nennt 9 solcher deutlich umschriebenen *Sprachfamilien*:

1 Indogermanisch (Germ., Keltisch, Romanisch, Slawisch, Baltisch, Griechisch, Armenisch, Iranisch etc.)
2 Finnisch-Ugrisch (Lappisch, Finnisch, Estnisch, Ungarisch)
3 Semitisch (Hebräisch, Arabisch, Äthiopisch)
4 Hamitisch (Berbersprachen, Koptisch u. a.)
5 Tibeto-Chinesisch (Chinesisch, Tibetanisch, Burmanisch, Thai)
6 Malaio-Polynesisch (Indonesisch, Metanesisch, Polynesisch)
7 Turko-Tatarisch (Türkisch, Tatarisch, Kirgisisch, Aserbeidschanisch)
8 Dravidisch (Tamil, Telugu, Kanaresisch, Malayalam)
9 Bantu (Zulu, Suaheli, Betschuana, Heroro, Kongosprachen etc.).

Nach dem grammatischen Bau und den Modi grammatischer Veränderungen unterschied schon W. v. Humboldt vier Sprachtypen oder *Sprachgruppen,* wobei er sie in Beziehung setzte zum jeweiligen Nationalcharakter (Humboldt 1827–1829, 1830–1835/1972[4]; vgl. auch Moser 1965, 69f.):

Gruppe	Merkmale	Zugehörigkeit
1. isolierende Sprachen	Unveränderbare Wörter; grammat. Beziehungen werden u.a. durch die Wortstellung ausgedrückt.	tibeto-chinesische Sprachen; malaio-polynesische Sprachen; einige Bantu-Sprachen
2. inkorporierende ("einverleibende") Sprachen	Ein Satzteil (meist das Prädikat) nimmt einen anderen in sich auf (=prädikative Sprachen).	Grönländisch Mexikanisch
3. agglutinierende ("anklebende") Sprachen	An die unveränderlichen Stämme treten unselbständige Teile (Suffixe).	turko-tatarische Sprachen; finnisch-ugrische Sprachen; Japanisch
4. flektierende ("beugende") Sprachen	Grammat. Beziehungen werden ausgedrückt:	
	a) durch Formveränderungen innerhalb der Wortstämme (Wurzelflexion = Umlaut und Ablaut);	semitische Sprachen (u.a. Hebräisch und Arabisch)
	b) durch Formveränderung der an den Stamm tretenden Endsilben.	indoeuropäische (indogerm.) Sprachen

Vier Sprachtypen, unterschieden nach grammatischem Bau und den Modi grammatischer Veränderungen

Bei dieser idealtypischen Klassifizierung, die zudem aus eurozentrischer Sicht hierarchisch geordnet ist, darf man jedoch nicht vergessen, daß viele Sprachen gemischte Züge aufweisen und manche von einem Typ zum anderen wechseln. Beispielsweise ist das Altengl. eine flektierende Sprache, während das heutige Engl.-Amerikan. nach dem Verlust der meisten Endungen eher zu den isolierenden Sprachen tendiert. Im gegenwärtigen Deutsch werden manche Affixe (Prä- und Suffixe) schon derart reihenbildend gehandhabt, daß die Grenzlinie zur agglutinierenden Sprache verschwimmt. Solche Beobachtungen nähren natürlich die (umstrittene) Ansicht, daß stetiger Sprachwandel „aus der flektierenden über die agglutinierende Stufe zum isolierenden Typus" (Bodmer 193f.) zurückführt.

2.2 Die indogermanisch/indoeuropäischen Sprachen

Das Deutsche gehört wie die meisten europäischen Sprachen (mit Ausnahme vor allem des Finnisch-Ungarischen) zu den indogermanischen (idg.) Sprachen, die in der vergleichenden Sprachwissenschaft auch treffender und richtiger **indoeuropäische** (**ie.**) **Sprachen** genannt werden. Diese Bezeichnung stammt von FR. BOPP, der durch den Vergleich von Wortschatz und Flexion Gemeinsamkeiten bzw. Ähnlichkeiten zwischen dem Altindischen (Sanskrit) und europäischen Sprachen herausfand. Solche Ur- oder *Wurzelverwandtschaften* sind besonders deutlich bei häufig benutzten Wortgruppen (Verwandtschaftsbezeichnungen, Namen für Körperteile, Pronomina, Zahlwörter etc.), wie die folgende kleine Liste (nach Moser 1965, 71) erweist:

Altindisch	Griechisch	Lateinisch	Gotisch	Neuhochdeutsch
pitár	*patḗr*	*pater*	*fadar*	*Vater*
			(spr. *fađar*)	
bhrā́tar-	*phrā́tōr*	*frāter*	*brōþar*	*Bruder*
nā́man-	*ónoma*	*nōmen*	*namō*	*Name*
tráyas	*treís*	*trēs*	*þreis*	*drei*
			(spr. *þrīs*)	
ásti	*estí*	*est*	*ist*	*ist*
vḗda	*(w)oída*	*vīdi*	*wait*	*(ich) weiß*
bhárāmi	*phérō*	*ferō*	*baíra*	*(ge)bäre;*
			(spr. *bera*)	„*trage*“

Man muß sich aber vergegenwärtigen, daß es sich bei der ie. „Ursprache“ um eine *Rekonstruktion* handelt, um eine sprachwissenschaftliche Abstraktion: „Indogermanisch“ oder „Indoeuropäisch“ sind rein linguistische Termini, denen keine historisch-exakt festlegbare politisch-geographische Sprachgemeinschaft entspricht. Deshalb sind auch alle Überlegungen über ein „Urvolk“ oder eine „Urheimat“ mehr oder weniger spekulativ. Meistens nimmt man mit SCHIRMER (1965[5], 38) an, daß die ie. Ursprache im 3. Jahrtausend v. Chr. (Jungsteinzeit) im Bereich der *Schnurkeramiker* und *Streitaxtleute* gesprochen wurde. Die soziale Organisation dieser frühen Stämme war die patriarchalische Großfamilie und der Sippenverband.

Das *Ie.* oder *Idg.* bildet die größte der erwähnten Sprachfamilien. Es kann nach dem Anlaut des Leitworts „hundert“ in **Kentum-Sprachen** (Anlaut mit Verschlußlaut k wie im Lat.) und **Satem-Sprachen** (Anlaut mit Reibelaut s wie im Altiran.) eingeteilt werden. Kentum- wie Satem-sprachen kommen sowohl in Europa als auch in Asien vor (siehe z. B. das Hethitische und Tocharische); manche wiederum stehen in engerer Beziehung (Germanisch-Keltisch-Illyrisch, Griechisch-Italisch, Slawisch-Baltisch). Wenn man neben der „Urverwandtschaft" des Deutschen zugleich schon die Gliederung der germanischen Sprachen berücksichtigt, kommt man mit Sonderegger (1979, 71) zu der folgenden Übersicht. Sie repräsentiert insofern den heutigen Forschungsstand, als sie die alte Stammbaumskizze von Karl Müllenhoff (1898; vgl. z. B. Moser 1965, 87) verläßt und die von Friedrich Maurer (1942) unterschiedenen fünf germanischen Stammesgruppen weiterentwickelt. Die beim Westgerm. in Klammern stehenden Bezeichnungen „Ingwaeonisch", „Istwaeonisch" und „Hermionisch" sind nach der „Germania" des Tacitus (98 n. Chr.) gebildet, dem ältesten direkten Zeugnis über die germanische Vorzeit. Tacitus erwähnt im 2. Kap. den erdgeborenen Gott Tuisto, nach dessen Enkelsöhnen die drei germanische Stämme benannt seien: Ingaevones, Istaevones, Erminones. Die Grundlage für das spätere *Hochdeutsch* bildet das Elbgermanische (Hermionische; vgl. auch Schweikle 1986, 26ff.).

Die **ie** *oder* **idg. Grundsprache**, deren erschlossene Wurzeln mit einem Sternchen* gekennzeichnet werden, hat die folgenden besonderen Merkmale.

- Sie ist eine *flektierende Sprache* mit ausgesprochen reichem Formbestand, also einem *synthetischen Sprachbau* (8 Kasus wie im Lat., 3 Numeri wie im Griech., 3 Genera verbi: Aktiv, Medium, Passiv).
- Stark ausgeprägt war der *Ablaut* (= regelmäßiger Vokalwechsel in etymologisch zusammengehörigen Wörtern), und zwar als
  - qualitativer Ablaut (Abtönung):

    lat. tego „ich bedecke" – toga „Kleid"

  - quantitativer Ablaut (Abstufung):

    lat. sĕdeo „ich sitze" – sēdi „ich habe gesessen"
    ahd. nĕman „nehmen" – nâmum „wir nahmen"

  Reste davon sind in den starken Verben des Nhd. erhalten.
- Sie besaß einen *freien Wortakzent* (wie im Altgriech. und Lat.):

  lat. Róma „Rom", Románus „der Römer", Romanórum (Gen. plur.).

B. L. Whorf (dt. 1963) hat in seinen Studien zum *„linguistischen Relativitätsprinzip"* zu zeigen versucht, daß die aus dem Ie. abgeleiteten Sprachen mit ihrer Betonung von Subjekt und Prädikat (also Handlungsträger und Handlung) eine ganz bestimmte Weltsicht und Wirklichkeitsklassifikation festlegen, im Gegensatz etwa zu amerikanischen Eingebo-

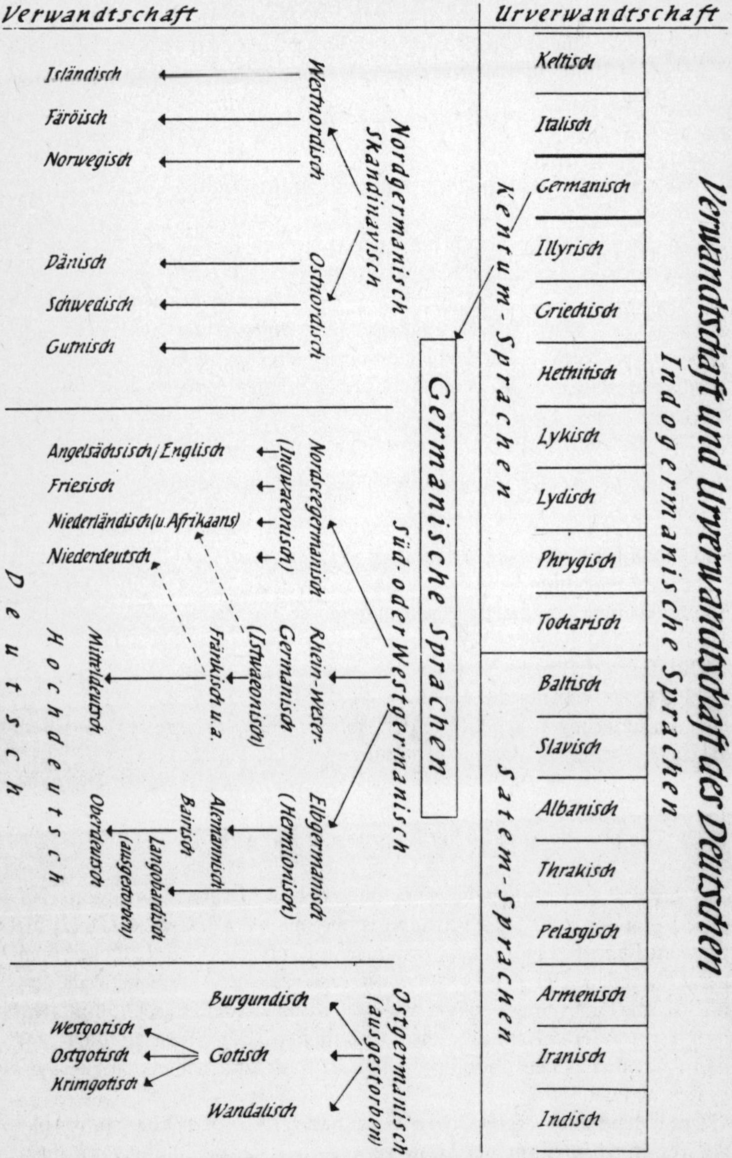

Verwandtschaft
Urverwandtschaft
Verwandtschaft und Urverwandtschaft des Deutschen
Indogermanische Sprachen
Keltisch
Italisch
Germanisch
Illyrisch
Griechisch
Hethitisch
Lykisch
Lydisch
Phrygisch
Tocharisch
Baltisch
Slavisch
Albanisch
Thrakisch
Pelasgisch
Armenisch
Iranisch
Indisch
Kentum-Sprachen
Satem-Sprachen
Germanische Sprachen
Nordgermanisch Skandinavisch
Westnordisch
Ostnordisch
Isländisch
Färöisch
Norwegisch
Dänisch
Schwedisch
Gutnisch
Süd- oder Westgermanisch
Nordseegermanisch (Ingwaeonisch)
Rhein-Weser-Germanisch (Istwaeonisch)
Elbgermanisch (Herminonisch)
Angelsächsisch/Englisch
Friesisch
Niederländisch (u. Afrikaans)
Niederdeutsch
Fränkisch u.a.
Alemannisch
Bairisch
Langobardisch (ausgestorben)
Mitteldeutsch
Oberdeutsch
Hochdeutsch
Deutsch
Ostgermanisch (ausgestorben)
Burgundisch
Gotisch
Wandalisch
Westgotisch
Ostgotisch
Krimgotisch

renensprachen: „Die Grammatik formt den Gedanken" (Whorf 1963, 11). Aus der Reichhaltigkeit des grammatischen Systems ist jedoch keineswegs zu schließen, daß „die Art begrifflicher Welterfassung" im Ie. für „ideal und unübertrefflich gehalten werden darf" (v. Polenz 1978, 13).

2.3 Vom Indoeuropäischen zum Germanischen

Die germanischen Sprachen beginnen schon im 2. Jahrtausend v. Chr., sich aus der ie. Ursprache herauszulösen; dieser Prozeß zieht sich bis in die ersten Jhe. nach Beginn unserer Zeitrechnung hin und ist bereits durch frühe schriftliche Zeugnisse *(Runeninschriften* auf dem sog. „Helm von Negau" und dem „Goldenen Horn von Gallehus") belegt. Weitere Anhaltspunkte bieten Berichte *römischer Autoren* über die Germanen (Caesar, Tacitus, Plinius) sowie *german. Lehnwörter* in benachbarten Sprachen, z. B. dem Finnischen:

finn. kuningas „König" aus germ. *kuningaz, ahd. chuning.

Bei den „Germanen" handelt es sich um eine *Sammelbezeichnung,* die von einem bei Caesar erwähnten Einzelstamm im linksrheinischen Grenzgebiet während der Spätantike auf weitere und größere Volksverbände (Goten, Wandalen, Markomannen etc.) übertragen wurde (Näheres siehe Sonderegger 1979, 57ff.).

Die Zeitverhältnisse bis ins Mhd. hinein verdeutlicht St. Sonderegger (1979, 65) – s. Abb. auf S. 43.
Die Veränderungen gegenüber dem ie. Sprachstand betreffen vor allem das Lautsystem, die Akzentverhältnisse und die Flexion.

2.3.1 Die erste (germanische) Lautverschiebung

Das germ. Lautsystem zeigt gegenüber dem ie. Lautstand charakteristische Veränderungen im **Konsonantismus,** die nach J. *Grimm* (1822) unter dem Begriff „erste oder germanische Lautverschiebung" zusammengefaßt werden. Der Ausdruck *„Lautverschiebung"* bezeichnet dabei zunächst nur einen linearen Wechsel von Konsonantengruppen, und zwar durch veränderte Artikulationsgewohnheiten. Der Wechsel führt aber dann zu einer neuen phonologischen Struktur und schließlich zu einem Systemwandel.

Um solche und vergleichbare Vorgänge verstehen zu können, sei hier vorweg eine **Einteilung der Laute** geboten, aus der die Bildung von *Laut-*

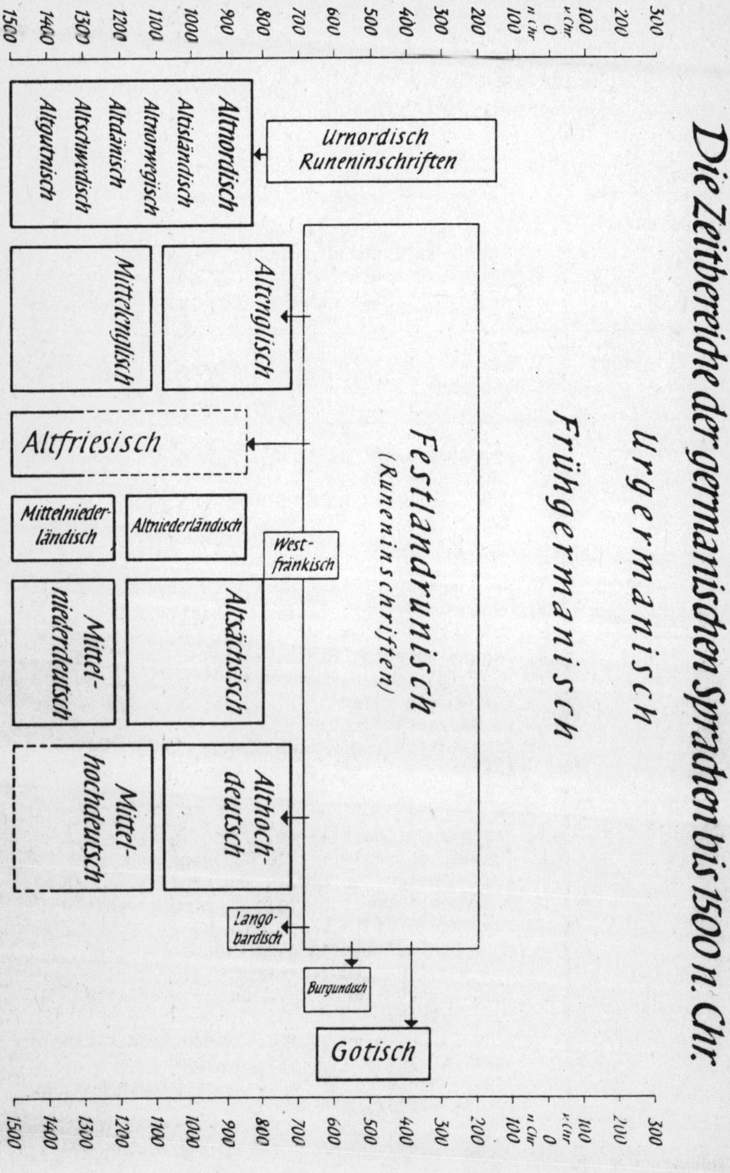
Die Zeitbereiche der germanischen Sprachen bis 1500 n. Chr.
Urgermanisch
Frühgermanisch
Festlandrunisch
(Runeninschriften)
Urnordisch
Runeninschriften
Altnordisch
Altisländisch
Altnorwegisch
Altdänisch
Altschwedisch
Altgutnisch
Altenglisch
Mittelenglisch
Altfriesisch
Altniederländisch
Mittelniederländisch
West-fränkisch
Altsächsisch
Mittelniederdeutsch
Althochdeutsch
Mittelhochdeutsch
Langobardisch
Burgundisch
Gotisch
300
200
100 v. Chr
0
100 n. Chr
200
300
400
500
600
700
800
900
1000
1100
1200
1300
1400
1500

gruppen ersichtlich ist. Sie kann nach verschiedenen Kriterien erfolgen; bei der Kennzeichnung des Lautwandels wird zumeist die *Artikulationsart* berücksichtigt. In die folgende Übersicht aufgenommen sind nur Laute, die eine Graphem-Entsprechung besitzen und bedeutungsunterscheidend sind (also nicht alle 120–150 auditiv unterscheidbaren Laute, die

Einteilungskriterium	Unterscheidungen / Beispiele
Klang	1. stimmhafte Laute (Klanglaute, Sonore): alle Vokale und Diphthonge; m, n, l. r 2. stimmlose Laute (Geräuschlaute): p, t, k; s, sch etc.
Artikulationsstärke	1. starke Laute (Fortes): p, t, k usw. 2. schwache Laute (Lenes); b, d, g usw.
Artikulationsdauer	1. Momentanlaute: p, t, k; b, d, g; kurze Vokale 2. Dauerlaute: l, r, m, n usw.; lange Vokale u. Diphthonge
Artikulationsart	1. Öffnungslaute; Vokale; h 2. Engen- oder Reibelaute (Frikative, Spiranten): f, w, v, j; sch, ch, s 3. Verschlußlaute (Explosive): b, d, g (stimmhafte = Media); p, t, k (stimmlose = Tenues); bh, đh, gh (= Mediae aspiratae) 4. Kombination von Verschluß- und Reibelaut (Affrikatae): pf, ts, kch
Artikulationsstelle	1. Nasenlaute (Nasale): m, n, ng; a, ä, o 2. Mundlaute (Orale): alle übrigen - Zahnlaute (Dentale, Alveolare): t, d, th, s, z - Lippenlaute (Labiale); p, b (= Bilabiale); w, v, f, pf (= Labiodentale) - Zungenlaute (Linguale, Liquide): l, r - Gaumenlaute (Gutturale): j, ch (Ich-Laut) = vordere Gaumenlaute (Palatale) k, g, ch (Ach-Laut) = hintere Gaumenlaute (Velare) qu = hinterer Gaumenlaut mit Lippenrundung (Labiovelar)

Einteilung der Laute

ein Sprecher des Deutschen theoretisch produzieren könnte). Zum Diskussionsstand im einzelnen vgl. Paul/Stolte (1951, 82ff.) und Heidolph u. a. (1981, 940ff.).

Von der ersten Lautverschiebung sind nun alle ie. Verschlußlaute unter bestimmten Bedingungen betroffen; neu entstehen dabei im Germ. die Spiranten f und ch, die dann zusammen mit dem ererbten s eine Lautgruppe bilden. Die folgende Tabelle gibt einen Überblick über den Lautwandel. Ausnahmen werden unten erklärt; die lat. Beispiele repräsentieren den ie., die gotischen und engl. den germ. Lautbestand. Die entsprechenden nhd. Formen zeigen, daß später z. T. eine weitere Verschiebung stattfand.

Lautbestand indoeurop.	germ.	Beispiele lat.	got.	engl.	nhd.
1. Tenues → p/t/k	Spirantes f/þ[1]/χ (ch)	pater tres pecu	fadar þreis faihu	father three ---	Vater drei Vieh
2. Mediae → b/d/g	Tenues p/t/k	labi "schlüpfen" edere genu	slepan itan kniu	sleep eat knee	schlafen essen Knie
3. Mediae aspiratae → bh/dh/gh	stimmhafte Spiranten ƀ(w)/đ(wie in "the")/ǥ	nebula foris (*dhura) hostis (*ghostis)	as, nebel daur gasts	nebula door guest	Nebel Tür Gast (urspr. Fremder, Feind)

1 = gotonordisches Runenzeichen "thong", etwa engl. th in "thing"

Der Lautwandel im Überblick

Zur Regel (1) sind zwei wichtige Ausnahmen bzw. Abweichungen zu nennen:

1. Die Verschiebung der Tenues findet *nicht* statt bei den Lautverbindungen *sp, st, sk*. Sie bleiben in alter Form erhalten.
2. Wenn der ie. Hauptakzent des Wortes nicht unmittelbar voranging, wurden die ererbten bzw. neu erworbenen stimmlosen Spiranten *s, f, þ stimmhaft.* So ergibt sich noch im Übergang vom Germ. zum Ahd.

(also vor der 2. Lautverschiebung) ein *Nebeneinander von stimmlosen und stimmhaften Spiranten* beispielsweise in den Zeitstufen starker Verben oder den Ableitungen aus gleicher Wurzel, das man als *grammatischen Wechsel* oder nach dem Entdecker K. Verner (1876) *Vernersches Gesetz* nennt (vgl. auch S. 83):

ie. *patér	germ. faþár	got. fadar	ahd. fater	„Vater"
ie. *treies	germ. þris	got. þreis	ahd. drī	„drei"

Dagegen:

ie. *bhrā́ter	germ. *brṓþar	got. brṓþar	ahd. bruoder	„Bruder"

Wenn man die späteren Entwicklungen (2. Lautverschiebung; Rhotazismus = s-r-Wechsel) berücksichtigt, stehen also im Deutschen nebeneinander:

f – b, d – t, h – g, s – r

In der Stammbildung einiger stark flektierter Verben ist diese Erscheinung bis heute zu beobachten:

ahd. ziohan, zōh, zugun, gizogan = nhd. ziehen, zog, wir zogen, gezogen
ahd. līdan, leid, lītum, gilītan = nhd. leiden, litt, wir litten, gelitten

2.3.2 Prosodische und phonematische Veränderungen

Ähnlich weitreichende Folgen wie die 1. Lautverschiebung hatten die Akzentverlagerung und Vokalveränderungen im Germanischen.

Der germ. **Akzentwandel** bedeutet, daß der im Ie. ursprünglich freie Wortakzent sich auf die Wurzelsilbe verlagert. Diese *dynamische* oder *Stammsilbenbetonung* steht fortan dem aus dem Ie. ererbten *musikalischen Akzent* der romanischen Sprachen (Latein, Französisch, Spanisch etc.) gegenüber. Dynamischer Wortakzent führt in der Folgezeit

– zu einer neuen *Reimbindung* (Stabreim, Alliteration; sichtbar noch in feststehenden Formeln: Haus und Hof, Mann und Maus, Kind und Kegel, gang und gäbe);
– zur *Abschwächung unbetonter Silben* im In- und Auslaut, die schließlich synkopiert (ausgestoßen) bzw. apokopiert (abgestoßen) werden (vgl. S. 80).

Noch heute vorhandene Unterschiede in der *Präfixbetonung* ergeben sich daraus, daß zur Zeit der Festlegung des Wortakzents auf die Wurzelsilbe Nominalkomposita mit Präfixen schon feste Verbindungen waren, entsprechende Verbalkomposita aber noch nicht:

Úrlaub – erláuben, Úrteil – ertéilen, Wíderspruch – widerspréchen

Bei den **Vokalveränderungen** sind vokalische Übergänge und kombinatorischer Lautwechsel zu unterscheiden:

– *Vokalische Übergänge* zeigen schon einige der von uns bisher genannten Beispiele:

ie. o	germ. a	lat. hostis	got. gasts		„Gast“
		lat. octo	ahd. acht		„acht“
ie. ā	germ. ō	lat. mater	as. mōdar		„Mutter“
ie. ei	germ. ī	ie. treies	germ. þrīs	ahd. drī	„drei“

– *Kombinatorischer* oder *bedingter Lautwandel* entsteht durch Vokalassimilation, d. h. durch Angleichung von Stammsilbenvokalen an die Vokale der nachfolgenden Silbe. Bei der *Umlautung* (Palatalisierung; schon im Urgerm.) ist dies der Fall, wenn i, j oder u in der Folgesilbe stand:

ë > ī, o > u, eo > iu

Umgekehrt werden bei der von J. Grimm so genannten *Brechung*

i > e und u > o bei a, e, o in der Folgesilbe,

sichtbar im West- und Nordgerm. (z. B. ahd. ërda „Erde“ neben irdīn „irden“).

2.3.3 Grammatische Formen und Wortbestand

Bisher ist das *Germanische* als relative Einheit behandelt worden. Ein Vergleich des ostgerm. Gotischen mit der westgerman. Folgesprache Ahd. zeigt jedoch neben eindeutiger Verwandtschaft auch starke Abweichungen. In Formenbildung und Wortschatz weist das Gotische eine deutliche Nähe zum Ie. auf (z. B. Erhaltung des Dual und des Vokativs), während das Westgerm. stärkeren Außeneinflüssen unterlag und sprachökonomisch bereinigt wird. Wir beschränken uns im folgenden auf Merkmale der westgerm. Mundarten, weil aus ihnen das Hochdeutsche hervorging und das Gotische schon bald ausstarb.

In den westgerm. Dialekten führt der Akzentwandel bereits um den Beginn unserer Zeitrechnung zu einem *Schwund von Flexionsformen,* ohne jedoch das ganze System zu verändern. Beim Substantiv sind davon betroffen der ie. Dual, der Ablativ und der Lokativ, später auch der Instrumental und der Vokativ; beim Verb der Aorist (vgl. das Altgriech.) sowie gewisse Passiv- und Futurbildungen. Es kommt jedoch auch zu einer ganzen Reihe von *kompensatorischen Neuerungen* (schwache Adjektivdeklination auf -n, systematischer Ausbau des Ablauts bei den starken Verben, schwache Konjugation mit Dentalsuffix; vermehrter Einsatz von Hilfsverben, Präpositionen und Personalpronomina). Hier beginnt die Ablösung des *synthetischen* durch den *analytischen Sprachbau,* welche die Geschichte unserer Sprache bis heute begleitet. Diese Tendenz wird noch bei A. BACH (1970, 62) als „Verfallserscheinung" charakterisiert; mit Recht verwahrt sich jedoch v. POLENZ (1978, 20f.) gegen eine derartige Wertung sprachtypologischer Veränderungen.

Auch im *Wortschatz* setzt sich das Westgerm. vom Ie. ab. Stark erweitert werden die Bezeichnungsfelder

- zum Kriegs- und Waffenwesen (Bogen, Helm, Schild, Schwert);
- zur Viehzucht und Feldbestellung (Kalb, Rind, Lamm, Schaf; bauen, Pflug);
- zum Wohnungsbau (First, Giebel, Schwelle);
- zur Jagd (Bär, Wisent, Elch, Seehund);
- zu Bodenschätzen (Eisen, Gold, Silber, Blei);
- zur Schiffahrt (Haff, Schiff, Segel, Steuer; Himmelsrichtungen).

Die fortschreitende gesellschaftliche Formierung zeigt sich in zahlreichen Neubildungen für das Staats- und Rechtswesen (Thing, Volk, König, Adel).

Darüber hinaus künden Entlehnungen, vor allem aus dem Keltischen und Römischen, in charakteristischen Bereichen von den Beziehungen zu Siedlungsnachbarn (s. Übersicht S. 49).

Die Übersicht verdeutlicht, in welchen Lebensbereichen Kelten und Römer den Germanen überlegen waren und wo sich Bezeichnungsdefizite ergaben. Ein Zentrum beider Einflüsse lag im Mischgebiet der kelt.-germ. Treverer, deren spätere Hauptstadt Trier (als Augusta Treverorum um 15. v. Chr. von Augustus gegründet) unter Diokletian und Konstantin im 3. Jh. n. Chr. weitreichende Bedeutung erlangte.

Bereich	keltischer Einfluß	römischer Einfluß
Staat und Recht	Reich (kelt. rig "König") Amt (kelt. ambactus)	Kaiser (lat. Caesar) Kerker (lat. carcer)
Kampf und Krieg		Kampf (lat. campus) Pfeil (lat. pilum) Wall (lat. vallum)
Besiede-lung und Bauwesen	Zaun (kelt. dunum "Burg", "befe-stigte Stadt", vgl. engl. "town")	Pfalz, Palast (lat. palatium) Straße (lat. via strata "gepfla-sterte Straße") Schule (lat. schola) Kammer (lat. camera) Keller, Zelle (lat. cellarium) Pforte (lat. porta) Mauer (lat. murus) Kalk (lat. calx)
Handel und Verkehr		Karren (lat. carrus) Kiste (lat. cista) Sack (lat. saccus) Korb (lat. corbis) Esel (lat. asinus) Pfund (lat. pondo, Abl.) Münze (lat. moneta)
Garten- und Weinbau		pflanzen (lat. plantare) Rettich, Radieschen (lat. radicem, Akk.) Rose (lat. rosa) Birne (lat. pirum) Wein (lat. vinum) Kohl (lat. cualis)
Namen und Namen-gebung	Donau, Isar, Main, Rhein, Sieg, Brei-sach; Mainz, Worms typ. Zusammenset-zungen wie im Kelt.: Meinrad (Kraft u. Rat), Friedhelm (Friede und Kampf)	Augsburg (lat. Augusta Vindeli-corum) Koblenz (lat. confluentes) Konstanz (lat. constantia) Köln (colonia Aggripina)

Entlehnungen aus dem Keltischen und Römischen

2.4 Textanalysen und Aufgaben

Das Vaterunser

Gotisch

(Aus der Bibelübersetzung des Ulfila, 4. Jh.)

Atta unsar thu in himinam, weihnai namô thein. qimai
Vater unser du in Himmeln, geweiht werde Name dein. (Es) komme

thiudinassus theins. waírthai wilja theins, swê in himina jah ana
Volksreich deins. (Es) werde Wille deiner, gleichwie im Himmel auch auf

aírthai. hlaif unsarana thana sinteinan gif uns himma daga. jah aflêt
Erden. Brot unseres das tägliche gib uns (an)diesem Tage. Und erlaß

uns thatei skulans sijaima, swaswê jah weis aflêtam thaim skulam
uns, daß Schuldner wir seien, so wie auch wir erlassen den Schuldnern

unsaraim, jah ni briggais uns in fraistubnjai, ak lausei uns af
unsern, und nicht bringe uns in Versuchung, sondern (er)löse uns von

thamma ubilin. untê theina ist thiudangardi jah mahts jah wulthus
dem Übel. Denn dein ist Königreich und Macht und Herrlichkeit

in aiwins. amên.
in Ewigkeiten. Amen.

Lateinisch (Vulgata)

Pater noster, qui es in caelis. Sanctificetur nomen tuum. Adveniat regnum tuum. Fiat voluntas tua, sicut in caelo et in terra. Panem nostrum supersubstantialem da nobis hodie. Et dimitte nobis debita nostra, sicut et nos dimittimus debitoribus nostris. Et ne nos inducas in tentationem. Sed libera nos a malo. Amen.

Althochdeutsch

(Aus dem Weißenburger Katechismus, 9. Jh.)

Fater unsêr, thû in himilom bist, giuuîhit sî namo thîn. quaeme
Vater unser, (der) du in Himmeln bist, geweiht sei Name dein. Komme

rîchi thîn. uuerdhe uuilleo thîn, sama sô in himile endi in erthu.
Reich dein. Werde Wille dein, ebenso wie in Himmel auch auf Erden.

broot unseraz emezzîgaz gib uns hiutu. endi falâz uns sculdhi
Brot unseres beständiges gib uns heute. Und erlaß uns Schulden

unsero, sama sô uuir farlâzzêm scolôm unserêm. endi ni gileidi
unsere, ebenso wie wir erlassen Schuldnern unsern. Und nicht leite

unsih in costunga, auh arlôsi unsih fona ubile.
uns in Versuchung, sondern erlöse uns von Übel.

(Text und Übersetzung aus: E. Bender, Deutsches Lesebuch Bd. 6. G. Braun: Karlsruhe o. J., 38)

Im got. Text, der dem german. Lautstand nach der 1. Lautverschiebung entspricht, ist der stimmlose Reibelaut þ mit th wiedergegeben (vgl. engl. „thing"); gg ist wie ng zu lesen, aí wie kurzes e, ei wie langes ī.

Beide Übersetzungen lehnen sich eng an die Vorlage der lat. Vulgata an, verfahren jedoch nicht immer gleich. Berücksichtigt werden muß bei der Gegenüberstellung, daß das Ahd. bereits die 2. Lautverschiebung (vgl. S. 59 ff.) durchgemacht hat. So liegen verwandte Bildungen auch dort vor, wo man es nicht direkt erkennt:

got. aflêtam – ahd. farlâzzêm (zum Infinitiv got. lêtan – ahd. lâzan „lassen")
got. himma daga – ahd. hiutu
got. weihnai – ahd. giwîhit sî.

Unterschiedlicher Wortgebrauch und abweichende theologische Auslegung führen zu anderen Entsprechungen:

got. thiudinassus (zu thiudans „König") – ahd. rîchi (später rîhhi)
got. fraistubnjai (Nomin. fraistubni) – ahd. kostunga (verwandt mit „küren", „erkiesen")
got. sinteinan (Nomin. sinteins „täglich", „immer") –
ahd. emezzîgaz (emezzîg „immerwährend", noch heute in „emsig")

Schließlich soll noch auf die fortgeschrittene Abschwächung von Mittel- und Endsilben im Ahd. verwiesen werden (unseraz gegenüber got. unsarana, unserêm gegenüber got. unsaraim).

Aufgaben

a) Erörtern Sie den Gebrauch der Termini „Indogermanisch" und „Indoeuropäisch" sowie des Sammelbegriffs „germanische Sprachen".
b) Welche Auffassung von sprachlicher Entwicklung liegt den Bezeichnungen von J. Grimm („Lautverschiebung", „Brechung" u. a.) zugrunde?
c) Kennzeichnen Sie genauer die von Fr. Maurer unterschiedenen germ. Stammesgruppen und bestimmen Sie anhand einer Karte deren Lokalisierung vor und nach der Völkerwanderungszeit.
d) Beschreiben Sie mit Hilfe weiterer Beispiele die Unterschiede zwischen dem ie. und dem german. Flexionssystem.
e) Erklären Sie Herkunft und etymologische Entwicklung der folgenden nhd. Wörter: Hanf, König, Gast, Pfote, Eisen.
f) Stellen Sie in einer tabellarischen Übersicht die Folgen des german. Akzentwandels zusammen.
g) Charakterisieren Sie anhand der Texte auf S. 50 den Übergang vom synthetischen zum analytischen Sprachbau.
h) Erweitern, differenzieren und interpretieren Sie die Übersicht zum keltischen und römischen Spracheinfluß mit Hilfe der Fachliteratur (z. B. Moser 1965, Mackensen 1977).
i) Diskutieren Sie in Verbindung mit der Entwicklung german. Dialekte die Relevanz bekannter Theorien zum Sprachwandel (z. B. Wellentheorie, Entfaltungstheorie, Konvergenztheorie).

3. Frühgeschichte der deutschen Sprache (Althochdeutsch)

Das folgende Kapitel ist der ersten und ältesten Stufe deutscher Sprache gewidmet, die auf schriftlicher Überlieferung beruht und nach dem Periodisierungsschema von J. Grimm (zuerst 1819) allgemein **Althochdeutsch** (Ahd.) genannt wird. In althochdeutscher Zeit kommt es, unter dem politisch-kulturellen Einfluß der Franken und Sachsen sowie der Christianisierung, zu einer Annäherung der bisherigen Stammessprachen, so daß Ansätze zur *Spracheinheit* sichtbar werden.

3.1 Allgemeine Charakteristik und Einordnung

3.1.1 Zeitraum und Quellenlage

J. Grimm erfaßt mit seiner Bezeichnung „Althochdeutsch" allein die sogenannten „hochdeutschen" Stammesdialekte, welche die 2. Lautverschiebung mitgemacht haben, und zwar „vom siebenten bis ins zwölfte jh." (Deutsches Wörterbuch 1854, 273). Während er als Kriterium vor allem phonologische Veränderungen anführt, geht H. Moser (1965, 100f.) von der „sozialen Geltung und Schichtung des Deutschen" aus und plädiert für den Terminus „frühmittelalterliches Deutsch" oder „Frühdeutsch", da ja auch das Niederdeutsche (Niedersächsisch und Niederfränkisch) zum Deutschen gehört. Folgerichtig läßt er das *Frühdeutsche* erst um 750 beginnen und bezeichnet die Anfänge von der 2. Hälfte des 5. Jhs. bis etwa 750 als „Vordeutsch".

Wir schließen uns hier dem neueren Vorschlag von St. Sonderegger (in Althaus u. a. 1980, 569) an, unter Ahd. „das frühmittelalterliche Deutsch von den Anfängen einer schriftlichen Überlieferung im 6./7. Jh. inschriftlich und im 8. Jh. handschriftlich bis gegen das Ende des 11. Jh." zu verstehen. Das Niederdeutsche wird also nur am Rande berührt. Der Schwerpunkt unserer Darstellung liegt auf der Blütezeit des karolingischen Reiches, auf der sogenannten „karlischen Epoche". Berücksichtigt werden müssen jedoch drei große **Sprachgruppen,** da es in ahd. Zeit weder eine einheitliche Schreib- oder Schriftsprache gibt noch klar abgrenzbare Dialekträume. Man orientiert sich deshalb an *Schreiblandschaften* und *Schreiborten* (Klöstern und Bischofssitzen):

1. *Fränkisch*
   - Mittelfränkisch (Ripuarisch und Moselfränkisch): Köln, Aachen; Trier, Echternach
   - Rheinfränkisch: Mainz, Frankfurt, Lorsch, Worms, Speyer
   - Südrheinfränkisch: Weißenburg
   - Ostfränkisch: Würzburg, Bamberg, Fulda
2. *Oberdeutsch*
   - Alemannisch: Reichenau, St. Gallen, Murbach
   - Bairisch: Freising, Wessobrunn, Passau, Salzburg etc.
3. *Langobardisch* (Reliktraum): Pavia, Bobbio u. a.

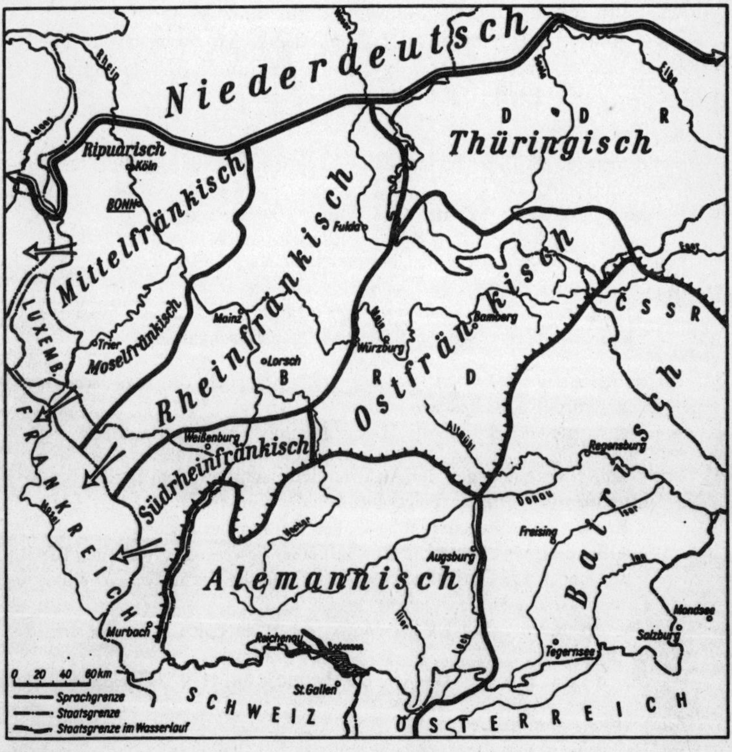

Sprachgruppen in althochdeutscher Zeit: Schreiblandschaften und -orte

(aus: J. Schildt u. a., Kleine Enzyklopädie Deutsche Sprache. VEB Bibliogr. Institut: Leipzig 1983, 569)

Gleiches gilt für das *Altniederdeutsche:*

- Niederfränkisch (Westfälisch): Essen, Werden, Münster, Osnabrück
- Niedersächsisch (Ostfälisch): Hildesheim, Halberstadt, Merseburg, Magdeburg, Gandersheim, Quedlinburg u. a.

Die aus ahd. Zeit überlieferten **Sprachdenkmäler** sind oft in Mischdialekten geschrieben (z. B. Hildebrandslied, Wessobrunner Gebet). Die Spannweite der Überlieferung reicht außerdem von einzelnen Wörtern über Inschriften bis zu geschlossenen größeren Texten. Wenn sich in diesen Quellen auch „Reflexe gesprochener Sprache" oder „spontaner Mündlichkeit" finden, so läßt sich aus ihnen eine ahd. Volkssprache jedoch kaum rekonstruieren (Sonderegger in Besch u. a. 1985, 1061ff.). Eine systematische Übersicht aller Quellen gibt St. Sonderegger (1974, 57ff.), die wir gekürzt referieren (vgl. auch die Einteilung nach Sachgruppen bei Schlosser 1980², 5ff.):

1. *Inschriften*
   - Runen (6.–8. Jh.): vorchristlich und christlich (z. B. Bügelfibel von Freilaubersheim)
   - Inschriften in lat. Schrift (9.–10. Jh.; Köln, Rheinhessen)

2. *Glossen* (= beigeschriebene Übersetzungen lat. Wörter ins Ahd.; 8.–11. Jh.)
   - Einzelglossen (Kontextglossen, Interlinearglossen, Marginalglossen)
   - Glossare (alphabetische, z. B. der Abrogans; Sachglossare)

3. *Verstreute Sachwörter in lat. Quellen* (volkssprachlich; oft latinisiert)
   - Legeswörter (z. B. Lex Ribuaria)
   - Sachwörter in Urkunden (z. B. karolingischen Königsurkunden)

4. *Übersetzungstexte* (Zeugen der Auseinandersetzung mit dem Lat.)
   - Interlinearversionen (beigeschriebene Wort-für-Wort-Übersetzungen, z. B. ahd. Benediktinerregel St. Gallen, Murbacher Hymnen)
   - interlinearartige Übersetzungen (St. Galler Paternoster, Teile des Tatian)
   - freie Übersetzungen (Isidor, Notker d. Deutsche aus St. Gallen, Willirams Paraphrase des Hohen Liedes)
   - Umdichtungen (nach lat. Vorlagen: z. B. Georgslied, teilweise Otfrieds Evangelienbuch)
   - Mischtexte (ahd.-lat.: Gedicht De Heinrico, um 1000)

5. *Autochthone ahd. Texte*
   - Dichtungen (Zauber- und Segenssprüche, Hildebrandslied, Muspilli, Wessobrunner Gebet, Otfrieds Evangelienbuch, Ludwigslied)
   - Prosadenkmäler (Straßburger Eide 841, Hammelburger und Würzburger Marktbeschreibungen 9./10. Jh.)

6. *Namen* (in Inschriften, Glossen und Glossaren, Dichtungen)

Als Standardwerk zum Erlernen des Ahd. gilt traditionell die in Gemeinschaftsarbeit des Klosters Fulda (Leitung: Abt Hrabanus Maurus) um 825 entstandene Übersetzung der Evangelienharmonie des Syrers TATIAN. Sie weist zwar durchweg ostfränk. Lautstand auf, bemüht sich jedoch um eine Art Normalsprache als Grundlage für die Aneignung der Evangelien – ganz im Sinne der Kulturpolitik Karls des Großen.

3.1.2 Zusammenfassende Kennzeichnung

Die vorangehenden Angaben erweisen deutlich eine „klösterliche Einbettung der althochdeutschen Literatur" (Sonderegger 1974, 51). Die „geistige Weite des Benediktinertums" ermöglichte aber eine „Fülle von Gattungen und Sprachschichten" (ebda.), die überall von einer lebendigen Begegnung alten Brauchtums mit lat.-christl. Bildungsgut zeugt. Aus dieser Sach- und Quellenlage leitet ST. SONDEREGGER (in Althaus u. a. 1980, 574f.) eine recht treffende Kennzeichnung des **ahd. Sprachtypus** ab. Er bezeichnet Ahd. dort

1. als *Übersetzungssprache* (vom Lat. ins Volkssprachliche; damit „Gradmesser volkssprachlicher Bewußtwerdung");
2. als *Übergangssprache* (vom Germ. zum Deutschen);
3. als *Experimentiersprache* (in Wortschatz, Dichtungsformen und Syntax);
4. als *Entlehnungssprache* (sprach- und bildungsgeschichtliche Entlehnung bzw. Umformung des Alten sowie Neuen);
5. als *überregionale Volkssprache* (mit zunehmenden Vereinheitlichungstendenzen vor allem der Lexik, die im späten Ahd. des 9.–11. Jhs. zu einer Art Gemeinsprache führen).

3.2 Darstellung des deutschen Sprachgebiets

3.2.1 Politisch-gesellschaftliche und kulturelle Rahmenbedingungen

Geschichtlich gesehen, fällt das Frühdeutsch in die Epoche des sogenannten *Frühmittelalters*. In dieser Zeit vollzieht sich zunächst nach der Völkerwanderung die **Konsolidierung der Stammesherrschaften** durch Landnahme, Verschmelzung von Sippenverbänden, Ausbildung einer politischen Organisation und weitere Expansion. Vorreiter sind die *Alemannen* im oberdeutschen Gebiet zwischen Rhein und Donau, die sich erfolgreich gegen die Römer behaupten konnten. Von ihren schwäbischen Sitzen aus besiedeln sie seit dem 5. Jh. die bis dahin rätoromanische

Urschweiz. Der ursprünglich elbgermanische Stamm der *Baiern,* in dem sowohl Markomannen wie Sueben aufgehen, dringt vom 6. Jh. an in den Tiroler Raum ein und wird so zum Nachbar der *Langobarden,* die gleichzeitig Oberitalien erobern. Von besonderer politischer Bedeutung wird die Landnahme der weser-rhein-germanischen *Franken,* die nach dem Zusammenbruch des weströmischen Reiches (476) unter Chlodwig im südlichen Gallien beginnt, sich dann rhein- und moselaufwärts wendet und später die Burgunder sowie die Alemannen von Oberrhein und nördlichem Elsaß verdrängt. Merowinger und Karolinger festigen schließlich ihre Herrschaft über die Alemannen (746), Baiern (794) und Sachsen (804).

Parallel zu diesem Prozeß verläuft die Ablösung der lockeren Sippen- und Gentilverbände durch festere **Stammeseinheiten** sowie der gewählten Heerführer durch *Stammesfürsten* und *Könige,* ferner die Entwicklung des *Lehnsrechtes* und der *Grafschaftsverwaltung* im fränkischen Reich. Von einer „Herausbildung feudaler Produktionsverhältnisse" und der „Entstehung von Klassen" (Schildt 1983, 564f.) im Sinne des Historischen Materialismus wird man dennoch kaum sprechen können.

Die politisch-sozialen und kulturell-sprachlichen Verhältnisse im 9./10. Jh. werden vor allem durch drei Faktoren bestimmt: die Christianisierung, die Reichsorganisation der Karolinger und die Ostkolonisation.

Die **Christianisierung** im Frankenreich bereitet den Boden für die geschichtsträchtige Synthese von Germanentum, Christentum und Antike. Sie beginnt um 500 mit dem Übertritt Chlodwigs und ist im 7. Jh. weitgehend abgeschlossen. Nach germanischer Kultauffassung entsteht eine Kirchherrschaft des Königs und eine Art *fränkische Landeskirche* mit nur lockerer Bindung ans römische Papsttum – der Beginn einer Verquickung von Thron und Altar. Die sich anschließende *Missionierung* der Völker jenseits des Rheins, schon aus politischen Gründen von den Merowingern gewünscht, wird dann getragen von irischen und angelsächsischen Mönchen (Kolumban im Bodenseegebiet, Kilian in Würzburg, Emmeram in Regensburg; Bonifatius im Raum von Fulda und Mainz). Sie führt zur Gründung zahlreicher Klöster, in denen christlich-antike Gelehrsamkeit gepflegt sowie eine hohe Schreib- und Lesekultur ausgebildet wird. Den machtpolitischen Höhepunkt und die *fränkische Weltgeltung* begründet der Bund mit dem Papsttum, eingeleitet durch Pippin („Pippinsche Schenkung" 756; Titel „patricius Romanorum") und vollendet durch Karl den Großen (Kaiserkrönung 800 im Rom; Imperium christianum, „rex Francorum et Langobardorum", „Renovatio Romani Imperii").

Die **Reichs- und Kulturpolitik** Karls des Großen (768–814), beruhend auf einem theokratischen Amtsgedanken, war abgestellt auf *Ordnung* und *Einheitlichkeit* im weltlichen wie im kirchlichen Bereich. Mit der „Admonitio generalis" (789) beispielsweise regelte Karl die Pflichten der Geistlichen, die volkssprachliche Bildung („lingua theodisca") und das christliche Verhalten der Untertanen im Alltag. Der Hof zu Aachen wurde damals zu einem geistigen Mittelpunkt, der bedeutende Gelehrte aus aller Welt anzog: Petrus von Pisa und Paulus Diaconus aus Monte Cassino, Theodulf aus Spanien, den Angelsachsen Alkuin und den Mainfranken Einhard (der die berühmte „Vita Karoli Magni" verfaßte). Hier zeichnet sich der Rahmen ab für eine *abendländische Kulturgemeinschaft* (auf christlich-germanisch-römischer Basis), ebenso aber auch für das entstehende *Deutschtum* und ein nationales Selbstbewußtsein der Deutschen. Eine „Tendenz zur Vereinheitlichung der ahd. Dialekte" läßt sich aber nicht nachweisen (Geuenich in Besch u. a. 1985, 985).

Die sogenannte **Ostkolonisation** führt zu einer erheblichen Ausweitung des fränkischen Macht- und Einflußbereiches sowie zu einer Stärkung der Zentralgewalt. Sie beginnt schon im 8. Jh. mit den Awarenkriegen Karls (Entstehen der bairischen Ostmark, Eindeutschung von Kärnten und Steiermark). Im Gefolge der Sachsenkriege (Zwangsbekehrung!) und der Feldzüge Karls gegen Böhmen und Sorben werden zahlreiche neue Bistümer gegründet (Magdeburg, Halberstadt) und die heidnischen Slawen zurückgedrängt. Später sichern die Sachsenkaiser (vor allem die „Ottonen") die Ostgrenzen durch Tributpflichten und Lehnshoheiten, was schließlich unter den polnischen Piasten zur Christianisierung der westslawischen Volksstämme führt (Missionsbistum Posen nach 968, Erzbistum Gnesen ab 1000).

3.2.2 Der Weg des Wortes „deutsch"

Es ist für die dargestellte Epoche recht charakteristisch, daß die sprachliche Selbstbezeichnung „deutsch" zunächst nur in latinisierter Form und in lateinischen Quellen auftaucht. Der früheste Beleg findet sich in einem Synodalbericht des päpstlichen Nuntius und Bischofs Georg von Ostia, der Papst Hadrian I. 786 mitteilt, er habe Beschlüsse „tam latine quam theodisce" verlesen lassen. Die ahd. Form „diutisc" gebraucht erst Notker d. Deutsche (955–1022), also 200 Jahre später und sehr vereinzelt; Eggers vermutet hier sogar eine Rückübersetzung aus dem Lateinischen (Eggers 1963, 45). Dabei ist lat. *theodiscus* zweifellos eine Entlehnung vom german. *theudo = „Volk" und diente zunächst nur zur Kennzeichnung der Volkssprache (= lingua vulgaris), später im romanischen

Grenzland (vielleicht unter dem Einfluß von „teutonicus") auch als Benennung der germanischen Nachbarn überhaupt.

Die etymologische Ausgangslage zeigt demnach eine eingeschränkte Bedeutung und Verwendung des Wortes, bezogen auf mündliche und schriftliche Sprachäußerungen. Eine qualitative und quantitative Erweiterung ist erst erkennbar im frühmhd. *Annolied* aus dem Kloster Siegburg (um 1090, vgl. S. 89 f.); dort ist die Rede von „diutischin sprechen", „diutischi liute", „diutischi man", so daß ein ausgeprägtes deutsches Sprach- und Kulturbewußtsein wohl frühestens hier angesetzt werden kann. In der bekannten *Kaiserchronik* (Mitte 12. Jh.) hat sich das Wort schließlich als Volksbegriff und zugleich als geographische Bezeichnung durchgesetzt („dûtisc volch", „in dûtiscem riche"). Von „Teutschland" im nationalen Sinne wird aber erst in frühnhd. Zeit, also im Spätmittelalter, gesprochen. Sonderegger (1979, 45 ff.) hat in einer interessanten Übersicht gezeigt, wie der Begriff später mehr und mehr „nationalhistorisch und nationalistisch" belastet wird („deutsches Wesen", „deutsche Treue"; „Großdeutschland", „deutscher Gruß") und deshalb heute außer in den Staatenbezeichnungen „Bundesrepublik Deutschland" und „Deutsche Demokratische Republik" viel seltener Verwendung findet als früher – ein Zeichen auch für den geschichtlich erzwungenen Rückgang des Nationalbewußtseins.

3.2.3 Hochdeutsch und Niederdeutsch

Der von J. Grimm eingeführte Terminus „Althochdeutsch" enthält verschiedenartige Elemente:

Alt – hoch – deutsch
(Zeit) (Raum) (Sprache)

Dabei liegt der Raumkomponente, zur Einteilung der deutschen Mundarten oder Stammesdialekte, das Begriffspaar Hochdeutsch – Niederdeutsch zugrunde, das in rein geographischer Bedeutung seit dem 15. Jh. nachweisbar ist (Grimm, Deutsches Wörterbuch, 1610) und dessen Hauptkriterium die 2. oder „hochdeutsche" Lautverschiebung darstellt: Sie ist nur im hochdeutschen Süden durchgeführt. Die Grenze bildet die sogenannte mittlere Linie der Isoglossen *(Benrather Linie* oder maken/machen-Linie; Uerdinger Linie oder ik/ich-Linie), die bei Eupen beginnt, den Rhein südlich von Düsseldorf bei Benrath schneidet und weiter in Richtung Kassel – Magdeburg verläuft. Innerhalb des **Hochdeutschen** werden unterschieden, wiederum nach phonologischen Merkmalen:

1. *Oberdeutsche Dialekte* (Verschiebung von pp und mp: Apfel, Kopf, Strumpf)
   Schwäbisch-Alemannisch,
   Bairisch-Österreichisch, Ostfränkisch
2. *Mitteldeutsche Dialekte* (keine Verschiebung von pp und mp: Appel, Kopp, Strump)
   Mittelfränkisch, Rheinfränkisch,
   Thüringisch, Obersächsisch, Lausitzisch

Der *wertende Charakter* des Begriffs „Hochdeutsch", gewissermaßen als Paradigma für gutes, gebildetes Deutsch („hochdeutsch reden", „deutsche Hochsprache"), ergibt sich erst aus der weiteren sprachgeschichtlichen Entwicklung: Seit dem Ausgang des 15. Jhs. werden die überregionalen Drucker- und Kanzleisprachen so bezeichnet, später bei den Grammatikern des 16. und 17. Jhs. die vorbildhafte Sprache Luthers und der sächsischen Kanzlei, schließlich – nach der Ablösung des Latein als Gelehrtensprache – während der Aufklärung das verfeinerte Schriftdeutsch ganz allgemein (etwa bei Adelung). J. Grimm orientierte sich im „Deutschen Wörterbuch" vornehmlich an „Süddeutschland, wo von alters hochdeutsche sprache und poesie erwachsen war" (1854, Vorrede V), so daß dann am Ende des 19. Jhs. bei den Vereinheitlichungsbestrebungen im Deutschen Reich Hochdeutsch (in oberdeutscher Version) zur verbindlichen Norm erhoben wird.

3.3 Sprachliche Strukturen des Althochdeutschen

3.3.1 Phonematik: Die zweite („hochdeutsche") Lautverschiebung

Die sogenannte zweite Lautverschiebung führt durch Veränderungen im **Konsonantismus** zur Ausgliederung des Deutschen bzw. seiner „hochdeutschen" Dialekte aus den germanischen Sprachen. Sie beginnt spätestens zur Völkerwanderungszeit (Attila > Etzel!) im alemannischen Bereich und setzt sich, allerdings nur allmählich und mit unterschiedlicher Konsequenz, von Süden nach Norden durch. Betroffen sind die germ. Verschlußlaute, und zwar die *Tenues* p, t, k je nach ihrer Stellung (Anlaut, Inlaut oder Auslaut) und die *Mediae* b, d, g (frühgerm. noch stimmhafte Spiranten). In der folgenden, vereinfachenden Übersicht repräsentieren altsächs. (as.) Beispiele den (elb)germ. Lautstand (vgl. auch die entsprechenden engl. und niederdt. Formen heute):

Lautbestand germ.	ahd.	Beispiele altsächs.	ahd.	nhd.
1. Tenues	a) Affrikatae	plëgan	phlëgan	pflegen
p/t/k →	pf/tz/kch	appul	apful	Apfel
		thorp	dorp dorf	Dorf
	(Anlaut sowie	tiochan	ziohan	ziehen
	Inlaut u. Aus-	hërta	hërze	Herz
	laut nach	korn	chorn	Korn
	Konsonant)	folk	folch	Volk
	b) Spiranten	opan	offen	offen (open!)
↘	tt/zz/hh(ch)	etan	ezzan	essen (eat!)
		brëkan	brëhhan	brechen (break!)
	(Inlaut und	dat	daz	das
	Auslaut nach	ik	ih	ich
	Vokal)			
2. Mediae	Tenues	bindan	obd. pintan (ofr. bintan)	binden
b/d/g →	p/t/k	gëban	obd. këpan (ofr. geban)	geben
		dag	tag	Tag

Durch die 2. Lautverschiebung entsteht mit den *Affrikaten* (Kombination von Verschluß- und Reibelaut, vgl. S. 44) also eine neue Konsonantengruppe; ferner wächst der Anteil von *Spiranten*. Wie unterschiedlich die einzelnen Stammesdialekte berührt werden, verdeutlicht noch einmal eine Zusammenstellung (nach Sonderegger 1979, 127):

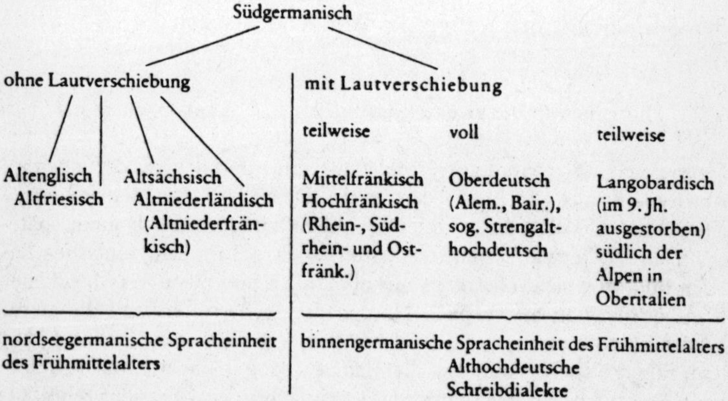

Dabei entspricht der ostfränk. Konsonantenbestand am ehesten den Verhältnissen im Nhd.

Insgesamt kennzeichnet die 2. Lautverschiebung jedoch eine allgemeine, überregionale Entwicklungstendenz, deren Auswirkungen in der heutigen Dialektgeographie noch überall deutlich spürbar sind. Die Ursachen für Entstehung und Verbreitung der Neuerungen liegen im Dunkeln. Bemerkenswert ist immerhin, daß deren Durchsetzung in die Zeit der Ausweitung und Konsolidierung der fränkischen Herrschaft fällt. So liegt die Vermutung nahe, daß die Neuerungen zuerst von der fränkischen Oberschicht adaptiert und weitergetragen worden sind (W. Mitzka; vgl. u. a. v. Polenz 1978, 32).

Kritik an der Bezeichnung „*Lautverschiebung*" ist natürlich auch in der Germanistik geäußert worden. H. Eggers (1963, 66) weist darauf hin, daß sie einen unzulässigen Vergleich mit der 1. Lautverschiebung provoziert und zugleich eine Einzelveränderung verabsolutiert. So sind Entwicklungen im Vokalismus, die ebenfalls das Hochdeutsche vom Niederdeutschen trennen, oft eher sekundär notiert worden: Beispielsweise werden die germ. Langvokale ō, ē nur im Ahd. zu uo, ia diphthongiert (alts. brodar > ahd. bruoder), während lediglich das Altsächs. die germ. Diphthonge au und ai zu ō, ē monophthongiert (nd. bōm, stēn; aber Nhd. noch heute Baum, Stein). Auch der Umlaut a > e vor i in der Folgesilbe (gasti > gesti „Gäste") kennzeichnet eine Sprachbewegung von Norden nach Süden. St. Sonderegger indessen (1979, 134) hält die Lautverschiebung für „eines der wichtigsten Gliederungskriterien für den internen Aufbau der deutschen Sprachlandschaft" und für die „Wiederholung des gleichen Veränderungsprinzips" (138) wie beim Übergang Indogermanisch – Germanisch.

3.3.2 Morphematik und Syntagmatik

Im **Formenbestand** ist das Ahd. noch immer durch einen außerordentlichen Reichtum gekennzeichnet, der zunächst an zwei Beispielen aus der Flexion des *Substantivs* gezeigt werden soll (vgl. zur Morphologie im einzelnen Sonderegger in Besch u. a. 1985 mit zahlreichen Übersichten):

Kasus	a-Deklination		i-Deklination	
	Sing.	Plural	Sing.	Plural
Nom.	tag	tagâ, -a	gast	gesti
Gen.	tagas, -es	tago	gastes	gesteo, -io, -o
Dat.	taga, -e	tagum, -om, -un, -on	gaste	gestim, -in, -en
Akk.	tag	taga	gast	gesti
Instrum.	tagu, -o		gastiu, -u	

Ähnlich volltönend und „farbig“ (Eggers) wirkt die Deklination und Steigerung der Adjektive sowie die *Konjugation*. Auch hier zwei Beispiele (starke Verben):

Infinitiv	Präsens Indikativ Sing.	Präsens Indikativ Plur.	Präteritum Indikativ Sing.	Präteritum Indikativ Plural	Partizip prät.
nëman	1 nimu	nëmumês, -amês	1 nam	nâmum, -umês	ginoman
"nehmen"	2 nimis	nëmet, -at	2 nâmi	nâmut	
	3 nimit	nëmant	3 nam	nâmun	
ziohan	1 ziuhu	ziohemês, -en	1 zôh	zugumês, -un	gizogan
"ziehen"	2 ziuhis, -ist	ziohet	2 zugi	zugut	
	3 ziuhit	ziohent	3 zôh	zugun	

Die Weiterwirkung des Anfangsakzents führt jedoch zu Vereinfachungen, die einen Ausgleich durch anderweitige sprachliche Mittel zur Verdeutlichung syntaktischer Beziehungen notwendig machen. So wird seit dem 11. Jh. der Instrumentalis durch *präpositionale Fügungen* mit „durch“, „mit“, „von“ ersetzt. Ferner entsteht der für das Deutsche charakteristische *Artikel*, und zwar

– der bestimmte Artikel aus dem Demonstrativum „der, diu, daz“;
– der unbestimmte Artikel aus dem Numerale „ein“.

Für den Einsatz des definiten Artikels müssen daneben wohl mit Behaghel (1923, 38) auch textsyntaktisch-anaphorische Funktionen angenommen werden.

Beim *Verb* zeigt sich eine ähnliche Tendenz zum *analytischen Sprachbau:* Zunehmend wird das *Personalpronomen* verwendet sowie die *Umschreibung*

– beim Perfekt mit „sein“ und „haben“ (dies erst im späten Ahd.);
– beim Passiv mit „sein“ oder „werden“;
– beim Futur mit „sollen“, „wollen“ oder „müssen“ (mit „werden“ dagegen erst im Mdh.: ih scal lësan > ich werde lesen)

Dabei wirkt sich jedoch auch, unter dem Einfluß lateinischer Schriftsteller und der Bedeutung von Übersetzungsliteratur, eine Tendenz zur *Differenzierung* aus, denn das Ahd. kennt ursprünglich nur *ein Genus* (das Aktiv) und *zwei Tempora* (Präsens und Präteritum).

Zur Unterscheidung der ererbten Tempora und Numeri wird weiterhin der *Ablaut* verwendet (in insgesamt 7 Klassen, vgl. S. 84).

Die **Wortbildung** offenbart besonders deutlich den *Experimentiercharakter* des Ahd. bei Übersetzungsversuchen christlich-kirchlicher Begriffe, für die im Germanentum kein Äquivalent existierte. So stehen für das lat. misericordia:

miltida, miltnissa, êregrehtî, armherzîn, irbarmherzî, irbarmida, gabarmida, ginâda etc.,

also *Ableitungen* auf -i, -in, -ida, -nissa, -a. Neben die germ. Suffixe treten lat. Lehnsuffixe, vor allem das aus dem lat. -arius entwickelte -âri zur Bildung von Nomina agentis:

heilâri „Heiland", scolâri „Schuldner", scepfâri „Schöpfer".

Dieses Suffix wurde zunehmend auch bei Berufsbezeichnungen verwendet und verdrängt hier ältere Bildungen auf -eo und -e, z. B. „sueinâri" das „suinhirte" (erst später entwickeln sich hieraus neue Suffixe auf -ler und -ner: Tischler, Künstler; Klempner, Schaffner).

Von der aus dem Ie. stammenden Möglichkeit, zwanglos *Komposita* zu bilden, wird ebenfalls reicher Gebrauch gemacht, z. T. noch mit erhaltenem Fugenvokal: slagifedera „Schlagfeder". Infolge der Übersetzungstätigkeit wächst die Zahl uneigentlicher (genitivischer) Komposita: erdrîhhi „Erdreich", himilrîhhi „Himmelreich".

Sehr zahlreich sind bei Verben *Präfixbildungen* der verschiedensten Art, die sprachgeschichtlich noch als Komposition einzustufen sind (vgl. Splett in Besch u. a. 1985, 1047):

begrifan „umfassen"	danastozzan „wegstoßen"
zeirgan „vergehen"	heraqueman „herkommen"
ababrechan „abbrechen"	nidafallan „niederfallen"

In der **Syntax** dominierte noch im frühen Ahd. die unverbundene Nebenordnung (asyndetische Parataxe) von Aussagesätzen, auch für Übersetzungen kausaler Hypotaxen aus dem Lat. Daneben tritt bald der *Relativsatz,* bei dem der relative Anschluß durch das Demonstrativpronomen mit nachgestelltem Ortsadverb „thar" = da gebildet wird (durch die Lutherbibel noch erhalten: „Gelobt sei, der da kommt im Namen des Herrn"); ferner der *daz-Satz* nach Verba declarandi et sentiendi (mit Wiederholung des schon im Hauptsatz vorhandenen „daz"):

„Ik gihorta dat seggen / dat sih urhettun aenon muotin"
(Hildebrandslied, vgl. S. 68)

Ein reicher gegliedertes Konjunktionensystem entwickelt sich erst im 10. und 11. Jh.; ursprünglich temporale Konjunktionen erhalten nun kausalfinale und konsekutive Bedeutung.

3.3.3 Lexematik und Textematik: Lateinisch-christlicher Einfluß

Der Wortschatz des Ahd. integriert die lat.-christl. Tradition in den Bestand der alten Mundarten. Wir können uns dafür allein an schriftlichen Quellen orientieren, die teilweise ein hohes Abstraktionsniveau haben, den Weg zur Literatursprache markieren und nur der mit Kulturtechniken vertrauten Oberschicht zugänglich waren. Andererseits wirkt „die werdende Schriftsprache durch Predigt und Christenlehre ... in die Alltagssprache des Volkes" hinein und empfängt wohl auch Anregungen von ihr (Eggers 1963, 97).

Üblicherweise wird der Wortschatz eingeteilt in *Erbgut, Lehngut* und *Fremdwörter*. Die komplizierten Verhältnisse im Ahd. erfordern jedoch schon eine genauere Differenzierung, die nach W. Betz (1965², 27; vgl. zudem Wasserzieher 1952, 56 f.) wie folgt vorgenommen werden kann:

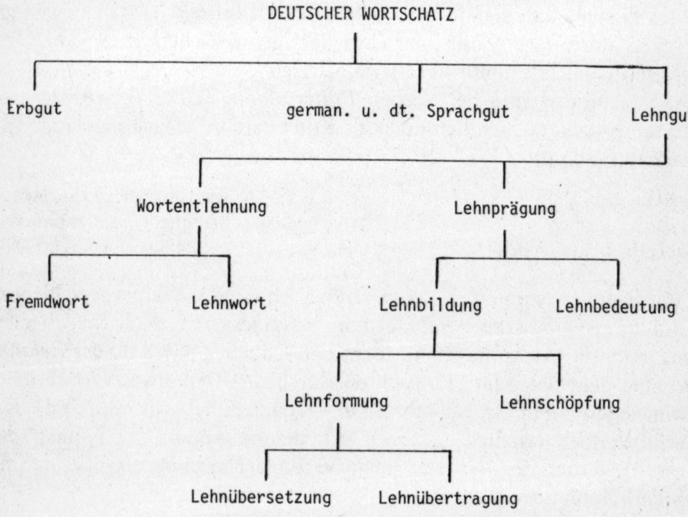

Zum **Erbgut** zählen Wörter mit ie. Wurzel, z. B. bestimmte Tiernamen, Waldbäume, Verwandtschaftsbezeichnungen, einfache Tätigkeiten und Eigenschaften, die uns ein lebendiges Bild der damaligen Kultur vermitteln (vgl. die schöne Darstellung bei Mackensen 1977, 20 ff.).

Germanisch-deutsches Sprachgut entsteht nach der Ausgliederung des Germanischen aus dem Ie. und des Deutschen aus dem Germanischen. Nachweisbar sind nur etwa 500 eigenständige, noch erhaltene Bildungen. Zahlreiche Wörter aus dem kultischen Bereich sterben in ahd. Zeit unter christlichem Einfluß ab:

harug „Opferstätte";
bluostar, gelstar „Opfer";
baro, loh „heiliger Hain" (letzteres noch erhalten in Ortsnamen auf -loh);
zebar „Opfertier" (noch erhalten in „Ungeziefer").

Beim **Lehngut** sind direkte Wortentlehnungen im Ahd. nicht einmal häufig (ca. 3 %). Sie betreffen vor allem Kirche und Kultus:

Kirche, ahd. kirihha (aus griech. kyrikon)
Bischof, ahd. biscof (aus lat. episcopus)
Opfer, ahd. opfar (aus lat. offere > ahd. opfarôn)
segnen, ahd. seganôn (aus lat. signare zu signum „Zeichen")
Kloster, ahd. klostar (aus lat. claustrum)
Münster, ahd. munistri (aus lat. monasterium)
Papst, ahd. bâbes (aus lat. papa)

Sekundär sind dazu auch Übernahmen aus kulturellen Bereichen zu nennen, die in den Klöstern gepflegt wurden:

- Heilkunde (ahd. fiebar „Fieber" aus lat. febris)
- Schreibtechnik (ahd. tavala aus lat. tabula; ahd. briaf „Brief" aus mlat. breve; ahd. insigilli „Siegel" aus lat. sigillum)
- Back- und Kochkunst (ahd. brezitilla „Brezel" aus lat. bracchiatellum zu lat. bracchium „Arm")
- Obst- und Gartenbau (ahd. colo „Kohl" aus lat. caulis; ahd. petersilia „Petersilie" aus lat. petrosilium; ahd. retik „Rettich" aus lat. radix)

Viel stärker macht sich allerdings die Christianisierung des ahd. Wortschatzes bemerkbar, und zwar über *Lehnprägungen* (vor allem Lehnbedeutungen – s. Übersicht auf S. 66).

Die Mischung von Erb- und Lehngut kann man außerdem noch in Teilwortschätzen verfolgen, unter denen die Anfänge von *Fachsprachen* erwähnenswert sind (vgl. auch Splett in Besch u. a. 1985, 1036):

- Rechtssprache (Leges barbarorum 8./9. Jh.; Übersetzung der Lex salica 9. Jh.)
- Wissenschaftssprache (Notkers Vermittlung der „septem artes liberales", um 1000)

Art der Lehnprägung	Erklärung	Beispiele
1. Lehnbedeutung	Entlehnung nur der neuen Bedeutung (= Bedeutungswandel ererbter Wörter) Anteil nach Betz am frühen ahd. Wortschatz ca. 26% von 20.000 Wörtern	Gott, ahd. got, für lat. deus Herr, ahd. hêrro, für lat. dominus Himmel, ahd. himil, für lat. coelum Gabe, ahd. gëba, für lat. gratia Trost, ahd. trôst, für lat. spes Sünde, ahd. sunta, für lat. peccatum Demut, ahd. diomuoti, für lat. humilitas
2. Lehnbildung	Neubildung aus eigenem Sprachmaterial, aber durch fremden Anstoß	
2.1 Lehnschöpfung	ohne formale Nachahmung	findunga "Findung" für lat. experimentum unmezwizzo "unmäßig Wissender" für lat. philosophus
2.2 Lehnformung	mit formaler Nachahmung	
- als Lehnübersetzung	- Übersetzung Glied für Glied	ubarfleozzida "Überfluß" nach lat. superfluitas gimeinida "Gemeinde" nach lat. communio sangâri "Sänger" nach lat. cantor wolatât "Wohltat" nach lat. beneficium
- als Lehnübertragung	- Übersetzung nur eines Teiles oder freiere Nachbildung	forakisëhan "voraussehen" nach lat. providere fersagên "verneinen" nach lat. negare

3.4 Textanalysen und Aufgaben

Wir beschränken uns im folgenden auf Dichtungen und Wochentagsnamen, also auf Beispiele aus den letzten beiden von Sonderegger genannten Textgruppen, weil an ihnen die Entwicklung von Sprachformen und Textfunktionen am besten aufgezeigt werden kann.

3.4.1 Die Sprache der heidnischen Zeit: Merseburger Zaubersprüche

Eiris sazun idisi, sazun hera duoder.
suma hapt heptidun, suma heri lezidun,
suma clubodun umbi cuoniouuidi:
insprinc haptbandun, inuar uigandun! –

P*h*ol ende Uuodan uuorun zi holza.
du uuart demo Balderes uolon sin uuoz birenki*t*.
thu biguol en Siu*th*gunt, Sunna era suister,
thu biguol en Friia, Uolla era suister,
thu biguol en Uuodan, so he uuola conda:
sose benrenki, sose bluotrenki,
sose lidirenki,
ben zi bena, bluot zi bluoda,
lid zi geliden, sose gelimida sin! –

Einst ließen sich die Idisen nieder, setzten sich hierhin und (setzten sich) dorthin. Einige fesselten (die Feinde), andere hemmten (das feindliche) Heer, wiederum andere lösten die Fesseln (des Freundes): löse dich aus den Fesseln, entflieh den Feinden! –

Phol und Wodan ritten in den Wald. Da verrenkte sich Balders Fohlen einen Fuß. Da besprach ihn Sindgund (und) Sunna, ihre Schwester, da besprach ihn Frija (und) Volla, ihre Schwester, da besprach ihn Wodan, so gut wie (nur) er es konnte: wie die Verrenkung des Knochens, so die des Blutes, so die des ganzen Gliedes! Knochen an Knochen, Blut zu Blut, Glied an Glied, als ob sie zusammengeleimt wären!

(Text und Übersetzung aus: H. D. Schlosser, Althochdeutsche Literatur. Fischer: Frankfurt/M. 1980^2, 252f.)

Die Merseburger Zaubersprüche, beide „von höchster sprachlicher wie mythologischer Altertümlichkeit" (Sonderegger 1974, 91), sind erst im 10. Jh. aufgezeichnet worden (ostfränk., wohl aus Fulda), verweisen jedoch auf *altgerm.-heidnische Ursprünge.* Der erste stellt einen Lösezauber dar, der zweite einen Pferdesegen. Der Spruchaufbau ist zunächst zweiteilig: Auf einen Bericht folgt der eigentliche magische Bannzauber durch das Wort – in der imperativischen Wendung, in der Besprechung des kranken Pferdes. Die im Bericht wiedergegebene Vorbildhandlung wird in den mythischen Bereich der Götter gelegt: mit den „idisi" (walkürehafte Frauen), mit Phol, Wodan und Baldur. Die Langzeilen sind durch Stabreim gebunden; die magische Dreizahl äußert sich daneben aber auch in der dreigliedrigen Form des Berichts bzw. der Besprechung, unterstützt durch sprachliche Parallelitäten und Hervorhebungen (heptidun – lezidun – clubodun; benrenki – blutrenki – lidirenki). Knappe Aussagen, Wiederholung und Variation schaffen höchste Eindringlichkeit, vermitteln Geschlossenheit des Weltbildes und Gesetzmäßigkeit des

Handelns, wie es noch heute die profanierten Spruch-Rezepte zu suggerieren versuchen (Werbesprüche, Jugendsprüche).

Aufgaben

a) Charakterisieren Sie im einzelnen Aufbau und rhetorisch-stilistische Technik der beiden Sprüche.
b) Informieren Sie sich über das Grundschema des german. Stabreimverses. Zeigen Sie dessen Realisierung in den vorliegenden Texten.
c) Erörtern Sie sprachlich-formale Merkmale (Lautverschiebung – Lautstand, Schreibweise, Flexionsendungen).
d) Vergleichen Sie unsere Beispiele heidnischer Zauberdichtung mit christlich inspirierten Segenssprüchen (z. B. Lorscher Bienensegen, Wiener Hundesegen).

3.4.2 Die Sprache der christlichen Dichtung: Wessobrunner Gebet

De poeta
Dat gafregin ih mit firahim   firiuuizzo meista,
Dat ero ni uuas   noh ufhimil,
noh paum,   noh pereg ni uuas,
ni *sterro* nohheinig,   noh sunna ni scein,
noh mano ni liuhta,   noh der mareo seo.
Do dar niuuiht ni uuas   enteo ni uuenteo,
enti do uuas der eino   almahtico cot,
manno miltisto,   enti dar uuarun auh manake mit inan
cootlihhe geista,   enti cot heilac.
Cot almahtico, du himil enti erda gauuorahtos enti du mannun so manac coot forgapi: forgip mir in dina ganada rehta galaupa enti cotan uuilleon, uuistóm enti spahida enti craft, tiuflun za uuidarstantanne enti arc za piuuisanne enti dinan uuilleon za gauurchanne. –

Von einem Dichter
Das habe ich bei den Menschen als größtes Wunder erfahren: daß es die Erde nicht gab und nicht den Himmel, es gab nicht den Baum und auch nicht den Berg, es schien nicht ein einziger Stern, nicht die Sonne, es leuchtete weder der Mond noch die glänzende See. Als es da also nichts gab, was man als Anfang oder als Ende hätte verstehen können, gab es schon lange den einen allmächtigen Gott, den reichsten an Gnade. Bei ihm waren auch viele Geister voll Herrlichkeit, früher (als sie aber war) der heilige Gott.
Allmächtiger Gott, du hast Himmel und Erde erschaffen und den Menschen so manches Gut verliehen: verleihe mir rechten Glauben an deine Gnade und guten Willen, Weisheit, Klugheit und Kraft, den Teufeln zu widerstehen und das Böse zu meiden und deinen Willen zu tun. –

(Text und Übersetzung aus: H. D. Schlosser, Althochdeutsche Literatur. Fischer: Frankfurt/M. 1980², 28 f.)

Das Wessobrunner Gebet, so genannt nach dem Fundort im Kloster Wessobrunn, wurde zu Anfang des 9. Jh. niedergeschrieben, „von einem Dichter“ (Bairisch, mit altsächs. Einschlag). Es zählt zur *christlich-kosmogonischen Dichtung,* die Weltanfang und Weltursprung zum Ausgangspunkt nimmt (Gegenstück: eschatologische Dichtung, z. B. das ahd. Muspilli), und kompiliert recht locker einen poetischen Teil (wohl Zitat einer älteren Vorlage) und einen Prosateil. Während man früher von einer „irreführenden Benennung“ gesprochen hat (de Boor 1960, 49; Eggers 1963, 185), betont Schlosser (1977, 100) die Orientierung des gesamten Aufbaus am traditionellen Gebet: Anamnese und Bitte.

Der erste Teil veranschaulicht in neun *Stabreim-Langzeilen* den Gegensatz von Chaos im biblischen Sinne (vermutlich eine Adaption alter Edda-Verse, der Strophen 3 und 5 der Völuspa) und der Existenz Gottes. Er arbeitet mit paarig strukturierter Reihung von Exempla. Die Formeln „almahtico cot“ und „cot heilac“ leiten dann über zu Apostrophe, Lobpreis und Bitte im zweiten Teil, gehalten in ziemlich durchschnittlicher ahd. *Predigtsprache.* Damit stellt das Wessobrunner Gebet ein frühes Zeugnis der Begegnung von Heidentum und Christentum dar, bei dem die alten Begriffe und Formen in neuer, volkstümlicher Einkleidung erscheinen. Vielfach wird angenommen, daß das Gebet im Umkreis angelsächsischer Missionsarbeit entstanden ist.

Aufgaben

a) Vergleichen Sie das Wessobrunner Gebet mit den entsprechenden Versen der Völuspa einerseits und der zeitgenössischen Missionsliteratur andererseits (altsächs. Genesis, Heliand).
b) Erläutern Sie an diesem Text den Charakter des Ahd. als „Übergangssprache“.
c) Wo zeigt sich der durchgehend bairische Lautstand, wo altsächs. Einfluß (Anhaltspunkte dazu bei Sonderegger 1974, 66)?
d) Erörtern Sie die Etymologie einzelner Wörter (paum, pereg, cot, ganada, galaupa).

3.4.3 Die Sprache der Heldendichtung: Hildebrandslied

Ik gihorta dat seggen,
dat sih urhettun   ænon muotin:
Hiltibran*t* enti Hadubrant   untar heriun tuem.
sunufatarungo   iro saro rihtun,
garutun sê iro gudhamun,   gurtun sih iro suert ana,
helidos, ubar *h*ringa,   do sie to dero hiltiu ritun.

Hiltibra*nt* gimahalta, Heribrantes sunu, – her uuas heroro man,
ferahes frotoro – her fragen gistuont
fohem uuortum, *h*wer sin fater wari
fireo in folche,
‚eddo *h*welihhes cnuosles du sis.
ibu du mi enan sages, ik mi de odre uuet,
chind in chunincriche. chud ist m*i* al irmindeot.‘
Hadubra*nt* gimahalta, Hiltibrantes sunu:
‚dat sagetun mi usere liuti,
alte anti frote, dea érhina warun,
dat Hiltibrant hætti min fater, ih heittu Hadubrant.
forn her ostar gi*w*eit, floh her Otachres nid,
hina miti Theotrihhe enti sinero degano filu.
her furlaet in lante luttila sitten,
prut in bure barn unwahsan,
arbeo laosa. he*r* raet ostar hina.
des sid Detrihhe darba gistuontu*n*
fate*r*es mines: dat uuas so friuntlaos man.

Ich hörte (glaubwürdig) berichten, daß zwei Krieger, Hildebrand und Hadubrand, (allein) zwischen ihren beiden Heeren, aufeinanderstießen. Zwei Leute von gleichem Blut, Vater und Sohn, rückten da ihre Rüstung zurecht.
(5) sie strafften ihre Panzerhemden und gürteten ihre Schwerter über die Eisenringe, die Männer, als sie zu diesem Kampf ritten. Hildebrand, Heribrands Sohn, begann die Rede – er war der Ältere, auch der Erfahrenere –, mit wenigen Worten fragte er,
(10) von welchen Leuten im Volk der Vater des anderen sei, „oder (sag mir,) zu welchem Geschlecht zu zählst. Wenn du mir nur einen (Namen) nennst, weiß ich schon, wer die andern sind, die Angehörigen im Stammesverband. Ich kenne das ganze Volk.“ – Hadubrand, Hildebrands Sohn, antwortete:
(15) „Es haben mir unsere Leute gesagt, alte und erfahrene, die schon früher lebten, daß mein Vater Hildebrand heiße. Mein Name ist Hadubrand. Einst ist mein Vater nach Osten gezogen, auf der Flucht vor Odoakars Haß, zusammen mit Theoderich und vielen seiner Krieger.
(20) Er hat in der Heimat, in seinem Haus hilflos und ohne Erbe seine junge Frau (und) ein kleines Kind zurückgelassen. Er ist nach Osten fortgeritten. Danach sollte Dietrich den Verlust meines Vaters noch sehr spüren: er war so ohne jeden Freund.

(Text und Übersetzung aus: H. D. Schlosser, Althochdeutsche Literatur. Fischer: Frankfurt/M. 1980^2, 264. Siehe dort auch den vollständigen Text)

Das Hildebrandslied ist bekanntlich das einzige in deutscher Sprache erhaltene *Heldenlied*. Es wurde als Fragment überliefert (wahrscheinlich fehlen nur wenige Zeilen innerhalb des Textes und am Schluß) und auf den Umschlagblättern einer lat.-theologischen Handschrift des Klosters Fulda um 830 niedergeschrieben.

Stofflich gehört die hier dargestellte Wiederbegegnung zwischen Hildebrand und seinem Sohne Hadubrand sowie der tragische Kampf zwischen beiden in den Umkreis der *Dietrich-Sage*. Sprachlich weist das Lied eine *Dialekt-Überschichtung* auf: oberdeutsch-bairische Formen (prut, pist, chind) sind mit fränkischen und vor allem niederdeutsch-altsächs. Spuren eingefärbt (unverschobenes t, Nasalschwund vor Dentalen, Monophthongierung von ei zu e). Man nimmt deshalb eine Wanderung des Textes von Süden nach Norden an, aus dem langobardischen Bereich über Bayern bis ins niederdeutsche Missionsgebiet. Auch die Mischung germ.-heidnischer Vorstellungsinhalte mit christlichen Elementen („welaga nu, waltant got / wewurt skihit") läßt sich mit dieser Wanderung erklären.

Als Heldendichtung liegt hier der Typus des *Ereignisliedes* vor, wie er aus der altnord. Edda bekannt ist. Nach kurzem Eingangsbericht, der bereits eine epische Vorausdeutung auf den späteren Kampf enthält, folgt die wachsende Zuspitzung des Konflikts in wesentlich dialogischer Form. Das Lied hat damit eine durchlaufende doppelseitige *Handlungsstruktur,* in der fast alle Arten von Sprachhandlungen vorkommen, die wir heute kennen: Berichten, Auskunftgeben, Versichern, Beteuern, Drohen, Herausfordern, Beleidigen etc. (vgl. dazu insbesondere v. Polenz 1981, 250–264). Stark betont sind dabei Verwandtschaftsverhältnisse (schon durch die Wiederholung in der Inquit-Formel), historische Begebenheiten der Völkerwanderungszeit, Kriegertugenden und Kampfbereitschaft. So erscheint es auch nicht verwunderlich, daß das Hildebrandslied lange Zeit als Paradigma *germanisch-deutschen Heldentums* gegolten hat. Schicksalsglaube, das Motiv des Vater-Sohn-Kampfes sowie heroische Konflikte und Attribute finden sich jedoch ähnlich in anderen Kulturen. Eine Deutung als Rechtsstreit (Ehrismann; vgl. u. a. Schwab 1972) oder eine politisch-funktionale Wertung im Zusammenhang mit der aktuellen Auseinandersetzung zwischen Ludwig dem Frommen und seinen Söhnen um 830 (Schlosser 1978) kann sich nur auf Vermutungen stützen. Ergiebig wäre wohl eher eine Analyse der *Erzählstrukturen,* etwa im Vergleich mit dem Anfang des Nibelungenliedes, aus der sich der Vorstellungshorizont der Zeit ergibt (bezogen auf die jeweils typische, gesellschaftlich bestimmte Erzählsituation, die Erzählperspektive, den Erzählgegenstand, die Erzählweise etc.; vgl. Wolff 1987).

Aufgaben

a) Zeigen Sie an einzelnen Beispielen die Dialektmischung und den Formenreichtum im Hildebrandslied auf.
b) Untersuchen Sie die Wortbildung bei Substantiven und Verben (Hilfen dazu bei Splett in Besch u. a. 1985, 1043ff.).

c) Referieren und diskutieren Sie die Typen von Sprechhandlungsausdrücken, die v. Polenz (1981) aufgewiesen hat.
d) Erörtern Sie den Wandel der Erzählstrukturen am Eingang des Hildebrandsliedes, des Nibelungenliedes und einer modernen Kurzgeschichte (z. B. von H. Böll oder G. Wohmann).
e) Verfolgen Sie die politisch-moralische Rezeption des Hildebrandsliedes in philologischen Arbeiten (Wackernagel, Müllenhoff, Pongs, Ehrismann, Baesecke u. a.) und Literaturgeschichten (Gervinus, Laube, Nadler, Bartels) des 19. und 20. Jhs.

3.4.4 Wege der Namengebung: Die Wochentage

Verwickelt ist die Geschichte des Wortes *Samstag,* ahd. *sambaztag.* Das hebräische Sabbat-Wort war in der Form *Sabbaton* ins Griechische gelangt, wo sich eine volkssprachliche Nebenform *sambaton* entwickelte. Diese muß, obwohl die gotische Bibel nur das korrekte *sabbato* überliefert, auch im Gotischen (und ähnlich im Altslawischen) etwa in der Form **sambatdags* gegolten haben. Von dort wird sie zu den Baiern gelangt sein, wie die anderen griechisch-gotischen Wochentagsnamen. Aber auch im Westen des deutschen Sprachgebiets und sogar in Frankreich, dessen *samedi* ebenfalls auf vulgärgriechisch *sambaton* zurückgeht, ist das Wort bekannt, und so weit nach Westen konnte sich der späte gotische Import unmöglich ausdehnen. Man muß daher mit einem zweiten, westlichen Einwanderungsweg rechnen, und dieser war wirklich gegeben. Denn im unteren Rhonetal um Marseille, aber auch in Lyon und – wie oben schon erwähnt – selbst in Trier gab es große, einflußreiche griechische Christengemeinden. Von diesen Zentralen aus muß sich das Sambat-Wort über Frankreich und den deutschen Südwesten ausgebreitet haben.

Neben dem Wort *Samstag,* das den deutschen Süden und Südwesten völlig durchdrungen hat, findet sich, wie schon erwähnt, in den küstengermanischen Mundarten die viel ältere Bezeichnung *Saterdag.* Aber ein viel ernsthafterer Konkurrent erwächst dem Südwort in der noch jüngeren Bezeichnung *Sonnabend.* Dialektgeographische Untersuchungen von Theodor Frings haben ergeben, daß das Wort *Sonnabend* anfangs nur in zwei engen Bereichen, nämlich in Westfriesland und in Hessen-Thüringen vorkam, von wo aus es sich dann später weit über Nieder- und Mitteldeutschland verbreitet hat. Friesland und Hessen aber waren die beiden bevorzugten Missionsgebiete der Angelsachsen im 8. Jahrhundert. Da nun im Altenglischen neben dem alten *saeternesdaeg* auch die christliche Prägung *sunnanaefen* bezeugt ist, kann es nicht anders sein, als daß ahd. *sunnûnâband* ‚Sonnabend' nach diesem Muster geschaffen ist. Gemeint war damit zunächst nur die kirchliche Feier (Vigilia) am Vorabend des Sonntags. Aber bald wurde der ganze Tag mit dem Namen bezeichnet, der eigentlich nur seinem Ausklang galt.

Mit der Bezeichnung *Sonnabend* sind wir sprachgeschichtlich bereits hart an die Schwelle der althochdeutschen Periode gelangt, und ein weiterer Wochentagsname führt mitten in diese Zeit hinein. Der Wodanstag, der den Namen des meistverehrten Gottes der Westgermanen bewahrte, mußte christlichen Ohren besonders anstößig klingen. Trotzdem fand man dafür lange Zeit hindurch keinen geeigneten Ersatz. Die heutige Bezeichnung *Mittwoch* ist anfangs nur im Süden greifbar, schriftlich zuerst bei NOTKER VON ST. GALLEN, also erst gegen das Ende der althochdeutschen Periode bezeugt, aber doch wohl schon länger im mündlichen Gebrauch. Dieses *mittawecha* ist eine genaue Übersetzung des kirchenlateinischen, griechisch beeinflußten *media hebdomas* ‚Wochenmitte', eine Bezeichnung, die noch heute in norditalienischen und rätoromanischen Mundarten als christlicher Ersatz für *Mercurii dies* vorkommt. Es ist daher sicher, daß die Bezeichnung von Süden her in das deutsche Sprachgebiet gelangte. Ob allerdings über Augsburg, wie *Aftermontag,* oder über eines der Schweizer Bistümer oder gar auf breiter Front, das läßt sich nicht sicher ermitteln. Die Art der Wortbildung freilich, eine Glied-für-Glied-Übersetzung, sieht nach gelehrter Schöpfung aus. Am ehesten wird *mittawecha* daher in einer bestimmten geistlichen Kanzlei entstanden sein. Das neue Wort hat sich dann rasch über den Süden und weiter fast über das gesamte deutsche Sprachgebiet ausgedehnt und das alte *Wodanestag* auf die nordwestlichen Randgebiete abgedrängt.

Unerschüttert stehen von Anfang an die Namen *Sonntag* und *Montag,* ahd. *sunnûntag, mânatag,* ae. *sunnandaeg, mónadaeg.* Auch sie sind natürlich den lateinischen Vorbildern *Solis dies* und *Lunae dies* (frz. *lundi)* nachgebildet und gehören zur ältesten Namensschicht. Da aber Sonne und Mond von den Germanen nicht als Götter verehrt wurden, klangen die Namen unverfänglich und blieben auch, als das Christentum an anderen Bezeichnungen Anstoß nahm, unangefochten in Geltung. Beim *Sonntag* ist das insofern bemerkenswert, als sich in romanischen Ländern unter christlichem Einfluß dafür die Bezeichnung *dies dominica* (‚Tag des Herrn', frz. *dimanche)* einbürgerte. Daß solche Versuche auch im deutschen Sprachgebiet vorkamen, beweist ahd. *frôntag* ‚Herrentag', das durch NOTKER bezeugt ist. Aber diese Tagesbezeichnung kann höchstens landschaftliche Geltung gehabt haben, und ‚Tag des Herrn' wurde auf den Sprachgebrauch der Kanzel und gehobener Literatur zurückgedrängt. Im Volksbewußtsein war seit vielen Jahrhunderten die Bezeichnung *sunnûntag* offensichtlich so fest verankert, daß sich keine Neuerung dagegen durchsetzen konnte.
(aus: H. Eggers, Deutsche Sprachgeschichte, Bd. 1. Rowohlt: Reinbek b. Hamburg 1963, 140f.)

Besonders an der Bezeichnung unserer Wochentage kann man aufzeigen, „daß die Sprachgeschichte niemals in gerader Linie verläuft, daß vielmehr ihre Entwicklung von vielerlei verschiedenen geistigen Einflüssen gelenkt wird" (Eggers 1963, 135). Dabei haben wir es hier mit einer Gruppe von *Entlehnungen* zu tun, die noch aus vorchristlicher Zeit stammt und sich dann im frühen Mittelalter gegenüber allen neuen Einflüssen behaupten kann.

Unsere *siebentägige Woche* ist orientalisch-babylonischen Ursprungs; dort genossen die sieben Planeten, zu denen auch Sonne und Mond zählten, göttliche Verehrung. In hellenistischer Zeit gelangten diese Vorstellungen nach Griechenland und Rom, schließlich ins Juden- und Christentum. So sind auch im Lat. die Wochentagsnamen nach den Planeten gebildet: dies Solis, Lunae, Martis, Mercurii, Jovis, Veneris, Saturni. Damit ist der Weg für den germ. Bereich geebnet, nach römischem Vorbild durch Vergleich beider Götterwelten Wochentagsnamen zu finden (wohl im 4. Jh.):

Donnerstag, ahd. donarestag, nach Donar (für Jupiter);
Freitag, ahd. friatag, nach Freia (für Venus);
Dienstag, niederländisch dingsdag, nach dem im Niederrheingebiet verbreiteten Beinamen des Kriegsgottes Mars „Thinxus" (= Beschützer des Things, der Volksversammlung).

Daneben haben sich bis heute, gerade für den Dienstag, in manchen Gegenden noch andere Bezeichnungen erhalten: in Südwestdeutschland Ziestag (ahd. ziostag, engl. tuesday, nach german. Tiwaz für Mars) und in bayrisch-österreichischen Dialekten Erentag (altbair. erintag, nach der griech. Entsprechung Ares für Mars).

Den verschlungenen Weg der anderen Wochentagsnamen zeichnet der abgedruckte Text von Eggers nach.

Aufgaben

a) Erklären Sie, warum sich gerade am Niederrhein (bei Angelsachsen und Niederfranken) die heutigen Wochentagsnamen durchsetzten.
b) Ordnen Sie unsere Wochentagsnamen der Klassifikation des Lehngutes (nach S. 64 und 66) zu.
c) Referieren Sie die Etymologie der Festtagsbezeichnungen Weihnachten, Ostern und Pfingsten.

4. Das mittelalterliche Deutsch (Mittelhochdeutsch)

4.1 Abgrenzung und Datierung

Unter **Mittelhochdeutsch** (Mhd.) versteht man heute allgemein die Epoche der deutschen Sprachgeschichte *zwischen 1050 und 1350,* also die Zeit des sogenannten *Hochmittelalters.* Charakteristisch für das Mhd. ist, daß Deutsch nicht mehr allein im Dienste kirchlicher Verkündigung und schulischer Unterweisung steht wie noch im Ahd., sondern zur *Literatursprache* wird, für die sich allmählich feste Schreibkonventionen herausbilden und die gleichberechtigt neben die Kultursprache Latein tritt. Voraussetzung für diese Entwicklung war einerseits die Entstehung eines deutschen Kulturbewußtseins, vornehmlich im oberdeutschen und mitteldeutschen Bereich, als dessen Träger zunächst Adelsschichten (Ritter, Ministeriale), später zunehmend das städtische *Bürgertum* gesehen werden müssen. So wird das „Bildungsmonopol der Geistlichkeit" (v. Polenz 53) langsam gebrochen und eine erste *Säkularisierung* eingeleitet. Andererseits tritt dadurch das Stammesdenken zurück, so daß es zum Abbau der Dialektgrenzen und zu ersten *Ausgleichstendenzen* in der Schriftsprache kommen kann, die später in frühneuhochdeutscher Zeit unter dem Einfluß der Kanzleien und der Druckerzeugnisse (Bibelübersetzungen, Streitschriften) fortgeführt werden.

Der Beginn der mhd. Epoche um 1050 ist eine ungefähre Festlegung, für die u. a. der Tod *Notkers des Deutschen* (1022), dessen Werke noch dem Ahd. zugeordnet werden, eine Rolle spielt (vgl. u. a. Eggers 1965, 241). Für den Ausklang um 1350 sprechen *politisch-gesellschaftliche Entwicklungen* (Niedergang des deutschen Kaisertums nach Interregnum und Kreuzzugszeit; zunehmende Macht der Städte als Wirtschaftszentren; erste Universitätsgründungen), *geistesgeschichtlich-kulturelle Aspekte* (Ausklingen der deutschen Mystik) und *sprachliche Neuerungen* (Entstehen einer überregionalen Schriftsprache).

Innerhalb des Mhd. wird oft noch das **Frühmittelhochdeutsch** (1050–ca. 1170), das **klassische Mittelhochdeutsch** (1170–1250) und das **Spätmittelhochdeutsch** (1250–1350) unterschieden. Diese Binnendifferenzierung, von der Literatur her gewonnen und auch sozialhistorisch begründet (vgl. Eggers 1965, 241), ist jedoch nur als grobes „Periodisierungsgerüst" zu verstehen und mit fließenden Grenzen zu denken (siehe Sonderegger 1979, 169ff.). Mit unseren Analysen setzen wir Akzente in allen drei Sprachstufen, betonen aber vor allem die klassische Periode (höfische Kultur, Stauferzeit). Dabei vernachlässigen wir das von J. Grimm so genannte *Mittelniederdeutsche* (Mnd.), d. h. die Dialekte auf sächsischer Grundlage im norddeutschen Bereich, welche die 2. (hochdeutsche) Lautverschiebung nicht mitgemacht haben (siehe 3.2.1).

4.2 Politisch-gesellschaftliche und kulturelle Rahmenbedingungen

Das Hochmittelalter ist geprägt durch ein *dualistisches Machtgefüge* und ein *dualistisches Weltbild*. Machtpolitisch vollzieht sich in dieser Zeit die Auseinandersetzung zwischen *Imperium* (= weltliche Herrschaft) und *Sacerdotium* (= geistliche Herrschaft), bei der die aus der Jahrtausendwende stammende Vorstellung eines christlichen Universalimperiums mit der Hauptstadt Rom (Otto III: Renovatio imperii Romanorum) aufgegeben ist. Einen ersten Höhepunkt erlebt dieser Machtkampf im *Investiturstreit* (nach Canossa 1077) zwischen Papst Gregor VII. und Kaiser Heinrich IV., einen zweiten in der *Kreuzzugspolitik* Friedrich Barbarossas (1152–90), einen dritten in der *Weltgeltung des Papsttums* unter Innozenz III. ((1198–1216).

Im **Investiturstreit** wendet sich Papst Gregor VII. gegen die sogenannte *Laieninvestitur,* d. h. die Einsetzung von Bischöfen durch die weltliche Macht. Gleichzeitig tritt er für die Vorschrift des *Zölibats* (Verbot der Priesterehe) und das Verbot der *Simonie* (Kauf geistlicher Ämter) ein. In der **Kreuzzugsbewegung** wird die Idee eines *miles christianus* verwirklicht, indem Fürsten und Ritter vor allem aus dem romanisch-lothringischen Raum die heiligen Stätten im „Morgenland“ aus der Hand der orientalischen „Ungläubigen“ zu befreien versuchen; Friedrich I. (Barbarossa) macht daraus ein deutsches Unternehmen, durch das er innere Spannungen (mit dem Welfen Heinrich d. Löwen) und äußere (mit Papst Urban III.) zu überwinden hoffte und damit zum ritterlichen Ideal seiner Zeit wurde. **Innozenz III.** nutzt geschickt den Thronstreit in Deutschland (1198 Doppelwahl des Staufers Philipp v. Schwaben und des Welfen Otto IV. von Braunschweig) für sich, verteidigt die Lehnshoheit über Sizilien und gewinnt die über England, unterwirft schließlich die griechische Kirche im 4. Kreuzzug (1202–1204).

Parallel dazu entwickelt sich einmal die innerkirchliche **Reformbewegung,** ausgehend u. a. vom Kloster Cluny (gegr. 910), die eine neue Frömmigkeit propagiert und schließlich zur Gründung bekannter Mönchsorden führt (Franziskaner 1208, Dominikaner 1215, Augustiner 1244). Zum anderen bildet sich eine neue **Reichsideologie** („Imperium Romanum“; seit 1254 „Sacrum Imperium Romanum“) sowie mit dem *Rittertum* und dem *Dienstadel* (den „Ministerialen“) eine neue staatstragende Schicht. Beides führt zu einer eigenständigen *Laienkultur* mit ausgeprägten Lebensidealen und einer ritterlichen Standesethik (ausführlich dargestellt bei Bumke 1986, 64ff. und 399ff.). Später stützt sich das Kaisertum mehr und mehr auf sogenannte „freie" Reichsstädte mit Sonderrechten (Frankfurt 1245, Köln 1274, Augsburg 1276) und fördert damit eine korporativ gegliederte Bürgerschicht (Handwerkerzünfte, Kaufmannsgilden).

Die **Kultur des Rittertums** wurde „ze hove", an den Fürstenhöfen gepflegt und prägte nicht nur das Denken des Hochmittelalters. Ihre Leitvorstellungen und ihr Menschenbild adaptierte später das Bürgertum und schuf damit Verhaltensmuster und Traditionen, die bis in die Gegenwart hinein wirksam sind. Zum ritterlichen Tugendkanon gehören: mâze (weise Selbstbeschränkung), staete (Treue), zuht, êre, triuwe etc. Allerdings zeigt sich auch hier ein spannungsreiches dualistisches Weltbild. So unterscheidet Walther von der Vogelweide in seinem berühmten Reflexionsgedicht „Ich saz ûf eime steine" (siehe S. 95) zwischen innerweltlichen und außerweltlichen Gütern: Der êre (Achtung in der Gesellschaft) und dem varnde guot (bewegliche Habe, Besitz) steht gotes hulde (Gnade Gottes) gegenüber und ist ihnen zugleich übergeordnet. Die von G. Ehrismann (1916) behauptete Anlehnung an Ciceros Tugendsystem („De officiis": honestum, utile, summum bonum) ist aber wohl „mißverständlich und problematisch" (Bumke 1986, 416).

Unsere Bemerkungen zur Ritterkultur könnten zu dem Schluß verleiten, im Hochmittelalter habe allein ein gesellschaftsverbindliches Ethos, das „Wir" gegolten. Mit Recht verweist Hans Eggers in Verbindung mit dem obenerwähnten „Spruch im Reichston" und mit der Liebeslyrik Walthers darauf, daß man damals auch von einer „Entdeckung des Ich" (Eggers 1965, 117f.), einem beginnenden Individualismus sprechen kann, der die Wege für die Renaissance im 16. Jahrhundert bereitet. Anzeichen dafür sieht er in vielen persönlich gefärbten, Gefühle und Seelenleben berührenden Gedicht- oder Epos-Passagen, die er als Ausdruck eines neuen Selbstbewußtseins interpretiert. Dieser Gedanke kann auch für das höfische Frauenideal in Anspruch genommen werden, das durchaus nicht so einheitlich war, wie es oft dargestellt wurde (vgl. Bumke 1986, 451ff.).

4.3 Sprachliche Grundstrukturen

4.3.1 Allgemeine Kennzeichnung

Die Sprache der mhd. Zeit ist besonders geeignet, uns das Phänomen des Sprachwandels vor Augen zu führen. Denn sie steht der Gegenwartssprache immerhin schon so nahe, daß sie auch einem Laien als *deutsch* erscheint. Man muß sich jedoch vergegenwärtigen, daß die Bezeichnung

Mhd. nur als Sammelbegriff für eine Reihe von Territorialdialekten gelten kann. Für das hochdt. Sprachgebiet, auf das wir uns beziehen, wird oft die folgende Gliederung angegeben, die auf die ahd. Verhältnisse zurückgreift und die neuere Konsonanten- sowie Vokalentwicklung berücksichtigt (nach Schmidt 1980, 220; vgl. zur Problematik der Einteilung auch Menge in Besch u. a. 1985, 1182f.).

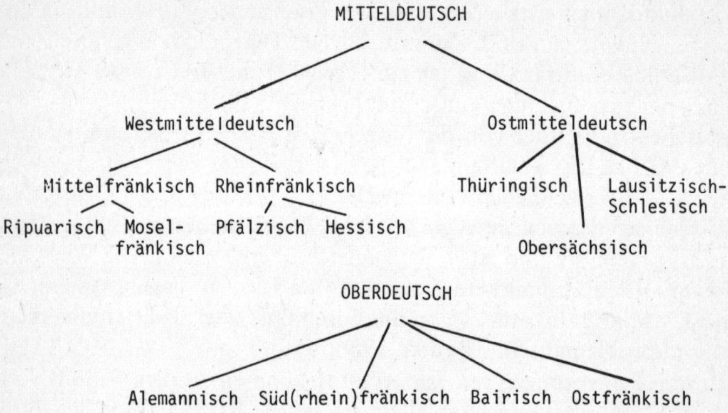

Veränderungen in den sprachlichen Binnenräumen ergeben sich in mhd. Zeit vor allem aus der Besiedelung der waldreichen Mittelgebirge, der Ausbildung der Territorien und der Ostkolonisation über Elbe und Saale hinaus (Einzelheiten siehe Bach 1970, 183ff.; Rautenberg in Besch u. a. 1985, 1121). Für die Analyse sprachhistorischer Tendenzen kann man sich auf fünf Textgruppen stützen (vgl. auch Moser/Wellmann/Wolf 164ff.):

- frühmittelhochdeutsche geistliche Versdichtung und Predigtliteratur (zwischen 1070 und 1170: Ezzos Gesang, Wiener Genesis, Annolied u. a.);
- weltliche Versdichtung und Ritterepen (frühhöfische Zeit, ab 1160: Alexanderlied, Rolandslied, Herzog Ernst; hochhöfische Zeit, um 1200: Parzival, Der arme Heinrich, Nibelungenlied);
- weltliche (höfische) Lyrik (etwa 1180–1220; Naturlyrik, Liebeslyrik, politische Lyrik: Reinmar d. Alte, der von Kürenberg, Walther von der Vogelweide u. a.);
- spätmittelhochdeutsche Predigt- und Erbauungsliteratur (ab 1250, vor allem Werke der Mystiker: David von Augsburg, Johannes Tauler, Meister Eckhart, Mechthild von Magdeburg);
- Urkunden (erste Gesetzestexte etwa ab 1200; vorher wird nur lateinisch geurkundet; z. B. „Mainzer Landfriede“, 1235).

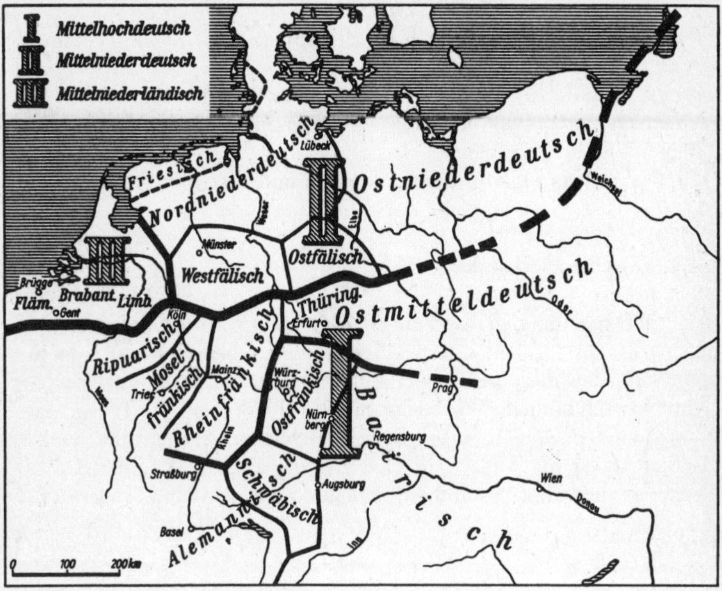

Territorialdialekte in mittelhochdeutscher Zeit

(aus: J. Schildt u. a., Kleine Enzyklopädie Deutsche Sprache. VEB Bibliograph. Institut: Leipzig 1983, 608)

Aus dieser Übersicht und den ungefähren Datierungen ist bereits ablesbar:

1. ein **geistesgeschichtlich-kultureller Prozeß:** vom Geistlichen zum Weltlichen; von einer gesellschaftlich sanktionierten Frömmigkeit zur individuell ausgeprägten Gläubigkeit; von der Verkündigung zur Dokumentation;
2. ein **sozialgeschichtlicher Prozeß:** von den Klöstern als Schreibzentren zu den Kanzleien des Stadtbürgertums; vom lateinisch gebildeten Mönch zum volkssprachigen Laien; vom theologisch-kirchlich interessierten Leser zum wissenschaftlich-praktisch orientierten Publikum;
3. ein **technischer Prozeß:** von der ästhetisch-ornamentalen Ausgestaltung (got. Buchmalerei!) zur sachlich ausgerichteten Schreibkultur; vom Pergament zum billigeren Papier (im 14. Jh.); von der Einzelherstellung eines Textes zur Reproduktion.

In solchen, hier vereinfacht skizzierten Entwicklungen offenbaren sich Tendenzen, die sich dann auch bei den sprachlichen Strukturen im einzelnen nachweisen lassen:

- eine *Umstrukturierung* von Denkinhalten (vgl. Lexematik);
- eine *Vereinfachung* und zugleich *Differenzierung* von grammatisch-syntaktischen Formen;
- eine *Erweiterung* von Textfunktionen und Leserkreisen.

4.3.2 Einzelne Merkmale

Bei der Darstellung der sprachlichen Grundstrukturen orientieren wir uns an den in 1.1.3 erläuterten Beschreibungsebenen. Es ist jedoch zu bemerken, daß diese ineinandergreifen und insofern nur analytisch getrennt werden können. Wir beginnen mit Bemerkungen zur Prosodie und Phonematik, da die Äußerungsseite sprachlicher Zeichen hier dem Betrachter zuerst ins Auge fällt. Den Zugang erleichtert ferner der Vergleich mit dem ahd. Bestand einerseits und mit dem Nhd. andererseits.

Prosodie

Den **Hauptton** trägt stets die Stammsilbe, bei Komposita die des ersten Glieds: kǘnec, hólunder, hôchgezît, klágen, erlóuben. Einen **Nebenton** erhalten in Nominalkomposita die Stammsilben des zweiten Glieds sowie die Ableitungssuffixe: hôchgezît, Kriemhìlt, inneclîche.

Die Stammsilbenbetonung führt bis zur Mitte des 11. Jhs. zur *Abschwächung* der früher vollen Auslautvokale in offener Silbe (zu tonlosem e):

ahd. taga „Tage“ > mhd. tage
ahd. gibu „gebe“ > mhd. gibe
ahd. nāmo „Name“ > mhd. nâme

Eine ähnliche Abschwächung (*Vokaleinebnung* zu tonlosem e) trifft auch Präfixe: ahd. gibirgi > mhd. gebirge. Seit dem 13. Jh. beobachtet man in der Folge die *Ausstoßung* solcher e-Vokale:

Synkope (Ausstoßung im Wortinnern):	mhd. klagete > nhd. klagte
	mhd. arebeit > nhd. arbeit
Apokope (Abstoßung am Wortende):	mhd. gelücke > nhd. glück
	mhd. herre > nhd. herr

Phonematik und Graphematik

Vokalismus: Das Mhd. enthält bereits alle uns heute geläufigen kurzen und langen Vokale, ferner eine Reihe von Diphthongen, die jedoch teilweise bereits monophthongiert werden. Für eine erste Übersicht empfiehlt sich das *Vokaldreieck,* das eine Einteilung nach der Artikulationsstelle im Mundraum und nach der Artikulationsart vornimmt (nach Schweikle 1986, 48; vgl. auch das Vokaltrapez bei Heidolph u. a. 1981, 916):

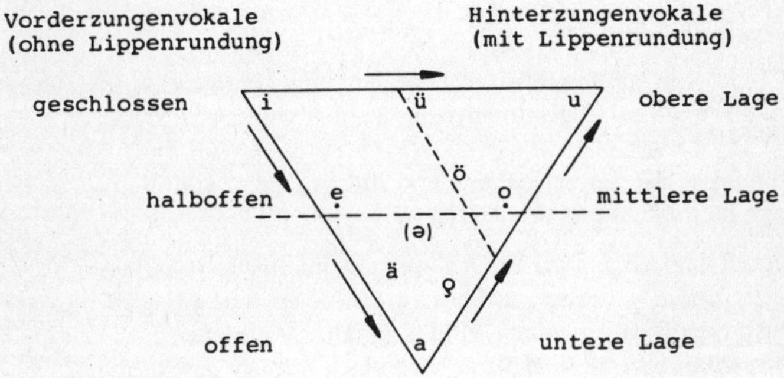

Zeichenerklärung:

ẹ, ọ : geschlossene e-, o-Laute wie in dt. leben, rot

ä, ö, ǫ: offene e-, ö-, o-Laute wie in dt. Welt, hält, Wörter, Wort

ə : 'Murmelvokal' von unbestimmter Klangfarbe, in der hebr. Grammatik als schwa-Laut bezeichnet

Länge und Kürze der Vokale *(Quantitäten)* sind in den mhd. Handschriften selten gekennzeichnet. Mitunter wird der Zirkumflex als Längezeichen verwendet. Seit Karl Lachmann findet er für lange Stammvokale allgemein Anwendung: mâze, lôn, râche. Nichtbezeichnete Silben werden demnach stets kurz gesprochen: klăgĕn, tŭgĕnde; gĕben; ze hŏve.

Das h als Dehnungszeichen gibt es erst im Frühneuhochdeutschen. Bei den sehr zahlreich vorkommenden *Diphthongen* ie, uo, üe, ei werden beide Vokale kurz und getrennt gesprochen, wobei der erste stärker betont ist als der zweite: líèbe gúòte brǘèder; léìt.

Die Diphthonge ie, uo und üe werden im md. Gebiet, vor allem im Osten, bereits seit dem 11. Jh. *monophthongiert,* d. h. zu langem i, u und ü vereinfacht (Palatalisierung):

lībe gūte brǖder

Der schon im Ahd. einsetzende *i-Umlaut,* als Auswirkung des germanischen Akzentwandels, wird jetzt allgemein durchgeführt:

ahd. māri „berühmt" > mhd. maere
ahd. skōni „schön" > mhd. schoene
ahd. hūti „Häute" > mhd. hiute (gesprochen: hüte)
ahd. liuti „Leute" > mhd. liute (gesprochen: lüte)
ahd. niuwi „neu" > mhd. niuwe (gesprochen: nüwe)

Der so entstandene Umlaut ü (geschrieben iu) wird, zusammen mit den aus dem Ahd. ererbten langen Vokalen î und û, später *diphthongiert:*

mhd. mîn niuwes hûs > nhd. mein neues haus.

Zum Nhd. hin gibt es also zwei gegenläufige Entwicklungen: Monophthongierung und Diphthongierung (zum Ablaut siehe S. 84).

Konsonantismus: Für Schreibung und Aussprache ist vor allem zu beachten (zur Lauteinteilung vgl. 3.2.1):

- Der *Reibelaut f* wird im Anlaut und im Inlaut zwischen Vokalen meist durch v wiedergegeben: vinden, aventiure. Er wird in diesen Positionen erst im späten Mhd. stimmlos gesprochen.
- Der *stimmhafte Reibelaut w* wird uu, u oder vv geschrieben.
- Der *stimmlose Verschlußlaut k* (Tenuis) erscheint oft als c: dancte. Unser ck entwickelt sich aus der Gemination: blic – blickes.
- *h* wird im Silbenanlaut gehaucht („gesehen"), bleibt im Auslaut aber stimmloser Reibelaut wie unser ch: sah, niht, wuohs.
- *z* kann sowohl stimmloser Reibelaut sein (heizen oder heizzen) als auch Affrikata (= „angeriebener Laut", t+s): zît, holz, zuo. Erst im Nhd. ist dieser Unterschied im Lautwert auch in der Schreibweise berücksichtigt.
- Im 11. Jahrh. setzt vom Oberdeutschen her der Übergang von sk > sch ein: ahd. skōni > mhd. schoene.

  Der entsprechende Wandel von sl, su, sm, sw, sp, st beginnt erst im 13. Jh. und wird dann zumeist in der Schreibweise berücksichtigt:

  snê > schnee, smerz > schmerz (dagegen jedoch: sprechen, stumpf)

  In manchen Fällen blieb er auf das Süddeutsche beschränkt:

  Kaspar > Kaschper, Kasten > Kaschte.

- *Konsonantenverdopplung* (Gemination) und *Konsonantenschwund* (Kontraktion) führen im Mhd. oft zum Nebeneinander zweier Formen:

  knabe – knappe; sehen – sên; lazen – lân; haben – hân

– *Grammatischer Wechsel* (= Wechsel verwandter Konsonanten in wurzelverwandten Wörtern, „Vernersches Gesetz"; beginnend im Ahd.) ist vor allem bei starken Verben zu beobachten:

h – g: ziehen – gezogen; slahen – geslagen
d – t: snîden – gesniten; mıden – gemiten
f – b: dürfen – darben, verderben
s – r (Rhotazismus): kiesen („küren") – gekorn, verliesen – verlorn

– *Auslautverhärtung* liegt dann vor, wenn stimmhafte Verschlußlaute (die Mediae b, d, g) im Auslaut zu stimmlosen Verschlußlauten (Tenues: p, t, k) werden, z. B. bei der Deklination:

tages – tac, lîbes – lîp, râdes – rât.

Die nhd. Rechtschreibung hat diese Erscheinung bekanntermaßen eingeebnet.

Morphematik

Bei der **Flexion** zeigt sich durch den Wegfall der vollen Endvokale eine weitgehende *Vereinfachung* und *Angleichung* in den einzelnen Klassen, vor allem in der Deklination der Substantive. Hier fungieren als eindeutige Kasusmorpheme nur noch die Konsonanten -s und -n, wie die Paradigmen der Maskulina beweisen:

Stamm: Kasus	-a-	-i-	-ja-	-n-
Sg. N.	tac	gast	hirte	bote
G.	tages	gastes	hirtes	boten
D.	tage	gaste	hirte	boten
A.	tac	gast	hirte	boten
Pl. N.	tage	geste	hirte	boten
G.	tage	geste	hirte	boten
D.	tagen	gesten	hirten	boten
A.	tage	geste	hirte	boten

Diese Entwicklung sowie weitere Analogiebildungen führen dann im Frnhd. zur Umgestaltung des aus dem Ie. ererbten Systems. Als Ausgleich für den Verlust von Kasusmerkmalen erhalten im Mhd. die Substantive zunehmend den Artikel. So entsteht damals die bis heute charakteristische *Gruppenflexion* (= Kongruenz in der Nominalphrase), indem „die grammatische Form nicht mehr am Substantiv allein kenntlich ist, sondern erst am Zusammenspiel der Endungen im ganzen Satzglied aus Artikel, Adjektivattribut und Substantiv" (Lindgren in Althaus u. a. 1980, 583).

In der **Konjugation** gibt es vergleichbare Tendenzen, hervorgerufen ebenfalls durch Vereinfachung und Angleichung der Personalformen:

Verbklasse: Person	schwache Verben		starke Verben
Sg. 1.	kenne	lebe	gibe
2.	kennest	lebest	gibest
3.	kennet	lebet	gibet
Pl. 1.	kennen	leben	geben
2.	kennet	lebet	gebet
3.	kennent	lebent	gebent

So kommt es zur Zunahme schwach flektierter Verben, zur vermehrten Verwendung von Personalpronomina und zur Unterscheidung der Modi (Indikativ und Konjunktiv) sowie der Aktionsarten (Aktiv und Passiv) mittels *Umschreibung:* Die Entwicklung vom *synthetischen zum analytischen Sprachbau* schreitet fort. Auch Konstruktionen mit den Hilfsverben „sein" und „haben" finden sich häufiger als im Ahd. Erhalten bleibt jedoch, später weiter vereinfacht, der *Ablaut* (= regelmäßiger Vokalwechsel) in den Stammformen der starken Verben:

1.	î, î – ei, i – i	stîgen/stîge, steic, stigen, gestigen
2.	ie, iu – ô, u – o	bieten/biute, bôt, buten, geboten
3.	i, i – a, u – u	binden/binde, bant, bunden, gebunden
4.	ë, i – a, â – o	nëmen/nime, nam, nâmen, genomen
5.	ë, i – a, â – ë	gëben/gibe, gap, gâben, gegëben
6.	a, a – uo, uo – a	graben/grabe, gruop, gruoben, gegraben
7.	a, a – ie, ie – a	vallen/valle, viel, vielen, gevallen

Bei der **Derivation** (Wortbildung) fallen vor allem die zahlreichen Suffigierungen auf, die sich folgenden Erscheinungs- und Erklärungstypen zuordnen lassen:

a) Endungen auf -heit: als Folge der Abschwächung von Endsilbenvokalen: ahd. skôni „Schönheit" > mhd. schoene > schoenheit;

b) Abstraktbildungen auf -heit, -keit, -unge im späten Mhd.: Bezeichnungsbedarf in Texten der Mystiker: enpfenclicheit, ichheit, gewordenheit; geistekeit; inbildunge, aneschouwunge;

c) Endungen auf -ie und -ieren: Einfluß der französischen Rittersprache: jegerie, prophezie; parlieren, loschieren, stolzieren

Die hier zum Ausdruck kommende Neigung, wortschöpferisch tätig zu werden, zeigt sich auch in der Fülle neuer Komposita, vor allem in der *hovesprache* (höfische Dichtung; siehe v. Polenz 1978, 58):

herzeleid, hôchgezît, minnekraft, minnenmuot;
minnenblint, trûresam, hôchgemüetic;
durchzieren, entherzen, überzaln.

Syntagmatik

Bei der Untersuchung der Syntax muß berücksichtigt werden, daß mhd. Texte im Original innerhalb der Abschnitte keine Interpunktion aufweisen. So fällt die Abgrenzung von Sätzen oft schwer.

Der Ausbau schriftsprachlicher Ausdrucksformen äußert sich zum einen in *Koordination* und *Subordination*. Er führt unter dem Einfluß lateinischer Vorbilder und der Rhetorik zu einem komplizierteren Satzbau (vgl. Hufeland in Besch u. a. 1985, 1191ff.):

Swaz kriuchet *unde* vliuget *und* bein zer erde biuget (Walther)
Ich kam gegangen zuo der ouwe: *dô* was mîn friedel komen ê (Walther)
Ein ritter sô gelêret was *daz* er an den buochen las (Hartmann)

Er ist aber auch ablesbar an den *festen Formeln* (z. B. beim Anreden und Grüßen), die wohl aus der gesprochenen Sprache stammen, diese aber in Wechselwirkung weiter standardisieren:

Dô sprach diu maget edele: „vil lieber bruoder mîn ..."
„Sît willekomen, ir herren, und ouch iuwer man ..."
„Nû lôn dir got, Rüedeger", sprach der künec dô.
(Nibelungenlied)

Ins Konzept einer Standessprache passen ebenfalls die zahlreichen verallgemeinernden Sätze mit „man" sowie umschreibende oder untertreibende Formeln:

Gedaehte man ir ze guote niht ... (Gottfried v. Straßburg)
Dô was lützel trûren

Beachtung hat in der sprachgeschichtlichen Literatur noch die Behandlung der *Verneinung* gefunden. Schon im Ahd. tritt neben die Verneinungspartikel ni oder en das Objekt „niht" (= ne iht, d. h. nicht etwas), das schließlich alleine verbleibt:

ahd. ich en weiz > ich en weiz niht >
mhd. ich enweiz niht > ich weiz niht.

Doppelte Verneinungen wie hier im späten Ahd. und im frühen Mhd. haben sich noch in einigen Dialekten erhalten.

Lexematik

Der Wortschatz des Mhd. spiegelt am deutlichsten die in 4.2 angedeuteten kulturellen und sozialen Veränderungen der Zeit. So verweisen uns die Elemente einer ritterlichen Standessprache und die auf dem Oberdeutschen basierende sogenannte „hovesprache“ auf die Konsolidierung einer **Standesethik**, deren Selbstverständnis aus der Abgrenzung sozialer Positionen, der Übernahme von Verpflichtungen und der Ausbildung eines festumrissenen *Tugendkanons* hervorgeht. Recht treffend charakterisiert v. Polenz (1978, 58) deshalb das höfische Mhd. als „stilistisch elitären Soziolekt mit einem erlesenen Wortschatz“.

Maßgeblich werden vor allem Ausdrücke, deren Bedeutungsgehalt auf dem grundlegenden *Lehnsverhältnis* beruht:

herre – man, dienest – lôn, triuwe – êre; staete, milte, muot.

Sie erhalten damals, als Bestandteile des Soziolekts der herrschenden Schicht, eine genaue, sowohl rechtlich wie sozialethisch relevante Bedeutung. Beispiele:

dienest drückt die Verpflichtung eines Gefolgs- oder Lehnsmannes aus. Vom Feudalrecht übernimmt der Minnesang den Begriff und kennzeichnet mit ihm das Verhältnis von „herre“ und „frouwe“.
triuwe (urspr. „Versprechen“) wird als „Vertragstreue“ zentraler Begriff des Lehnswesens, dann ethisch überhöht in der höfischen Dichtung („Selbstverpflichtung“).
mâze (von mezzen und unter Einfluß des lat. temperantia) wird zum Grundbegriff höfischer Erziehung und Bildung: „Maßhalten“, „Mäßigung“ als Beherrschen schädlicher Leidenschaften und Affekte, als Absage an extreme Verhaltensweisen.
staete (von stân = stehen) bedeutet Beständigkeit, Beharrlichkeit, Stetigkeit und kommt damit dem lat. constantia nahe.

Viele von ihnen haben die damals begründete Wertung in die bürgerliche Epoche weitergetragen und dabei z. T. charakteristische Veränderungen erfahren: Man denke beispielsweise an die höf-liche (!) Anrede „Herr“, an die Verallgemeinerung „man“, an Wörter wie „Kundendienst“, „Nibelungentreue“, „Heldenmut“ u. a.

Bemerkenswert sind die zahlreichen, die „äußere Ehre“ (Schopenhauer) betreffenden *Adjektive,* welche formelhaft-typisierend verwendet wurden (vor allem im Nibelungenlied):

edel, rîch, lobelîch, küene, schoene etc.

Gut ausgebildet, besonders in der Heldenepik, ist das Bedeutungsfeld *„Kampf“:*

kamph unde strît; helt, degen, recke; sterke, muot; wâfen etc.

Besonders hier wird deutlich, wie stark *jüngeres Wortgut* ältere, oft altepische Ausdrücke verdrängt: der „helt“ den „wîgant“ (= Krieger) und den „recken“ (= Verbannten), schließlich den „Degen“ (= Gefolgsmann). Genauere Angaben zur Etymologie sind in zahlreichen Handbüchern zusammengestellt (z. B. Gerdes/Spellerberg 1986, 109ff., Eggers 1965, 100ff.).

Interessant ist der **Bedeutungswandel**, den einige Wörter während der mhd. Zeit erfahren: Beispielsweise ist vrouwe (von ahd. frō = Herr) zunächst Standesbezeichnung (= Herrin, Dame), wîp dagegen Geschlechtsbezeichnung (= verheiratete Frau). A. Bach (1970, 179) konstatiert bereits gegen 1200 „das soziale und ethische Absinken von wîp“ und die Entwicklung von frouwe zur Geschlechtsbezeichnung mit dem Aufkommen der bürgerlichen Dichtung um 1300. Gleiches gilt für das Diminutiv „frouwelîn“, so daß damit der Weg bereitet ist für die ständeübergreifende dreiteilige Anrede „Herr“, „Frau“ und „Fräulein“.

Erstmals zeigt sich im Mhd. starker **französischer Einfluß**, vor allem bei Bezeichnungen der ritterlichen Kultur, mit denen zahlreiche Ableitungen (z. T. mit fremden Suffixen, vgl. Morphematik) gebildet werden:

mhd. aventiure	„Abenteuer“	< afrz. aventure
mhd. plân	„Kampfplatz“	< afrz. plain
mhd. turnei	„Turnier“	< afrz. tournoi
mhd. tanz	„Tanz“	< afrz. danse
mhd. hövesch	„höfisch“	Lehnprägung nach courtois
mhd. ritter	„Ritter“	Lehnprägung nach chevalier

Manche solcher Ausdrücke sind über eine *niederländisch-flämische Zwischenstufe* gelaufen (mhd. wâpen, riddere): vlaemen = flämisch sprechen war elitär-modisch – ein Beweis für den international-europäischen Charakter des Rittertums.

Neben der „hovesprache“ bildet sich im späten Mhd. eine weitere Sondersprache heraus: der geistlich-geistig inspirierte **Soziolekt der Mystiker.** Die mystische Versenkung in Gott und die Vereinigung der Seele mit Gott findet ihr sprachliches Äquivalent außer in den bereits erwähnten Abstraktbildungen vor allem in zahlreichen *Metaphern,* die oft aus dem höfischen Leben und dem Minnesang stammen: Mystische Entrückung wird als „hovereise“ bezeichnet, Gott als der „hôhe fürste“, die Seele als „minnewunt“ (vgl. v. Polenz 1978, 59). Berühmt sind die Bilder aus dem Bedeutungsbereich „fließen“: „götlicher inflûz“ (Meister Eckhart), ein

„vliessende lieht mîner gotheit“ (Mechthild von Magdeburg; siehe auch Analyse S. 101).

Textematik: Zum Verhältnis Schriftlichkeit – Mündlichkeit

Seit einigen Jahren wird in der linguistischen Germanistik versucht, aus schriftlicher Überlieferung gesprochenes Mhd. mit Hilfe sprechhandlungstheoretisch-pragmatischer Analysen zu rekonstruieren. So erörterte WEILHASE schon 1961 *Anreden* und spezielle Mittel der *Redeeröffnung* in den Predigten des Berthold von Regensburg (ca. 1210–1272). Später widmete man sich vor allem dem Nibelungenlied unter solch neuen Aspekten. ST. SONDEREGGER (1971) stellt in Dialogpartien *performative Kurzsätze* heraus und klassifiziert sie gesprächsanalytisch, z. B.:

des hân ich vil vernomen	Rückmeldeakt
so wil ich iu daz râten	thematischer Gesprächsakt

P. V. POLENZ (1981) untersucht die *Handlungsstruktur* im berühmten Streit der Königinnen (Wortschatz zur Bezeichnung von Sprechhandlungen und emotionalen Sprechereinstellungen; performativen und metakommunikativen Gebrauch von Sprechhandlungsausdrücken; Normbezug von Äußerungen).

Mit MOSER/WELLMANN/WOLF (1981, 171ff.) wird man jedoch konstatieren müssen, daß es sich dabei eher um literarische Gestaltungsmittel als um Elemente spontaner, gesprochener Sprache im engeren Sinne handelt. Gewiß liefert die gesprochene Sprache im Mhd. noch das Material für die schriftliche Äußerung. Es wird jedoch literarisch-rhetorisch überformt, so daß die Strukturen gesprochener Sprache nicht eindeutig aus ihr ablesbar sind. Diese spiegeln sich allein in einzelnen Eigenarten (Auslautverhärtung, Kontraktionen, Anredeformen, Interjektionen, Deixis; vgl. Grosse in Besch u. a. 1985, 1187ff.). Konversationsanalysen mhd. Texte eignen sich demnach nur dazu, den narrativen Aufbau der Gesprächsszenen zu beschreiben.

4.4 Textanalysen und Aufgaben

4.4.1 Die Sprache der frühen geistlichen Versdichtung: Annolied

Das Annolied, wahrscheinlich um 1090 im Siegburger Benediktinerkloster entstanden, behandelt in 830 Versen die Bedeutung des Erzbischofs und zeitweiligen Reichsverwesers Anno von Köln.

Cunt ist, wî der vîent virspûn den man,
zi scalke wolter un havin.
sô vûrter cir hellin
die vunf werlt alle,
vnze got gesante sînin sun,
der irlôste vns von den sunden.
ce opfere wart her vur uns brâht,
dem dôde nam her sîni maht.
ce hellin vûr her âne sunden,
her herite si mit gewelde.
der tiuvel virlôs den sînin gewalt,
wir wurdin al in vrîe gezalt.
in der doufe wurde wir Cristis man.
den heirrin sulin wir minnan.

Bekannt ist, wie der Feind den Menschen verlockte.
Als Knecht wollte er ihn haben.
Darum führte er die fünf Weltalter
in ihrer Gesamtheit in die Hölle,
bis Gott seinen Sohn sandte:
Der erlöste uns von den Sünden.
Zum Opfer wurde er für uns gebracht,
dem Tode nahm er seine Macht.
Zur Hölle fuhr er ohne Sünden,
er bezwang sie mit Gewalt.
Der Teufel verlor seine Macht.
Wir wurden alle zu Freien erklärt.
In der Taufe wurden wir Lehnleute Christi;
diesen Herrn müssen wir lieben.

(Text und Übersetzung nach: E. Nellmann (Hrsg.): Das Annolied. Reclam: Stuttgart 1979[2], 8f.)

Eng gedrängt, in mitunter paarig gereimten *Kurzzeilen* (nach dem Vorbild lateinischer Hymnen), wird hier von Sündenfall und Erlösung berichtet, kurzbündig und parataktisch, ohne Ausschmückungen und Erklärungen, auch ohne logische Zu- und Unterordnungen. Adressat ist offenbar der kundige Christ, der allein an bekannte Heilstatsachen erinnert zu werden braucht. Jedoch ist eine *rhetorische Stilisierung* in der Ausgestaltung der Antithese Teufel – Christus zu erkennen: Man beachte den Chiasmus an Anfang und Schluß (vîent-hellin; vrîe-Cristus) und die predigthaften Reihungen im Mittelteil. Schreibweise, Lautung und Lexik verweisen deutlich auf den Übergang zwischen dem Ahd. und Mhd. einerseits, zwischen dem Oberdt. und dem Niederdt. andererseits: z. B. im Nebeneinander von zi und ce, in den Anlauten c und d (cunt, doufe), in den volltönenden Endsilben (virspûn, irlôsti, havin, wurdin, hellin), im noch erhaltenen Auslaut-e (unze, opfere).

Besonders eindrucksvoll ist im Text des Annoliedes die Darstellung der Schlacht von Pharsalus zwischen Caesar und Pompejus, die sowohl an antike wie an germanische Traditionen (Hildebrandslied) anknüpft (vgl. dazu Eggers 1965, 94f.):

Oy wî dî wîfini clungin,
dâ dî mari*h* cisamine sprungin!
herehorn duzzin,
becche blûtis vluzzin,
derde diruntini diunti,

Oh, wie die Rüstungen erklangen,
wo die Streitrosse zusammenrannten!
Die Kriegsdrommeten tönten,
Bäche von Blut strömten,
die Erde drunten donnerte,

dî helli ingegine gliunte,	die Hölle glühte entgegen,
dâ dî hêristin in der werilte	wo die Höchsten auf der Welt
sůhtin sich mit suertin.	mit Schwertern sich feindlich begegneten.

(nach: Nellmann, a. a. O., 36f.)

Hier mischen sich alte *Topoi* mit neuerer *Hyperbolik;* die höfische Epik entwickelt daraus später ein eher ornamentales Gepränge.

Einen beredten Eindruck der semantisch-stilistischen und lautlich-metrischen Entwicklungen in mhd. Zeit vermittelt ein Vergleich mit dem rund 150 Jahre später entstandenen, ebenfalls auf Köln bezogenen Kaufmanns-Epos „Der guote Gêrhart" des Rudolf von Ems mit seiner säkularisierten *Demutslehre,* das im Südwesten des Reichs entstand (oberdeutsche Sprachgebung):

Swaz ein man durch guoten muot
ze guote in guotem muote tuot,
des sol man im ze guote jehen,
wan ez in guote muoz geschehen.
swen sîn gemüete lêret
daz er ze guote kêret
herze, sinne unde muot
daz er daz beste gerne tuot,
der hüete an dem guote sich,
so ist ez guot und lobelîch.

(Text nach: J. A. Asher (Hrsg.): Der guote Gêrhart von Rudolf von Ems. Niemeyer: Tübingen 1971, 1. – Zum Spiel mit „guot" vgl. auch die Eingangsverse von Gottfrieds „Tristan und Îsolt", um 1210)

Aufgaben

a) Beschreiben Sie die diesem Abschnitt 4 des Annolieds zugrunde liegenden mittelalterlichen Vorstellungen (fünf Weltalter, Lehnsverhältnis mit Christus). Anregungen hierzu in Nellmann 1979[2].
b) Kennzeichnen Sie im einzelnen die lautlichen Erscheinungen und die rhetorischen Mittel der beiden Textstellen.
c) Versuchen Sie einen interpretatorischen Vergleich des Annolieds mit den Eingangsversen von Gottfrieds „Tristan und Îsolt" und Rudolfs „Der guote Gêrhart".

4.4.2 Die Sprache der weltlichen Epik: Nibelungenlied

Einen Einblick in höfisches Denken und Darstellen geben uns bereits die ersten Strophen dieses um 1200 zwischen Passau und Wien entstandenen

Heldenliedes. Sie lassen sich zudem gut mit dem Anfang des Hildebrandsliedes (3.4.3) vergleichen.

1 Uns ist in alten mæren wunders vil geseit
von helden lobebæren, von grôzer arebeit,
von fröuden, hôchgezîten, von weinen und von klagen,
von küener recken strîten muget ir nu wunder hœren sagen.

2 Ez wuohs in Búrgónden ein vil édel magedîn,
daz in allen landen niht schœners mohte sîn,
Kriemhilt geheizen: si wart ein scœne wîp.
dar umbe muosen degene vil verliesén den lîp.

3 Der minneclîchen meide triuten wol gezam.
ir muoten küene recken, niemen was ir gram.
âne mâzen schœne sô was ir edel lîp.
der juncvrouwen tugendo zierten ándériu wîp.

4 Îr pflâgen drîe künege edel unde rîch,
Gunther unde Gêrnôt, di recken lobelîch,
und Gîselher der junge, ein ûz erwelter degen.
diu frouwe was ir swester, di fürsten hetens in ir pflegen.

5 Die herren wâren milte, von arde hôh erborn,
mit kraft unmâzen küene, di recken ûz erkorn.
dá zen Búrgónden sô was ir lant genant.
si frumten starkiu wunder sît in Étzélen lant.

(nach: de Boor (Hrsg.): Das Nibelungenlied. Brockhaus: Wiesbaden 1963, 3 f.)

Die alte germanische Langzeile wird hier in Kurzzeilen mit paarigem Endreim gegliedert, welche die *thematische Polarität* von Freude und Leid sowie von Leben und Tod zum Ausdruck bringen. Die später eingefügte erste Strophe hat bereits doppelten Binnenreim. Auffallend ist eine Reihe von Wörtern, die wir heute mit veränderter Bedeutung verwenden:

mhd. arebeit „Mühe“	> nhd. geregelte Tätigkeit > Job
mhd. hochgezît „Fest“	> nhd. Hochzeitsfeier
mhd. mugen (mac) „können“	> nhd. müssen
mhd. vil „sehr“, „gar“	> nhd. Adj.; als Verstärkung heute umgangssprachlich „echt“ u. a.

Das Wort „lîp“ kommt bereits in der Doppelbedeutung „Leib“ und „Leben“ vor (ursprünglich nur Leben, vgl. engl. life). Einige Ausdrücke sind später ganz oder teilweise verschwunden:

lobebaere „lobenswert“ (Suffix aber noch in anderen Ableitungen)
triuten „sinnlich lieben“ (noch in „Truthahn“ u. a.)
muoten „begehren“

Bemerkenswert sind aber vor allem die zahlreichen *Adjektive,* z. T. in reimbetonter Nachstellung (lobebaeren, lobelîch) und mit typischer Verstärkung (vil), welche gesellschaftlich anerkannte Werte betreffen und den Kosmos ständischen Lebens fast vollständig beschreiben:

küene – schoene – edel – rîch.

Sie kehren formelhaft und in geringer Variation wieder, so auch in der zweiten von uns ausgewählten Textstelle, dem dialogischen „Streit der Königinnen", aus dem wir nur wenige Strophen bieten:

14. Aventiure: Wie die küneginne einander schulten

814 Vor einer vesperzîte huop sich grôz ungemach,
daz von manigem recken ûf dem hove geschach.
si pflâgen ritterschefte durch kurzewîle wân.
dô liefen dar durch schouwen vil manic wîp unde man.

815 Ze samene dô gesâzen die küneginne rîch.
si gedáhten zweier recken, die wâren lobelîch.
dô sprach diu schœne Kriemhilt: „Ich hân einen man,
daz elliu disiu rîche ze sinen handen solden stân."

816 Dô sprach diu vrouwe Prünhilt: „wie kunde daz gesîn?
ob ander niemen lebte wan sîn unde dîn,
sô möhten im diu rîche wol wesen undertân.
die wîle lebt Gunther, sô kundez nimmér ergân."

817 Dô sprach aber Kriemhilt: „nu sihestu wie er stât,
wie rehte hêrlîche er vor den recken gât,
alsâm der liehte mâne vor den sternen tuot?
des muoz ich von schulden tragen vrœlîchen muot."

818 Dô sprach diu vrouwe Prünhilt: „swi wætlich sî dîn man,
swi biderbe und swi schœne, sô muost du vor im lân
Gunther den recken, den edeln bruoder dîn.
der muoz vor allen künegen, daz wizzest wærlîche, sîn."

819 Dô sprach diu vrouwe Kriemhilt: „sô tiwer ist wól mîn man,
daz ich in âne schulde niht gelobet hân.
an vil manegen dingen so ist sîn êre grôz.
geloubestu des, Prünhilt, er ist wol Gunthers genôz."

820 ‚Jane sólt du mirz, Kriemhilt, ze arge niht verstân,
wand' ich âne schulde die rede niht hân getân.
ich hôrte si jehen beide, do ihs' áller êrste sach,
und dâ des küneges wille an mînem lîbé geschach,

821 Unt dâ er mîne minne so ritterlîch gewan,
do jach des selbe Sîfrit, er wære 'skuneges man.

des hân ich in für eigen, sît ihs in hôrte jehen."
dô sprach diu schœne Kriemhilt: „sô wære mir übele geschehen.

822 Wie heten sô geworben die edelen bruoder mîn,
daz ich eigen mannes wine solde sîn?
des wil ich dich, Prünhilt, vil friuntlîche biten
daz du die rede lâzest durch mich mit güetlîchen siten."

823 „Ine mác ir niht gelâzen", sprach des küneges wîp.
„zwiu sold' ich verkiesen sô maniges ritters lîp,
der uns mit dem degene dienstlîch ist úndertân?"
Kriemhilt diu vil schœne vil sêre zürnén began.

(Text nach de Boor, a. a. O., 137 ff.)

Die ganze Dialogszene lebt von der gesellschaftlich geprägten Situation und Verhaltensweise, vom *Statusdenken,* das zum unlösbaren Konflikt führt. Dies beginnt schon am Anfang: vesperzîte, ritterschafte, kurzewîle, schouwen. Es setzt sich fort in der Kennzeichnung der Erscheinungsweise („wie rehte herlîche er vor den recken gât") und im indirekten höf-lichen Sprechen:

Jâne solt du mirz, Kriemhilt, ze arge niht verstân
Des wil ich dich, Prünhilt, vil friuntlîche biten
Ine mac ir niht gelâzen

P. v. Polenz (1981, 267) vergleicht solche „verumständlichung explizit performativer Aussagen" durch Modalverbfügungen mit entsprechenden heutigen Fällen:

Ich würde meinen statt *ich meine*
ich muß um Entschuldigung bitten statt *ich bitte um Entschuldigung*
ich darf Ihnen versichern statt *ich versichere Ihnen*

Er macht zudem aufmerksam auf die zahlreichen „handlungsangaben des erzählers im gesprächskommentar" zur Gemütsstimmung, etwa zu Zorn, Empörung, Haß (a. a. O., 265):

Kriemhilt diu vil schoene vil sêre zürnen began.

Hier wird die Funktion höflichen Sprechens damals wie heute deutlich: Es kontrolliert und verdeckt die Affekte, es sublimiert Grundstimmungen zu Gefühlen; es entspricht dem gesellschaftlichen Gebot der „mâze".

Wie schwierig trotz aller kulturell bedingten Parallelen eine *Übertragung* in die Gegenwartssprache ist, offenbaren z. B. die neueren Versuche von Brackert und Pretzel. Zum Vergleich wird auch die alte Simrock-Übersetzung beigegeben:

K. Simrock (1827)
Wie die Königinnen sich schalten

Es war vor einer Vesper · als man den Schall vernahm,
Der von manchem Recken · auf dem Hofe kam:
Sie stellten Ritterspiele · der Kurzweil willen an.
Da eilten es zu schauen · Frauen viel und mancher Mann.

Da saßen beisammen · die Königinnen reich
Und gedachten zweier Recken · die waren ohne Gleich.
Da sprach die schöne Kriemhild · „Ich hab' einen Mann,
Dem wären diese Reiche · alle billig untertan."

H. Brackert (1970)
Wie die Königinnen miteinander stritten

Eines Nachmittags erhob sich ein unruhiges Treiben: zu allgemeiner Unterhaltung maßen viele Recken auf dem Kampfplatz ihre Kräfte im Turnier. Zahlreiche Zuschauer strömten da zusammen.

Die beiden mächtigen Königinnen saßen friedlich beieinander; sie dachten an zwei ruhmreiche Recken. Da sagte die schöne Kriemhild: „Mein Mann ist so überragend, daß alle diese Reiche eigentlich in seiner Hand sein müßten."

U. Pretzel (1973)
Der Streit der Königinnen

Eines Tages erhob sich am Nachmittag ein bewegtes Treiben auf dem Turnierplatz. Sie erprobten in ritterlichem Kampf ihre Kräfte zur Unterhaltung der Gäste, und viele hatten sich eingefunden, um zuzusehen.

Dort saßen auch die beiden mächtigen Königinnen nebeneinander, und ihre Gedanken gingen zu zwei rühmlichen Helden. Da sagte die schöne Kriemhild: „Ich habe doch einen Mann, der es eigentlich verdiente, Herrscher über die ganze Welt zu sein."

Simrock *übersetzt* historisierend-heroisch, mit bedachter Aufnahme veralteter Ausdrücke (Vesper, Recken, Kurzweil) und in gebundener Form (gegliederte Langzeile, Paarreim); Brackert und Pretzel dagegen *übertragen* frei in die Sprache unserer Zeit:

ungemâch – unruhiges, bewegtes Treiben
hove = Kampfplatz, Turnierplatz
kurzewîle = zu allgemeiner Unterhaltung, zur Unterhaltung der Gäste
rîch = mächtig.

Dabei hält sich Brackert im allgemeinen an die Satzeinteilungen der Vorlage, während Pretzel auch hier neue Strukturen versucht. P. v. Polenz (1981, 265) kritisiert mit Verweis auf Grimm, daß die Überschrift „Wie die küneginne einander schulten“ nicht ganz zutreffend mit „Streit“ modernisiert wird:

„Mhd. *schelten* bedeutet nicht nur allgemein ‚streiten‘, sondern ‚tadeln, beschuldigen, schmähen, beschimpfen, lästern, jemandes ruf beflecken‘ (Grimm 8 sp. 2522)“.

Aufgaben

a) Informieren Sie sich über die Nibelungenstrophe, und lesen Sie die Texte in mhd. Aussprache und Akzentuierung.
b) Erklären Sie einzelne sprachliche Besonderheiten mit Hilfe einer mhd. Grammatik: z. B. wunders vil geseit, scoene, verliesen, pflâgen, geschach.
c) Charakterisieren Sie die Übersetzungstechniken anhand ausgewählter Lexeme und Syntagmen (mit Benutzung des „Lexer“ und des „Grimm“).
d) Suchen Sie andere Beispiele für höfliches Sprechen im Nibelungenlied, und erörtern Sie die ihnen zugrunde liegenden gesellschaftlichen Normen.
e) Versuchen Sie eine eigene Übertragung einzelner Strophen in die heutige Standardsprache oder in poetisches Deutsch.

4.4.3 Die Sprache der höfischen Lyrik: Walther von der Vogelweide

Wir konzentrieren unsere Analyse auf zwei Aspekte, die Hans Eggers in seiner Darstellung höfischer Dichtung herausgehoben hat: die „Entdekkung des Ich“ (Eggers 1965, 117 ff.) und die Entdeckung der Liebe (Eggers 1965, 120 ff.).

Ich saz ûf eime steine,
und dahte bein mit beine:
dar ûf satzt ich den ellenbogen:
ich hete in mîne hant gesmogen
daz kinne und ein mîn wange.
dô dâhte ich mir vil ange,
wie man zer welte solte leben:
deheinen rât kond ich gegeben,
wie man driu dinc erwurbe,
der keines niht verdurbe.
diu zwei sint êre und varnde guot,
daz dicke ein ander schaden tuot:
daz dritte ist gotes hulde,
der zweier übergulde.
die wolte ich gerne in einen schrîn.
jâ leider desn mac niht gesîn,
daz guot und weltlich êre
und gotes hulde mêre
zesamene in ein herze komen.
stîg unde wege sint in benomen:
untriuwe ist in der sâze,
gewalt vert ûf der strâze:
fride unde reht sint sêre wunt.
diu driu enhabent geleites niht,
diu zwei enwerden ê gesunt.

(nach: C. v. Kraus (Hrsg.): Die Gedichte Walthers von der Vogelweide, de Gruyter: Berlin 1959[12], 9 f.)

Walthers berühmter erster *Reichsspruch* arbeitet gewiß mit Topoi und mit typischen Gesten: Da ist eingangs die Haltung wiedergegeben, mit der „das Mittelalter den Sinnenden, Besorgten, Traurigen zu charakterisieren pflegt“ (Eggers 1965, 227) – eine Haltung, die sich auch mehrfach in der Manessischen Liederhandschrift abgebildet findet und deren Tradition über die Renaissance (Jeremias des Michelangelo) bis in die Gegenwart reicht (Rodin, Le Penseur); da sind die Temporalia (êre und varnde guot) und die Spiritualia (gotes hulde) in eine dualistische Spannung gebracht, in der sich jedoch bereits ein *gradualistisches Denken* ankündigt, das eine Stufen- und Rangfolge der Güter bejaht (vgl. dazu u. a. de Boor/Newald 1960, 15 ff.). Doch bettet Walther Gestik und Gedanken in eine ganz persönliche Darstellung und Deutung, die ein neues Ich-Bewußtsein verraten:

Ich saz ûf eime steine
Deheinen rât kond ich gegeben

Hans Eggers (1965, 227) hat gezeigt, wie sich hier „traditionelle Einzelzüge“ zu einem „individuell gemeinten Gesamtbild“ vereinen, wie vor allem Bezeichnungen des Körpers (bein, hant, kinne, wange) einen Bedeutungszuwachs erfahren. Man darf annehmen, daß diese Beobachtung auch auf Werte und Unwerte zutrifft, die in dem Gedicht vorkommen und die für den aufmerksamen Zeitgenossen einen konkreten Vorstellungshintergrund hatten: untriuwe und gewalt, fride und reht (als deutsche Fassung der alten Krönungsformel „pax et justitia“). Der theoretische Gehalt des Spruchs ist in eine sparsam-wirkungsvolle Bildersprache gefaßt, die sich am Schluß wiederum auf Körperlichkeit bezieht: der „schrîn“ des Herzens; wunt – gesunt.

Sô die bluomen ûz dem grase dringent,
same si lachen gegen der spilden sunnen,
1 in einem meien an dem morgen fruo,
und diu kleinen vogellîn wol singent
in ir besten wîse die si kunnen,
waz wünne mac sich dâ gelîchen zuo?
5 ez ist wol halb ein himelrîche.
suln wir sprechen waz sich deme gelîche,
sô sage ich waz mir dicke baz
in mînen ougen hât getân,
und tæte ouch noch, gesæhe ich daz.
10 Swâ ein edeliu schœne frowe reine,
wol gekleidet unde wol gebunden,
dur kurzewîle zuo vil liuten gât,
hovelîchen hôhgemuot, niht eine,
14 umbe sehende ein wênic under stunden,
15 alsam der sunne gegen den sternen stât, –
der meie bringe uns al sîn wunder,

waz ist dâ sô wünneclîches under,
als ir vil minneclîcher lîp?
wir lâzen alle bluomen stân,
und kapfen an daz werde wîp.
Nû wol dan, welt ir die wârheit schouwen!
gên wir zuo des meien hôhgezîte!
der ist mit aller sîner krefte komen.
seht an in und seht an schœne frouwen,
wederz dâ daz ander überstrîte:
daz bezzer spil, ob ich daz hân genommen.
owê der mich dâ welen hieze,
deich daz eine dur daz ander lieze,
wie rehte schiere ich danne kür!
hêr Meie, ir müeset merze sîn,
ê ich mîn frowen dâ verlür.

(nach C. v. Kraus, a. a. O., 63 f.)

Das Gedicht, aus Walthers später Schaffenszeit, versucht einen Ausgleich zwischen *„hôher minne“* und *„niderer minne“* (wie sie in den berühmten Mädchenliedern erscheint). Zwar ist die höfische „frouwe“ besungen, jedoch in Verbindung mit Natur *und* Kultur, die beide nicht programmatisch starr, sondern belebt und beseelt vorgeführt werden. Joerg Schaefer (1972, 455 f.) hat in einer schönen Interpretation gezeigt, wie bereits die „plastische Maienszene“ die traditionelle „Gleichungsformel des Natureingangs“ sprengt und sich in der Durchführung ein „heiterer Dualismus von Maiennatur und Menschengestalt“ entwickelt. So entsteht ein neues Bild der *Schönheit:* als Einheit von Innen und Außen, als *Anmut* in Bewegung und Grazie. Zum Ideal, zur verbindlichen Norm wird dieser Gedanke freilich erst mit Schillers Aufsatz „Über Anmut und Würde“ (1793). Für Schiller ist Anmut als „Schönheit in Bewegung“ gebunden an den „Einfluß der Freiheit“, während sie hier zeitgemäß der „mâze“, der Beherrschung und gottgegebenen Ordnung, verpflichtet ist. Das zeigt sich deutlich in den stilisierten Naturbildern, in den Schlüsselbegriffen (edeliu schoene frouwe reine, hovelîchen hôhgemuot), im syntaktischen Wenn-Gefüge. Das offenbart sich aber auch im kunstvoll-strengen Aufbau der Strophen: Auf den Natureingang folgt die bewegte Erscheinung der Frau in der Gesellschaft, bevor in Strophe 3 beide Themen in Wettstreit miteinander treten. Trotzdem verweist der bekenntnishafte Charakter auf die „liebende Hinwendung zum Du“ und bricht in die „bis dahin so geschlossene, kollektive Geisteswelt des Mittelalters“ ein (Eggers 1965, 116). Die „mâze“ wird umgewertet; sie wird in den Liedern der *„ebenen minne“* zum Schlüsselbegriff wahrer Menschlichkeit (vgl. dazu u. a. Halbach 1983, 77 ff.).

Aufgaben

a) Diskutieren Sie das gradualistische „Tugendsystem“ Walthers in Verbindung mit der Kontroverse Ehrismann/Curtius (vgl. zum älteren Forschungsstand etwa de Boor/Newald Bd. 2, 1960[4], 15 ff.; zum neueren Bumke 1986, 416 ff. sowie Hahn 1986).
b) Vergleichen Sie sprachlich-literarisch Walthers Spruch mit einem Beispiel moderner politischer Reflexionslyrik (z. B. von Enzensberger).
c) Informieren Sie sich über Metrik und Strophenbau der mhd. Blütezeit (Beyschlag 1969 u. a.) und tragen Sie dann Walthers Gedicht laut vor.
d) Analysieren Sie die Bildersprache der „hôhen“ und der „nideren“ Minne in ausgewählten Liedern von Walther v. d. Vogelweide.
e) Untersuchen Sie die Leitbegriffe „mâze“ und „Freiheit“ im Vergleich von Gedichten aus mhd. Zeit und aus der deutschen Klassik (Schiller).
f) Vergleichen Sie die Gefühlsmetaphorik in Liedern Walthers mit der Erlebnislyrik von Goethe, und erklären Sie die Unterschiede aus den Auffassungen der jeweiligen Zeit (Anhaltspunkte dafür in Schaefer 1972 und Luhmann 1984[4]).

4.4.4 Die Sprache der deutschen Mystik: David von Augsburg und Mechthild von Magdeburg

Ähnlich wie die „Codierung von Intimität“ (Luhmann 1984[4]) stößt die *Gottsuche* des 13. und 14. Jhs. „an die Grenzen der Sprache und der Mitteilbarkeit“ (Eggers 1965, 277). Die Mystiker bedienen sich, um ihre „gesihte“ zum Ausdruck zu bringen, deshalb neuer sprachlicher Fügungen, kreativer Metaphern und auch der Umwertung höfisch-konventioneller Vorstellungen. Eggers unterscheidet dabei eine *Erkenntnismystik* (bei David v. Augsburg) und eine *Gefühlsmystik* (vor allem bei Mechthild von Magdeburg; Eggers 1965, 191).

David von Augsburg: Aus dem Traktat „Von der Erkenntnis der Wahrheit“ (um 1250)

Diu oberiste saelekeit der krêatûre, diu nâch gote gebildet ist, diu lît (‚liegt') *an der lûtern* (‚lauter, rein') *erkantnüsse der oberisten wârheit, diu got selbe ist: daz man in ob allen dingen minne unde mit der minne in in verwandelt werde als daz viwer* (‚Feuer') *in sich verwandelt die materje, an die ez sich geheftet. In mac aber niemen rehte geminnen wan der* (‚außer demjenigen, der') *in reht erkennet. Ez ist drîerleie erkantnüsse. Diu êrste ist mit dem gelouben, diu ander mit der verstantnüsse, diu dritte in der gesihte* (‚reine Anschauung, Vision'); *diu ist diu volkomeniste, dâ lît diu ganze* (‚vollkommene') *saelekeit an. Sô diu verstantnüsse ie groezer ist* (‚je größer das Verstehen ist'), *sô diu minne ie kreftiger ist, wan got ist sô guot, daz in niemen erkennet, ern müeze in ouch minnen* (,daß ihn jeder lieben muß, der ihn erkennt'). *Die wîle wir in danne niht gesehen mügen als er ist, sô hât er uns ein lieht als in einer laterne gegeben, dâ wir uns in dirre werlde vinster* (,in der Finsternis dieser Welt') *erliuhten mite. Daz ist der kristengeloube; dâ ist diu wârheit inne verwunden* (,enthalten', wörtlich: ,eingewickelt') *unde verdecket als daz lieht in der laterne. Die wîle uns diu minne unde diu ougen der verstantnüsse broede* (,schwach') *sint, sô suln wir die laterne vor uns haben, daz uns des liehtes glast* (,Glanz') *iht* (,nicht etwa') *erblende. Swenne uns diu ougen gesunden beginnen, sô ougent sich uns* (,zeigt sich uns') *des liehtes wünnesaeliger schîn* (,der selige Freude gebende Schein des Lichtes selbst'). *Daz* (,Folgendes') *suln wir dâ bî merken: ist uns diu wârheit noch trüebe in dem herzen, sô ist uns der laterne noch durft* (,bedürfen wir noch der Laterne'), *als dem sûrougen* (,wie ein an den Augen Empfindlicher, Triefäugiger') *vür daz lieht* (,anstatt' des Lichtes'); *ist si uns aber süeze unde lieht* (,lieblich und klar'), *beidiu ze volgen an den tugenden unde ze wissen an der kunst* (,daß wir sowohl ihrer Tugendlehre folgen als auch sie verstandesmäßig aufnehmen können'), *daz ist ein guot urkünde* (,Beweis für') *gesunder ougen. Doch werdent si nimmer sô gesunt, daz si die gotlîchen wârheit unde den êwigen brehenden* (,strahlenden') *sunneglast mit unerschrockem anblicke mugen an gesehen, die wîle und* (,solange als') *daz toetlîche vel* (,die sterbliche Haut') *vür gespannen ist unde der sünden stein walget* (,rollt') *in den ougen. Hie enmitten sô râtet doch* (,So helft euch doch, solange ihr mitten im Diesseits lebt') *als die blinden, ze ende grîfende* (,und tastet immerhin') *nâch dem wâren liehte, daz got selbe ist.*

(Text und Übersetzungshilfen nach: H. Eggers, Deutsche Sprachgeschichte Bd. 2. Rowohlt: Reinbek b. Hamburg 1965, 238)

David von Augsburg (ca. 1210 bis 1272), Franziskanermönch und Volksprediger, Lehrer des Berthold von Regensburg, umschreibt in seiner *Erkenntnismystik* das innige Verhältnis von Gott und Mensch mit dem Begriff der Minne, welche den Menschen verwandelt („als daz viwer ... die materje"; Fremdwort!) und auf Erkenntnis beruht, die allerdings ohne „gesihte" (Vision) nicht möglich ist. Für solche innere „Ansehung" hat uns Gott zweierlei gegeben: den Glauben als mystisches Gefäß der Wahrheit und wegweisendes Licht in der Finsternis der Welt sowie die „ougen der verstantnüsse" (Augen des Verstehens), die dem Licht folgen und allmählich die Herzen erhellen. Im komplexen Bild vom „lieht in der laterne" und den langsam gesundenden „ougen" präsentiert uns David von Augsburg seine mystische Interpretation des Erlösungsgedankens. Darum ranken sich ausdrucksvolle und neuartige *Metaphern:* daz toetliche vel (später säkularisiert zur „sterblichen Hülle"), der sünden stein (statt der damals schon gebräuchlichen „Sündenlast"). Bemerkenswert ist neben dem Vordringen von Komposita (kristengeloube, sunneglast, wünnesaelic; allerdings noch „des liehtes glast“, „Lichterglanz“ dann erst im 19. Jahrh. mit verschobener Bedeutung) die Häufung von ererbten Suffigierungen auf -nis/nus und -keit (erkantnüsse, verstantnüsse; wârheit, saelekeit), bei denen auch ein *Bedeutungswandel* angenommen werden muß: erkantnüsse und verstantnüsse als Tätigkeiten der Seele, saelekeit (ursprünglich Lehnprägung zu felicitas und beatitudo) als religiös begründetes Glück der Seele (vgl. die zeitgemäßen, uns noch geläufigen Fügungen „êwige sêlikeit“ und „der sêl sêlicheit“, Grimm 16, 531). Der Hang zur *Substantivierung,* oft aus Infinitiven (daz wêsen, daz tuon, daz minnen) begründet hier und später bei Meister Eckhart eine deutsche theologische Fachprosa, die vor allem im Protestantismus nachwirkt. Der Einfluß der Scholastik jedoch ist nach heutigem Forschungsstand, trotz identischer Wortbildungsmuster, vergleichsweise gering (vgl. dazu u. a. Moser/Wellmann/Wolf 1981, 187 ff.).

Mechthild von Magdeburg: Aus dem „Fließenden Licht der Gottheit“ (alemannische Übertragung von Heinrich v. Nördlingen 1345)

Der sússe toͦwe der vnbeginlicher drivaltekeit hat sich gesprenget vs dem bruñen der ewigen gotheit in den blůmen der vserwelten maget, und des blůmen fruht ist ein vntôtlich got, und ein tôtlich mensche und ein lebende trost des ewigen liebes, und vnser loͦsunge ist brútegoͦm worden. Die brut ist trunken worden von der angesihte des edeln antlútes. In der groͦsten sterki kunt si von ir selber, und in der groͦsten blintheit sihet si allerklarost. In der groͦsten klarheit ist si beide tot und lebende. Je si lenger tot ist, je si vrólicher lebt. Je si vroͦlicher lebt, je si mer ervert. Je si miner wirt, je ir me zůflússet. Je si sich mere voͦrhtet .... Je si richer wirt je si armer ist. Je si tiefer wonet, je si breiter ist. Je si gebietiger ist, je ir wunden tieffer werdent. Je si mer stúrmet, je got miñenklicher gegen ir ist. Je si hoher swebet, je si schoͦner lúhtet von dem gegenblik der gotheit, je si im naher kunt. Je si mer arbeitet, je si sanfter růwet. Je si mer begriffet, je si stiller

swiget. Je si luter rûffet, je si grosser wunder wirket mit siner kraft nah ir macht. Je sin lust me wahset, je ir brutloft grosser wirt, je das miñebet enger wirt. Je die vmbehalsunge naher gat, je das muntkûssen sûsser smekket. Je si sich miñeclicher ansehent, je si sich nôter scheident. Je mer er ir gibet, je mer si verzert, je me si hat. Je si demûteklicher vrlop niñt, je e si wider kunt. Je si heisser blibet, je si e entfunket. Je si mere brennet, je si schôner lûhtet. Je gottes lob mer gebreitet wirt, je ir girheit grôsser blibet.

(nach: P. Gall Morel (Hrsg.): Offenbarungen der Schwester Mechthild von Magdeburg oder Das fließende Licht der Gottheit. Wissensch. Buchgesellsch.: Darmstadt 1963, 11)

Mechthild von Magdeburg (ca. 1212 bis 1283), seit 1270 Zisterzienserin in Helfta, arbeitet schon im Titel ihrer Schrift mit der Lichtmetapher. „Fließend" ist dieses Licht, da es einfließt in die aufnahmebereite Seele; und es kommt nicht von einem persönlich gedachten Gott, sondern von der „Gottheit", einer abstrakt gefaßten Göttlichkeit: Mechthild stellt hier „unter sinnlichen Bildern rein geistige Vorgänge" dar (Eggers 1965, 196), die weder intellektuell erklärbare noch mit den Sinnen erfahrbare *Unio mystica* der Seele mit Gott. Solche Vereinigung wird in Bildern aus der Natur (tŏwe, bluomen, bluomen fruht) und dem Minneleben (brût – brûtegom, brûtloft = Hochzeitsfest, minnebet; umbehalsunge, muntküssen) ekstatisch-erotisch beschrieben. An die Stelle einer rhetorischen Beweisführung zur Existenz Gottes, wie sie in der Scholastik vorherrscht und noch bei David von Augsburg oder anderen Vertretern der Erkenntnismystik nachklingt, tritt eine rhythmisch-hymnische Reihung von *Paradoxa* und *Antithesen:* untötlich got – tötlich mensche; blintheit – allerklarost; miner wirt – mer zuoflüsset. Vorbild für eine derartige „religiöse Liebesmystik" (Eggers 1965, 197) ist das Hohelied Salomos aus dem Alten Testament; sie findet sich später ähnlich wieder im Ausdruck pietistischer Frömmigkeit (Blut- und Wundenlyrik des Grafen Zinzendorf; Lieder von G. Tersteegen u. a.).

Aufgaben

a) Untersuchen und vergleichen Sie die Lichtmetaphorik in Texten der Erkenntnismystik und der Gefühlsmystik.

b) Beschreiben Sie den analytischen Sprachbau und die neuen Wortbildungsmuster der Mystiker an ausgewählten Beispielen (Anregungen dazu u. a. in v. Polenz 1978, 60 ff.).

c) Erörtern Sie nach der Literatur (z. B. Moser/Wellmann/Wolf 1981, 187 ff.) die sprachwissenschaftliche Kontroverse um das Verhältnis von Mystik und Scholastik.

d) Vergleichen Sie Lexik und Morphemik in Predigten von Berthold v. Regensburg und Martin Luther unter Berücksichtigung der Textsorte und der jeweiligen Zeit.

5. Die frühneuhochdeutsche Periode

Nach dem Vorschlag Wilhelm Scherers (1878) wird heute allgemein zwischen dem Mhd. und dem Nhd. eine eigenständige Periode „Frühneuhochdeutsch“ (Fnhd.) angesiedelt, datiert etwa auf den Zeitraum zwischen *1350 und 1650.* In ihr entwickeln sich, unter völlig neuen soziokulturellen Verhältnissen (Stadtentwicklung und Ostbesiedelung, Buchdruck und Reformation Luthers) die Grundlagen der späteren *nhd. Schreib- und Schriftsprache.* Damit ist eine weitgehende *Verstehbarkeit* fnhd. Texte für den heutigen Leser gegeben, so daß wir auf Übersetzungen verzichten können. Besprochen werden müssen vor allem syntaktische und lexikalische Abweichungen (vgl. Sonderegger 1979, 192). Über die Bedeutung einzelner Faktoren, z. B. die Rolle der Kanzleisprachen oder die Leistung Luthers, gibt es bis heute recht unterschiedliche Ansichten.

5.1 Diskussionsstand und Quellenlage

Die Bezeichnung **„Frühneuhochdeutsch“** signalisiert eigentlich eine Übergangszeit oder *„unfertige Vorstufe“* (Philipp 1980, 1) zum Nhd. Gegen diese relative Bestimmung hat erstmals A. Schirokauer (1957²) Einspruch erhoben und von einer *„souveränen Sprachepoche“* gesprochen. Ihm folgen A. Bach und vor allem H. Eggers, der dem Fnhd. den ganzen Band III seiner vierteiligen Sprachgeschichte widmet und damit auch den Begriff der *Epoche* mit seiner schärferen Akzentuierung gegenüber *„Periode“* vertritt. Dagegen betonen H. Moser („spätmittelalterliches Deutsch“, 1250–1520) und P. v. Polenz (Einschnitt erst um 1460 mit der Erfindung des Buchdrucks) stärker den Zusammenhang mit dem Hochmittelalter. Eine mittlere und vermittelnde Position beziehen W. Besch (1980) und G. Philipp (1980), die beide den vorsichtigeren Ausdruck „Sprachperiode“ bevorzugen und sowohl Kontinuität als auch Neuerungen herausstellen. Ähnlich votiert auch H. Penzl (1984, 12), der die „Aufspaltung in Schriftdialekte“ als wichtigstes Merkmal der fnhd. Periode anführt und deshalb als zeitliche Grenzen das Ende des 14. Jhs. bzw. den Anfang des 18. Jhs. nimmt.

Die meisten Autoren halten jedoch heute an einem Zeitraum von ca. *1350 bis ca. 1650* fest. Sie berufen sich darauf, daß die wichtigsten sprachlichen Veränderungen der Neuzeit (Wandel im Vokalismus, Ansätze einer Schrift- und Schreibsprache) bereits um 1350 in den Urkunden der Prager Kanzlei und in der Prager Geschäftssprache greifbar sind und daß die *überregionalen Ausgleichbestrebungen* 300 Jahre später, um 1650, so weit gediehen waren, daß J. G. Schottelius sie in seiner „Teutschen Sprachkunst" (1641) erstmalig systematisch und normierend erfassen konnte.

Schwierigkeiten bereitet neben der Datierung die Fülle des überlieferten **Sprachmaterials.** Mit der Zunahme von Lese- und Schreibfähigkeiten und der Durchsetzung von Reproduktionstechniken vervielfacht sich die Zahl der unterscheidbaren *Textarten,* wobei allgemein nun die *Gebrauchsprosa* (mit Akten, Urkunden, Flugschriften, Chroniken etc.) in den Vordergrund tritt. Einen Eindruck von dieser Fülle vermittelt die Gliederung der Textsammlung von G. Philipp (1980, 148 f.), die wir gekürzt referieren:

- Akten und Urkunden (aus Kanzleien, Abteien, Zünften etc.)
- Memoiren (Tagebücher, Lebensbeschreibungen)
- Chroniken (Limburger Chronik, Chronikon Helveticum etc.)
- Bibelübersetzungen (Mentel, Luther, Dietenberger etc.)
- Predigten (Tauler, Haller, Luther, Mathesius u. a.)
- Zeitsatire (Brant, Murner, Scheidt)
- Fabeln (Steinhöwel, Pauli, Luther, Agricola, Kirchhof u. a.)
- Schwänke (Wickram, Montanus, Lindener, Schumann u. a.)
- Volksbuch und Roman (Fortunatus, Faustbuch, Schildbürger etc.)
- Prosadialoge (Johannes v. Tepl, Ulrich v. Hutten)
- Schauspiele (Fronleichnamsspiele, Osterspiele; Hans Sachs)
- Volkslieder („All mein gedencken dy ich hab")
- Kirchenlieder (M. Luther: „Auß tieffer not schrey ich zu dir")
- Meistergesang (M. Beheim, H. Folz, H. Sachs)
- Sachliteratur (v. Megenberg, Das Buch der Natur; Ickelsamer, Teutsche Grammatica; Paracelsus, Die große Wundartzney; Rumpolt, Ein neues Kochbuch, etc.)

Eine sehr griffige Einteilung nach *Textsorten* bietet H. Penzl (1984, 23 ff.):

- Fachprosa (betreffend die *freien Künste,* die „septem artes liberales" (Trivium = Grammatik, Rhetorik, Dialektik; Quadrivium = Arithmetik, Geometrie, Musik, Astronomie) sowie die *Eigenkünste,* „artes mechanicae", wie Schneiderei, Baukunst);
- Literaturtexte (Lyrik wie Volks- und Kirchenlieder, Prosa wie der „Ackermann" des Johann v. Tepl, Unterhaltungswerke, Übersetzungen, religiöse Erbauungsliteratur etc.);
- Privattexte (Briefe, Tagebücher u. a.);
- Grammatische Texte (orthographische und rhetorische Anweisungen, Poeti-

ken, vollständige Grammatiken ab Ölinger 1573; Glossare und Wörterbücher).

In allen Klassifikationsversuchen kehren erstmals zwei große *Textgruppen* wieder: fiktionale und expositorische Texte. Und man kann beobachten, daß sich bereits Schreibmuster oder Funktionalstile ausbilden, in denen sich auch *Sonderwortschätze* (Fachsprachen, Gruppensprachen) spiegeln. Mit den zahlreichen Flugschriften (religiöse und politische Agitation), die Besch (in Althaus u. a. 1980, 591) schon als eine Art „Massenliteratur" bezeichnet, beginnt im Fnhd. die Geschichte der *Publizistik* (erste Wochenzeitungen dann 1609).

5.2 Bestimmende Faktoren

5.2.1 Politisch-gesellschaftliche Rahmenbedingungen

Noch im Vorfeld der eigentlichen fnhd. Periode, im ausklingenden Spätmittelalter, zeichnen sich drei Entwicklungen ab, welche die deutsche und europäische Geschichte nachhaltig beeinflussen: der Niedergang der kaiserlichen Zentralgewalt, der Aufschwung der Städte und eine 2. Phase der Ostkolonisation.

Die **Schwächung des Kaisertums,** in Auseinandersetzung mit dem Papsttum (Innozenz III. 1198–1216; Zweischwertertheorie) und den deutschen Einzelgewalten, führt zum Verfall des mittelalterlichen, auf Einheit und Bindung abgestellten Weltbildes: *Partikularisierung, Föderalisierung* und *Säkularisierung* setzen ein. Politisches Indiz dafür sind die vernunftbestimmten Neuordnungen während der Regierungszeit Kaiser Friedrichs II. (1212–1250). Er verleiht zunächst den geistlichen Fürsten in der „Confoederatio cum principibus ecclesiasticis" (1220) weitgehende Rechte, die 1231/32 mit dem „Statutum in favorem principum" auf die weltlichen Potentaten ausgedehnt werden: Gericht, Münze und Zoll, Burgen- und Städtebau obliegen von nun an den „Landesherren", so daß es zur Ausbildung selbständiger *Territorialherrschaften* mit festen politischen (und mundartlichen!) Grenzen sowie straff organisierten Verwaltungen kommen kann. Ergänzend erläßt der Kaiser auf einem Hoftag 1235 den „Mainzer Reichslandfrieden", das erste Reichsgesetz in deutscher Sprache, um wieder geordnete Rechtsverhältnisse herzustellen. Diese Neudefinition des Verhältnisses von Zentral- und Einzelgewalten wird schließlich unter Karl IV. durch die „Goldene Bulle" (1356) besiegelt, ein Reichsgrundgesetz, das die Königswahl endgültig den sieben „Kurfürsten" überträgt (drei geistliche: die Erzbischöfe von Mainz, Trier und

Köln; vier weltliche: König von Böhmen, Pfalzgraf bei Rhein, Herzog von Sachsen, Markgraf von Brandenburg). Im Frankfurter Reichslandfrieden von 1486 ist dann erstmals die Rede vom „Römischen Reich deutscher Nation" (später nach der seit 1257 verwendeten offiziellen Formel „Sacrum Romanum Imperium" noch mit dem Zusatz „heilig" versehen). Deutschland ist damit auf dem Wege zu einem *föderativen Staatenbund,* in dem nach den Wirren der Reformationszeit und des Dreißigjährigen Krieges die *Reichsstände* 1648 im Westfälischen Frieden von Münster und Osnabrück die volle weltliche und geistliche *Souveränität* erlangen („cuius regio, eius religio"). So entwickelt sich allmählich aus der Ablösung mittelalterlichen Einheitsdenkens das Grundprinzip neuzeitlicher Politik und moderner Staatengeschichte: „Gleichgewicht oder Hegemonie" (L. Dehio).

Der **Aufschwung der Städte** beginnt schon im 13. und 14. Jh. Neben die älteren Burg- und Reichsstädte treten nun zahlreiche Markt- und Kaufmannssiedlungen als autonome Stadtgemeinden (Communen) mit einer *korporativen Sozialgliederung* (Gilden, Eidgenossenschaften; Zünfte). Ihre Zahl beträgt um das Jahr 1200 etwa 250 und steigt allein im 13. Jh. um 800 an. Im 15. Jh. gab es bereits 3 000 Städte, darunter ein gutes Dutzend mit über 10 000 Einwohnern; den Spitzenplatz hält damals Köln (30 000 Einwohner). Diese rasche Entwicklung verdankt sich vor allem den rechtlichen Privilegien der Städte („Stadtluft macht frei"), ferner der Ausweitung von Handel und Gewerbe. Sie bewirkte bald einen umgreifenden sozialen, politischen und wirtschaftlichen Wandel. In den Städten selber kam es zum Ausbau *kommunaler Verwaltungen* und Kanzleien. Nach harten Kämpfen zwischen Kaufmannsgilden und Handwerkerzünften entstehen neue Formen der *Stadtregierung* (Kölner „Verbundbrief" von 1396). Der krasse Gegensatz zwischen wirtschaftlicher Bedeutung der Städte und „bürgerlichen" Freiheiten einerseits und der lehnsrechtlich-ständischen Reichsverfassung andererseits erzwang *Städtebünde,* bald auch zur Sicherung und Ausweitung der Handelswege. So kam es beispielsweise zur Großorganisation der *Deutschen Hanse,* die zunächst von Lübeck aus operierte und nach dem Frieden von Stralsund (1370) mit ihren Quartieren und Kontoren (Gent und Brügge, London, Köln und Bergen, Wisby und Nowgorod) bis ins 16. Jh. hinein einen internationalen Machtfaktor darstellte. Der wachsende Geldbedarf führte zudem zur Ausbildung *frühkapitalistischer Strukturen:* so finanzierten die Augsburger Fugger und Welser während der Reformationszeit nicht nur Handel und Gewerbe, sondern auch Ablaßgeschäfte sowie die Kaiserwahl 1519.

Alles in allem wird während der fnhd. Periode die Stadt zum „kulturbestimmenden Raum" (Eggers 1969, 40), das aufstrebende Stadtbürgertum zum Kulturträger, ohne daß man jedoch schon von einer „bürgerlichen Epoche" oder einer „bürgerlichen Sprache" reden dürfte. Schwer betroffen vom Umbruch der Zeit sind *Ritter* und *Bauern,* die zunehmend verarmten und ins soziale Abseits gerieten. So nimmt es nicht wunder, daß *Renovatio* bzw. *Reformatio* zu beherrschenden Schlagworten wurden und die Forderung nach einer neuen Ordnung sich in zahlreichen Aufständen artikulierte: Ritterfehden 1522–23 (Franz v. Sickingen, Ulrich v. Hutten); Bauernaufstände 1502, 1513, 1514 und 1525 (Joß Fritz, Florian Geyer, Thomas Müntzer).

Die **2. Phase der Ostkolonisation** wird eingeleitet durch deutsche *Fernsiedler,* die dem Ruf slawischer Fürsten in Pommern, Schlesien, Böhmen und Mähren folgten und planmäßig neue Höfe und Dörfer gründeten; sie kamen zumeist aus niederdeutschem und westmitteldeutschem Gebiet (Moselgegend, Eifel und Hunsrück, Hessen). Ihren Höhepunkt erreicht diese Ausweitung deutschen Einflusses aber erst im 13. Jh., als der *Schwertbrüderorden* Livland und Estland erobert und der *Deutschritterorden* unter dem mächtigen Großmeister Hermann v. Salza mit der Kolonisierung und Christianisierung Preußens beginnt (1230). Dadurch verlagert sich das Schwergewicht für die politische Entwicklung aus den mittleren Reichslanden nach Osten; das deutsche Sprachgebiet wird gleichzeitig um die ostmitteldeutschen Dialekträume des Böhmischen, Schlesischen und Hochpreußischen erweitert.

5.2.2 Kulturelle Aspekte

Die bisher erwähnten politisch-gesellschaftlichen Bedingungen werden ergänzt durch kulturell wirksame Faktoren, die vor allem im 16. Jh. Veränderungen im allgemeinen Bewußtsein erzwingen.

Schon zu Beginn der fnhd. Zeit zeichnet sich ab, daß neue Aufgaben im Rechts- und Verwaltungswesen (später noch die Diplomatie) eine breitere *Bildungselite* erfordern. So kommt es zu einer Welle von **Universitätsgründungen** in wichtigen Städten: 1348 Prag; Wien 1365, Heidelberg 1386, Köln 1388, Erfurt 1392, Leipzig 1409, Rostock 1419, Mainz und Tübingen 1477, Wittenberg 1502 etc. Diese neuen kulturellen Zentren treten nicht nur äußerlich in Wettstreit mit Fürstenhöfen und Klöstern; sie sind vielmehr „fortan vom Bürgersinn mitgetragen und mitgeprägt" (Eggers 1969, 43). Und hier wird schließlich die Ausweitung des Vorstellungshorizontes durch die **Entdeckungszeit** (ab 1492) sowie die anthropozentrische Orientierung in **Humanismus** und **Renaissance** (Vasari, Leonardo da Vinci, Michelangelo; Melanchthon) geistig verarbeitet. Dies geschieht auf dem Felde der Philosophie ebenso wie auf dem benachbarten der Theologie; nicht von ungefähr war Luther an der jungen Universität zu Wittenberg zunächst Professor für Moralphilosophie und verstand seine berühmten 95 Thesen (1517) als Grundlage einer theologischen Disputation.

Breitenwirkung erreichten jedoch erst *Luthers* **Reformationsschriften** aus dem Jahre 1520 (darunter in deutsch: „An den christlichen Adel deutscher Nation von des christlichen Standes Besserung", „Von der Freiheit eines Christenmenschen"), ferner seine in volksnaher Alltagssprache abgefaßten *Bibelübersetzungen* (1522 Neues Testament; 1534 die vollständige Bibel). Sie rücken die seit dem 15. Jh. so genannte *„Muttersprache"* (materna lingua, lingua vulgaris, „gemeines Teutsch") gleichberechtigt neben das Latein der Gelehrten und gelten als Basis für die spätere deutsche Einheitssprache.

Als „einschnittbildender Faktor" (Besch) ist schließlich noch der **Buchdruck** zu nennen. Erst die Erfindung Johann Gutenbergs (1455 42zeilige lat. Bibel) ermöglichte es, Bücher und Flugschriften billig zu reproduzieren und zu verbreiten. Geschäftliche Interessen der meist akademisch gebildeten Drucker führen bald zu einer *Ausweitung der Textsorten* (Unterhaltungsliteratur, Pamphlete etc.) und zu *Ausgleichsbestrebungen* (Überwindung regionaler „lantsprâchen", Vereinheitlichung der Orthographie). So ebnen sie gleichermaßen den Weg zur deutschen *Standardsprache.* Sie fördern zudem Lese- und Schreibbedürfnisse bei breiteren sozialen Schichten und tragen bei zu einer allgemeinen *„Verschriftlichung des Lebens"* (Erben), die in der Folgezeit den Gegensatz zwischen schriftlicher und mündlicher Kommunikation deutlich zutage treten läßt. Erst der Aufschwung der *Schreibschulen* im späten 16. Jh. aber, von Luther noch als kommerziell abqualifiziert gegenüber Latein- und Katechismusschulen, kommt dann dem bürgerlich-demokratischen Bildungsdenken voll entgegen: Der *Bildungsgrad* wird nun (anstelle der Herkunft) mehr und mehr zum Kriterium für soziale Geltung und Einordnung.

5.3 Sprachliche Entwicklungen und Grundstrukturen

5.3.1 Sprachstand und Sprachlandschaften

Sprachvielfalt, Sprachmischung und Sprachausgleich sind konstitutive Merkmale der fnhd. Periode. Sie betreffen sowohl den mündlichen als auch den schriftlichen Sprachgebrauch.

Beim **mündlichen Sprachgebrauch** sind wir über die ortsgebundenen *Alltagsmundarten* nur unvollkommen unterrichtet. Auch in Luthers Tischreden beispielsweise, der wichtigsten Quelle, mischen sich westthüringische und ostmitteldeutsch-niederdeutsche Dialekte mit ganz individuellen Eigenheiten und Wortschöpfungen; sein Bemühen um die Volkssprache, um „eyn mundliche predig und lebendig wortt", ist zudem theologisch begründet und durchaus nicht auf eine bestimmte Regionalform bezogen. Ähnliches gilt für Luthers derbe und deftige Äußerungen, die sich ebenso bei anderen Autoren (Murner etc.) finden; sie lassen höchstens Elemente gesprochener Sprache allgemein erkennen, ohne landschaftliche Bindung. Regionale Idiome werden auch überformt durch den Trend zu weiträumigeren **Territorialsprachen,** die der Ostfranke Hugo von Trimberg im 14. Jh. wie folgt charakterisiert (Text und Erläuterung nach Moser 1965, 129):

swābe ir wörter spaltent[1],
Die Franken ein teil si valtent[2],
Die Beire si zezerrent[3],
Die Düringe si ūf sperrent[4],
Die Sahsen si bezuckent[5],
Die Rīnliute si verdruckent[6],
Die Wetereiber si würgent[7],
Die Mīsner si wol schürgent[8],
Egerlant si swenket[9],
Osterrīche si schrenket[10],
Stīrlant si baz lenket[11],
Kernte ein teil si senket[12] ...

1. Vorliebe für Zwielaute – 2. Zusammenziehung der Zwielaute *ie, uo, üe* zu *ī, ū, ū* – *3. auseinanderziehen – 4. dehnen – 5. schnelle Sprechweise der Niedersachsen – 6. gepreßte Aussprache – 7. Rauheit – 8. eigentlich stoßen; Lob der singenden obersächsisch-meißnischen Aussprache? – 9. 10. 11. siehe 3.–12. tiefe Tonlage.*

Daneben bilden sich mehr und mehr überregionale **Schreib- und Verkehrssprachen** heraus, als deren Träger zunächst die kaiserlichen und städtischen *Kanzleien* anzusehen sind. Von besonderer Bedeutung für die Entwicklung einer deutschen Standard- und Nationalsprache sind die Kanzleien im *ostmitteldeutschen Raum,* die allerdings in der germanistischen Forschung recht unterschiedlich eingeschätzt werden. So betonte Th. Frings die maßgebliche Rolle der Wettiner Kanzlei in Meißen, deren Sprachgebrauch sich auch Luther anschloß, beim Ausgleich kolonialer Dialekte sowie bei der Vermittlung zwischen gesprochener und geschriebener Sprache. K. Burdach dagegen stellte den vorbildhaften Einfluß der Prager Reichskanzlei unter Karl IV. heraus, die auch H. Eggers als „Sammelbecken schon vorgeformter Schreibtraditionen" (Eggers 1969, 23) betrachtet. Zu berücksichtigen ist jedoch, daß es schon im 14. und 15. Jh. überall zu starken *Interferenzen* der verschiedenen regionalen Systeme kommt, hervorgerufen u. a. durch politische Verschiebungen und die Entwicklung von Handelsbeziehungen. So gewinnt die *Wettiner Kanzlei* (Mittelpunkte Leipzig und Erfurt) an Boden im ganzen thüringisch-obersächsischen Gebiet; und oberdt. Einflüsse (wohl über die Nürnberger Kanzlei; vor allem bei der Diphthongierung î, û, iu > ei, au, eu) lassen sich sowohl in Meißen als auch in Prag nachweisen. Überhaupt entwickelt sich im Südosten des deutschen Sprachgebiets (verbreitet von der *Wiener Reichskanzlei* und den *Handelskontoren* in Augsburg, Regensburg oder Nürnberg) eine eigene Verkehrs- und Geschäftssprache auf oberdt. Grundlage, die oft im engeren Sinne das *„Gemeine Teutsch"* genannt wird und sich bis ins 18. Jh. gegen die ostmitteldt. Schreibsprachen behauptet. Ihrer bedienten sich bekannte zeitgenössische Schriftsteller wie Sebastian Brant oder Hans Sachs. Von ähnlicher Bedeutung und Reichweite war im Norden, im Herrschaftsgebiet der Hanse, das *Mittelniederdeutsche* (östlich begrenzt durch den ostmitteldt. Sprachgebrauch im Einzugsbereich des Deutschen Ordens; durchsetzt auch von hochdt. Elementen in der Urkundensprache).

An der Ausbreitung überlandschaftlicher Schreib- und Verkehrssprachen waren die Druckoffizinen im 16. Jh. so stark beteiligt, daß neben den Bezeichnungen „Kanzleisprachen" und „Geschäftssprachen" auch der Ausdruck **„Druckersprachen"** berechtigt erscheint. Immerhin gab es schon um das Jahr 1500 über 1 100 Druckereien in etwa 260 europäi-

Sprachgebiete	Sprachlandschaften	Kanzlei- bzw. Druckorte
Niederdeutsch	1. Mittelniederländisch ("Dietsch")	Flandern und Brabant
	2. Mittelniederdeutsch	Lübeck, Magdeburg, Braunschweig, Paderborn; Dortmund, Soest
Mitteldeutsch	1. Ostmitteldeutsch (Thüringisch, Obersächsisch, Böhmisch, Schlesisch, Hochpreußisch)	Wittenberg, Leipzig, Erfurt, Dresden; Prag; Danzig, Königsberg
	2. Westmitteldeutsch (Hessisch, Rheinfränkisch, Mittelfränkisch)	Frankfurt/M., Mainz, Speyer, Worms; Köln
Oberdeutsch ("Gemeines Deutsch")	1. Ostfränkisch	Nürnberg
	2. Schwäbisch	Augsburg, Ulm, Tübingen
	3. Alemannisch	Straßburg, Basel, Bern, Zürich
	4. Bairisch-Österreichisch	München, Ingolstadt; Wien

schen Städten, die ihre Erzeugnisse zunächst noch landschaftlich orientierten, dann aber immer stärker auf Großräume abstellten. Ihnen ist es überhaupt zu verdanken, daß sich das ostmitteldeutsch-sächsische *Lutherdeutsch* so weithin und langfristig durchsetzen konnte. Luther behauptete zwar in seinen Tischreden (Weimarer Ausgabe, Tischreden Bd. 2, 2758 b):

„Ich rede nach der Sechsischen cantzley, quam imitantur omnes duces et reges Germaniae; alle reichstette, fürstenhöfe schreiben nach der Sechsischen cantzeleien vnser churfürsten. Ideo est communissima lingua Germaniae."

Hierbei handelt es sich jedoch um eine Aufzeichnung zweiter Hand, in die spätere Entwicklungen und Bewertungen eingeflossen sein mögen.

Eine vorsichtige Kennzeichnung des deutschen *Sprachstandes* und der **Sprachgebiete** wird sich angesichts dieser Sachlage immer noch an Sprachlandschaften und zugleich an Kanzlei- oder Druckorten orientieren müssen (s. a. Übersicht auf S. 110 unten).

Sprachlandschaften in frühneuhochdeutscher Zeit mit Kanzlei- und Druckorten (aus: H. Penzl, Frühneuhochdeutsch. Peter Lang: Bern usw. 1984, 17)

Bei der folgenden Übersicht einzelner sprachlicher Merkmale und Neuerungen ist ferner zu berücksichtigen, daß sich der *lat. Einfluß* (z. B. über humanistische Wissenschaften und das Rechtswesen) stark bemerkbar macht, vor allem in Lexik, Syntax, Rhetorik und Stilistik.

5.3.2 Phonematik und Prosodie

Im Fnhd. vollzieht sich im Grunde kein kompakter Lautwandel, der ähnlich wie die früheren Lautverschiebungen als sprachinternes Kriterium der Abgrenzung dienen könnte.

Im **Vokalismus** setzen sich zwei schon früher begonnene Entwicklungen fort (vgl. S. 81 f.):
– *Monophthongierung* (ie, uo, üe > i, u, ü)
– *Diphthongierung* (î, û, iu > ei, au, eu)

Sie breiten sich vom gesprochenen Oberdeutschen her bis in den ostmitteldeutschen Raum aus, wobei sich die schriftlichen Zeugnisse unterschiedlich resistent verhalten (am stärksten die Urkunden). Auch die *Rundung* (= Aussprache von Stammvokalen mit Lippenrundung) zeigt sich zuerst im Oberdeutschen:

e > ö helle > hölle, lewe > löwe
i > ü finf > fünf, wirde > würde

Eine wichtige Neuerung stellt die *Dehnung* der alten Kurzvokale in offener betonter Silbe dar:

mhd. săgen > fnhd. sāgen
mhd. lěben > fnhd. lēben

Im allgemeinen bleibt diese Längung orthographisch bis heute unbezeichnet. Vereinzelte frühe Doppelschreibungen (beeten, weege), die Längenbezeichnung ie für î und die Zusammenstellung von Reimwörtern (vrâgen – sagen) zeugen jedoch davon, daß die Dehnung bereits im 14. Jh. im gesamten deutschen Sprachgebiet greift. Das h als Dehnungszeichen (êre > ehre, nemen > nehmen) setzt sich erst im 16. Jh. durch.

In einigen Sprachlandschaften treten weniger regelmäßige Vokalwandlungen auf, die sich später punktuell durchsetzten:
– *Vokalkürzung:* mhd. jâmer, herre, genôz > nhd. Jammer, Herr, Genosse
– *Vokalsenkung:* u > o, ü > ö: mhd. sumer, künic > nhd. Sommer, König
– *Entrundung:* mhd. küssen, eröugen > nhd. Kissen, ereignen.

Beim **Konsonantismus** sei hier nur auf die *Assimilation* (Angleichung eines Lautes an einen anderen) verwiesen, die zunächst im Inlaut, später auch im Auslaut zu einer Vereinfachung führt:

kumber, lember > kummer, lemmer; lamp > lamm

5.3.3 Graphematik

Im Fnhd. fehlt noch jede orthographische Normierung, so daß sich sogar innerhalb eines Textes oft **Schreibvarianten** finden (z. B. ei, ey, ai). Hierin drücken sich in erster Linie individuelle Schreib- und Druckgepflogenheiten aus, die z. T. auch als „Markenzeichen" bestimmter Offizinen gelten müssen. Eine derartige Vielfalt hat jedoch nichts mit Willkür zu tun, sondern zeigt nur, daß damals noch keine geregelte Beziehung zwischen Phonemen und Graphemen bestand, wie sie für uns seit der Berliner Orthographischen Konferenz von 1901 selbstverständlich erscheint. Im einzelnen sei festgehalten:

Die meisten Drucke verwenden als **Schrifttyp** Formen der gotischen Buchschrift, die sich aus der karolingischen Minuskel entwickelte (vgl. unser Beispiel S. 127). Diese bedingte zunächst auch eine durchgehende *Kleinschreibung*, mit Ausnahme der kunstvoll ausgestalteten Initialen. Im Fnhd. festigt sich nun zuerst die *Großschreibung* der Satzanfänge, ferner die Satzgliederung und Hervorhebung einzelner Wörter durch Majuskeln (Eigennamen, Titel, Kollektivbegriffe, Nomina sacra). Der späte Luther schreibt bereits die Mehrzahl der Substantive groß (vgl. S. 129). Im 17. Jh. hat sich schließlich die Großschreibung von Substantiven so allgemein durchgesetzt, daß Gottsched 1762 solche „Gewohnheiten" zur Regel erklären kann (zur Entwicklung der Normierung vgl. u. a. Mentrup 1984).

Parallel dazu verläuft die Ausgestaltung der **Interpunktion.** Wie der Name schon sagt, dient der Punkt (oft hochgestellt, siehe S. 127) zunächst nur einer optischen Markierung von Satzgrenzen oder Lesepausen. Dazu kommt im 15. Jh. die Virgel / als Zeichen für kürzere Lesepausen. Sie wird noch bis weit in die Barockzeit hinein verwendet und erst allmählich von ihrer reduzierten Zeichenform, dem Komma, verdrängt. Aber schon im 16. Jh. beginnt ein Funktionswechsel: Punkt und Virgel markieren mehr und mehr logisch-syntaktische Einschnitte, so daß dann auch eine weitere Differenzierung (mit Fragezeichen, Doppelpunkt etc.) notwendig wird.

Bei den **Vokalzeichen** ist besonders variantenreich die Schreibweise der Umlaute (aͤ, ä, aͤ̈, e) und der Diphthonge (uo, u; au, aw), ferner die erwähnte Bezeichnung von Quantitäten (meist durch Doppelung: die ee, die spraach, das meel, froo).

Auch **Konsonantenzeichen** werden häufig verdoppelt: zur Wiedergabe kurzer Vokale (dekken), im Auslaut (weltt, gebenn, kopff), überhaupt bei Affrikaten (apffel, appfel; oppfer). Die Konsonantenverbindung ck setzt sich seit dem 15. Jh. durch. Nicht immer verweisen die Konsonantenhäufungen auf eine klare Funktion; oft sind sie spezifischer graphischer Zierat oder entspringen einem drucktechnischen Spieltrieb.

Für einige Laute gibt es *stellungsbedingte Schreibvarianten:*

Lautwert	Anlaut	Inlaut	Auslaut
s	s, ſ	ſ	s
i und j	j "jm" "jagen"	i "himel" "veriagen"	
u̦ und f	v "vns", "vnd" "vor", "Vater"	u "mut" "beuolgen"	

5.3.4 Morphematik und Syntagmatik

Wir besprechen Morphemik und Syntax wiederum zusammen, da sich der fortschreitende Trend zum *analytischen Sprachbau* in der Flexion zwangsläufig auch im syntaktischen Bereich auswirken muß. Unter die Neuerungen fallen sowohl Vereinfachungen als auch Differenzierungen, die beide zu einer weitergehenden *Grammatikalisierung,* zu einem *Systemausbau* führen.

Vereinfachungen im morphematischen Feld gehen wohl vor allem auf den Einfluß der modernen Umgangssprache in den entstehenden Stadtdialekten zurück. Sie sind abgestellt auf *Eindeutigkeit* der grammatischen Beziehungsverhältnisse und Funktionen. So kommt es bei der *Flexion des Substantivs* durch Apokope des Endungs-e oder Abschleifung zu einer Angleichung der Kasus und einer Annäherung der Deklinationsklassen (s. Übersicht S. 115 oben, vgl. auch S. 84).

Mit dem Wegfall der Kasusdifferenzierung wird die *Numerusfunktion* der Endungen (auf -e oder -en) verstärkt. Zugleich setzen sich andere Allomorphe des Pluralmorphems durch (Endungen auf -er, zusätzlich oft mit Sekundärumlaut):

mhd. die buoch, diu wort, diu lant >
nhd. die bücher, die wörter, die länder

Sprachstufe	a-Stamm	u-Stamm
Mhd.	Sing.: tac, tages, tage, tac Plur.: tage, tage, tagen, tage	Sing.: zunge, zungen, -n, -n Plur.: zungen, zungen, -n, -n
Fnhd./ Nhd.	Sing.: tag, tages, tag, tag Plur.: tage, tage, tagen, tage	Sing.: zunge, zunge, -e, -e Plur.: zungen, zungen, -n, -n

Die Rolle der Kasus übernehmen dann mehr und mehr präpositionale Fügungen. Der Genitiv erhält sich nur in der Schriftsprache, während die Mundarten ihn bis heute durch den possessiven Dativ ersetzen („die Frau meines Bruders" = „minge Broder sin Frou", Köln).

Eine ähnliche Funktionsbereinigung gibt es beim Ablaut in der *Konjugation der starken Verben* (Ausgleich zwischen Sing. und Plur. im Präteritum):

Ablautreihe	mhd.	nhd.
1. î, î-ei, i	rîten; reit - riten	reiten; ritt - ritten
2. ie, iu-ô, u-o	bieten; bôt - buten	bieten; bot - boten
3. i, ia-a, u-u	singen; sanc - sungen	singen; sang - sangen

Der *Ablaut* kennzeichnet also nur noch die Tempora; eine Numerusdifferenzierung durch ihn entfällt. Eine *Vereinfachung des Formenbestandes* ergibt sich außerdem durch den allmählichen Übertritt starker Verben in die schwache Konjugation: z. B. bellen, hinken, niesen, rächen, spalten. Zur genaueren Kennzeichnung des Geschehens bilden sich *analytische Formen* heraus: bei den *Tempora* Perfekt und Plusquamperfekt mit den Hilfsverben „haben" und „sein", Futur mit „sollen" und „wollen" und „werden"; bei den *Modi* die Umschreibung des Konjunktivs mit den Modalverben „müssen", „können", „sollen".

In der *Wortbildung* schließlich dominieren unechte Komposita aus Genitivfügungen („des standes person" > Standesperson); daraus entwikkelt sich bald ein generelles Bildungsprinzip, bei dem das ursprüngliche Genitiv-s als Fugenkonsonant eingesetzt wird: „wirtschaftshof", „mitternachtsstunde". Produktiv bleiben bei den Ableitungen Abstraktbildungen mit den Suffixen -keit, -heit, -unge sowie Präfixbildungen mit trennbaren Präfixen (ab-, an-, auf-; under-, aus- etc.), vor allem im mystischreligiösen Schrifttum (vgl. zur Wortbildung auch 5.3.5).

Neuerungen im *syntaktischen Bereich* dienen vor allem der sachlich-grammatischen **Differenzierung** bei komplexer gewordenen Darstellungsinhalten (z. B. im Funktionalstil von Recht und Verwaltung; nähere Angaben bei Erben in Besch u. a. 1985, 1341ff.). Unverkennbar ist dabei noch der Einfluß des Humanistenlateins. Drei wichtige Erscheinungen seien herausgegriffen:

– Die *Festlegung der Satzgliedstellung* im Hauptsatz (Zweitstellung des finiten Verbs, Anschluß der übrigen Satzglieder nach ihrer Wichtigkeit): Dies führt zum Gliederungsprinzip der funktionalen Satzperspektive anstelle der bisherigen additiven Wortfolge;
– der Ausbau eines *Systems nebensatzeinleitender Konjunktionen* im Satzgefüge (so daß, damit, als daß, weil, wenn etc.): Die Konjunktionen dienen nun jeweils nur noch zur Kennzeichnung eines speziellen Bezugs (modal, kausal, final, konsekutiv, konzessiv, konditional, adversativ; vgl. Tschirch 1966);
– die *Zunahme von Partizipial- und Infinitivkonstruktionen* (nach lat. Muster): Sie werden zum Kennzeichen der bürgerlichen Bildungssprache bis weit ins 19. Jh. hinein.

5.3.5 Lexematik

Beim Wortschatz sind mehrere Faktoren zu nennen, die auf recht unterschiedliche Weise zur Anreicherung des Lexikons beitragen: die landschaftliche Gebundenheit der Territorialsprachen, ein realistisch-nominalistischer Grundzug der Zeit, der gesellschaftlich-wirtschaftliche Fortschritt, die Sprachgewalt Luthers und der Einfluß der klassischen Sprachen.

Über die **Territorialsprachen** kommt es zum Nebeneinander zahlreicher *Heteronyme* (= unterschiedliche Bezeichnungen für gleiche oder ähnliche Erscheinungen): So heißt es im Niederdt. Pott, im Mitteldt. Topf, im Oberdt. Hafen; oberdt. Schreiner, mittel- und niederdt. Tischler; niederdt. Pferd (in angelsächsischen Sprachinseln Hengst), mitteldt. Gaul, oberdt. Roß. In der weiteren Entwicklung konnten sich manche dieser Heteronyme mit neutraler Denotation allgemein durchsetzen (Topf, Pferd), während andere wiederum eine Bedeutungsveränderung durchmachten (Tischler, Schreiner) oder soziale Konnotationen erhielten.

Ein **realistisch-nominalistischer Grundzug** der Zeit führt zu genauerer Beobachtung der Umwelt und zu exakterer Kennzeichnung von Einzelerscheinungen (vgl. dazu vor allem Eggers 1969, 103ff.). Dies bewirkt die Verwendung von *Synonymen* und *Metaphern*, etwa bei der Wiedergabe von Vorgängen oder auch bei der drastischen Schilderung körperlicher Eigenheiten und sinnlicher Genüsse:

jagen, hetzen, birsen, beizen
züchtigen, strafen, bessern
kotfaß, stankhaus, leimtigel, harnkrug (für den Leib des Menschen; Johann v. Tepl, Ackermann aus Böhmen)

Bereich	Herkunft	Beispiele
Handel und Gewerbe	oberdt.	Gesellschaft, Handgeld, Kaufhaus, Schuldner etc.
	italien.	Bank, Konto, Kredit, Kapital, Kasse, Risiko, Netto, Brutto etc.
	latein.	Datum, Kopie, Register, Summe, Fazit u.a.
Seefahrt	hochdt.	Bug, Mast, Ruder, Segel, Steven
	niederdt. u. niederl.	Boot, Düne, Fock, Jacht, Kombüse, Maat, Matrose
	südeuropäisch	Barke, Flotte, Golf, Havarie, Kai, Kajüte, Kapitän, Kompaß, Korvette, Marine, Mole
Buchdruck und Buchhandel	hochdt.	Buchhändler, Setzer, Verleger, Verlag; Bezeichnungen für Setzfehler: Fliegenkopf, Leiche, Spieß, Zwiebelfisch etc.
	latein.	Abbreviatur, Autor, Exemplar, Faksimile, Format, Initiale, Korrektor; Manuskript, Makulatur, Type, Quart, Oktav, Folio etc.
Bergmannswesen (ab 16. Jh.)	hochdt.	Bremse, Halde, Klafter; Schacht, Schicht, Schlacke, Stollen, Zeche; Ausbeute, Fundgrube, Raubbau; fördern, reichhaltig etc.
Gaunersprache und Rotwelsch	hebr.	ausbaldowern, Kaff, dufte, großkotzig; Kies, Moos (für Geld), Kluft (für Kleidung), Kohl (für Unsinn) mogeln, schachern; Pleite
	zigeun.	Zaster (für Geld), Kaschemme (für Wirtshaus)

Wortschatzerweiterung im Gefolge des gesellschaftlich-wirtschaftlichen Fortschritts

Besonders literarische Texte zeigen daher bald eine Vorliebe für die Häufung sinnverwandter Ausdrücke und für die asyndetische Reihung von Wörtern oder Satzgliedern. Hierher rührt auch die spätere Forderung nach *lexikalischer Varianz* in normativen Poetiken. Gleichermaßen werden nun ältere, unzeitgemäße Wörter verdrängt (diet durch Volk, barn durch Kind, Kopf durch Haupt) und manche in ihrer Bedeutung verändert (mhd. kriec „Widerstand", „Streit" > nhd. Krieg „Kampf"; mhd. hövesch „höfisch" > nhd. hübsch, höflich; mhd. edel „adelig" > nhd. edel „vornehm").

Der **gesellschaftlich-wirtschaftliche Fortschritt** bewirkt eine Zunahme der *Nomina agentis,* vor allem mit handwerklichen Berufsbezeichnungen (Böttcher, Gerber, Brauer; Buchdrucker, Buchbinder; Schuster etc.). Ebenfalls ist hier der Ersatz der alten Beinamengebung durch die Einführung fester *Familiennamen* zu erwähnen (nach Kriterien wie Beruf, Herkunft, Abstammung, Wohnplatz u. a.; vgl. im einzelnen Seibicke 1982, 179–202). Besonders wichtig ist die Ausbildung von *Fach- und Sonderwortschätzen* (mit starkem Lehneinfluß), aus denen dann zahlreiche Elemente in die Allgemeinsprache übergehen (s. Übersicht S. 117, weitere Bereiche und Beispiele bei Mackensen 1977, 95ff.).

Luthers Schriften verdankt der deutsche Wortschatz eine ganze Reihe von Neubildungen und auch den Erhalt älteren Wortguts. Sehr bezeichnend ist, wie stark Luthers Sprachgebrauch im „Deutschen Wörterbuch" der Brüder Grimm berücksichtigt wurde. Zu nennen sind hier einmal noch erhaltene *Neologismen* wie

Feuereifer, friedfertig, gastfrei, Glaubenskampf, Herzenslust, Machtwort, Morgenland, Sündenbock, wetterwendisch,

ferner *Schlagwörter* der reformatorischen Bewegung:

evangelium, wort gottes, glaube, gnade

und aus der Polemik hervorgegangene *Schimpfwörter:*

papist, schwarmgeist, werkheiliger, ertzgotteslästerer, beichthengst, arschhummel.

Aber auch die typische Verwendung zahlreicher *Würz-* oder *Modalwörter* (Abtönungen) geht auf Luther zurück:

ja, doch, denn, nun, nur, allein, sonst, schon etc.

v. Polenz (1978, 90) nennt außerdem eine Reihe ursprünglich dialektaler Ausdrücke wie

Splitter, schüchtern, Spuk, Motte, Knochen, lüstern, Scheune, bange, Wehklage u. a.

sowie *niederdt. und mitteldt. Wörter,* die sich durch Luthers Bibelübersetzung gegen oberdt. durchsetzen konnten:

Lippe gegen Lefze, Peitsche gegen Geißel, Ziege gegen Geiß, Ufer gegen Gestad.

Nicht unerwähnt bleiben darf, daß Luther um der Anschaulichkeit willen viele *volksläufige Wendungen* (Redensarten, Sprichwörter) gebrauchte, die so zum Gemeingut der deutschen Sprache werden konnten:

sein Licht unter den Scheffel stellen; sein Scherflein beitragen; ein Stein des Anstoßes sein; ein Dorn im Auge sein; mit Blindheit geschlagen sein; herrlich und in Freuden leben; der Mensch lebt nicht vom Brot allein; niemand kann zwei Herren dienen; bleibe im Lande und nähre dich redlich usw.

Luther legte sich hierfür eine eigene Sprichwörtersammlung an, die schon im 19. Jh. Gegenstand zahlreicher volkskundlich-germanistischer Studien wurde.

Die **klassischen Sprachen** Latein und Griechisch erhielten durch die Humanisten neue Geltung. So kam es zu zahlreichen *Entlehnungen* außerhalb der oben bereits erwähnten Fachsprachen, z. B.

aus dem Lat.: Universität, Kollege, Professor, Text; diskutieren, protestieren;
aus dem Griech.: Akademie, Bibliothek, Gymnasium, Pädagoge, Apotheke, Technik etc.

Recht aufschlußreich ist der Beitrag einzelner Wissenschaften aus dem 15. und 16. Jh. (vgl. u. a. Wolf in Besch u. a. 1985, 1334f.):

Philosophie (Logik, Definition, Deduktion),
Mathematik (dividieren, multiplizieren, addieren etc.),
Medizin (Medizin, Medikament, Kur, Patient, Skelett),
Sprachwissenschaft (Verb, Deklination, Konjugation, Periode; Etymologie).

Bis heute schöpfen vor allem die westlichen Zivilisations- und Fachsprachen aus lat.-griech. Wort- und Wortbildungsmaterial (vgl. zu solchen Internationalismen 6.5.4.4).

Produktiv wurden antike Elemente im Fnhd. auch in der Studentensprache (Kommers, Karzer, Moneten, Jux; Luftikus, Schwulität; burschikos).

5.4 Textanalysen und Aufgaben

5.4.1 Die Sprache der Kanzleien: Wettinische Kleiderordnung 1482

Es sal keyn rittermessig man, der auch ritter vnd vnser rate ist, nu hin fur auff ein mall ober zwu seydene schawben noch sust kein cleyt an die schawben, das ober viertzigk gulde*n* wert ist, mache*n* lassen vn*d* tragen. Wo er aber nicht schawben hette, so mocht er an der schawben statt zwey cleit machen lassenn vn*d* haben, das itzlichs besser dann viertzig gulde*n* wert wern. Es sall kein edelmann, der nicht ritter noch vnser rate ist, nicht mer dan ein seidene schawben aber ein cleit, das vber vietzig gulden wert ist, haben.

Es sal kein burger in keiner statt in vnsern landen kein seiden cleit ane iopen, die mag er wol tragen. Vnd die in den mercklichen stettin in den reten sind, die mvgen von ausszlendeschem gewandt, so viel sie wollen, cleider mache*n* lassen, doch das ir keiner ein cleit habe, das mer dan dreissig gulden kost aber wert sey. Aber die nicht in reten *sin*d, sall keiner ober zwei cleit von auszlendeschen tuch habin. Wil er d*er* mer habin, die mag er von dem einlendeschem tuch machen lassen, so viel er wil.

Es sall auch kein burger weder snure noch nete ader anders von vntze*n*golde vnd silber tragen. Was den mannen zutragen erlawbt ist, des gleichen vn*d* nicht mer sal sein weib vnd tochter tragen. Doch so mag ein itzliche iungfrawe vnnd frauwe hawpt gesmucke haben vnd tragen, der da dreisszig gulden wert ist vn*d* nicht besser. Redliche kaufleute in den namhafftigen stettin, vnde ap ymants vo*n* der ritterschaft dar innen wanten, die wollen wir dar mit ausz geszlossenn haben, also das sich die selbigen de*n* in reten gleich cleide*n* mogen. Mit diser vnser ordenung sal kein gast, der in vnsern lande*n* nicht wonhaftig ist, ligend gru*n*de ader sust eigenthum dar innen hat, verbunden sein. Vor seide*n* gewant sal nichts anders gerechent werden dan sammet, tamaszken, atlasz, tobin vn*d* was man ober einen reinschen gulde*n* kauffen mussz. Scharlach sal seidene*m* gewa*n*de gleich geacht werden. Schamlot vnd seiden tuch, wie das heisset, das man vnter eine*m* gulden kauft, mag dem auszlendeschem tuch gleich getragen werden. Die in de*n* cleinen stettin vnd merckten vn*d* vff den dorffern, do sal nymants kein frembde tuch trage*n*, su*n*der in welchen clein stettin bestettigt rete sind, mag itzlicher ein cleit habe*n* vn*d* trage*n* von auszle*n*dische*m* tuch, doch das es nicht ober tzwelff gulde*n* wert ist. Des gleichen sal es mit iren weibern vn*d* tochtern auch gehalde*n* werde*n*. Es sal aber keine iungfrawe ader frawe auff dem hawpt vn*d* sust zuuorausz keinen smuck tragen, der ober zwelf gulden wert ist. Dar zu sal kein burgerinne in keiner stat, sie sein grosz ad*er* clein keine*n* sine*n* woffin noch keinerley leynwat trage*n*, die auszle*n*disch ist, d*er* man nicht vier elen vor ein gulde*n* gekeufe*n* kan, ausgeszlosse*n* in den merckliche*n* stettin der weiber, die in den reten sind ader mercglicher vnd vermoglicher kaufleute ader ander mercklicher hendeler vnd amptleut weiber, die mogen synen woffin ader andre gute leynwat zcu sleyern alleyn tragen, zcu ermeln ader sust nicht besser dan vier eln vor einen gulden. Die andern, die menner nicht im rate noch redliche vn*d* *ver*mogliche kaufleute sind, die sollen nicht besser sleyer tragen dan vo*n* der leynwat, der man vier eln vor einen gulde*n* kauft, ader zcu ermeln vn*d* ander notdruft sollen sie nichtz dan eynlendisch leynwat tragen.

Die frawen in den cleynen stettin vnd merckten, der menner in reten sind, die mogen sleyer von leynwat tragen, der man vier eln vmb eynen guldenn kauft. Aber die andern frawen, d*er* menner nicht im rate sind, die sollen zu sleyern vnd sust keyn ander leynwat dan eynlendische tragen.

Die frawen, iungfrawen vnd meyde, die in den mergklichen vnd namhaftigen stettin dienen, vnnd die hantwercks knecht mogen sich halden als der gemeinen

burger frawen vn*d* burger. Die aber in den kleyne*n* stettin vn*d* merckten dienen, die mogen sich auch halten, als sich der gemeine man vnd ire weiber dar halden. Keyn pawer ader pawerszknecht vnd pewerin, ir diner vn*d* dienerin sollen keinerhand seyden dan zu brawthawbin vnd auch keyn auszlendisch gewant vnd leynwat tragen.
(nach: J. Erben, Ostmitteldeutsche Chrestomatie. Akademie-Verlag: Berlin 1961, 10f.)

Diese Kleiderordnung wurde als Teil der Wettinischen Landesordnung durch Kurfürst Ernst und Herzog Albrecht in Dresden am 15. 4. 1482 erlassen und im selben Jahr von Marcus Brandis in Leipzig gedruckt. Sie folgt dem ostmitteldeutsch-thüringischen Schreibgebrauch der *Meißner Kanzlei;* kursiv gesetzte Buchstaben kennzeichnen die Berichtigung offensichtlicher Druckfehler durch den Herausgeber J. Erben, der auch die Zeichensetzung modernisierte.

Inhaltlich zeugt der Text noch ganz vom *Ordo-Gedanken* der mittelalterlichen Ständegesellschaft, die auf gottgewollte Abstufung gegründet war (vgl. zur Geschichte der Kleiderordnungen Bumke 1986, 172ff.). Konservativ-bewahrende Kräfte und Stabilitätsbestrebungen bestimmen auch die berufsständischen Vereinigungen der Zünfte und Gilden in den Städten. Herkunft und Beruf galten weiterhin als *Statusindices;* sie beherrschten das gesellschaftliche Leben und erlaubten nur begrenzte Aufstiegsmöglichkeiten („Drei-Generationen-Weg“, z. B. Weber – Gewandschneider – Textilkaufmann; vgl. Bolte 1966, 271). Die Einhaltung solcher Prinzipien und Regelungen hatte die Obrigkeit zu überwachen. So sind uns auch einige Verordnungen über das Tragen von Kleidern und Schmuck überliefert, in denen wie hier zwischen Rittern und Bürgern (und zwar in größeren und kleineren Städten bzw. Dörfern) deutlich unterschieden wird. Wichtige Kriterien sind Preis und Stoffqualität, ferner die Differenzierung zwischen „auslendeschem tuch“ und „einlendeschem tuch“, wodurch merkantile Aspekte einfließen. Die eingangs im Text erwähnten „Schauben“ meinen die damals üblichen mantelartigen Oberkleider, die sich bei uns noch in den Amts-Talaren erhalten haben. Deutlich lassen sich schon einige Merkmale der *Textsorte „Verwaltungsanordnung“* ausmachen: das Streben nach Versachlichung, Genauigkeit und Vollständigkeit (Nennung aller Personengruppen, Aufzählung der Objekte; Passivkonstruktionen, Hilfs- und Modalverben), das Streben nach Vereinfachung und Schematisierung (typische Ableitungen wie „rittermessig“, „wonhaftig“; paralleler Satzbau und Beginn der Abschnitte mit „es sal“, „es sal aber“; Satzanschlüsse „des gleichen“, „dar zu“).

Im *Lautstand* ist der Text durchaus „fortschrittlich“. So sind Diphthongierung und Monophthongierung bereits durchgeführt: weib, seiden, leut, schawbe (aw für au); ymant, nymant, gut. Altes kurzes u wird in o übergeführt: ober, mogen. Dabei bleibt, ebenso wie mit u und o (burger, vermoglich), der Umlaut unbezeichnet; der Umlaut des a dagegen ist immer durch e wiedergegeben (rete, hendeler). s(ſ) vor Konsonanz im Anlaut, schon in spätmhd. Zeit wie „sch" gesprochen, wird jedoch noch nicht graphemisch gekennzeichnet: snur, smuck, sleyer analog zu stat. Allgemein setzt sich die neue Schreibweise um die Wende vom 15. zum 16. Jh. durch, wobei bekanntlich die Lautverbindungen ſt und ſp bis heute erhalten bleiben (wohl wegen der den Kanzleischreibern vom Lat. her gewohnten Übung). Ältere ostmitteldeutsche Orthographie zeigt sich in einigen Vokalen (sal, stettin, habin); auch findet man noch eine Reihe von Doppelschreibungen, wie sie für die erste Zeit des Buchdrucks charakteristisch sind: sal – sall, stat – statt, frauwe – frawe, tzwelff – zwelf.

Aufgaben

a) Erläutern Sie den Lautstand des Textes an weiteren Beispielen. Versuchen Sie dabei, oberdeutsche Einflüsse nachzuweisen (etwa nach Eggers 1969, 138ff., und Piirainen in Besch u. a. 1985, 1370ff.).
b) Kennzeichnen Sie die Druckgewohnheiten der Wettinischen Landesordnung im Vergleich mit Beurkundungen aus der Prager und Nürnberger Kanzlei.
c) Vergleichen Sie Satzbau und Wortbildung unseres Textes mit der Sprachgebung einer modernen Verwaltungsanordnung.
d) Charakterisieren Sie die Rolle der Meißner Kanzlei für die Sprachentwicklung des Deutschen.

5.4.2 Das „gemeine Teutsch": Volkssatire und Volksbuch

Wir besprechen im folgenden zwei Texte, die sich (auf oberdeutscher Grundlage) einer einfachen, volksnahen Sprache bedienen, damit an ein neues Leserpublikum wenden und zugleich als zeitkritische Dokumente gewertet werden können.

Sebastian Brants berühmtes „Narrenschiff" erschien „uff die Vasenaht" 1494 in der Offizin Bergmanns von Olpe zu Basel und erfuhr noch im selben Jahr Nachdrucke in Nürnberg, Augsburg, Reutlingen. Sprachstand und Druckgewohnheiten sind *oberrheinisch-alemannisch* (noch keine Monophthongierung und Diphthongierung, genaue Umlautbezeichnungen). Übersetzungen und Nachahmungen bezeugen, daß S. Brant als der „geistige Vater des Narrentums" (Lemmer 1968, IX) angesehen wurde.

a) Sebastian Brant: Das Narrenschiff (1494)

Von narrechtem anſlag

Der iſt eyn narr der buwen wil
Vnd nit vorhyn anſchlecht wie vil
Das koſten werd / vnd ob er mag
Volbringen ſolchs / noch ſym anſchlag
Vil hant groß buw geſchlagen an
Vnd möchtent nit dar by beſtan
Der kunig Nabuchodonoſor
Erhůb jn hochfart ſich entbor
Das er Babylon die groſſe ſtatt
Durch ſynen gwalt gebuwen hatt
Vnd kam jm doch gar bald dar zů
Das er jm feld bleib / wie eyn ků
Nemroth wolt buwen hoch jn lufft
Eyn groſſen thurn für waſſers klüfft
Vnd ſchlůg nit an das jm zů ſwår
Sin buwen / vnd nit möglich wår
Es buwt nit yeder ſo vil vß
Als vor zyten dett Lucullus
Wer buwen will / das in nit ruw
Der bdenck ſich wol / ee dann er buw
Dann manchem kumbt ſin ruw zů ſpat
So jm der ſchad jnn ſeckel gat /
Wer ettwas groß will vnderſtan
Der ſoll ſin ſelbſt bewerung han
Ob er mög kumen zů dem ſtat
Den er jm für genomen hatt
Do mit jm nit eyn gluck zů fall
Vnd werd zů ſpot den menſchen all /
Vil weger iſt / nüt vnderſtan
Dann mit ſchad / ſchand / geſpöt ablan /
Pyramides die koſten vil
Vnd Labyrinthus by dem Nyl /
Doch iſt es als nůn langſt do hyn /
Keyn buw mag lang vff erd hye ſyn /

(nach M. Lemmer (Hrsg.): Sebastian Brant, Das Narrenschiff. Tübingen: Niemeyer 1968², 39f.)

Brant, seinerzeit Professor in Basel, spottet in dieser *Moralsatire* über die bürgerlich-städtische Kultur des ausgehenden 15. Jhs. Mit seinen Knittelversen und der ungekünstelten Sprache wendet er sich an Herrn Jedermann, wobei er sich, ganz im humanistischen Sinne, um Volksaufklärung und Volksbildung bemüht: Neben *Spruchweisheiten* finden sich stets *Exempla* aus der *Bibel* (Nebukadnezar; Nimroth) und der *Antike* (Lukullus; Pyramiden, Labyrinth). Eggers (1969, 156) bezeichnet dies als ein eigenartiges Verfahren, „gelehrtes Gut ganz unbefangen vorzutragen, als sei es jedermanns geistiger Besitz". Unterstützt wurden Wirkung und Erfolg (auch bei Leseunkundigen) durch die modisch-realistischen *Holz-*

schnitte, die jedem der 117 Abschnitte vorangestellt sind und in der Mehrzahl dem jungen, aus Nürnberg zugereisten Albrecht Dürer zugeschrieben werden.

b) Historia von D. Johann Fausten (1587)

[Welcherley Gestalt der Teuffel Fausto erscheinet.]

Im dritten Gespråch erschiene dem Fausto sein Geist vnd *famulus* gantz frôlich, vnd mit diesen *gestibus* vnd Geberden. Er gieng im Hauß vmb wie ein feuriger Mann, daß von im giengen lauter Fewerstramen oder Stralen, Darauff folgete ein Motter vnd Geplerr, als wann die Můnch singen, vnnd wuste doch niemand, was es fůr ein Gesang war. Dem D. Fausto gefiel das Gauckelspiel wol, er wolte ihn auch noch nicht in sein Losament fordern, biß er sehe, was endtlich darauß wolt werden, vnd was es fůr ein Außgang gewinnen vnnd haben wůrde. Bald darnach wurd ein Getůmmel gehôrt von Spiessen, Schwertern vnd andern Instrumenten, daß jn dunckte, man wolte das Hauß mit stůrmen einnemmen. Bald widerumb wurd ein Gejågt gehôrt, von Hunden vnd Jågern, die Hund triben vnd hetzten einen Hirschen, biß in D. Fausti Stuben, da ward er von den Hunden nidergelegt.

Darauff erschiene in D. Fausti Stuben, ein Lôwe und Drach, die stritten mit einander, wiewol sich der Lôuw tapffer wehrete, ward er dannoch vberwunden, vnd vom Drachen verschlungen. D. Fausti *Famulus* sagt, daß er einem Lindwurm gleich gesehen habe, am Bauch geel, weiß vnd schegget, und die Flůgel vnnd Obertheil schwartz, der halbe Schwantz, wie ein Schnecken Hauß, krumblecht, darvon die Stuben erfůllet, sc.

Wider wurden gesehen hinein gehen ein schôner Pfaw, sampt dem Weiblein, die zanckten mit einander, vnd bald warden sie vertragen, Darauff sahe man einen zornigen Stier hinein lauffen, dem D. Fausto zu, der nicht ein wenig erschrack, aber wie er dem Fausto zurennt, fellet er vor jm nider, vnnd verschwindt. Hierauff ward wider gesehen ein grosser alter Aff, der bot D. Fausto die Handt, sprang auff jn, liebet jn, vnd lieff die Stuben wider hinauß. Bald geschichts, daß ein grosser Nebel in der Stuben wirdt, daß D. Faustus vor dem Nebel nicht sehen kundte, so bald aber der Nebel vergienge, lagen vor jhme zween Såck, der ein war Goldt, und der ander Silber. Letzlich, da erhub sich ein lieblich Instrument von einer Orgel, dann die Positiff, dann die Harpffen, Lauten, Geygen, Posaunen, Schwegel, Krumbhôrner, Zwerchpfeiffen vnd dergleichen (ein jeglichs mit vier Stimmen) also daß D. Faustus nicht anderst gedachte, dann er wer im Himmel, da er doch bey dem Teuffel war. Solches wehrete ein gantze Stund, daß also D. Faustus so halßstarrig war, daß er jhme fůrnam, es hette jne noch niemals gerewet. Vnd ist hie zusehen, wie der Teufel so ein sůß Geplerr macht, damit D. Faustus in seinem fůrnemmen nicht môchte abgekehrt werden, sondern vil mehr, daß er sein fůrnemmen noch freudiger môchte ins Werck setzen, vnd gedencken: Nun hab ich doch nie nichts bôses noch abscheuliches gesehen, sondern mehr Lust vnnd Freuwde. Darauff gienge *Mephostophiles* der Geist zu. D. Fausto in die Stuben hinein, in Gestallt vnnd Form eines Můnchs. D. Faustus sprach zu jhme, du hast einen wunderbarlichen Anfang gemacht, mit deinen Geberden vnd Enderungen,

welches mir ein grosse Freuwd gegeben, Wo du also darinn wirst verharren, solt du dich alles guts zu mir versehen. Antwort *Mephostophiles*, O das ist nichts, ich soll dir in andern dienen, daß du kråfftigere vnd grössere Wirckunge vnnd Weiß an mir sehen wirst, auch alles das du von mir forderst, allein daß du mir die Promission vnnd Zusagung deines Verschreibens leistest, Faustus reichte jme die Obligation dar, vnd sagte, da hast du den Brieff, *Mephostophiles* name den Brieff an, vnnd wolte doch von D. Fausto haben, daß er eine Copey darvon nemme, das thåt der Gottloß Faustus.
(nach H. Henning (Hrsg.): Historia von D. Johann Fausten. VEB Verlag Sprache und Literatur: Halle (S) 1963, 23ff.)

Auch die in der Romantik von JOSEPH GÖRRES 1807 wiederveröffentlichten „Teutschen Volksbücher" sind in kraftvoll-derber Sprache gehalten und zunächst mit unzähligen Holzschnitten geschmückt (z. B. Fortunatus 1509, Till Eulenspiegel 1515). Eine Ausnahme macht nur das berühmte, 1587 bei Spies in Frankfurt/M. gedruckte Faustbuch, das lediglich eine kleine Titelvignette enthält. Hier ist, zwei Generationen nach dem Beginn der Reformation, bereits *protestantischer Einfluß* spürbar, durch den das Wort in den Mittelpunkt rückt.

Das Faustbuch bietet einzelne, anekdotisch pointierte Geschichten aus dem Leben einer historisch bezeugten Gestalt (Faust war nachweisbar 1520 in Bamberg, 1528 in Ingolstadt, 1532 in der Nürnberger Gegend), vermischt mit theologischen und naturwissenschaftlichen Betrachtungen. Faust wird dabei zu einem Betrüger und Großsprecher stilisiert, der durch den Bund mit dem Teufel die Grenzen menschlicher Erkenntnis zu sprengen versucht. So gerät das Buch zu einer eindringlichen Warnung vor gottlosem, übertriebenem Wissens- und Machtstreben der Zeit – ganz also aus lutherischer Sicht. Darauf verweisen auch die zahlreichen Abwertungen katholischer Glaubensinhalte; zudem druckte Spies vor allem lutherisch-reformatorische Kampfschriften.

Der Text ist in einer einfachen, aber doch schon stärker *rhetorisch* zubereiteten Form gehalten. Man beachte etwa die parataktischen Strukturen, den Einbau wörtlicher Rede oder die zahlreichen Zweierfiguren (Motter und Geplerr, gewinnen und haben, triben und hetzten, Gestalt und Form, kräfftigere und grössere). Weltläufigkeit und Gelehrsamkeit äußern sich in *Fremdwörtern* (Losament, Famulus, Obligation, Copey, Promission) und in *lateinischen Endungen* (gestibus; D. Fausto, D. Fausti). In Satzbau und Druck findet man gegenüber dem älteren „Narrenschiff" eine ganze Reihe von *Neuerungen* und *Vereinheitlichungen:* Zweitstellung des finiten Verbs; Interpunktion mit Punkt und Komma, Großschreibung der Substantive, Bezeichnung von Längen (erschiene, gieng; wehrete, zween), durchgehend tz für die Affrikata ts und ck für kk, Schärfung im Auslaut mit ff und der „modernen" Ligatur ß (Verbindung von s und z). Doppelschreibungen sind ganz selten und wohl beabsichtigt (freudig – Freuwde).

Aufgaben

a) Beschreiben Sie den Einfluß humanistischen und reformatorischen Geistes im „Narrenschiff" und im Faustbuch.
b) Charakterisieren Sie andere Ausdrucksformen volkstümlicher Literatur (Schwänke, Fabeln, Volkslieder etc.; Texte in Philipp 1980).
c) Kennzeichnen Sie die Rolle des „gemeinen Teutsch" für die Ausbildung einer einheitlichen deutschen Schreib- und Sprechsprache.

5.4.3 Die Sprache der Humanisten: „Ehebüchlein" des Albrecht von Eyb (1472)

Das sogenannte „Ehebüchlein" des Albrecht von Eyb (1420–1473) entstand in dessen letzten Lebensjahren und wurde 1472 von Anton Koberger in Nürnberg gedruckt. Es ist uns in insgesamt zwölf Drucken sowie fünf Handschriften überliefert und gilt als bedeutendste Leistung des deutschen *Frühhumanismus*, der sonst vornehmlich durch Übersetzungen hervorgetreten ist (beispielsweise die 18 „Translatzen" des Niklas von Wyle). Behandelt wird das rechte Verhältnis von Mann und Frau in einer guten Ehe, zur Aufrechterhaltung von Sitte und Ordnung in den entstehenden Stadtkulturen – eine *lebenspraktische Verhaltenslehre* also, wie sie sich häufiger bei zeitgenössischen italienischen und deutschen Schriftstellern findet (vgl. z. B. die kleine Sammlung von Dallapiazza 1984). Albrecht von Eyb argumentiert in humanistisch-rationaler Art, wobei er sich als Mittler des Gedankengutes der Renaissance versteht: Er belegt seine Lehren mit zahlreichen Beispielen und Zitaten aus der antiken Literatur, fügt auch die Übersetzung zweier Novellen des Boccaccio an. Er folgt jedoch durchaus nicht der „asketisch-antifeministischen Grundhaltung" (Weinacht 1982, XVII), welche sonst den Zeitgeist bestimmte; der berüchtigte „Hexenhammer" erschien nur 15 Jahre nach dem „Ehebüchlein".

Bemerkenswert sind für uns hier nicht in erster Linie Lautstand oder grammatische Formen, die zweifellos dem späteren Hochdeutsch näherstehen als der gleichzeitige Sprachgebrauch im oberrheinischen oder ostmitteldeutschen Bereich. Uns interessiert vielmehr der Stil der *Disputation*, der Erörterung praktisch-ethischer Fragen. Der Verfasser beruft sich auf Autoritäten, auf „Meister", jedoch im Für und Wider und nicht mehr in patristisch-scholastischer Manier – bezeichnend daher der Ver-

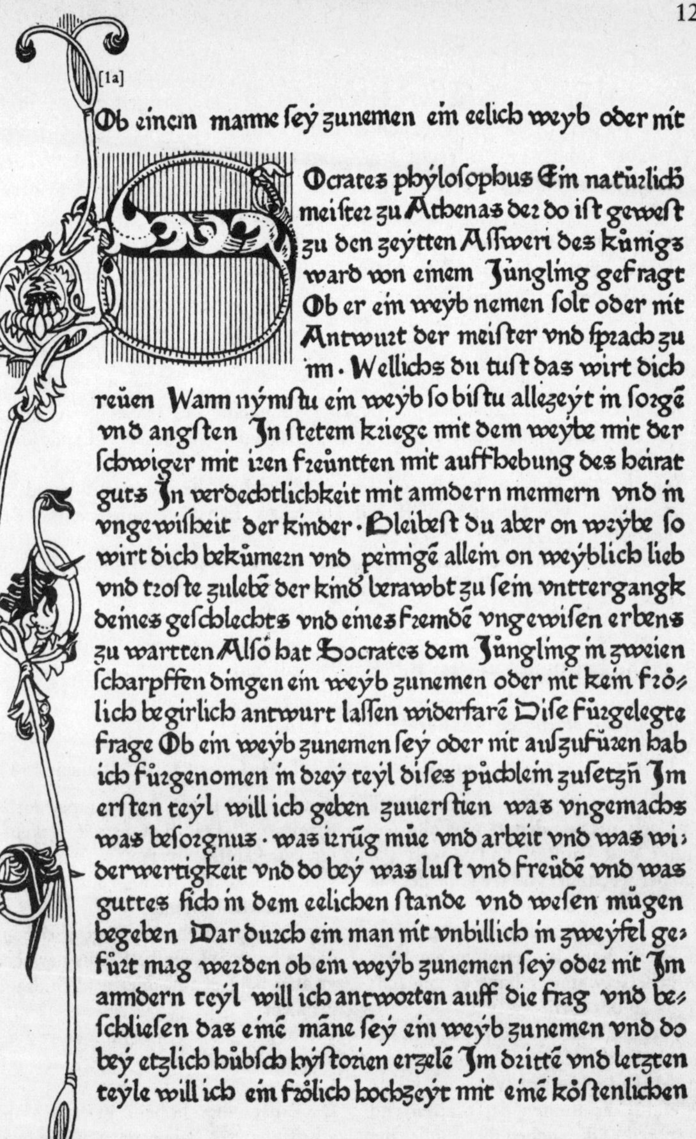
[1a]

Ob einem manne sey zunemen ein eelich weyb oder nit

SOcrates phylosophus Ein natürlich
meister zu Athenas der do ist gewest
zu den zeytten Assweri des künigs
ward von einem Jüngling gefragt
Ob er ein weyb nemen solt oder nit
Antwurt der meister vnd sprach zu
im · Wellichs du tust das wirt dich
reüen Wann nymstu ein weyb so bistu allezeyt in sorgē
vnd angsten In stetem kriege mit dem weybe mit der
schwiger mit iren freüntten mit auffhebung des heirat
guts In verdechtlichkeit mit anndern mennern vnd in
vngewisheit der kinder · Bleibest du aber on weybe so
wirt dich bekümern vnd peinigē allein on weyblich lieb
vnd troste zulebē der kind' berawbt zu sein vnttergangk
deines geschlechts vnd eines fremdē vngewisen erbens
zu wartten Also hat Socrates dem Jüngling in zweien
scharpffen dingen ein weyb zunemen oder nit kein frö-
lich begirlich antwurt lassen widerfarē Dise fürgelegte
frage Ob ein weyb zunemen sey oder nit außzufüren hab
ich fürgenomen in drey teyl dises püchlein zusetzn̄ Im
ersten teyl will ich geben zuuerstien was vngemachs
was besorgnus · was irrūg müe vnd arbeit vnd was wi-
derwertigkeit vnd do bey was lust vnd freüdē vnd was
guttes sich in dem eelichen stande vnd wesen mügen
begeben Dar durch ein man nit vnbillich in zweyfel ge-
fürt mag werden ob ein weyb zunemen sey oder nit Im
anndern teyl will ich antworten auff die frag vnd be-
schliesen das einē mānē sey ein weyb zunemen vnd do
bey etzlich hübsch hystorien erzelē Im drittē vnd letzten
teyle will ich ein frölich hochzeyt mit einē köstenlichen

„Ehebüchlein" des Albrecht von Eyb (Faksimile nach H. Weinacht (Hrsg.): Albrecht von Eyb: Ob einem mann sey zunemen ein eelich weyb oder nicht. Wissenschaftl. Buchgesellsch.: Darmstadt 1982, 5)

weis auf die sokratischen Dialoge. Auffallend ist eine gewisse Formelhaftigkeit, wie sie auch später die Lutherschen Übersetzungen auszeichnet („Antwurt der meister und sprach zu ihm"; „also hat Sokrates ..."). Vor allem aber überträgt Albrecht frei, „nach dem synn und mainung der materien, als sy am verstendlichisten vnd besten lauten mügen" (Vorrede). Damit erreicht er, im Gegensatz etwa zu Niklas von Wyle, „einen guten Kompromiß zwischen dem lateinischen Periodenstil und dem parataktischen Stil deutschen Erzählens" (Eggers 1969, 132) und leitet so eine „neue Sprachästhetik" ein.

Aufgaben

a) Kennzeichnen Sie Lautstand und Druckgewohnheiten des Textes im Vergleich mit der zehn Jahre jüngeren ostmitteldeutschen „Wettinischen Landesordnung".
b) Vergleichen Sie die Übersetzung der Boccaccio-Novelle „Guiscardus und Sigismunda" von Niklas v. Wyle und Albrecht v. Eyb (Gegenüberstellung der Texte bei Eggers 1969, 216f.).
c) Charakterisieren Sie zusammenfassend den Beitrag der Humanisten zu Sprachkultur und Stilbildung im Deutschen.

5.4.4 Die Leistung Luthers: Bibelübersetzungen

a) Bibelübersetzungen im Vergleich (Matthäus 21, 12–17)

1.) Johann Mentel, Straßburg 1466	2.) Luther, Septembertestament 1522
12 Vnd ihesus gieng in den tempel gotz vnd warff aus von dem tempel alle verkauffer und kauffer: vnd verkert die tisch der wechsler: vnd die stule der die do verkaufften die tauben:	vnnd Jhesus gieng tzum tempel gottis hynneyn, vnd treyb eraus alle verkeuffer vnd keuffer ym tempel, vnnd sties vmb der wechsler tische, vnnd die stuele der tawben kremer,
13 vnd er sprach zuo in. Es ist geschriben: mein haus ist geroufen ein haus des gebets: wann ir habt es gemacht ein gruob der diebe.	vnnd sprach zu yhn, Es ist geschrieben, Meyn haus soll eyn bett haus heyssen, yr aber habt eyn morder gruben draus gemacht,
14 Vnd die blinden vnd die lamen genachten (*näherten*) sich zuo im in dem tempel: vnd er gesunt sy.	vnd es giengen zu yhm, blinden vnd lamen ym tempel, vnd er heylet sie.
15 Wann die fursten der pfaffen vnd die schreiber die sachen die wunder die er tet: vnd die kind rieffen im tempel vnd sprachen: osanna der sun dauids: sy verunwurdigtens	Da aber die hohen priester vnd schrifftgelerten sahen die wunder, die er thett, vnnd die kinder ym tempel schreyen, Hosianna dem son dauid, wurden sie entrustet, vnd sprachen zu
16 vnd sprachen zuo im. Hörstu waz	yhm, Horistu auch, was diese sagen?

dise sagent? Wann ihesus sprach zuo in. Ia. Lasst ir denn nit wann du hast volmacht das lob von dem munde der kinde vnd der saugenden?	Jhesus sprach zu yhn, ia, habt yhr nie gelesen. Aus dem mund der vnmundigen vnd seuglingen hastu lob zu gericht?
17 Er ließ sy vnd gieng aus auswendig der stat in bethania: vnd belaib do vnd lert sy von dem reich gotz.	vnnd er lies sie da vnd gieng zur stadt hynaus gen Bethanien, vnd bleyb da vbir nacht.

3.) Luther, Ausgabe von 1546

12 VND Jhesus gieng zum tempel Gottes hin ein, vnd treib eraus alle Verkeuffer vnd Keuffer im Tempel, vnd sties vmb der Wechsler tische, vnd die stüle der Taubenkremer.
13 Vnd sprach zu jenen, Es stehet geschrieben, Mein Haus sol ein Bethaus heissen. Ir aber habt eine Mördergruben draus gemacht.
14 Vnd es giengen zu jm Blinden vnd Lamen im Tempel, vnd er heilete sie.
15 DA aber die Hohenpriester vnd Schrifftgelerten sahen die Wunder, die er thet, vnd die Kinder im Tempel schreien und sagen, Hosianna dem son Dauid, wurden sie entrüstet,
16 vnd sprachen zu jm, Hörestu auch was diese sagen? Jhesus sprach zu jnen, Ja, Habt jr nie gelesen, Aus dem munde der Vnmündigen vnd Seuglingen hastu Lob zugericht?
17 Vnd er lies sie da, vnd gieng zur Stad hinaus gen Bethanien, vnd bleib daselbst.
(Texte und Textzusammenstellung nach H. Eggers: Deutsche Sprachgeschichte Bd. III. Rowohlt: Reinbek b. Hamburg 1969, 223f.)

b) Aus Luthers „Sendbrief vom Dolmetschen" (1530)

Ich habe mich des geflissen ym dolmetzschen, das ich rein und klar teutsch geben mőchte. Und ist uns wol offt begegnet, das wir viertzehen tage, drey, vier wochen haben ein einiges wort gesůcht und gefragt, habens dennoch zu weilen nicht funden. Im Hiob erbeiten wir also, M. Philips, Aurogallus und ich, das wir yn vier tagen zu weilen kaum drey zeilen kundten fertigen. Lieber, nu es verdeutscht und bereit ist, kans ein yeder lesen und meistern, Laufft einer ytzt mit den augen durch drey, vier bletter und stost nicht ein mal an, wird aber nicht gewar, welche wakken und klőtze da gelegen sind, da er ytzt uber hin gehet, wie uber ein gehoffelt bret, da wir haben můssen schwitzen und uns engsten, ehe den wir solche wacken und klőtze aus dem wege reümeten, auff das man kůndte so fein daher gehen. Es ist gut pflugen, wenn der acker gereinigt ist. Aber den wald und die stőcke aus rotten, und den acker zu richten, da will niemandt an. Es ist bey der welt kein danck zu verdienen. Kan doch Got selbst mit der sonnen, ja mit himel und erden, noch mit seines eigen sons tod keinen danck verdienen, sie sey und bleibt welt deß teuffels namen, weil sie ja nicht anders will.

Also habe ich hie Roma. 3. fast wol gewist, das ym Lateinischen und krigischen text das wort „solum" nicht stehet, und hetten mich solchs die papisten nicht dürffen leren. War ists. Dise vier buchstaben sola stehen nicht drinnen, welche buchstaben die Eselskopff ansehen, wie die kue ein new thor, Sehen aber nicht, das gleichwol die meinung des text ynn sich hat, und wo mans wil klar und gewaltiglich verteutschen, so gehȯret es hinein, denn ich habe deutsch, nicht lateinisch noch kriegisch reden wœllen, da ich teutsch zu reden ym dolmetzschen furgenomen hatte. Das ist aber die art unser deutschen sprache, wenn sie ein rede begibt, von zweyen dingen, der man eins bekennet, und das ander verneinet, so braucht man des worts „solum" (allein) neben dem wort „nicht" oder „kein", Als wenn man sagt: Der Baur bringt allein korn und kein geldt, Nein, ich hab warlich ytzt nicht geldt, sondern allein korn. Ich hab allein gessen und noch nicht getruncken. Hastu allein geschrieben und nicht uberlesen? Und der gleichen unzeliche weise yn teglichen brauch.

In disen reden allen, obs gleich die lateinische oder kriechische sprach nicht thut, so thuts doch die deutsche, und ist yhr art, das sie das wort „allein" hinzu setzt, auff das das wort „nicht" odder „kein" deste volliger und deutlicher sey, Denn wie wol ich auch sage, Der Baur bringt korn und kein geld, So laut doch das wort „kein geldt" nicht so vollig und deutlich, als wenn ich sage: „Der Baur bringt allein korn und kein geldt", und hilfft hie das wort „Allein" dem wort „kein" so viel, das es ein vollige Deutsche klare rede wird, den man mus nicht die buchstaben inn der lateinischen sprachen fragen, wie man sol Deutsch reden, wie diese esel thun, sondern, man mus die mutter jhm hause, die kinder auff der gassen, den gemeinen man auff dem marckt drumb fragen, und den selbigen auff das maul sehen, wie sie reden, und darnach dolmetzschen, so verstehen sie es den und mercken, das man Deutsch mit jn redet.
(nach: D. Martin Luthers Werke. Kritische Gesamtausgabe. Bd. 30. Weimar: Böhlau Nachf. 1909, 636f.)

Am nachhaltigsten hat Luther auf die Entwicklung einer einheitlichen deutschen *Schriftsprache* eingewirkt, und zwar durch seine weitverbreiteten und schon bald als Sprachvorbild betrachteten Bibelübersetzungen. Waren die Wettiner und Prager Kanzleien vor der Reformation maßgeblich beteiligt am Ausgleich zwischen dem Mitteldeutschen und dem Oberdeutschen, so vermittelt Luther einerseits zwischen dem Hochdeutschen und dem Niederdeutschen, andererseits zwischen dem gesprochenen und geschriebenen Deutsch.

Der Vergleich unseres Auszugs aus dem „Septembertestament" von 1522 mit der ersten gedruckten deutschen Bibel (J. Mentelin) zeigt, was Luther unter *„rein und klar teutsch"* verstand: die kräftige und direkte, bildhafte Sprache des Volkes, „also redet die mutter ym haus und der gemeine man". Er bevorzugt den verbalen Ausdruck statt der nominalen Aussage, er erlaubt sich Freiheiten in Wortstellung und Satzgliedfolgen, er verwendet Ellipsen und Modalpartikel. Auch im Rückgriff auf dialogische Elemente und in der Interpunktion als Sprechgliederung ist das *Leitbild der mündlichen Kommunikation* zu erkennen (vgl. dazu u. a. Wolf in Althaus u. a. 1980, 53). So entsteht eine hörerbezogene *Kanzelsprache*, allerdings mit einer deutlichen „sakralsprachlichen Stilisierung"

(Stolt 1983, 14), sichtbar z. B. in den wiederkehrenden Formeln („und es giengen zu jm...", „da aber...").

Spätere Bibelausgaben aus der letzten Schaffensperiode 1531–1546 (zu Lebzeiten Luthers gab es ungefähr 90 Wittenberger Drucke, daneben noch etwa 260 hochdeutsche Nachdrucke) belegen, wie intensiv Luther an seiner Sprache gearbeitet hat, wie er sich von der äußeren Form seiner Vorlagen entfernt und wie sich außerdem das Bemühen der Drucker um Einheitlichkeit durchzusetzen beginnt. In der Ausgabe letzter Hand sind unnötige Konsonantenverdoppelungen verschwunden (vnd, hin ein, thet), die Schreibweise der Diphthonge und Umlaute vereinfacht (ein, heilen; tauben; stüle, entrüstet), die wichtigsten Substantive groß gesetzt, Univerbierungen durchgeführt (Taubenkremer, Bethaus, Mördergruben, Hohenpriester). Trotzdem gibt es auch hier noch Unsicherheiten und Altertümlichkeiten, die den Übergangscharakter der Sprache Luthers bezeugen.

So erscheint es auch nicht verwunderlich, daß *Luthers Rolle* für die deutsche Sprachentwicklung nach wie vor unterschiedlich beurteilt wird. Eine wohl übertriebene Hochschätzung als Begründer der nhd. Einheits- und Schriftsprache erfuhr er schon bald nach seinem Tode in älteren deutschen Grammatiken (Johann Clajus, Grammatica Germanicae linguae, 1578; Justus Georg Schottelius, Ausführliche Arbeit von der Teutschen HaubtSprache, 1663), der noch bis in die Gegenwart hinein manche Gelehrte folgen (Jungandreas 1947, Schirokauer 1957[2]). Demgegenüber bemühen sich die meisten Sprachwissenschaftler heute um ein ausgeglichenes Urteil, indem sie Luthers Wirkung sprachsoziologisch interpretieren. Wolf (in Althaus u. a. 1980, 42) betont, daß Luthers „lexikalische Produktivität" häufig überschätzt wird, wenn auch seine Entscheidung für eine der damaligen Sprachvarianten dieser später zum Durchbruch verhalf. v. Polenz (1978, 89) bezeichnet Luthers Sprache nicht als Neuanfang, sondern als „das Sammelbecken aller damals lebendigen dt. Sprachtraditionen". Besch (in Althaus u. a. 1980, 596) stellt heraus, daß Luther weder als „Schöpfer" der nhd. Schriftsprache noch als bloßer „Nachzügler" gelten kann. Schildt schließlich (1983, 664) bestreitet grundsätzlich die epochale Leistung einzelner Persönlichkeiten:

„Insgesamt gesehen war dieser sprachgeschichtliche Prozeß jedoch Ausdruck des Wirkens objektiver Gesetzmäßigkeiten der gesellschaftlichen Entwicklung und stand in engem Zusammenhang mit der Entstehung von Elementen der bürgerlichen deutschen Nation unter frühkapitalistischen Bedingungen."

Dieser materialistische Standpunkt (in derart verdinglichter Sprache!) sei hier nicht weiter erörtert. Kaum jemand wird übersehen können, wie stark Luther über seine Schriften auf unser sprachliches Allgemeingut eingewirkt hat (Wortbildungen, Sprichwörter, Phrasen, Idiotismen etc.) und den Einfluß von Kanzleien und humanistischen Gelehrten begrenzte. Seine Bibelübersetzung schuf zweifellos eine „neue Kunstprosa", die „in Wortwahl und Satzbau, im Einsatz aller Stilmittel, im Fluß, Rhythmus und Klang der Sprache ohnegleichen ist" (Eggers 1969, 165).

Aufgaben

a) Charakterisieren Sie Luthers Sprachgewalt anhand einzelner Beispiele aus unseren Texten.
b) Stellen Sie noch heute gebräuchliche Wörter und Redewendungen, die sich auf Luther zurückführen lassen, übersichtlich zusammen.
c) Kennzeichnen Sie die sakrale Überhöhung der Alltagssprache in Luthers Bibelübersetzung (nach Wolf in Althaus u. a. 1980, Stolt 1983).
d) Diskutieren Sie nach der oben erwähnten Literatur kontroverse Meinungen über die Bedeutung Luthers für die deutsche Sprachentwicklung.

6. Die neuhochdeutsche Zeit

Wie seit W. Scherer (1878) allgemein üblich und auch nach heutigem Forschungsstand (vgl. etwa Besch u. a. 1985) zu vertreten, betrachten wir die letzten 330 Jahre deutscher Sprachgeschichte seit 1650 als zusammenhängende Sprachstufe und fassen sie unter einer einheitlichen Überschrift zusammen. Wir verzichten dabei jedoch auf so belastete Begriffe wie „Epoche" oder unscharfe wie „Periode" oder „Stadien". Eher ließen sich schon verschiedene *Abschnitte* oder *Phasen* bei der Ausbildung, Durchsetzung und Veränderung der deutschen *Hoch-* und *Standardsprache* vom Barock bis zur Gegenwart unterscheiden. Indessen bereiten auch hier Abgrenzungen große Schwierigkeiten, da vor allem *sprachexterne Kriterien* herangezogen werden müssen, deren Gewichtung standort- und meinungsbezogen ist. Wir belassen es daher bei einer vorsichtigen *zeitlichen Einteilung* (mit fließenden Grenzen) und der Orientierung an *politisch-sozialen* sowie *geistesgeschichtlich-kulturellen Entwicklungen*.

6.1 Allgemeine Vorklärungen

6.1.1. Periodisierung und Abgrenzungen

Wir hatten mit H. Eggers (1977, 18 et passim) den **Einschnitt um 1650** gewählt, da sich um diese Zeit der Übergang vom „Meißnischen Deutsch" zum „Hochdeutsch" abzeichnet. Daran sind Grammatiker wie *Harsdörffer* („Hochteutsche Sprache") und *Schottelius* („Teutsche HaubtSprache") maßgeblich beteiligt. Sie entstammen bereits dem *gebildeten Stadtbürgertum*, das nunmehr bis ins 19. Jh. hinein zum beherrschenden Kulturträger wird. Auch in geistesgeschichtlicher und politischer Hinsicht ist diese Datierung zu rechtfertigen: Mit Descartes, Pascal oder Spinoza kündigt sich ein *philosophischer Umbruch* an; und es beginnt jetzt die Ausbildung des *absolutistischen Staatensystems* sowie der *Aufstieg Brandenburg-Preußens* zur (protestantischen) Großmacht, der die deutsche Geschichte bis 1945 nachhaltig prägt.

Die weitere Periodisierung aber wird schwierig. Zwar lassen sich größere **Entwicklungslinien** ausmachen: so die zur verfeinerten bürgerlichen *„Hochsprache"* mit dem Gipfelpunkt in der deutschen Klassik, später die zu einer nivellierten *Gemein-* oder *Einheitssprache* nach der Reichsgründung 1871 und schließlich zur heutigen *Umgangs- oder Alltagssprache* mit starkem Einfluß der mündlichen Kommunikation und internationaler Verquickung. Solch groben Linien folgt P. v. Polenz, wenn er den „Weg zur klassischen Literatursprache" und später den „Weg zur Einheitssprache" beschreibt. Er wählt dafür nacheinander drei vorrangige sprachexterne Bezugspunkte:

- *Weltanschauung* (Barock, Pietismus, Rationalismus und Aufklärung, Klassik);
- *Sozialstruktur* (Industrialisierung, Demokratisierung);
- *Politik* (Nationalismus, Pluralismus).

In ähnlicher Weise wechselt H. Eggers von der *Geistesgeschichte zur Sozialgeschichte*, wobei er mit vorsichtigen Abgrenzungen operiert:

- Zwischen Barock und Aufklärung (ca. 1680–1730);
- Aufklärung und Empfindsamkeit (ca. 1720–1770);
- Sprache des Bürgertums (ca. 1830–1870).

Auch Eggers verwendet übrigens die Wege-Metapher („Auf dem Wege zur Spracheinheit"; „Weg zur Höhe"), die ja eine Betrachtung vom erreichten Zielpunkt aus signalisiert. A. Bach hingegen bettet seine materialreiche Darstellung in einen ganz lockeren *zeitlichen Rahmen* („Vom Anfang des 17. zum 2. Viertel des 19. Jh's"; „Vom 2. Viertel des 19. Jh's bis zur Gegenwart"). Er legt den einzigen Einschnitt also um 1830 (Tod Beethovens, Schuberts, Goethes etc.) und beschreibt dann die „gewaltige Entwicklung der Naturwissenschaften und der Technik" und den „Weg (!) zur modernen Massengesellschaft" (Bach 1970, 391). St. Sonderegger (1979, 181) unterscheidet als „Periodisierungsgerüst":

- Älteres Neuhochdeutsch (etwa 1650 bis 1800);
- Jüngeres Neuhochdeutsch (1800 bis 1945);
- Gegenwartsdeutsch (ab 1945).

Er orientiert sich dabei an dem jeweiligen „Sprachträger der Überlieferung" sowie an dem je spezifischen „Spannungsverhältnis zwischen Mundarten und Schriftsprache" (173). Er bietet u. a. eine **Gesamtübersicht aller Sprachstufen** (172f.), die auf S. 135 abgedruckt ist.

Besch u. a. (1985) schließlich geben nur eine generelle Skizze der Entwicklung vom 17. bis zum 20. Jh., bezogen auf die einzelnen Sprachbeschreibungsebenen und die Ausbildung von Standard- und Literatursprache.

In allen Versuchen einer **Binnengliederung des Nhd.** spiegelt sich das Bemühen, sprachinterne Kriterien mit sprachexternen Stimuli in Einklang zu bringen und mit relativ offenen Kennzeichnungen trotzdem Übersichtlichkeit zu erreichen. Berücksichtigt wird stets, daß das sprach-

Sprachstufen	soziale Schichten als hauptsächliche Sprachträger der Überlieferung	Bemerkungen
Frühalthochdeutsch bis um 800 und Althochdeutsch des 9. Jh.	Geistliche, Klöster	deutlich abgrenzbar
Spätalthochdeutsch (10./11. Jh.) und Frühmittelhochdeutsch (spätes 11./12. Jh.)	Geistliche, Klöster	Übergangsphase mit undeutlicher Abgrenzung
Höfisches Mittelhochdeutsch (etwa 1180 bis gegen 1300)	Ritter, Adel, Höfe	deutlich abgrenzbar
Spätmittelhochdeutsch (14./15. Jh.) und Frühneuhochdeutsch (14. – Mitte 17. Jh.)	Bürger, Handwerker, Städte, Kanzleien, Buchdrucker, Humanisten, Reformatoren, Grammatiker	Übergangsphase mit undeutlicher Abgrenzung
älteres und jüngeres Neuhochdeutsch (Mitte 17. – 20. Jh.) Neuhochdeutsch und Hochsprache der Gegenwart	zunehmend alle sozialen Schichten, zunächst noch mit bürgerlichem Schwergewicht bis ins 19. Jahrhundert, Massenmedien des 20. Jahrhunderts	hochsprachlich normiert und deutlich abgrenzbar
Sprechsprache des 20. Jh.	alle sozialen Schichten, z. T. auch die Massenmedien des 20. Jahrhunderts	großer regionaler und grammatikalischer Lizenzbereich, undeutlich abgrenzbar
Deutsch der Zukunft im 21. Jh.	nach Möglichkeit alle sozialen Schichten	mit neuen Normstrukturen aus der Sprechsprache der zukünftigen Gesellschaft, deutlich oder undeutlich abgrenzbar

Gesamtübersicht aller Sprachstufen
(aus: St. Sonderegger, 1979, 172f.)

liche Fundament des Nhd. um 1650 bereits vorhanden ist und ein Wandel nun langsamer, auch kontinuierlicher und dokumentarisch gesicherter verfolgt werden kann. Angesichts der Problematik äußerer Eckdaten im Fluß der Ereignisse beschränken auch wir uns auf die Unterscheidung ganz weniger *Sprachabschnitte* oder *Entwicklungsphasen*, unter Berücksichtigung kultureller und gesellschaftlicher Faktoren: Wir fassen Barock und Aufklärung bis etwa 1770 zusammen, behandeln dann gesondert Klassik und Romantik bis 1830, Realismus und Bürgerkultur bis zum Ende des 1. Weltkrieges und schließlich differenzierter Sprachgebrauchsweisen sowie einzelne Tendenzen im 20. Jh. Abgrenzungen werden zu Beginn der Teilkapitel kurz diskutiert.

6.1.2 „Entwicklungen" und „Tendenzen"

In 1.3.1 haben wir bereits ausgeführt, warum wir den Begriff **„Sprachwandel"** als pragmatische Kategorie bevorzugen gegenüber dem teleologisch-wertenden der **„Sprachentwicklung"**. Wenn wir nun weiterhin berücksichtigen wollen, daß ein Wandel immer kommunikativen Bedürfnissen entspringt und deshalb auch nicht metaphysisch gedeutet werden sollte, so empfiehlt sich als neuer Hilfsbegriff der der **„Tendenzen"**. N. Boretzky (1977, 181) hat ihn wie folgt definiert:

„Unter *Tendenzen* sind allgemein zu beobachtende Veränderungen zu verstehen, die den Gegenstand der Veränderung direkt benennen, also die Richtung angeben, in der sich Sprachen gewöhnlich in Einzelbereichen oder insgesamt bewegen."

Bestimmende Merkmale des Tendenz-Begriffs sind Beobachtbarkeit, die Häufigkeit des Vorkommens und die Angabe einer zumeist globalen „Wandelrichtung". Verzichtet wird dabei auf die Formulierung von notwendig und immer geltenden **Gesetzmäßigkeiten**: Tendenzen stellen „singuläre Sätze" dar, „die lediglich historische Sachverhalte beschreiben" (Boretzky 1977, 183). In diesem Sinne hat auch P. Braun den Begriff in den Titel seiner Arbeit über die Gegenwartssprache aufgenommen und begründet (1979, 25). Er betont, daß der Terminus „Tendenzen" besonders geeignet erscheint, „die Analysen und Beschreibungen offen zu gestalten", also „Beginn und Fortgang eines Prozesses" zu betrachten, ohne den Endpunkt einer Entwicklung angeben und einschätzen zu müssen. Veränderung und Stabilität fungieren somit als „ganz normale Stadien der Sprachgeschichte" (ebda.). Ähnlich bedienen sich Drosdowski/Henne (in Althaus u. a. 1980, 621) der Kategorie der Tendenz und bezeichnen sie mit Sapir als „Strömungen", die „eine bestimmte Richtung nehmen" (Sapir 1961, 144).

6.1.3 „Standardsprache" und „Varietäten"

In den folgenden Ausführungen wird öfter der Begriff „Standardsprache" auftauchen. Er bezeichnet die „historisch legitimierte und institutionalisierte überregionale Verkehrssprache einer Sprachgemeinschaft" (Lewandowski 1985, 1046), die sich auf anerkannte Normen des mündlichen wie schriftlichen Sprachgebrauchs gründet. Solche *Normen* werden in Regelwerken (Grammatiken, Wörterbüchern, Stilistiken) kodifiziert und vor allem über Schulen tradiert. Insofern ist man erst bei der nhd. Sprachstufe berechtigt, von einer Standardsprache zu reden. Vielfach wird statt dessen bis heute die Bezeichnung **„Hochsprache"** verwendet, die allerdings dann eine hochgewertete und schichtspezifische Schrift-, Literatur- und Bildungssprache meint. Sie kann deshalb nur für einen begrenzten Zeitraum gelten und ist zudem unter dem Einfluß der Soziolinguistik („Sprachbarrierendiskussion") in Verruf geraten. So erscheint es verständlich und gerechtfertigt, wenn etwa das „Lexikon der Germanistischen Linguistik" (1980²) auch für die älteren Sprachstadien des Nhd. den neutral-deskriptiven Terminus „Standardsprache" benutzt oder v. Polenz die entsprechende Bezeichnung **„Gemeinsprache"**.

Gleichwohl darf man nicht unterschlagen, daß zwischen Standardsprache und Nichtstandard-Formen, den sogenannten **Varietäten** (regionaler, sozialer und funktionaler Art, vgl. S. 14), eine ständige *Wechselbeziehung* besteht: Dialekte und Fachsprachen wirken auf die Allgemeinsprache seit dem Fnhd. intensiv ein, bereichern und ergänzen deren Repertoire, wie sie umgekehrt Anregungen aus ihr empfangen. Dies erklärt sich allein schon aus der Tatsache, daß eine wachsende Zahl deutscher Sprachbenutzer sowohl Standardsprache wie regionale oder funktionale Varietäten beherrscht, also eigentlich „mehrsprachig" ist.

6.2 Deutsche Sprache von ca. 1650 bis ca. 1770: Barock und Aufklärung

6.2.1 Politisch-soziale und wirtschaftlich-kulturelle Rahmenbedingungen

In mehrfacher Hinsicht bedeutet für Deutschland das **Ende des Dreißigjährigen Krieges** einen schicksalhaften Einschnitt: Die religiöse Einheit ist endgültig zerbrochen; die territorialen Verhältnisse werden auf das Normaljahr 1624 unter ausländischer Garantie festgeschrieben; die Mitte des Reiches ist entmachtet, so daß sich mit Brandenburg-Preußen (Friedrich Wilhelm als der „Große Kurfürst" 1640–1688) der protestantische

Norden durchsetzen kann; die Hegemonie in Europa gewinnt das Frankreich Ludwigs XIV. (1643–1715). Das *Erlebnis des Krieges* hat die Zeitgenossen tief beeindruckt (vgl. etwa die Sonette von Gryphius oder die Kirchenlieder von P. Gerhardt) und führt zu einem allgemeinen *Krisenbewußtsein*, verstärkt durch die Unsicherheit der Lebensverhältnisse (Entvölkerung, vor allem auf dem Lande; erst um 1730 wird im Deutschen Reich mit ca. 21 Millionen Einwohnern der Vorkriegsstand wieder erreicht, davon immer noch 80 % auf dem Lande; wirtschaftliche Stagnation). So ist das allseitige *Bemühen um Stabilität, Frieden und Sicherheit* nur zu verständlich. Wir wollen es verdeutlichen an drei beherrschenden Tendenzen: Hierarchisierung, Zentralisierung und Säkularisierung.

Hierarchisierung meint die Begründung und Durchsetzung eines allgemeinen Ordnungsprinzips, das sich auf göttlichen Willen sowie Naturgesetzlichkeiten beruft und einen *Stufenkosmos* propagiert. In ihm gilt der absolute, souveräne Fürst als Ebenbild und Statthalter Gottes (Gottesgnadentum). Eine solche theoretische Fundierung des *Absolutismus* leisten Niccolo Macchiavelli (1469–1527; Idee der Staatsraison), Jean Bodin (1530–1596; Souveränitätslehre) und Thomas Hobbes (1588–1679; Vertragstheorie). Sie ist zugleich traditionsgebunden und modern: *traditionsgebunden*, sofern sie einem konservativen Aristotelismus huldigt und Gottesfurcht sowie Pflichtbewußtsein im Grundmodell der patriarchalischen Familie verankert („Idee des ganzen Hauses“, vgl. etwa Brenner in Steinhagen 1985, 47f.); *modern*, weil sie die Allmacht des Staates fordert, einen rationalisierten Gesetzesbegriff entwickelt und die umfassende bürokratische Disziplinierung des Individuums zur Folge hat.

Sichtbar ist die Hierarchisierung zunächst in einer Festigung der *Standesschranken*. Eine in Frankfurt 1731 erlassene Kleiderordnung nennt insgesamt fünf Stände (als letzten Dienstboten und Tagelöhner, zu dem etwa 50 % der Einwohner gehört haben dürften); Übertretungen wurden nunmehr mit einem ausgeklügelten System von Strafen geahndet. Feste Formen und Regeln, *Etikette und Rituale* prägen das öffentliche Leben; Verhaltenslehrbücher und Sittenkodices (vgl. z. B. Thomasius) haben Hochkonjunktur, es gilt das Ideal des „galant homme“. Das Entstehen einer bürgerlichen Öffentlichkeit, dokumentiert u. a. in den zahlreichen „Moralischen Wochenschriften“ vor allem im protestantischen Norden, stellt da kein entscheidendes Gegengewicht dar, weil diese sich mehr um literarische Diskussion als um politische Kritik bemühte (vgl. z. B. Grimminger 1984, 114ff.).

Hierarchisch geordnet präsentieren sich aber auch die wichtigsten *Institutionen* der absolutistischen Mächte: Hof, Heer und Beamtenwesen.

Würdenträger in Staat und Kirche distanzieren sich durch prunkvolle Hofhaltung und respektheischendes *Zeremoniell* von den Massen; man denke nur an das genaue Reglement des „lever“ und „coucher“ beim Sonnenkönig Ludwig XIV. Die „mentale und soziale Disziplinierung unter dem Zwang des höfischen Zeremonielle“ (so Brenner in Steinhagen 1985, 53) manifestiert sich beim stehenden Heer und dem Beamtenapparat im *System von Befehl und Gehorsam*, in *Rangordnung und Uniformierung*, in *Verhaltens- und Laufbahnvorschriften*. Hier bekommt der *Adel*, als domestizierte Führungselite, eine neue Funktion, über die sich ein tradierter *Werte- und Tugendkanon* bis ins 19. Jh. hinein erhält.

Zentralisierung ist das beherrschende Merkmal des absolutistischen Staats- und Wirtschaftssystems. Unbeschränkte Entscheidungsgewalt besitzt allein der regierende Fürst, der sich auf den Fachverstand seiner Ressortminister stützt. Utilitaristisch-zentralistisches Denken bestimmt auch den territorialstaatlichen *Merkantilismus* mit seinem Streben nach „Independenz“ (Autarkie) und nach einer aktiven Außenhandelsbilanz, das zu einer Vergrößerung des Marktes und zur Erweiterung gewerblicher Produktion (Manufakturen) unter staatlicher Kontrolle führte. Durch ihn bildet sich, in Deutschland stark unter dem Einfluß des Calvinismus, ein spezifisches *Arbeitsethos* und *wirtschaftliches Erfolgsstreben* heraus. Ergänzt werden diese Bemühungen um eine planbare Territorialwirtschaft durch den sogenannten *Kameralismus* (camera, Kammer = landesherrliche Schatzkammer, fiskalische Verwaltungsbehörde), nach dessen Grundsätzen (niedergelegt etwa in v. Seckendorffs Werk „Der Teutsche Fürstenstaat“, 1655) man die Einnahmen des Staates durch ein ausgeklügeltes System von Grund- und Verbrauchssteuern sowie die Einrichtung zentraler Finanzverwaltungen erhöhte.

Säkularisierung bedeutet die Verweltlichung im staatlichen und rechtlichen Denken. Nur über die Abkehr vom alten kanonisch-kirchlichen Recht ließ sich eine politische Koexistenz der großen Konfessionen erreichen und damit die Einheit des Reiches auf der Grundlage einer revidierten, konfessionell ungebundenen Friedens- und Rechtsordnung erhalten. Säkulare Relativierung, nachträglich legitimiert durch die Philosophie und begleitet von grundsätzlicher Kritik an orthodoxen Glaubenslehren und kirchlichen Machtansprüchen, führt dann in gerader Linie zum *Aufgeklärten Absolutismus* (Friedrich d. Große, Joseph II.): Die monarchische Herrschaft wird nicht mehr aus göttlichem Auftrag, sondern aus naturrechtlicher Vertragslehre abgeleitet; der Staat betrachtet es als seine Aufgabe, Wohlfahrt und „Glückseligkeit“ seiner Untertanen zu fördern. Damit stehen wir am Ende des Zeitalters der Gegenreformation und am Vorabend der *Krise des „Ancien Régime“* in der Französischen Revolution.

Ihren manifesten Ausdruck finden die dargestellten Tendenzen in der Kultur des Barock und in der geistigen Bewegung der Aufklärung – beide Leitaspekte unseres Kapitels.

Im **Barock** (von portugies. barocco „schiefrunde Perle"), der die Blütezeit des Absolutismus begleitet, dominiert die Dynamik des äußeren Daseins, die machtvolle Geste, der sinnenhafte Ausdruck. Die Welt wird aufgefaßt als glanzvolles Spectaculum, als rauschendes Fest und theatralisches Spiel, wie es R. ALEWYN (1959) so treffend beschrieben hat. *Pathos und Pomp* begleiten die triumphalistische Selbstdarstellung von Staat und Kirche: in der profanen und sakralen Architektur (B. Neumann), in Plastik und Malerei („Fresco"), in Musik und Theater. Nicht von ungefähr setzt sich, von Italien her, auch bei uns schon im 17. Jh. die Oper durch mit ihrer *stilisierten Nachahmung der Natur* und der grellen Intensität der Affekte, mit einer ausgeprägten *Rhetorik* und vollendeter „Klangrede". Hier konnten auch *technische Errungenschaften* (Donner- und Sturmmaschinen, optische und akustische Effekte, Flaschenzug-Konstruktionen) wirkungsvoll eingesetzt werden. An jedem besseren Fürstenhof existierte bald ein eigenes Musiktheater, gab es Ensembles mit fester Besoldung (besonders angesehen waren Trompeter, Pauker und Pfeifer). Feuerwerk, Ballett und Tanz, Suiten und Freiluftmusiken (Händel) nach französischem Muster umrahmten die höfischen Feste und boten dem schaulustigen Volk die nötige Zerstreuung und Ablenkung.

Paradoxerweise durchzieht die Barockkultur eine ausgesprochen *pessimistische Grundhaltung* und das stets gegenwärtige Wissen um die Vergänglichkeit alles „Irdischen". So praktiziert sie eine Art „innerweltliche Askese" (Max Weber), die auch einen Totentanz effektvoll drapiert in Szene zu setzen weiß, eben als Sinnbild, als Gleichnis, als *Allegorie.* Eine solche Weltauffassung atmet natürlich den Geist des katholischen Südens, während der protestantische Norden strenger und direkter die *Askese* betont (z. B. in der Bachschen Kirchenmusik). Von hier aus sowie in den mittleren Mischungsbereichen (Halle, Jena) erwächst schließlich die Gegenbewegung des *Pietismus,* die eine mystisch-subjektive, gefühlsbetonte Frömmigkeit auf der Basis allgemeinen Priestertums propagiert (Spener, Francke, Graf Zinzendorf) und sich in der christlichen Volkserziehung engagiert.

Die **Bewegung der Aufklärung,** von KANT 1784 beschrieben als der „Ausgang des Menschen aus seiner selbstverschuldeten Unmündigkeit", orientiert sich an den Kategorien *Vernunft und Moral* und nimmt ihren Ausgang im westlichen Ausland: mit R. DESCARTES (1596–1650), der eine neue, widerspruchsfreie, auf Mathematik und Logik gegründete *Methode* vertrat; mit J. LOCKE (1632–1704), der *Empirismus und Rationa-*

lismus zu vereinen versuchte; mit P. Bayle (1647–1706), der die menschlichen Irrtümer bloßstellte; schließlich mit den Enzyklopädisten D. Diderot (1713–1784) und d'Alembert (1717–1783), die durch eine *exakte Beschreibung der Tatsachenwelt* den Aberglauben zu bekämpfen versuchten. Vernunft (Ratio) bedeutet immer Ordnung, sichtbar in der gesetzmäßigen Anlage der Natur, übertragbar auf das Denken und Handeln der Menschen. So eröffnen Rationalismus und Aufklärung auch die Möglichkeit, die „prästabilierte Harmonie" der Welt (Leibniz) zu erkennen und das gesellschaftliche Leben „moralisch", d. h. vernünftig und zweckmäßig einzurichten. Aufklärerisches Denken ist damit, im Gegensatz zum pessimistischen Weltbild des Barock, zutiefst positiv und *fortschrittsbewußt*. Dies äußert sich sowohl in der vehementen Kritik an Traditionen, Institutionen und Autoritäten als auch im Glauben an die innere Freiheit des selbstkontrollierten, autonomen Individuums.

In Deutschland kann schon G. W. Leibniz (1646–1716) als Vorläufer der Aufklärung angesehen werden. Seine Prinzipienlehre und systematische Metaphysik kreist um den logischen Aufbau und die Vereinbarkeit von Körperwelt und Sinnenwelt, von Tatsachen- und Vernunftwahrheiten. Als eigentlicher Wegbereiter der neuen Denkrichtung aber gilt erst Chr. Thomasius (1655–1728), der eine praktische Liebesethik und Sittenlehre für alle „vernünfftigen Menschen / waserley Standes oder Geschlechts sie seyn" verkündet, die ihren publizistischen Ausdruck dann in den didaktisch orientierten „Moralischen Wochenschriften" findet. Den Höhepunkt des deutschen Rationalismus und zugleich der Frühaufklärung bis zur Mitte des 18. Jhs. bedeutet dann die dogmatische Philosophie Chr. Wolffs (1679–1754): Oberstes Ziel stellt die klare und perfekte Ordnung der Begriffe, Urteile und Schlüsse dar, nach dem Vorbild der Geometrie, aus der sich erst vernunftbestimmtes Leben und Handeln ergibt. Wolffs Gründlichkeit und Schematismus stark verpflichtet ist Gottscheds „Versuch einer Critischen Dichtkunst vor die Deutschen" (1730), auf die wir noch später eingehen werden. Alternative Modelle dazu bieten erst die Dichter der *Hochaufklärung* (Lessing, Wieland, Klopstock) zwischen 1750 und 1770, die mit ihren Kategorien „Empfindung" und „Erfahrung" eine sinnlich-intuitive Religiosität und Moralität des Herzens verfechten und einen neuen Menschen zu formen versuchen, der Verstand und Gefühl in Einklang zu bringen vermag.

Wie stark die deutsche Aufklärung auf bürgerliche Volksbildung abzielte, zeigt sich vor allem in der pädagogischen Reformbewegung der *Philanthropen* im letzten Drittel des 18. Jhs. (Basedow, Campe, Rochow, Chr. F. Weiße). Sie operiert im Spannungsfeld zwischen J. Locke, der in seinen „Gedanken über Erziehung" (1693) die schon im Kind schlafende Vernunft herausstellt, und J. J. Rousseau, dessen „Emile" (1762) jegliche sittliche Unterweisung negiert. Die weitverbreiteten Kinder- und Jugendbücher der Philanthropen jedoch predigen die elementaren bürgerlichen Tugenden der Arbeitsamkeit und Selbstdisziplin, vermittelt über moralische Exempla, Reiseberichte etc.: eine „pragmatische" und unpolitische Anpassung an das Bestehende, eine „Einsicht in die Notwendigkeit" (vgl. dazu die schöne Sammlung von Ewers 1980). Einer nützlichen „Sozialnormierung" (Brenner in Steinhagen 1985, 57) dienen ebenfalls die Entwicklungen im *Schulwesen:* Schon im 17. Jh. entstehen in protestantischen Territorien die ersten Schulordnungen (Weimar 1619, Sachsen-Gotha 1642); und in der ersten Hälfte des 18. Jhs. kommt es allenthalben zur Einführung der allgemeinen Schulpflicht (Preußen 1717/18) und damit zur Gründung muttersprachlicher Volksschulen.

6.2.2 Sprachnormierung und Sprachpflege

Standardisierung und Entwicklung der deutschen Schrift- und Literatursprache in Barock sowie Aufklärung sind nicht zu verstehen ohne die zahlreichen Bemühungen von Grammatikern und Lexikographen um **Sprachregelung** und **Sprachreinigung.** Programmatische Forderungen erhob schon G. PH. HARSDÖRFFER in seiner „Schutzschrift für die Teutsche Spracharbeit" (1644):

12. Bevor wir aber näher zu der Sache tretten/und die widrigen Einreden beantworten/iſt zu wiſſen daß die dickermelte Teutſche Spracharbeit nachfolgendes Abſehen hat: Was durch die Spracharbeit verſtanden werde.

I. Daß die Hochteutſche Sprache in ihrem rechten Weſen und Stande/ohne Einmiſchung fremder ausländiſcher Wörter/auf das möglichſte und thunlichſte erhalten werde.

II. Daß man ſich zu ſolchem Ende der beſten Ausſprache im Reden/und der zierlichſten gebunden- und ungebundener Schreibarten befleiſſige.

III. Daß man die Sprache in ihre grundgewiſſe Richtigkeit bringe/und ſich wegen einer Sprache und Reimkunſt vergleiche/als welche gleichſam miteinander verbunden ſind.

IV. Daß man alle Stammwörter in ein vollſtändiges Wortbuch ſamle/derſelben Deutung/Ableitung / Verdopplungen/ ſamt denen darvon üblichen Sprichwortern/ anfüge.

V. Daß man alle Kunſtwörter von Bergwerke/ Jagrechten/Schiffarten /Handwerkeren/u.d.g. ordentlich zuſammentrage.

VI. Daß man alle in fremden Sprachen nutzliche und luſtige Bücher/ohne Einmiſchung fremder Flickwörter/ überſetze / oder ja das beſte daraus dolmetſche.

Dieſes alles zu leiſten iſt viel müheſamer / als der / ſo ſolches noch niema zu Sinne gebracht/in einem Nun erkennen und eilſchwülſtig beurtheilen kan.

(aus: Frauenzimmer Gesprächsspiele. Neudruck hrsgg. von I. Böttcher 1968. 1. Teil, 361f.)

Wie H. Eggers (1977, 13) ausgeführt hat, geht es Harsdörffer um die Ziele Sprachreinheit, Sprachschönheit, Sprachrichtigkeit, allgemeines Lexikon, Fachwörterbücher und gute Übersetzungen. Sie können bis heute als Hauptaufgaben einer deutschen Stilistik und Sprachpflege angesehen werden.

Die **Sprachrichtigkeit** verfolgt J. G. Schottelius in seinen grundlegenden Büchern „Teutsche Sprachkunst" (1641) und „Ausführliche Arbeit von der Teutschen HaubtSprache" (1663). Er befaßt sich vor allem mit Wortbildung, Flexion, Etymologie, Orthographie und Interpunktion. Dabei ist er bestrebt, ein systematisches Regelwerk für die hochdeutsche Sprache „mit hinterlassung der Landrede" (d. h. der Dialekte) zu formulieren. Ein Beispiel gibt der Auszug auf S. 144.

Schottelius hat damit nicht nur das Vorbild für jede moderne Grammatik geschaffen, sondern zugleich eine einheitliche deutsche Schriftsprache (auf meißnischer und oberdeutscher Grundlage) erst eigentlich konzipiert. Für die *Orthographie* allerdings forderte schon vorher Ph. v. Zesen („Hochdeutscher Helikon", 1640–1649) Vereinfachungen (f statt ph, t statt th) und Schreibregeln aufgrund etymologischer und phonologischer Prinzipien.

Von ähnlicher Bedeutung ist erst wieder J. Ch. Gottscheds „Grundlegung einer Deutschen Sprachkunst" (1748), in der eine Normalform des Deutschen „nach den Mustern der besten Schriftsteller" beschrieben wird. Damit ist auch die einseitige Berufung auf Luther und das Meißnische überwunden. Gottscheds Grammatik gilt fortan als das Standard-Lehrbuch der deutschen Sprache, bis sie durch J. Chr. Adelungs stärker sprachkulturelle Arbeiten „Deutsche Sprachlehre" (1781) und das „Umständliche Lehrgebäude der Deutschen Sprache" (1782) verdrängt wird.

Sprachreinheit ist das Ziel der zahlreichen *Sprachgesellschaften*, die im 17. und 18. Jh. in Deutschland entstehen und der überhandnehmenden Fremdwörterei und „Verwelschung" den Kampf ansagen. Ihr Prototyp ist die 1617 von Fürst Ludwig von Anhalt-Köthen nach französisch-italienischen Vorbildern begründete „Fruchtbringende Gesellschaft" (auch „Palmenorden" genannt), der bald bekannte Zeitgenossen wie Opitz, Buchner, Schottelius, Gryphius u. a. angehörten. Es folgten die „Aufrichtige Gesellschaft von der Tannen" (J. M. Moscherosch, 1633), die „Deutschgesinnte Genossenschaft" (v. Zesen, 1643), der „Löbliche Hirten- und Blumenorden an der Pegnitz" (Harsdörffer, Klaj 1644), der „Elbschwanorden" (J. Rist, 1659). Kurzlebiger waren die Gründungen des 18. Jhs. („Deutsche Gesellschaft" in Leipzig, „Teutschliebende Gesellschaft" in Hamburg). Über die Mitglieder solcher Gelehrten-Vereinigungen setzten sich eine ganze Reihe von *Verdeutschungen* durch:

1.

Das Nennwort (Nomen) ist ein wandelbares Wort/ ein Nahm oder Nennung eines Dinges/oder welches anzeiget ein Ding/ohn Zeit und Tuhn.

(Nomen est vox variabilis, significans rem & non actionem, sed sine tempore.)

(Als wen man sagt ein Haus/der Mensch: alhie wird ein gewisses Ding benennet/durch Haus und Mensch: Sie sind auch wandelbar/den man sagt/des Hauses/vom Hause/ die Menschen/ deter Menschen/ 2c. Man höret aber dabey von keiner Zeit/ noch von einem Tuhn: im gegenteil / wan man sagt/ich schlage/ich liebete/ich habe gehört/ daselbst v nimt man alsobald eine Zeit / ob sie wehrend / vergangen oder künftig sey/ in der das Werk verrichtet wird/und solches heisset Zeitwort/ (Verbum.) Also kan man/so wol hie/als anderswo/die Wörter auch den Knaben recht einbilden.)

2.

Das Nennwort wird erkant/weil es vor sich nimt und leiden kan der/die/das/ein/eine/ein/ als: ein Mann der Mensch.

(Nomen cognoscitur ex additione articuli, ein/der/die das.)

Der Geist zeugt vor/ das Fleisch läst sich hernach schleppen/ wie ein unbendiger Hund. Luth.

Das Haus soll nicht dem Wirte/sondern der Wirt dem Hause einen Nahmen machen.

Gleich wie die Schönheit gemeiniglich die Hoffart zur Gefertinn hat/ also wohnen auch die Liebe und die Unkeuschheit oft unter einem Dach. ..arc.

3.

Das Nennwort wird haubtsachlich geteilet in das Selbstendige (Substantivum) und in das Beistendige (Adjectivum.)

Das selbstendige Nennwort ist / wessen Andeutung an sich selbst bestehet/und dadurch ein Ding/ohne zutuhn eines andern Wortes ausgetrükket wird/als: ein Haus/ein Tiehr/ ein Mensch.

(Nomen Substantivum est, cujus significatio per se absq; altero intelligitur.)

(aus: J. G. Schottelius, Ausführliche Arbeit von der Teutschen HaubtSprache, hrsgg. von W. Hecht. 1. Teil. Niemeyer: Tübingen 1967, 231f.)

Mundart, für Dialekt, Beistrich für Komma, Zahlwort für Numerale, Zeitwort für Verbum etc. (Schottelius);
Augenblick für Moment, Entwurf für Projekt, Verfasser für Autor, Trauerspiel für Tragödie, Abstand für Distanz, Bücherei für Liberey, lustwandeln für spazieren (v. Zesen);
Sinngedicht für Epigramm, Briefwechsel für Korrespondenz, beobachten für observieren, Geschmack für Gusto (Harsdörffer).

Eine dem Deutschen eigentümliche **Sprachschönheit** vertrat zuerst M. OPITZ in seinem „Buch von der Deutschen Poeterey“ (1624). Er forderte für die *Prosodie* beispielsweise den Wechsel von betonter und unbetonter Silbe (statt das lat. Quantitätenprinzips), ferner die Vermeidung von zuviel einsilbigen Wörtern und inhaltsleeren Flickwörtern. Weitere stilistisch-poetische Grundregeln lieferte J. CHR. GOTTSCHED mit seinem „Versuch einer Critischen Dichtkunst vor die Deutschen“ (1730), in dem er sich ganz im aufklärerischen Sinne gegen alle Metaphern und bildhaften Ausdrücke wandte, was ihm allerdings die Polemik schon mancher Zeitgenossen (Aichinger, Bodmer, Breitinger, später Adelung) einbrachte.

Die bis heute währenden Bemühungen um ein deutsches **Wörterbuch** leitete K. STIELER ein: Seine Sammlung „Der Teutschen Sprache Stammbaum und Fortwachs oder Teutscher Sprachschatz“ erschien 1691 und unterschied erstmals zwischen Stammwörtern, Ableitungen und Zusammensetzungen. Einen großen Einfluß bis in die Klassik hinein hatte später J. CHR. ADELUNGS mehrbändiger „Versuch eines vollständigen grammatisch-kritischen Wörterbuchs der hochdeutschen Mundart“ (1774–1781) und schließlich das von den BRÜDERN GRIMM begründete „Deutsche Wörterbuch“ (1854–1960) in insgesamt 33 Bänden, dem jetzt durch die dtv-Ausgabe eine weitere Verbreitung gesichert ist.

Auf die letzte bei Harsdörffer genannte Aufgabe, die **Übersetzung**, kann hier nur pauschal verwiesen werden. Die Übertragungen gattungsprägender Muster durch Opitz, v. Zesen u. a. machten den frz. höfisch-historischen Roman bei uns bekannt, fast gleichzeitig auch den pikarisch-satirischen Roman aus dem spanischen Bereich, den sich später Grimmelshausen zum Vorbild für seinen „Abentheuerlichen Simplicissimus“ (1669) nahm.

6.2.3 Tendenzen der Sprachentwicklung

Textematische Aspekte: Unsere Darstellung kann sich auch im 17. und 18. Jh. nur auf gedruckte Bücher und Traktate beziehen, in die Elemente mündlicher Kommunikation lediglich indirekt eingegangen sind (beispielsweise in die Predigten von Abraham a Santa Clara oder in den „Simplicissimus“ von Grimmelshausen). Im 18. Jh. ist der *Ausgleichsprozeß* zwischen den Sprachlandschaften so weitgehend abgeschlossen, daß die Buchproduktion über die Messestädte Frankfurt und vor allem Leipzig stark standardisiert und im gesamten Reich absetzbar wird. Man kann deshalb von einer einheitlichen *National- oder Kultursprache* ausgehen, die sich besonders im 18. Jh. als *Literatursprache* manifestiert. Dabei ist zu berücksichtigen, daß noch im 17. Jh. das *Latein als Wissen-*

schaftssprache dominiert und sich 44 % aller Bücher mit theologischen Fragen befassen; nur 4,6 % sind poetischen Inhalts (alle Angaben nach Ammermann-Estermann in Steinhagen 1985, 108). Erst um 1770 ist die lat. Buchproduktion auf 14,25 % gesunken und der Anteil poetischer Werke entsprechend gestiegen. Insgesamt aber behaupten noch immer *wissenschaftliche Texte* (Poetiken, Rhetoriken, Grammatiken; philosophische Werke) den ersten Platz und erheben zudem den Anspruch auf literarischen Rang. Denn gemäß A. Buchners „Anleitung zur deutschen Poeterey" (1665) bedient sich auch der Philosoph einer „hurtigen und lebhaften Art zu reden", während der Poet „alles höher / kühner / verblümter und frölicher setzt". Neben der *Dichtung* (religiöse und weltliche Lyrik, Trauer- und Lustspiele, historisch-politische Schauspiele, Romane) sind stark vertreten *Schriften erbaulich-moralischen Inhalts* (Andachtsbücher, Verhaltenslehrbücher, pietistische Prosa, moralische Wochenschriften etc.) sowie die religiöse oder politische *Tagespolemik* (z. B. gegenreformatorische Propaganda). Mangelnde Lateinkenntnisse und Lesefertigkeiten verschließen jedoch breiten Bevölkerungskreisen noch den Zugang zur Literatur: Um 1600 wird das *Leserpublikum* auf 50 000, um 1700 auf 80 000 Personen geschätzt. Allerdings schreiben auch die meisten *Autoren* nebenher und umsonst, ernährt durch einen Amtsposten und gefördert durch Gönner. Feste Honorare und ein Autorenschutz setzen sich erst gegen Ende des 18. Jhs. durch.

Syntagmatische Aspekte: Grundsätzlich finden sich in Texten des 17. und 18. Jhs. alle Möglichkeiten der Koordination (Parataxe) und Subordination (Hypotaxe) wie im heutigen Nhd. Die dynamisch-pathetische Sprachkunst des Barock bevorzugt die kunstvoll geordnete *hypotaktische Periode,* im Kontrast dazu aber auch die kurze *„lakonische Rede"*. Kaempfert (in Besch u. a. 1985, 1814ff.) faßt die charakteristischen *Stilzüge der barocken Literatursprache* wie folgt zusammen:

- Amplifikation (Verbreiterung des Ausdrucks, Variation eines Grundgedankens);
- Bildlichkeit (Vergleiche, Metaphern, Allegorien etc.);
- Steigerung (Superlative, Extrem-Metaphern, Häufungen)
- Antithese (in Syntax und Komposition);
- Bildnerisches Spiel mit dem Wortmaterial (artistische Wortkombinatorik, Neologismenfreudigkeit).

Überall zeigt sich starker *rhetorischer Einfluß*. In den meisten Gattungen des Schrifttums (auch im Briefstil mit seinen Komplimenten und Floskeln) nimmt daher zunächst die oberste Satzlänge enorm zu (bis über 100 Wörter). Sie sinkt erst unter dem Einfluß der Aufklärung, die eine klare und verständliche Sprache forderte, wieder auf ein „Normalmaß" von 30–40 Wörtern ab (Winckelmann, Lessing u. a.). Aber noch im ausgesprochen verbalen Sprachstil pietistisch-protestantischer Literatur (Bekenntnisschriften, Kirchenlieder, Betrachtungen der frommen Seele in Bachs Oratorien) ist viel von barockem Überschwang zu spüren. Interessant ist die Zunahme von *Funktionsverbgefügen,* die einen Vorgang exakter bezeichnen, in wissenschaftlichen Texten der Aufklärungszeit (vgl. dazu Polenz 1978, 122f.):

in Bewegung setzen (Wolff);
in Betracht ziehen, auf die Bahn bringen (Leibniz);
in Erfahrung bringen, zu Fall bringen (notiert bei Adelung).

Morphematische und lexematische Aspekte: In der Wortbildung der Barockzeit sind vor allem *Komposita* entstanden, wobei verschiedene Schreibweisen nebeneinander stehen:

Blasebalckmacher, Calender=Macher, BlasebalckeErfinder (Gryphius);
Wiederantwortbrieff, Lebens=lauff, Bauren Tochter (Grimmelshausen);
HaubtSprache, SprachKunst (Schottelius);
Mutter-Sprache, Welt-Meer, Lebens-Art (Leibniz).

Die Pietisten bevorzugten dagegen in ihrem Streben nach religiöser Innerlichkeit, ähnlich wie die mittelalterliche Mystik, besonders *Ableitungen* und *Präfigierungen,* die noch heute in der protestantischen Predigtsprache zu finden sind:

Abstraktbildungen (-ung, -keit, -heit): Eingebung, Entäußerung; Abgezogenheit, Geborgenheit, Aufgeschlossenheit, Faßlichkeit
Präfixbildungen (er-, durch-, an-, entgegen-, hin-, nach- etc.): errufen, erdürsten; durchwühlen, durchschneiden, durchdringen, durchglühen; entgegeneilen, emporsteigen, eindringen u. a.

Der *Wortschatz* der Allgemein- und Literatursprache wurde ferner stark angereichert durch Elemente aus den verschiedensten Teil- und Fachwortschätzen. Dabei machen sich in spezifischen Schwerpunkten griech.-lat., italienische und französische Einflüsse bemerkbar, ebenfalls jedoch die schon erwähnten Verdeutschungsversuche (s. Übersicht auf S. 148).

In der geistigen und politischen Auseinandersetzung des 18. Jhs. tauchen erstmals sogenannte *Leitwörter* auf, die wie unsere heutigen Schlagwörter häufig verwendet wurden und einen programmatischen Charakter hatten:

Aufklärung: Bildung, Denkfreiheit, Humanität, Menschlichkeit, Toleranz, Weltbürger, Ideal, Kultur
Sturm und Drang: Genie, Kraft, Original; schöpferisch

Bereich	Herkunft	Beispiele
Musik	italien.	Instrumente: Bratsche, Cembalo, Fagott, Violine Tempi u. Vortragsarten: Allegro, Andante; Stakkato, Vivace, Lento
	französ.	Satzbezeichn.: Ouverture, Badinerie, Menuett
Heerwesen	italien.	Kanone, Granate, Kavallerie, Infanterie etc.
	französ.	Armee, Bajonett, Bataillon, Batterie, Deserteur, Offizier, Leutnant etc.
Rechtswesen u. Verwaltung	lat.	Kommissar, Archivar, Garantie, Klausel, Kontrakt, Privileg; konfrontieren, konsultieren Akte, Dokument, Formular, Inventar, Konferenz
Philosophie	griech.-lat.	Hypothese, Kategorie, Programm, Schema u. a.
	deutsch	Bedeutung, Begriff, Beweggrund, Bewußtsein, Vorstellung (alle Chr. Wolff)
Mathematik u. Naturwissenschaften	griech.-lat.	Analogie, Empirie, Illusion, Typ; paradox, relativ, subjektiv; Chemie, Energie, Vegetation, Organ etc.
	deutsch	Brennpunkt, Gleichung, Oberfläche, Schwerpunkt, Berührungspunkt, Spielraum (alle Chr. Wolff)
gesellschaftl. Leben	französ.	Anredeformen: Monsieur, Madame, Baron, Comtesse Vergnügungen: Ball, Ballett, Maskerade, Promenade Kochkunst; Bouillon, Gelée, Kompott, Konfiture, Kotelett, Marmelade, Ragout, Sauce etc. Kleidung: Friseur, Garderobe, Kostüm Kosmetik: Parfum, Perücke, Pomade, Puder; frisieren, parfümieren etc. Wohn- und Gartenkultur: Balkon, Buffet, Etage, Fassade, Korridor, Terrasse; Fontäne, Allée, Bassin, Spalier u.a.

Wortschatzerweiterungen im 18. Jahrhundert

Auf die reiche *Metaphorik* wurde schon früher verwiesen. Bildhafte und anschauliche Verben benutzten vor der Aufklärung, die eine nominale Begrifflichkeit bevorzugte, schon die barocken Dichter und später wieder die Anhänger des Sturm und Drang:

brüllen, fressen, krachen, stürmen, toben etc.

Graphematische und prosodische Aspekte: Im 17. und 18. Jh. festigen und vereinheitlichen sich zwar allmählich die Schreibweisen; doch gilt noch keine verbindliche orthographische Norm. Die Regelwerke von FREYER (1722), GOTTSCHED (1762) oder ADELUNG (1788) beschreiben auch eher *vorhandene Gewohnheiten* und lassen mancherlei Ausnahmen zu; sie haben sich zudem nicht allgemein durchgesetzt. Um 1700 schreiben beispielsweise bekannte Autoren viele „selbständige Nennwörter" (Schottelius) noch klein, andere bereits groß. Bei LEIBNIZ („Unvorgreiffliche Gedancken, betreffend die Ausübung und Verbesserung der Teutschen Sprache", 1717) finden sich zahlreiche der von den Grammatikern längst bekämpften Doppelkonsonanten, vor allem im Auslaut:

fünff, Zweiffel, Lauff, Logick, Metaphysick etc.

Ähnliches wird man für Interpunktion und Aussprache feststellen können. Das *Komma* als informationsgliederndes Mittel verdrängt die im Barock dominante *Virgel* endgültig erst in der Aufklärungszeit. Wie stark *landschaftliche Aussprachegewohnheiten* bis in die Dichtung reichen, läßt sich sogar noch an Versen von Goethe studieren („Ach neige, du Schmerzensreiche").

6.2.4 Textanalysen und Aufgaben

Wir kontrastieren im folgenden nach Möglichkeit themen- oder motivgleiche Texte, um Unterschiede in Sprachstil und Weltauffassung deutlich zeigen zu können.

6.2.4.1 Die Sprache der Poeten: Epik und Lyrik

a) Epische Breite und Schwulst

1.) Andreas Gryphius: Vorrede zum Trauerspiel „Cardenio und Celinde" (1647; Auszug)

Großgünstiger vnd Hochgeehrter Leser.

ALs ich von Straßburg zurück in Niederland gelanget / vnd zu Ambsterdam bequemer Winde nacher Deutschland erwartet / hat eine sehr werthe Gesellschafft etlicher auch hohen Standes Freunde / mit welchen ich theils vor wenig Jahren zu Leiden / theils auff vnterschiedenen Reisen in Kundschafft gerathen / mich zu einem Panquet / welches sie mir zu Ehren angestellet / gebeten. Als bey selbtem nach allerhand zugelassener Kurtzweilen / man endlich auff Erzehlung vnterschiedener Zufälle gerathen / vnd damit einen zimlichen Theil der Nacht verzehret / hab ich mich entschlossen Abschied zu nehmen / vnd in mein damaliges Wirthshaus zu eilen. Wolgedachte meine Liebesten wolten / was ich auch bitten oder einwenden möchte nicht vnterlassen mich biß nach Hause / durch die so weite Stadt zu begleiten / vnd geriethen so bald sie auff die Gassen kommen wieder auff jhr voriges Geschicht-Gespräch / dabey mir auff jhr anhalten (A if) Anlaß gegeben / den Verlauff dieser zwey vnglücklich Verliebeten zu erzehlen. Die Einsamkeit der Nacht / die langen Wege / der Gang über den einen Kirch-Hof vnd andere Umbstände machten sie so begierig auffzumercken: Als frembde jhnen diese deß Cardenio Begebnüß / welche man mir in Italien vor eine wahrhaffte Geschicht mitgetheilet / vorkommen / daß sie auch nach dem ich mein Reden geendet / von mir begehren wollen jhnen den gantzen Verlauff schrifftlich mitzutheilen. Ich der nach vielem abschlagen / mich überreden lassen / Freunden zu gefallen eine Thorheit zu thun / hab endlich versprochen jhnen wie in andern Begnügungen also auch mit dieser nicht zu entfallen / bin aber doch bald anderer Meynung worden / vnd habe stat einer begehrten Geschicht-Beschreibung gegenwärtiges Trauer-Spiel auffgesetzet / bey welchem ich weil es durch vieler Hände gehen / vnd manch scharffes Urtheil außstehen wird / eines vnd andere nothwendig erinnern muß. Zu förderst aber wisse der Leser / daß es Freunden zu gefallen geschrieben / welche die Geschichte sonder Poetische Erfindungen begehret. Die Personen so eingeführet sind fast zu niedrig vor ein Traur-Spiel / doch hätte ich diesem Mangel leicht abhelffen können / wenn ich der Historien die ich sonderlich zu behalten gesonnen / etwas zu nahe treten wollen / die Art zu reden ist gleichfalls nicht viel über die gemeine / ohn daß hin vnd wieder etliche hitzige vnd stechende Wort mit vnter lauffen / welche aber den Personen / so hier entweder nicht klug / oder doch verliebet / zu gut zu hal-[A 2b]ten. Was nun in oberzehlten Stücken abgehet / wird wie ich verhoffe der schreckliche Traur-Spiegel welcher bey den Verliebeten vorgestellet / wie auch deß Cardenio verwirretes Leben / genungsam ersetzen.

(nach M. Szyrocky/H. Powell, Andreas Gryphius: Gesamtausgabe der deutschsprachigen Werke. Bd. 5. Niemeyer: Tübingen 1965, 99f.)

2.) Hans Jakob Christoffel von Grimmelshausen: Der Abentheuerliche Simplicissimus Teutsch (1669)

Das II. Capitel.

ER begabte mich mit der herrlichsten *Dignität* / so sich nicht allein bey seiner Hofhaltung / sondern auch in der gantzen Welt befande / nemlich mit dem Hirten-Ampt: Er vertraut mir erstlich seine Säu / zweytens seine Ziegen / und zuletzt seine gantze Heerd Schaf / daß ich selbige hüten / waiden / und vermittelst meiner Sackpfeiffen (welcher Klang ohne das / wie Strabo schreibet / die Schaf und Lämmer in Arabia fett macht) vor dem Wolff beschützen solte; damal gleichete ich wol dem David / ausser daß jener / an statt der Sackpfeiffe / nur eine Harpffe hatte / welches kein schlimmer Anfang / sondern ein gut Omen für mich war / daß ich noch mit der Zeit / wann ich anders das Glück dazu hätte / ein Weltberühmter Mann werden solte; dann von Anbegin der Welt seynd jeweils hohe Personen Hirten gewesen / wie wir dann vom Abel / Abraham / Isaac / Jacob / seinen Söhnen / und Mohse selbst / in H. Schrifft lesen / welcher zuvor seines Schwehers Schaf hüten mußte / ehe er Heerführer und *Legislator* über 600 000. Mann in Israel ward. Ja / möchte mir jemand vorwerffen / das waren heilige Gott-ergebene Menschen / und keine Spesserter Baurenbuben / die von GOtt nichts wusten; Ich muß gestehen / aber was hat meine damalige Unschuld dessen zu entgelten? bey den alten Heyden fande man so wol solche *Exempla*, als bey dem außerwehlten Volck Gottes: Unter den Römern seynd vornehme Geschlechter gewesen / so sich ohn Zweiffel *Bubulcos, Statilios, Pomponios, Vitulos, Vitellios, Annios, Capros,* und dergleichen genennet / weil sie mit dergleichen Viehe umbgangen / und solches auch vielleicht gehütet: Zwar *Romulus* und *Remus* seyn selbst Hirten gewest; *Spartacus*, vor welchem sich die gantze Römische Macht so hoch entsetzet / war ein Hirt. Was? Hirten sind gewesen (wie *Lucianus* in seinem *Dialogo Helenæ* bezeuget) *Paris, Priami* deß Königs Sohn / und *Anchises*, deß Trojanischen Fürsten Ænæ Vatter: Der schöne *Eudimion*, umb welchen die keusche Luna selbst gebulet / war auch ein Hirt: Item der greuliche *Polyphemus*: ja die Götter selbst (wie *Phornutus* sagt) haben sich dieser *Profession* nicht geschämt / *Apollo* hütet *Admeti* deß Königs in Thessalia Kühe / *Mercurius*, sein Sohn *Daphnis, Pan* und *Protheus*, waren Ertzhirten / dahero seynd sie noch bey den närrischen *Poëten* der Hirten *Patronen; Mesa*, König in Moab / ist / wie man im zweyten Buch der König lieset / ein Hirt gewesen / *Cyrus* der gewaltige König *Persarum*, ist nicht allein von *Mithridate*, einem Hirten / erzogen worden / sondern hat auch selbst gehütet: *Gygas* war ein Hirt / und hernach durch Krafft eines Rings ein König: Ißmael Sophj ein Persischer König / hat in seiner Jugend ebenmässig das Viehe gehütet / also daß *Philo* der Jud in *vita Moysis* trefflich wol von der Sach redet / wann er sagt: Das Hirten-Ampt sey ein Vorbereitung und Anfang zum Regiment; dann gleich wie die *Bellicosa* und *Martialia Ingenia* erstlich auff der Jagd geübt und angeführt werden / also soll man auch die jenige / so zum Regiment gezogen sollen werden / erstlich in dem lieblichen und freundlichen Hirten-Ampt anleiten. Welches alles mein Knan wol verstanden haben muß / und mir noch biß auff diese Stund keine geringe Hoffnung zu künfftiger Herrlichkeit macht.

(nach R. Tarot (Hrsg.): H. J. Christoffel von Grimmelshausen, Der Abentheuerliche Simplicissimus Teutsch und Continuatio des abentheuerlichen Simplicissimi. Niemeyer: Tübingen 1967, 12f.)

Auf den ersten Blick haben die beiden Auszüge aus Gryphius' langatmiger Erläuterung für den „großgünstigen" Leser und aus Grimmelshausens pikarisch-heroischem Zeitroman manche Gemeinsamkeiten: Alles wird ausführlich und eingehend berichtet, in verschachtelten und überladenen Satzperioden, mit zahlreichen Einschüben und Aufzählungen und rhetorisch-korrespondierender Gliederung (theils-theils; nicht allein-sondern auch). In diesem ausgesprochenen *Lesestil* ist überall der *Schwulst,* die theatralische Geste der sogenannten 2. Schlesischen Dichterschule, spürbar: Es geht nicht um eine realistische Abschilderung von Wirklichkeit, sondern um deren zweckbestimmte *Stilisierung.*

Eine genaue Betrachtung offenbart jedoch einige Unterschiede. Dem penetrant-gekünstelten Memento mori und rigiden *Moralismus* der „Geschicht-Beschreibung" und dem „Traur-Spiegel" des Gryphius steht die volksnah-mundartlich dargebotene *Lebens- und Leseerfahrung* bei Grimmelshausen gegenüber, angereichert durch (im Druck hervorgehobene) Exempla, wie wir sie von Sebastian Brant oder dem Faustbuch her kennen. Gryphius praktiziert eine preziöse *Ballung und Steigerung,* vor allem durch die gedehnten Nominalphrasen (man beachte die Genitivkonstruktionen und schmückenden Adjektive). Grimmelshausen dagegen entwickelt einen im ganzen *fließenden Erzählstil* und treibt dabei ein hintergründiges Spiel mit dem „Hirten-Ampt". So ergibt sich bei ihm eine spezifische zeitkritische *Moralsatire,* getreu dem Leitvers „Es hat mir so wollen behagen mit Lachen die Wahrheit zu sagen" (hinter dem sich das vielberufene Prinzip des „Delectare et prodesse" oder „Ridendo corrigo mores" verbirgt).

Aufgaben

a) Vergleichen Sie im einzelnen Satzmuster und Syntagmen bei Gryphius und Grimmelshausen.
b) Untersuchen Sie auffallende Wortbildungen (Komposita, Ableitungen) in den beiden Texten sowie in dem Abschnitt von Harsdörffer auf S. 142.
c) Beschreiben und erklären Sie typische Stilmittel der barocken Rhetorik.
d) Charakterisieren Sie nach der Fachliteratur die Bedeutung des „Simplicissimus" als Zeitdokument und literarisches Produkt.

b) Allegorisches Gedicht und Gedankenlyrik

1.) Andreas Gryphius: Es ist alles eitell (1643)

DU sihst / wohin du sihst nur eitelkeit auff erden.
Was dieser heute bawt / reist jener morgen ein:
Wo itzund stådte stehn / wird eine wiesen sein
Auff der ein schåffers kind wird spilen mitt den heerden.
Was itzund pråchtig blůht sol bald zutretten werden.
Was itzt so pocht vndt trotzt ist morgen asch vnd bein.
Nichts ist das ewig sey / kein ertz kein marmorstein.
Itz lacht das gluck vns an / bald donnern die beschwerden.
Der hohen thaten ruhm mus wie ein traum vergehn.
Soll den das spiell der zeitt / der leichte mensch bestehn.
Ach! Was ist alles dis was wir fůr kôstlich achten /
Als schlechte nichtikeitt / als schaten staub vnd windt.
Als eine wiesen blum / die man nicht wiederfindt.
Noch wil was ewig ist kein einig mensch betrachten.

(nach M. Szyrocky/H. Powell, Andreas Gryphius: Gesamtausgabe der deutschsprachigen Werke. Bd. 1. Niemeyer: Tübingen 1963, 33f.)

2.) Barthold Hinrich Brockes: Nacht=Wanderer (1738)

Wenn ich der Menschen Thun betrachte,
Auf ihren Zweck, den Trieb und ihre Wirckung achte;
So kommt ihr gantzes Leben mir
Nicht anders, als das Thun mondsůcht'ger Wandrer für.

Dieselben thun verschied'ne Sachen,
Der festen Meynung, daß sie wachen:
Sie steigen, klettern, gehen, stehn,
Sie glauben, daß sie hôren, sehn;
Da sie doch wircklich taub und blind
Für alles, und nur bloß für eins empfindlich sind.

So geht es leider auf der Welt:
Der eine Theil von uns strebt nach der Ehre Wind;
Der and're låuft und rennt: Was sucht er? nichts als Geld;
Der dritte, mit entflammter Brust,
Sucht bloß bey Wein und Weibern Lust.

Ein jeder ist so sehr auf seinen Zweck erpicht,
Daß er nichts anders sieht noch hôret,
Empfindet, achtet, noch begehret.
Einfolglich ist, was ist, für ihn, als wår' es nicht.
Wir sehen das, was unser GOtt geschaffen,
Nicht anders an, als wenn wir schlaffen,

Denn minder, als verschied'ne wachend sehn
Des Schöpfers Werck, kann es im Schlafe kaum geschehn.

Erwache doch, geliebter Mensch! die Pracht
Der Creatur, des Himmels Licht,
Der Glantz und Nutz der Fluth, der Schmuck und Nutz der Erden
Verdient, erfordert es, daß sie betrachtet werden,
Zum Preise Des, der sie gemacht.
Es will und heischt es unsre Pflicht:
Denn wo man nicht auf diese Weis' erwacht,
Versincket man gewiß in eine ew'ge Nacht.

(nach B. H. Brockes: Auszug der vornehmsten Gedichte aus dem Irdischen Vergnügen in Gott. Metzler: Stuttgart 1965, 706; Faksimiledruck der Ausgabe von 1738)

Die beiden Gedichte behandeln dasselbe Thema, entfalten es jedoch formal und inhaltlich recht unterschiedlich. Das *Sonett* von *Gryphius* ist unter dem unmittelbaren Eindruck des Dreißigjährigen Krieges geschrieben und gehört zu den sogenannten Vanitas-Gedichten, welche die Vergänglichkeit alles Irdischen und die Welt als „Jammertal" zeigen. Dies geschieht hier in der argumentativen Form des aus der Renaissance ererbten *Emblems* („Sinn-Bild"): Auf eine vorangestellte verallgemeinernde These (inscriptio, lemma) folgt das Bild (pictura) und am Schluß eine epigrammatische Zeile (subscriptio). Der ausführliche Bildteil in den Quartetten und Terzetten arbeitet mit gehäuften, im alexandrinischen Vers antithetisch angeordneten Exempla, unterstützt durch zahlreiche verdeutlichende Metaphern. Überhaupt kann das Ganze im Sinn des Barock als *Allegorie,* als eine erweiterte Metapher für die „eitelkeit auff erden" angesehen werden (man vergleiche auch ähnliche Sonette, etwa „An die Welt" oder „Abend", in denen die damals gängige Schiffahrts- bzw. Rennbahn-Metapher dominiert; siehe dazu Browning/Teuscher 1980, 112ff.). So entsteht vor dem Leser eine eindringliche *Vanitas-Predigt,* die in deduktiver Anlage ein bereits festliegendes Weltbild verkündet und die Notwendigkeit der Erlösung durch Christus erweist.

Christlich geprägt sind auch die meisten Gedichte von *Brockes,* der viele Kantaten und Passionstexte verfaßte, die von bekannten Komponisten wie Händel und Telemann vertont wurden. Sein „Nacht=Wanderer", enthalten im „Auszug der vornehmsten Gedichte aus dem Irdischen Vergnügen in Gott", beschreibt jedoch in kunstvoll-abwechslungsreichen Reimen nicht mehr die Vergänglichkeit der Welt, sondern die *Vergeblichkeit* menschlichen Alltags-Tuns. An die Stelle der generalisierenden Behauptung tritt die analysierende Betrachtung des Ich, die zwischen Zweck, Trieb und Wirkung unterscheidet und mit Begründungen sowie

Schlußfolgerungen aufwartet. Auch Brockes bringt *Reihungen von Exempla:* beim Handeln des Menschen, beim Lob der Natur. Doch sie beruhen auf Beobachtung und zeigen den Ansatz einer *gedanklichen Systematisierung,* so daß aus ihnen der Gegensatz „Der Menschen Thun" – „Schöpfers Werck" entwickelt werden kann. Der Preis von Gottes Güte mündet in das moralische Postulat, die Welt vorurteilslos zu betrachten, das Schöne und Nützliche zu erkennen. Wir haben es also mit einem reflektierenden *Lehrgedicht* zu tun, das Einflüsse der Frühaufklärung aufweist und das pessimistische Pathos des Barock durch eine naiv-positive Lebensauffassung ersetzt. Der Glaube an die (gottgewollte) Unterscheidungs- und Einsichtsfähigkeit des Menschen bietet die Gewähr für eine bessere Zukunft nicht erst im Jenseits.

Aufgaben

a) Charakterisieren Sie Unterschiede der Lebens- und Weltauffassung in den Gedichten anhand wichtiger zeittypischer Schlüsselbegriffe (z. B. Eitelkeit, Nichtigkeit – Pracht, Glanz – Nutz).
b) Zeigen Sie die Funktion rhetorisch-stilistischer und dichterischer Mittel für die jeweilige Moral.
c) Erörtern Sie die Rolle der Allegorie und Emblematik für die Poesie des Barock sowie der Naturbilder für die Lehrdichtung der Aufklärung.

6.2.4.2 *Die Sprache der Pietisten und Moralisten: Kirchenlied und Wochenschrift*

1.) Aus dem „Herrnhuter Gesangbuch" von Nikolaus Graf von Zinzendorf (1735)

973. Mel. 32.
DU unser auserwaͤhltes Haupt, an welches unsre seele glaubt! laß uns in deiner naͤgelmal erbliken die genadenwahl, und durch der aufgespalt'nen seite schrein, fuͤhr unsre seelen aus, und durch, und ein.

2. Dis ist das wundervolle ding: erst duͤnkt's vor kinder zu gering', und dann zerglaubt ein mann sich dran, und stirbt wol, eh ers glauben kan; es ist die hoͤchste kunst am glaͤsern meer: und hieran kennet man das kleine heer.

3. So lange eine menschheit ist, so lange JEsus bleibt der Christ, so bleibet dis das A und O vom ganzen Evangelio; und daß dasselbige die weisheit ist, das wiß't ihr alle, die ihr warheit wiß't.

4. Mein Heiland! waͤr' ich armes kind, das sich um deine fuͤsse wind't, das dich, du Seelenehemann, nicht eine stunde missen kan, und das dich uͤber sich und alles liebt, in dieser sprache etwas mehr geuͤbt!

5. Doch laß die lippen trocken seyn; des geistes hauch darf nur hinein, der vor dem thron der Majestaͤt in donnern und posaunen geht, und eine kole vom altar gebraucht: so ruͤhren sich die lippen, daß es raucht.

6. So zeug' ich dann, wer hőrt mir zu? wer hat im herzen keine ruh? wer weis, wie tief die sűnde frist, und daß er nichts als sűnde ist, und weis sich keinen rath, wo ein und aus; der hőre zu, denn da wird etwas draus.

7. Wer aber von der mutter her vielleicht noch unbescholten wår', und wűßte kaum, was fleisch und blut, was geiz sey oder hoher mut, und wer sich in dem alln selbst helfen kan, der ist ein blinder und ein armer mann.

8. Ein heiliger und reiner geist, und was man einen heil'gen heist, find vor dem HErrn der kreatur, und vor dem meister der natur, von keinem andern zeuge als ein blat, das auch sein wesen von dem schőpfer hat.

(...)

17. Die worte sind unlåugbar da, die that war denen worten nah, die probe, ob es warheit ist, was man im buch geschrieben lies't, da spricht der grosse Gnadenbundesmann, daß sie ein jeder selber machen kan.

18. Man macht sie dann auf solche art, daß sich im herzen offenbart, ob JEsus Christus, GOttes Lam, warhaftig starb am kreuzesstam: die art der probe theilt sich űberaus, die probe aber lauft auf Eins hinaus.

19. Wenn einer in dem glanz des lichts sich sieht, und sieht, er tauge nichts, und geht und greift die sache an, und thut nicht was er vor gethan, und műht sich selber viel und mancherley; der lernet nie, was ein Erlőser sey.

20. Wenn aber ein verlornes kind vom tod erwacht, sich krűmt und wind't, und sieht das bőse bőse an, und glaubet, daß es selbst nichts kan, verzagt an sich, es geht ihm aber nah; kaum sieht sichs um, so steht der Heiland da.

21. Wie geht dirs? o, es geht nicht gut, ich liege hier in meinem blut! Da spricht der Seelenfreund: Mein sohn, nim hin die absolution, und sieh mich an und glaub', und stehe auf, und freue dich, und zieh dich an, und lauf.

22. Die seele kriegt den neuen geist, sie glåubt, und thut, was JEsus heist, sie sieht das Lam mit augen an, sie hat erfahren, was Es kan, steht auf, bekomt ein unsichtbar gewand, und ist auf einmal mit dem Lam bekant.

23. Die scham, die beugung und die kraft, die machen gleich genossenschaft, und schliessen sich ins herze* ein, und wollen nicht getrennet seyn: da geht kein guter wille mehr zurűk, dann ihre arbeit ist ein ewig's glűk.
*Hohel. I,13 Marc. 5,33·34·

24. Erst heist der freund die seele ruh'n, denn essen, und darnach was thun; da steifet sich die glaubenskraft zu einer treuen ritterschaft. Sie thut; und wenn sie denn ihr werk gethan, denkt sie gemeiniglich nicht weiter dran.

(...)

(nach E. Beyreuter u. G. Meyer (Hrsg.): Herrnhuter Gesangbuch von 1735 (1741^3). G. Olms: Hildesheim-New York 1981, 899f.)

2.) Aus Gottscheds Wochenschrift „Der Biedermann" (1727) – s. Abb. auf S. 157.

ZINZENDORF (1700–1760), der Begründer der pietistischen Glaubensgemeinschaft der „Herrnhuter", kann bereits anknüpfen an eine Singtradition, die wesentlich von A. H. Franckes Schwiegersohn und Mitarbeiter am Halleschen Waisenhaus, Anastasius Freylinghausen, bestimmt wor-

Der Biedermann.

Erstes Blatt 1727. den 1. May.

LUCANUS.

- - Hi mores, hæc duri immota Catonis
Secta fuit, servare modum, finemque tenere
Naturamque sequi patriæque impendere vitam,
Nec sibi, sed toti genitum se credere mundo.

Ihr seyd es etliche Jahre her gewohnt, liebe Landes-Leute, daß ihr wöchentlich ein paar moralische Blätter durchleset, und die vernünftigen Betrachtungen, so darinnen vorkommen, zu eurem Nutzen anwendet. Diese eure Gewohnheit verdient in der That kein geringes Lob, und ich würde kein Bedencken tragen, dasselbe ausführlich zu erzehlen: wenn es nöthig wäre, eure Gemüther durch künstlich-ersonnene Bewegungs-Gründe ferner dazu anzufeuren. Eine so löbliche Beschäfftigung zeuget von eurer ernstlichen Begierde, womit ihr nach Vollkommenheit und Glückseeligkeit strebet. Wer seinen Verstand von der Natur des Guten und Bösen mehr und mehr zu unterrichten suchet, der arbeitet auch unvermerckt an der Besserung seines Willens. Es ist nicht möglich, daß dieser das Gute lieben oder darnach streben kan, wenn jener es nicht zuvor kennet. Es ist nicht möglich, daß man das Laster hassen und vermeiden kan, wenn man es noch nicht in seiner natürlichen Blöße gesehen und sein abscheuliches Wesen wahrgenommen. Zu beyden Gattungen des Erkenntnisses haben die Verfasser unsrer bisherigen Wochen-Schrifften ihren Lesern zu verhelfen gesuchet. Man hat bey ihnen allezeit, entweder die Tugend unter einem angenehmen, oder das Laster unter einem scheußlichen Bilde, abgeschildert gesehen. Sie haben die Thaten der Menschen mit der gesunden Vernunfft und den natürlichen Gesetzen zusammen gehalten. Sie haben die Schlupfwinckel des menschlichen Hertzens durchsuchet, die lieblichen Abwege, die zum Verderben führen, verdächtig gemacht, und den dornigten Steg zur Glückseeligkeit zu bähnen gesucht. Wie ist es möglich, dergleichen Schrifften ohne alle Erbauung zu lesen? Und wer kan sichs einbilden, daß die Arbeit ihrer Urheber, gantz vergebens gewesen seyn sollte?

Es ist zu bedauren, wertheste Leser, daß verschiedene von diesen lehrreichen Blättern allbereits aufgehöret haben; und das diejenigen Viertelstunden, die ihr sonst wöchentlich darauf verwandt, nunmehro andern unedlern Zeitkürtzungen aufgeopfert werden sollen. Ists nicht so? Es wünschet sich mancher, daß die heutigen Sittenlehrer noch itzo ihre angenehme Lehrart fortsetzen, und uns nach und nach mit neuen Betrachtungen über das Thun und Lassen der Menschen unterhalten möchten. Ich weiß, daß viele, die vor einiger Zeit geschlossenen Schrifften wiederum von Anfang zu lesen angefangen; und mich versichert haben, daß sie dieselben mit eben dem Vergnügen wiederholen können, womit sie dieselben zu allererst erblicket hatten. Und dieses Verfahren ist in der That zu billigen.

(aus W. Martens (Hrsg.): J. Chr. Gottsched, Der Biedermann (Faksimiledruck). Metzler: Stuttgart 1975, 1)

den ist („Geistreiches Gesangbuch“, 1704 und 1711). Seine frühen Lieder enthält das Herrnhuter Gesangbuch von 1735, das auf über 2000 S. insgesamt 2155 Nummern umfaßt. Für Zinzendorf waren Lied und Gesang das einigende Band, das eine Gemeinde aus den verschiedensten Schichten im Glauben zusammenhielt. Noch heute bilden Zinzendorfs Gesänge den Kern im Gesangbuch der Evgl. Brüdergemeine; die Ausgabe des „Erinnerungsjahres“ 1927 verzeichnet immerhin über 200 Texte von ihm.

Unser Textauszug zeigt den intensiven *Dialog* zwischen Christus als dem „auserwählten Haupt“ und der Gemeinde der „Gläubigen“, wobei die *Seele* im Mittelpunkt steht. Pietistisches und mystisches Gedankengut mischt sich in den zahlreichen Bezeichnungen für Jesus: Heiland, Seelenehemann, Herr, Erlöser, Meister, Sünderfreund, Gnadenbundesmann, Seelenfreund, Lamm, Bräutigam. Die Gemeinde steht zu ihm in einer Art Gefolgschaftsverhältnis: vor dem „Thron der Majestät“, als „Ritterschaft“, Diener, Untertanen. Hier wie in ähnlichen Liedern findet sich eine Fülle von *Zusammensetzungen* mit den Begriffen Glaube, Gott, Gnade, Herz: Glaubenskraft, Gotteskraft, Gnadenarbeit, Gnadenwahl; Herzensneigung, Herzensgrund, Herzenserfahrung. A. LANGEN (1968²) und v. POLENZ (1978, 120f.) haben gezeigt, wie stark *verbale Ableitungen* oder Zusammensetzungen (zerglauben, verklären, versüßen, versenken; hineinpflanzen, hineinleuchten) sowie *Verstärkungen* („ganz“ zur Bezeichnung der völligen Hingabe) diesen intensiven Stil der „Gäubigkeit“ und „Verkündigung“ prägen. Allein mit dem charakteristischen Bestandteil durch- finden sich bei Zinzendorf nach Langen (97ff.) die folgenden Verbalkomposita:

durchsehen, durchströmen, durchtropfen, durchtriefen, durchschwitzen, durchstreichen, durchstäupen, durchdunsten, durchbekehren, durchbeurteilen, durchkennen.

Die von GOTTSCHED 1727–1729 herausgegebene Moralische Wochenschrift *„Der Biedermann“* propagiert dagegen eine *säkularisierte Erkenntnis* und Unterscheidung von Gut und Böse, von „Tugend“ und „Laster“. Angesprochen ist die „ernstliche Begierde“ des Publikums nach Vollkommenheit und Glückseligkeit. Eine „gesunde Vernunft“, vereinbar mit den natürlichen Gesetzen, garantiert also erst das Wohlergehen des Menschen; Kenntnis führt zu Erkenntnis und zur „Besserung seines Willens“. In einer gefälligen und klaren, allgemeinverständlichen und übersichtlichen Schriftsprache präsentiert Gottsched hier Ziele und Normen der bürgerlichen Aufklärung – schon ganz gemäß den Regeln eines *„natürlichen Stils“*, die er 1729 in seiner „Vernunfftmäßigen Redekunst“ verkündet. Vermieden werden „Provinzialwörter“, fremde und „neugemachte“ Wörter, auch „Kunstwörter“ (Fachausdrücke) und „zweideutige Reden“ (Mehrfachbedeutungen). Metaphern, die Gottsched erbittert bekämpfte, setzt er nur dort ein, wo eine appellative Wirkung erreicht werden soll: „Schlupfwinkel des menschlichen Hertzens“, „liebliche Abwege“, „dornigter Steg zur Glückseeligkeit“. So prägt er einen auf Lesbarkeit berechneten, gereinigten *Normalstil,* an den später die Klassiker anknüpfen konnten. Den Zugang erleichtern außerdem drucktechnische Vereinfachungen und das dem Leser von den Zeitungen her vertraute handliche Quartformat.

Entsprechend war der Erfolg und die Resonanz beim angesprochenen Publikum, dem besser gestellten Bürger und dem niederen Adel. Nach dem Modell der englischen Vorbilder (The Tatler, The Spectator, The Guardian) führt Gottsched einen *fiktiven Verfasser* ein. Dieser, mit dem bezeichnenden Namen „Ernst Wohlieb Biedermann“, spricht den Leser in Ichform persönlich an, lädt zu Einsendungen ein, beantwortet Briefe, stellt moralische Betrachtungen an, unterhält und belehrt mit eingestreuten Gedichten und Erzählungen. Das reaktivierte ältere Wort „Biedermann“ erhält damit seine bis ins 19. Jh. reichende positive Einfärbung: Gemeint ist ein redlicher, in Denken und Handeln vernünftiger Mensch, ein nützliches Glied der Gesellschaft, das sich in allen Lebensfragen (auch und gerade in politischen Dingen) um ein *maßvolles Urteil* bemüht.

Die Auflage des Blattes erreichte zwar nicht die Höhe der voraufgegangenen, ebenfalls von Gottsched stammenden „Vernünftigen Tadlerinnen“, war aber mit mindestens 1 000 Stück für damalige Verhältnisse recht beachtlich (vgl. dazu im einzelnen Martens 1975, 15ff.).

Aufgaben

a) Erläutern Sie die zeittypischen Begriffe „Erbauung“ und „Glückseligkeit“. Zeigen Sie, was in den beiden Texten jeweils darunter verstanden wird.
b) Beschreiben Sie Merkmale und Funktionen der Textsorten „Kirchenlied“ und „Moralische Wochenschrift“.
c) Kennzeichnen Sie anhand von Wortbildungen und Wendungen zusammenfassend den Sprachstil des Pietismus und der Aufklärung.
d) Vergleichen Sie am Beispiel einer Ausgabe Aufbau und Sprache der Publikumszeitschriften „Biedermann“ und „Gartenlaube“ (19. Jh.).

6.2.4.3 *Die Sprache der wissenschaftlichen Literatur: Essay und Abhandlung*

1.) Justus Georg Schottelius: Lob der „Teutschen HaubtSprache" (1663)

29. Wan wir aber unsere Muttersprache also und derogestalt / wie sie von mancherley Landarten gebraucht / von unwissenden hunderterley Weise gehandhabt / und von der blinden wanckelenden Gewonheit zerzogen wird / wolten abmessen und rechtfertigen; wůrden wir meistenteihls ein ungewisses zerrůttetes Wesen in dieser Sprache aufbauen / die doch auff gewissen Grůnden festiglich beruhet / und in die Wurtzelen der Natur gepflantzet ist: wie solches durch Go̊ttliche Hůlffe in diesem Buche gutentheils kundbar und beweislich werden soll.

30. Es wolle aber niemand alhie zu bald ein Richter werden / ehe und zuvor er wissen mo̊chte / was es recht sey / darůber er sein Urtheil ausspreche: Den es ist zumal unbillig und låcherlich / ein strenger Herr und saurer Klůgelmeister ůber etwas seyn wollen / welches grůndlich zuverstehen / man noch niemals gewillet gewesen / noch einigen zulanglichen Gedanken auf dessen waare Betrachtung angewendet. Eine Baurdirn mag etwas daher singen / aber ein kůnstlich Capellenstůk nicht meisteren / weil sie weniger als nichts von der Muse verstehet: ein ander mag wol etwas / so in seine Verrichtung låuft / abfassen und geho̊riger massen aufsezzen ko̊nnen / darff aber darum gar nicht vermeinen / daß er der Teutschen Sprache nach dero Grundrichtig- und Volkommenheit recht und grůndlich alsbald kůndig / vielweniger ůber die kunstmessige Anweisung / welche nicht ohn Arbeit und Erkundigung anderer Sprachen / dierechten Grundfeste einzurichten bemůhet ist / frůzeitiger Urteihler seyn ko̊nne.

31. Unsere Teutsche Sprache ist weit/råumig / tief/rein und herzlich / voller Kunst und Geheimnissen / und wird nicht nach dero grundmessigen Vermo̊gen / slumpsweis aus dem gemeinen Winde / ersnappet: Sondern durch Fleis und Arbeit muß erlernet werden / wie man einen jeden unaltåglichen Conceptum oder Sinnbegriff in rechte natůrliche Teutsche Zier einkleiden / und dem Anho̊rer beliebt und bekand machen ko̊nne: lest sich auch nicht das Werk so gar geswinde zuurtheilen / zumeistern / beherrschen / und nach form einer kaltsinnigen Gewonheit zurechtfertigen. Es sol und kann ja keiner ůber unsere Sprache uhrteihlen / welcher deroselben nicht gewiß und recht kůndig ist: Es kan aber niemand deroselben gewiß und recht kůndig seyn / er muß sie in ihren Grůnden ersehen / ihre weite und breite Grentze ein wenig mit fleisse durchwandert / und nicht mit blinden Griffen nur hinein getastet / und nur das jenige erlernet haben / was die algemeine altågliche Gewonheit einem jeden in seinem Beruffe zur Hand wirft: Wer sich aber / vermittels geho̊rigen Fleisses / in Teutscher Sprache ein wenig umgesehen / die ůberreiche Schåtze nur von fernen erblikket / so glåube ich sicherlich / er wird mit voller Liebe / derselben / als einer hochgeachteten Muttersprache zugetahn / und denen abhold werden / welche Klůglinge der Sprachen sich schåtzen / und gern alles verkleinern wollen / da denselben doch an rechter kůndigkeit ein grosser Mangel beiwohnet.

32. Demnach ůbergehet man billich die unrichtigen Gewonheiten / welche we-

der Ursach noch Beyfall in wahrer Grundrichtigkeit der Sprache antreffen / und bleibet zufoderst in Ausfertigung der Sprachkunst allerdings bei dem / dem ein algemeiner guter Gebrauch der sich auf grundmessigen Lehrsaz bezihen kan / beystimmig ist / oder welches sonst seine unfehlbare richtige Ursach und Beweistuhm / in den natürlichen Gründen der Sprache zufinden vermag / und dem ein teutschgesinter Verstand mit fuge nicht abfällig seyn kan.

33. Zwar es müste ein gar zu erfahrner Koch seyn / welcher einem jeden verwehntem Maule niedliche und wolsmekkende Bissen kochen solte / gleicher Gestalt wird wol kein Mensch etwas bereiten können / welches dieser so ekkelhaften Zeit überal gefallen solte. Solches aber hindert mich nicht / woran ein abgeneigtes Gehirn möchte stössig werden / gibt mir dißfals keinen Anstos / die Tühr vergönter Freyheit stehet mir vielmehr offen / und stelle so vieler Hochgelahrter Zustimmung / ja die Warheit und Natur der Sprache selbst / dessen / was beweislich vor Augen gestelt / zu einer wahren getreuen Gezeuginn. Und halte dafür / daß alles und jedes / was man für Eygenschaften und Kunststükke an einer Sprache erfoderen möchte / und von den Gelahrten erfordert und gerühmet werden / daß solche gleichfals in unser HaubtSprache befindlich / ja noch ein mehrers und sonderbares in vielen sey / welches in anderen Sprachen solcher Gestalt nicht zufinden / wie dessen Beweistuhm in diesem Buche vielfältig wird zuvernehmen seyn.

(nach J. G. Schottelius, Ausführliche Arbeit von der Teutschen HaubtSprache, a. a. O., 10f.)

2.) Christian Wolff: Welt-Weisheit in deutscher Sprache (1733)

Warum der Autor deutsch geschrieben.

§. 15. Daß ich aber von der Welt-Weisheit in deutscher Sprache schrieb, dazu hatte ich mehr als eine Ursache. Auf der Universität, wo ich die Welt-Weisheit lehrete, war es eingeführet, daß der Vor-

Die erste Ursache.

trag in den Collegiis in deutscher Sprache geschahe. Und also konte ich nicht wohl von dieser Gewohnheit abgehen, fand auch mehr Gründe vor mich, warum ich dabey verblieb, als daß ich davon abwiche, ob ich gleich in Leipzig gewohnet war mich der lateinischen Sprache in meinen Collegiis zu bedienen. Denn es ist nicht zu

Die andere.

leugnen, daß heute zu Tage viele auf Universitaeten kommen, welche in der lateinischen Sprache es nicht so weit gebracht, daß sie den lateinischen Vortrag verstehen können, und die wenigsten sind darinnen so geübet, daß sie, was lateinisch vorgetragen wird, eben so wohl verstünden, als wenn man es ihnen in ihrer Mutter-Sprache vorgetragen hätte. Da es nun in Wissenschafften nicht auf die Worte, sondern auf die Sachen ankommet, und man nicht darauf zu sehen hat, wenn man sie andern vortragen soll, daß sie Worte ins Gedächtnis fassen, sondern daß man ihnen einen Begriff von der Sache beybringe; so ist es nicht unbillig sich in diesem Stücke

Die dritte.

nach der Fähigkeit der Zuhörer zu richten. Am allerwenigsten aber halte ich wohl gethan zu seyn, wenn man einige gar entweder versäumen, oder von der Erlernung der Wissenschafften wegtreiben wollte, weil sie das Unglück gehabt in ihren Schul-Jahren in der

Latinitaͤt versaͤumet zu werden. Hierzu kam noch dieses, daß mir

Die vierte.

bekandt war, wie sich aus deutschen Schrifften auch andere erbauen, welche nicht studiret haben, und es oͤffters in Wissenschafften andern zuvor thun, die studiret haben. Und auf diese richtete ich zugleich mein Absehen, und mir sind auch Exempel bekandt, daß ich in diesem Stuͤcke meinen Zweck erreichet habe.

Warum der Autor rein deutsch geschrieben / Wie er solches bewerkstelliget.

§. 16. Da ich mir nun vorgenommen hatte von der Welt-Weisheit in deutscher Sprache zu schreiben; so schrieb ich auch auf eine solche Weise, wie es eine reine deutsche Mund-Art mit sich bringet. Ich habe mich nicht allein von auslaͤndischen Woͤrtern enthalten, die man heute zu Tage in unsere deutsche Sprache haͤuffig mit einzumengen pfleget, sondern auch alle Redens-Arten vermieden, die unserer deutschen Mund-Art nicht gemaͤß, und bloß Ubersetzungen von Redens-Arten sind, die man aus fremden Sprachen entlehnet. Eben so habe ich keine lateinische Woͤrter mit untergemenget, weil diese sich so wenig in die deutsche Sprache, als die deutschen

Erste Ursache.

in die lateinische schicken. Der gemeine Gebrauch entschuldiget nicht: eine Gewohnheit muß vernuͤnfftig seyn und einen guten

Andere Ursache davon.

Grund vor sich haben, wenn man sich darnach achten soll. Uber dieses erforderte es mein Zweck, den ich mir vorgesetzet hatte, daß

Dritte Ursache.

auch andere meine Schrifften lesen solten, die nicht studiret und

Daß die deutsche Sprache zum Philosophiren geschickt.

niemahls lateinisch gelernet haben. Ja da unsere deutsche Sprache nicht so arm ist, daß sie aus andern Sprachen Woͤrter und Redens-Arten entlehnen muß; so ist gar keine Noth vorhanden, warum wir fremde Woͤrter und Redens-Arten darin bringen wollen. Ich habe gefunden, daß unsere Sprache zu Wissenschafften sich viel besser schickt als die lateinische, und daß man in der reinen deutschen Sprache vortragen kan, was im Lateinischen sehr barbarisch klinget. Derowegen habe ich die barbarischen Kunst-Woͤrter der Schul-Weisen rein deutsch gegeben: Denn es gilt einem Anfaͤnger gleich viel, ob er das Kunst-Wort deutsch oder lateinisch lernet, und, wer studiret, kan das lateinische Kunst-Wort sowohl als bey andern Woͤrtern das lateinische lernen.

(nach H. W. Arndt (Hrsg.): Chr. Wolff, Gesammelte Werke. 1. Abtl., Bd. 9. Olms: Hildesheim und New York 1973, 24–27)

Zwischen den beiden Texten liegen 70 Jahre, also gut zwei Generationen. Das macht sich in Auffassung, Kennzeichnung und Verwendung der deutschen Sprache bemerkbar.

Die Arbeit von Schottelius trägt in mehrfacher Hinsicht die Züge einer Übergangszeit. War das bisherige Leitbild des Wissenschaftlers der *Polyhistor*, mit dem thematischen Schwerpunkt bei der Metaphysik, so beginnt hier in Umrissen eine *germanistische Fachwissenschaft*. Schottelius entwickelt in fünf umfangreichen Bänden die „Grundrichtig- und Vollkommenheit" der deutschen „HaubtSprache" aus dem Vergleich mit an-

Ausführliche Arbeit
Von der
Teutschen
HaubtSprache/
Worin enthalten
Gemelter dieser HaubtSprache Uhrankunft/
Uhraltertuhm/ Reinlichkeit/ Eigenschaft/ Vermögen/ Unvergleichlichkeit/ Grundrichtigkeit/ zumahl die SprachKunst und VersKunst Teutsch und guten theils Lateinisch völlig mit eingebracht/ wie nicht weniger die Verdoppelung/ Ableitung/ die Einleitung/ Nahmwörter/ Authores vom Teutschen Wesen und Teutscher Sprache/ von der verteutschung/ Item die Stammwörter der Teutschen Sprache samt der Erklärung und derogleichen viel merkwürdige Sachen.
Abgetheilet
In
Fünf Bücher.
Ausgefertiget
Von
JUSTO-GEORGIO SCHOTTELIO D.
Fürstl. Braunschweig: Lüneburg. Hof- und Consistorial-Rahte und Hofgerichts Assessore.
Nicht allein mit Röm: Käyserl. Maj. Privilegio, sondern auch mit sonderbarer Käyserl. Approbation und genehmhaltung/ als einer gemeinnutzigen und der Teutschen Nation zum besten angesehenen Arbeit/ laut des folgenden Käyserl. Privilegii.
(o)
Braunschweig/
Gedrukt und verlegt durch Christoff Friederich Zilligern/ Buchhändlern.
Anno M. DC. LXIII.

J. G. Schottelius: Ausführliche Arbeit von der Teutschen HaubtSprache – Titelblatt der Erstausgabe von 1663

deren Sprachen; und er meint damit einen allgemeinen, regelhaften Sprachgebrauch im Unterschied zu den mehr zufälligen, veränderlichen „Landarten“ (Dialekten). Er ist bemüht um *Ordnung* und *Klassifikation:* Das zeigt seine Behandlung der Nennwörter (S. 143) ebenso wie die nach barocker Manier ausführliche Inhaltsangabe auf dem vorstehenden Titelblatt. Dabei plädiert er für eine „rechte Teutsche Zier“ und führt für die lat. Bezeichnungen deutsche Begriffe ein (z. B. „Sinnbegriff“ für Conceptum). Diese Versuche sind aber oft noch zaghaft und tastend. So finden sich zahlreiche Erläuterungen in einer *deutsch-lat. Mischsprache* (vgl. S. 143). Und vieles wird mit den zahlreichen *Zwillingsformeln* (Fleiß und Arbeit, beliebt und bekand, sol und kan, Ursach und Beweistuhm) sowie den eingestreuten *Metaphern* (die rechten Grundfeste, breite Grentze, mit fleisse durchwandern etc.) nurmehr angedeutet oder umschrieben. Ähnlich beweisen die *adverbialen Fügungen* (slumpsweis = beiläufig, geswinde, mit fleisse, mit voller Liebe, billich, mit Fuge), daß die klassische Rhetorik einer Wissenschaft dient, die durchaus selber literarisch geformte und lesbare Texte produzieren möchte und ihre Gegenstände mit *engagierter Begeisterung,* nicht mit distanzierter Kälte betrachtet. So trägt diese 1. Lobrede auf die deutsche Sprache deutlich Züge des *Essays,* einer offenen literarisch-wissenschaftlichen Form, die *Montaigne* (1533–1592) mit Rückgriff auf die Spätantike begründete und die in Deutschland später vor allem Lessing zur Blüte brachte – im Gegensatz zur streng aufgebauten Abhandlung (dem „Traktat“). Daß auch die *Druckweise* noch manche Übergangserscheinungen aufweist (grundmessig, uhrteihlen, Gewonheit, Beyfall etc.; daneben niederdt. Eigenheiten: ersnappen, geswinde), sei hier nur am Rande vermerkt.

Eine regelrecht deutsche fachwissenschaftliche *Terminologie* hat erst Christian Wolff (1679–1754) gefordert und begründet. Nach dem Vorbild der exakten Naturwissenschaften (er war seit 1706 selbst Professor für Mathematik und Naturlehre in Halle) führt er jeden Fachausdruck *explizit,* d. h. durch genaue Erklärung ein und gibt ihm damit eine „abgemessene Bedeutung“. Die „Ausführliche Nachricht von seinen eigenen Schriften“, der unsere Textstelle entstammt, rechtfertigt zudem mit Vernunftgründen seine Übung, die deutsche Sprache dabei zu bevorzugen. In deduktivem Aufbau und klar gegliederter Beweisführung legt Wolff dar, warum „unsere Sprache zu Wissenschafften sich viel besser schickt als die lateinische“ und ein Misch-Stil abzulehnen sei, getreu seinem früher entwickelten Lehrsatz vom „zureichenden Grunde“ („Vernünfftige Gedanken von den Kräften des menschlichen Verstandes“, 1712, § 30). Bezeichnenderweise differenziert er dabei zwischen *Grund* und *Ursache,* folgt also nicht der seit dem 16. Jh. recht geläufigen Wendung „Grund und Ursache“: Grund steht für frz. „raison“, Ursache für lt. „causa“. Den griech.-lat. Fachausdruck „philosophia“ ersetzt Wolff durch *„Welt-Weisheit“* (was ihm scharfe Polemik der Pietisten einbrachte), „Terminus“ selber durch „Kunst-Wort“ (d. h. Ausdruck aus dem Bereich der artes, der Künste, zu denen nach mittelalterlicher Auffassung die Wissenschaften gehörten, vgl. S. 104). So erhält jeder deutsche Ausdruck eine festumrissene, *beständige Bedeutung,* wird Bestandteil eines begrifflichen *Systems* und Element in einer *logischen Beweisführung* (man beachte die Konjunktionen und Partikel: also, daß, denn, da; nicht-sondern, entweder-oder). Es versteht sich, daß der Sprachstil einer solchen *Abhandlung* klar und einfach sein muß, so daß sich pathetische Schnörkel oder verdunkelnde Metaphern verbieten. Wenn im Titel der Schrift von *„Nachricht"* die Rede ist, so benutzt Chr. Wolff übrigens ein erst seit dem 17. Jh. gebräuchliches Wort, das eine „mittheilung zum darnachrichten" meint (Grimm, Deutsches Wörterbuch 13, 103).

Aufgaben

a) Stellen Sie gelungene Verdeutschungen von Fachausdrücken bei Schottelius und Wolff übersichtlich zusammen.
b) Erklären Sie, warum sich manche Neubildungen (Hauptsprache, Nennwörter; Weltweisheit, Kunstwörter) nicht durchsetzen konnten.
c) Zeigen Sie auf, welche Grundsätze von Schottelius und Wolff sich im Hinblick auf Gegenstandsauffassung und Methode noch in unserem Verständnis von Wissenschaft wiederfinden.
d) Verfolgen und begründen Sie die Ausbildung einer wissenschaftlichen Essayistik im 17. und 18. Jh.

6.3 Deutsche Sprache von ca. 1770 bis ca. 1830: Klassik und Romantik

6.3.1 Allgemeine Kennzeichnung und Abgrenzungen

Wir verfolgen in diesem Kapitel Höhepunkte der klassischen Literatursprache, die aus der „Befreiung vom Normendiktat aufklärerischer Sprachmeister" erwachsen (Eggers 1977, 107) und stilbildend wirken für die deutsche „Hochsprache" bis in die Gegenwart hinein. Dabei ist von „allgemeinen Kunstidealen auszugehen und ihre Auswirkung auf die Sprachgestaltung aufzusuchen" (Kaempfert in Besch u. a. 1985, 1824). Für den zeitlichen Rahmen wählen wir die Hauptschaffenszeiten von *Goethe;* wir fassen ihn also weiter als beispielsweise die Literaturgeschichte von H. A. Glaser (Bd. 5 1980), die politische Einschnitte als Eckdaten nimmt (1786 Tod Friedrichs d. Großen; 1815 Wiener Kongreß).

Für die Charakteristik und Einschätzung von *Klassik und Romantik* beziehen wir uns auf drei bahnbrechende literaturgeschichtliche Werke: von Gervinus, Scherer und Korff.

Georg Gottfried Gervinus sieht in seiner fünfbändigen „Geschichte der poetischen Nationalliteratur der Deutschen" (1835–42) den Höhe- und zugleich Endpunkt bei Goethe, während er die Zerrissenheit und Subjektivität der Romantik polemisch beklagt. Auch in der positivistischen „Geschichte der deutschen Literatur" (1883) von Wilhelm Scherer setzt sich die Hochwertung der Klassik fort: Sie bildet das *„Harmonieideal"* aus und führt zu „vollendeten Kunstwerken", während die Romantik als Epoche der Dekadenz erscheint. Eine Wende der Einschätzung bedeutet erst Hermann August Korffs „Geist der Goethezeit" (4 Bde., ab 1923), in dem nicht allein die Gegensätzlichkeit von Klassik und Romantik, sondern deren *geistesgeschichtliche Verwandtschaft* und Zusammengehörigkeit herausgestellt wird. Beide beruhen nämlich auf den Widersprüchen der bürgerlichen Gesellschaft zwischen realer Existenz und Bildungsstreben, die im *Ideal der Humanität* und in der Betonung des „Allgemein-Menschlichen", manifestiert in symbolischen Bedeutungen, überwunden werden. Die Klassik erreicht dies im Rückgriff auf die griechische Antike, die Romantik im Rekurs auf die Einheit des Mittelalters. So wird bei Korff der Blick frei für eine vorurteilslose Betrachtung beider Entwicklungsstränge, die gleichermaßen dem Einfluß der Philosophie des *Deutschen Idealismus* unterliegen. Die gesamte Goethezeit kann in einem erweiterten Sinne als klassisch gelten, insofern „der Geist eines Volkes auf die Höhe seiner selbst gekommen ist" (Korff 1964, Teil 1, 4). Und wenn I. Kant in seiner „Kritik der Urteilskraft" (1790) das *Schöne und Erhabene* als Gegenstände der Ästhetik beschreibt und die Produkte der Kunst als *exemplarisch* bezeichnet, so bereitet er den Weg für Klassik und Romantik zugleich. Klassiker wie Romantiker erreichen die Einheit von Mensch und Welt, von Subjekt und Objekt nurmehr im *autonom gesehenen Kunstwerk;* die Kunst gilt für sie als „Vermittlung von Unendlichem und Endlichem, Intelligiblem und Sinnlichem, Freiheit und Natur" (G. Kurz in Glaser 1980, 101).

6.3.2 Äußere Rahmenbedingungen

Man wird die Jahrzehnte um 1800 in Deutschland als eine politisch-gesellschaftliche *Übergangszeit* auffassen dürfen, in der sich alte Formen aufzulösen beginnen, ohne daß es zu einer durchgreifenden Neuordnung kommt. Dabei zeigen sich Reflexe der frühen Industrialisierung in England sowie der Französischen Revolution.

Die in England schon um 1750 einsetzende **Industrialisierung,** beschleunigt durch wichtige technische Erfindungen (Dampfmaschine 1765, Spinnmaschine 1767, mechanischer Webstuhl 1785), berührt

Deutschland nur schwach. Die aufkommenden Manufakturen setzen sich allein im Texttilbereich durch. Um 1800 sind erst etwa 10 % der Gesamtbevölkerung gewerblich beschäftigt, während ungefähr 80 % noch von der Landwirtschaft leben. Einer allgemeinen Einführung der *Gewerbefreiheit* (in Preußen ab 1810) steht zunächst die territoriale Zersplitterung entgegen. Immerhin gerät das patriarchalische Sozialsystem des „ganzen Hauses“ durch die wachsende *Ökonomisierung der Produktion* (in den Städten und auf dem Lande) allmählich ins Wanken.

Auswirkungen der **Französischen Revolution** begünstigen zum einen die *Reformpolitik in Preußen* (Stein, Hardenberg; z. B. Bauernbefreiung 1807), die allerdings noch weitgehend konservative Züge trägt und auf eine Stabilisierung der ständisch-korporativen Ordnung abzielt. Ihr korrespondieren unter napoleonischem Einfluß manche Modernisierungen im Rechts- und Verwaltungswesen der Rheinbundstaaten. Zum anderen führen sie zur *Säkularisation* kirchlicher Güter und *Mediatisierung* bisher reichsunmittelbarer Gebiete im sogenannten Reichsdeputationshauptschluß von 1803 und nach dem Wiener Kongreß: Von vorher 314 selbständigen Territorien und über 1 400 Reichsritterschaften verbleiben lediglich 39 Einzelstaaten (darunter vier Freie Reichsstädte).

Alle Reformen bewirken jedoch nur graduelle Veränderungen, nicht einen grundsätzlichen Wandel. So fallen Bevölkerungsexplosion und Verkehrsrevolution auch erst in die Jahre nach 1830. In *kultureller Hinsicht* aber gibt es zwei bemerkenswerte Entwicklungen, die beide von Preußen ausgehen und die *Verbreitung von Literatur* und ihrer Sprache nachhaltig bestimmen: ein neuer Bildungsgedanke und ein neues Nationalbewußtsein.

Das Reformkonzept des Freiherrn von Stein erforderte ein aufgeklärtes, gebildetes Bürgertum als staatstragende Schicht. So kommt es unter Federführung von Wilhelm v. *Humboldt* zur Ausbildung des **humanistischen Bildungsideals** und einer *Reorganisation der Bildungsinstitute*. Der neue Geist wird in Preußen weitergetragen von den jungen Universitäten (Berlin 1810, Breslau 1811, Bonn 1818), den humanistischen Gymnasien und der verbesserten Volksschule (mit nunmehr hauptamtlichen und in Seminaren ausgebildeten Lehrern), die um 1816 immerhin 60 % aller Schulpflichtigen erfaßt. Damit wird der Grundstock gelegt für eine *Demokratisierung des Lesens,* für neue Lesebedürfnisse und Lesegewohnheiten, für eine Erweiterung auch des Leserpublikums in den späteren Jahrzehnten. Dieses betrug (nach Engelsing 1974) um 1800 noch kaum mehr als 1 % der Gesamtbevölkerung (vor allem aus mittleren Schichten des Erwerbsbürgertums), wächst aber bis 1830 rasch an.

Begünstigt wird ein derartiger Trend durch das erwachende **Nationalbewußtsein,** das eine ausgesprochen patriotische Publizistik zur Folge hat (man denke an Fichte, Arndt, Körner). Es wird in romantischer Zeit gespeist aus der Rückwendung zu deutscher Kultur und Geschichte, vor allem aber aus dem politischen Gegensatz zu Frankreich während und nach den „Befreiungskriegen". So entsteht in diesen Jahren die Vorstellung einer deutschen *Kulturnation,* die dann gegen Ende des Jhs. mühelos in ein imperialistisches Sendungsbewußtsein eingebracht werden kann.

6.3.3 Sprachliche Besonderheiten

Zur Kennzeichnung der Literatursprache in Klassik und Romantik werden von den meisten Autoren Begriffe wie „dichterischer Sprachstil", „Sprachkultur" (v. Polenz) oder „Stilideal" (Eggers) verwendet. Als allgemeine Merkmale gelten dabei:

- für *Goethe:* „klassische Gemessenheit", Anschaulichkeit, lebhafte Bewegung, Bestimmtheit (Eggers); „Treffsicherheit in Sprachklang wie Sprachinhalt", Reichtum des Wortschatzes (v. Polenz);
- für *Schiller:* klassische Mäßigung, rhetorischer Grundton, idealistisches Pathos (Eggers); typisierende Gedankenformeln, rhetorisch-pathetische Diktion, schlichte Sprachschönheit (v. Polenz); „Hochstilisierung" (Kaempfert);
- für die *Romantiker:* Beschwörung der „Ureinheit des Alls" durch Klang und Sprachmelodie (Eggers); Vorliebe für das „geheimnisvoll Schwankende" und „Unbestimmte" (Bach); „Einheits- und Verschmelzungssehnsucht" (Langen).

Solche Charakteristiken dokumentieren einmal die Vorstellung vom *Gegensatz* zwischen Klassik und Romantik: Dem klaren Form- und „Stilwillen" der Klassiker steht die gefühlsbetonte, bildhafte Sinnenwelt der Romantiker gegenüber. Zum anderen kommt hier zum Ausdruck, daß Goethe und Schiller recht unterschiedliche *Personalstile* geprägt haben, die Schiller selber mit dem Begriffspaar *„naiv-sentimentalisch"* zu erklären versuchte. Dabei betont Polenz (1978, 129) mit Recht, daß insbesondere die werthaften *Epitheta* und *Sentenzen* Schillers (aus Dramen und Balladen) als „sprachstilistisches Vorbild für den gehobenen Sprachgebrauch der Gebildeten pädagogisiert" werden konnten. Dies bestätigt ein Blick in die unter dem Titel „Geflügelte Worte" erstmals 1864 verlegte Zitatensammlung des Berliner Gewerbeschullehrers Georg Büchmann, die allein aus Schillers idealistisch-moralischem „Lied von der Glocke" über 20 Belege entnimmt, z. B.:

Die Jahre fliehen pfeilgeschwind.
Es schwelgt das Herz in Seligkeit.
Der Mann muß hinaus / Ins feindliche Leben.

Doch mit des Geschickes Mächten / Ist kein ewger Bund zu flechten.
Denn das Auge des Gesetzes wacht.

Hier tritt uns eine treffsichere, bildhafte, einprägsame Sprache entgegen, die in hohem Maße nach *rhetorischer Prägnanz* und nach *Verallgemeinerung* strebt.

Von einem ganz anderen Sprachduktus, farbiger und persönlicher und weniger formelhaft, sind entsprechende Zitate aus Goethes Parade-Drama „Faust“ (1808):

Von Zeit zu Zeit seh ich den Alten gern.
Die Botschaft hör ich wohl, allein mir fehlt der Glaube.
Hier bin ich Mensch, hier darf ich's sein.
Das also war des Pudels Kern!
Blut ist ein ganz besond'rer Saft.
Der Menschheit ganzer Jammer faßt mich an.

Solche und ähnliche Zitate bezeugen aber nicht nur die individuellen Unterschiede, sondern verweisen auch auf die allgemeinen **Stilmittel der Klassik:** die Vorliebe für gewählte und ethisch-normative Beiwörter, für durchkomponierte Bilder, für kühne Komposita, für Antithesen und Anaphern, für rhythmische Formgebung. Nicht von ungefähr entfaltet sich die ganze Kraft der Klassik in der „gebundenen Sprache“, im Vers und in der metrischen Stilisierung (vgl. z. B. Kaempfert in Besch u. a. 1985, 1825).

Aus der Zeit der **Romantik** hingegen verzeichnet der „Büchmann“ entlarvend wenig. Neben den Losungs- und Schlüsselworten „blaue Blume“ (Novalis), „romantisch“ und „Waldeinsamkeit“ (Tieck) findet sich dort allein die Strophe von Ludwig *Tieck,* die oft als programmatisch angesehen wird mit ihren Klang- und Stimmungswerten:

Mondbeglänzte Zaubernacht.
Die den Sinn gefangen hält,
Wundervolle Märchenwelt,
Steig auf in der alten Pracht!

Die bisherigen Darlegungen und Beispiele legen es nahe, die sprachschöpferische Leistung von Klassik und Romantik vor allem in *Wortschatz, Wortbildung* und *Wortzusammenstellung* zu suchen. Wir geben dazu noch eine Auswahl aus der Lyrik, die zeigt, wie Sinnliches und Seelisches, Gefühltes und Gedachtes bildhaft ineinander verwoben wird. Zugleich wird dabei deutlich, in welchen Bereichen die jeweils bevorzugten Motive und Themen liegen. Für weitere Besonderheiten (Oxymora bei Goethe, Archaismen bei den Romantikern etc.) verweisen wir auf A. Langen (1957^2, 1164 und 1188 et passim).

Goethe

Partizipien: wellenatmend, hochwallend, silberprangend, tieferschütternd, freudebrausend, schönheitsliebend, zauberleicht, nachtbedeckt

Substantivkomposita: Lächelmund, Flatterhaar, Rosenband, Wiesenteppich, Wolkenhügel, Knabenmorgen-Blütenträume, Frühlingsgötter

Attributivgruppen: tausendfache Liebeswonne, umkränzende Seligkeit, sonnebeglänzte Stirn, sturmatmende Gottheit, gottgesandte Wechselwinde, erhabne Schöpfungslust, erklingendes Farbenspiel, bewegender Schatten Spiele, des Wassers heilige Welle, schlanker Weiden Haargezweige, des höchsten Himmels Breiten

Schiller

Partizipien: besinnungsraubend, herzbetörend, umwandelnd, hocherstaunt, wohlzufrieden, giftgeschwollen

Substantivkomposita: Liebesblick, Edelgestein, Bergesrücken, Himmelsgewalt, Himmelshort, Herrschertaten

Attributivgruppen: göttlicher Held, ewiges Feuer, edle Einfalt, köstliche Habe, holdes Weib, segensreiche Himmelstocher, zauberische Hülle, blaues Himmelszelt, entgötterte Natur, des Dulders Dornenbahn, des Mutes kühner Flügel, der Wahrheit tief versteckter Born, des Sieges hohe Sicherheit, des Wissens brennende Begier, der dunklen Gefühle Gewalt

Brentano

Partizipien: wildentbrannt, mondumspiegelt, schlummertrunken, tauberauscht

Substantivkomposita: Mondenschein, Wunderwellen, Zauberspiegel, Frühlingsträume, Wintersterne, Abendgrauen

Attributivgruppen: große Blätter, kühle Brunnen, holdes Bitten, des Lichtes Quelle, des Traumes Goldsaum

Eichendorff

Partizipien: wetterleuchtend, schwindelnd, weitrauschend

Substantivkomposita: Waldesrauschen, Waldesschatten, Waldeinsamkeit, Felsenwand, Felsenschlüfte, Zauberklänge, Mondenschein

Attributivgruppen: ewige Gefühle, dämmernde Lauben, dunkelblaue Schwüle, prächtige Sommernacht; des Lebens Schauspiel, der Menschen laute Lust

6.3.4 Textanalysen und Aufgaben

6.3.4.1 Die Sprache der Poetik

a) Johann Gottfried Herder: Von den Lebensaltern einer Sprache (1767)

So wie der Mensch auf verschiedenen Stuffen des Alters erscheint: so verändert die Zeit alles. Das ganze Menschengeschlecht, ja die todte Welt selbst, jede Nation, und jede Familie haben einerlei Gesezze der Veränderung: vom Schlechten zum Guten, vom Guten zum Vortreflichen, vom Vortreflichen zum Schlechtern, und zum Schlechten: dieses ist der Kreislauf aller Dinge. So ists mit jeder Kunst und Wissenschaft: sie keimt, trägt Knospen, blüht auf, und verblühet. – So ists auch mit der Sprache. Daß man dies bisher so wenig als möglich unterschieden, daß man diese Zeitalter beständig verwirret, werden die Plane zeigen, die man so oft macht, um eine Stuffe aus der andern ausbilden zu wollen: man reifet das Kind zu früh zum Milchhaar des Jünglings; den muntern Jüngling fesselt man durch den Ernst des Mannes, und der Greis soll wieder in seine vorige Kindheit zurückkehren; oder gar eine Sprache soll auf einmal die Tugenden aller Alter an sich haben. Verkehrte Versuche, die schädlich würden, wenn nicht die Natur mit vielen nachtheiligen Entwürfen einen Grad von Schwäche verbunden hätte, der sie zurückhält. Ein junger Greis, und ein Knabe, der ein Mann ist, sind unleidlich, und ein Ungeheuer, das alles auf einmal seyn will, ist nichts ganz.

Eine Sprache in ihrer Kindheit bricht wie ein Kind, einsylbichte, rauhe und hohe Töne hervor. Eine Nation in ihrem ersten wilden Ursprunge starret, wie ein Kind, alle Gegenstände an; Schrecken, Furcht und alsdenn Bewunderung sind die Empfindungen, derer beide allein fähig sind, und die Sprache dieser Empfindungen sind Töne, – und Geberden. Zu den Tönen sind ihre Werkzeuge noch ungebraucht: folglich sind jene hoch und mächtig an Accenten; Töne und Geberden sind Zeichen von Leidenschaften und Empfindungen, folglich sind sie heftig und stark: ihre Sprache spricht für Auge und Ohr, für Sinne und Leidenschaften: sie sind größerer Leidenschaften fähig, weil ihre Lebensart voll Gefahr und Tod und Wildheit ist: sie verstehen also auch die Sprache des Affects mehr, als wir, die wir dies Zeitalter nur aus spätern Berichten und Schlüssen kennen; denn so wenig wir aus unsrer ersten Kindheit Nachricht und Erinnerung haben, so wenig sind Nachrichten aus dieser Zeit der Sprache möglich, da man noch nicht sprach, sondern tönete; da man noch wenig dachte, aber desto mehr fühlte; und also nichts weniger als schrieb.

So wie sich das Kind oder die Nation änderte: so mit ihr die Sprache. Entsezzen, Furcht und Verwunderung verschwand all mälich, da man die Gegenstände mehr kennen lernte; man ward mit ihnen vertraut und gab ihnen Namen, Namen, die von der Natur abgezogen waren, und ihr so viel möglich im Tönen nachahmten. Bei den Gegenständen fürs Auge mußte die Geberdung noch sehr zu Hülfe kommen, um sich verständlich zu machen: und ihr ganzes Wörterbuch war noch sinnlich. Ihre Sprachwerkzeuge wurden biegsamer, und die Accente weniger schreyend. Man sang also, wie viele Völker es noch thun und wie es die alten Geschichtschreiber durchgehends von ihren Vorfahren behaupten. Man pantomimisirte, und nahm Körper und Geberden zu Hülfe: damals war die Sprache in ihren Verbindungen noch sehr ungeordnet und unregelmäßig in ihren Formen.

Das Kind erhob sich zum Jünglinge: die Wildheit senkte sich zur Politischen Ruhe: die Lebens- und Denkart legte ihr rauschendes Feuer ab: der Gesang der Sprache floß lieblich von der Zunge herunter, wie dem Nestor des Homers, und säuselte in die Ohren. Man nahm Begriffe, die nicht sinnlich waren, in die Sprache; man nannte sie aber, wie von selbst zu vermuthen ist, mit bekannten sinnlichen Namen; daher müssen die ersten Sprachen Bildervoll, und reich an Metaphern gewesen seyn.

(nach B. Suphan (Hrsg.): Herders Sämmtliche Werke. Bd. 1. Weidmannsche Buchhandlung: Berlin 1877. 151ff.)

Wir stellen diesen berühmten Text aus der Zeit des **Sturm und Drang** an den Anfang, da Herder im Vorfeld der Klassik einen weitreichenden Einfluß ausübte. Goethe lernte Herder schon als Student im September 1770 in Straßburg persönlich kennen und vermittelte ihm später eine Stelle in Weimar, wo er bis zu seinem Tode 1803 wirkte – in kritischer Auseinandersetzung dann allerdings mit den Ideen Goethes, Schillers und Kants. Der Theologe Herder lehrte, Sprache und Literatur geschichtlich zu begreifen, und vertrat einen christlich inspirierten *Pantheismus*. Von ihm stammt die Formel vom *„Originalgenie"* des Dichters und die Vorstellung einer naiv-sinnenhaften *„Volkspoesie"*.

Für die Sprache, wie für Kunst und Wissenschaft, gelten „einerlei Gesezze der Veränderung"; sie sind *organisch gewachsen*. In der Frühzeit gab es eine urtümliche Sprache, die vom direkten Ausdruck der Leidenschaften und Empfindungen lebte. Ihr folgt eine „Jugendzeit", in der bereits ordnende Begriffe einfließen, doch noch Unmittelbarkeit und Anschauung spürbar sind. Diese Phase ist zugleich die „Poetische Periode", die „beste Blüthe", die es zurückzugewinnen gilt. So fordert Herder in diesem Ansatz einer *Sprachkritik*, die sich vor allem gegen das Normendiktat der Aufklärer wendet, statt der „Deutlichkeit der Prosa" oder der „bloß verifizierten Philosphie" die

„stärksten Machtwörter, die reichste Fruchtbarkeit, kühne Inversionen, einfache Partikeln, den klingendsten Rhythmus, die stärkste Deklamation".

Seine eigene Sprachgestaltung mag dafür als Exemplum dienen. Herder bemüht sich um den kraftvoll-gebändigten *Ausdruck der Empfindung*. Sein Stil ist durchaus rhetorisch, aber immer lebendig-bewegt. So arbeitet er mit Anaphern und Reihungen in syndetischer und asyndetischer Form, auch mit einer lockeren Beweisführung. Überall durchbricht er jedoch das traditionelle Sprachkorsett: durch unvermittelte *Inversionen* („oder gar eine Sprache soll auf einmal ...") und durch vorwärtsdrängende, ungestüme *Dynamik* (z. B. durch den unkonventionellen Einsatz der Interpunktion, vor allem mit Semikolon und Doppelpunkt). Unsinnliche Begriffe bettet er ein in eine einfache, jedem gebildeten Zeitgenossen geläufige *Umgangssprache* und forstet sie auf mit bildhaften Metaphern („Milchhaar des Jünglings"). Der spontane Einfall gilt ihm mehr als die gekünstelt-geistreiche Formulierung. So prägt er einen neuen *Stil des Essays,* in dem sich rationale und irrationale Elemente mischen.

b) Friedrich Schiller: Über das Naive (1795)

Naiv muß jedes wahre Genie seyn, oder es ist keines. Seine Naivheit allein macht es zum Genie, und was es im Intellektuellen und Aesthetischen ist, kann es im

Moralischen nicht verläugnen. Unbekannt mit den Regeln, den Krücken der Schwachheit und den Zuchtmeistern der Verkehrtheit, bloß von der Natur oder dem Instinkt, seinem schützenden Engel, geleitet, geht es ruhig und sicher durch alle Schlingen des falschen Geschmackes, in welchen, wenn es nicht so klug ist, sie schon von weitem zu vermeiden, das Nichtgenie unausbleiblich verstrickt wird. Nur dem Genie ist es gegeben, ausserhalb der Bekannten noch immer zu Hause zu seyn, und die Natur zu er'weitern, ohne über sie hinauszugehen. Zwar begegnet letzteres zuweilen auch den größten Genies, aber nur, weil auch diese ihre phantastischen Augenblicke haben, wo die schützende Natur sie verläßt, weil die Macht des Beyspiels sie hinreißt, oder der verderbte Geschmack ihrer Zeit sie verleitet.

Die verwickeltsten Aufgaben muß das Genie mit anspruchloser Simplicität und Leichtigkeit lösen; das Ey des Columbus gilt von jeder genialischen Entscheidung. Dadurch allein legitimiert es sich als Genie, daß es durch Einfalt über die verwikkelte Kunst triumphiert. Es verfährt nicht nach erkannten Prinzipien sondern nach Einfällen und Gefühlen; aber seine Einfälle sind Eingebungen eines Gottes (alles was die gesunde Natur thut ist göttlich) seine Gefühle sind Gesetze für alle Zeiten und für alle Geschlechter der Menschen.

Den kindlichen Charakter, den das Genie in seinen Werken abdrückt, zeigt es auch in seinem Privat=Leben und in seinen Sitten. Es ist schaamhaft, weil die Natur dieses immer ist; aber es ist nicht decent, weil nur die Verderbniß decent ist. Es ist verständig, denn die Natur kann nie das Gegentheil seyn; aber es ist nicht listig, denn das kann nur die Kunst seyn. Es ist seinem Charakter und seinen Neigungen treu, aber nicht sowohl weil es Grundsätze hat, als weil die Natur bey allem Schwanken immer wieder in die vorige Stelle rückt, immer das alte Bedürfniß zurückbringt. Es ist bescheiden, ja blöde, weil das Genie immer sich selbst ein Geheimniß bleibt, aber es ist nicht ängstlich, weil es die Gefahren des Weges nicht kennt, den es wandelt. Wir ' wissen wenig von dem Privatleben der größten Genies, aber auch das wenige, was uns z. B. von Sophokles, von Archimed, von Hippokrates, und aus neueren Zeiten von Ariost, Dante und Tasso, von Raphael, von Albrecht Dürer, Zervantes, Shakespear, von Fielding, Sterne u. a. aufbewahrt worden ist, bestätigt diese Behauptung.

(nach R. Köhler (Hrsg.): Schillers Sämmtliche Schriften. 10. Teil. Cotta: Stuttgart 1871, 437f.)

In seinem bekannten Aufsatz „Über naive und sentimentalische Dichtung“ charakterisiert Schiller „zwei unterschiedliche moderne Reaktionen auf den Verlust der Einheit“ (G. Kurz in Glaser 1980, 97), die beide ihren Eigenwert haben und notwendig sind. Vor der Folie eines klassizistisch idealisierten Griechenlandbildes bedeutet ihm das *Naive* die unmittelbar-ursprüngliche Erfahrung der Einheit von Natur, Intellekt und Kunst, das *Sentimentalische* dagegen den Ausdruck entfremdender Reflexion und Künstlichkeit. Wahre, d. h. naiv gestaltete Kunst ist zugleich *moralisch,* da sie im Schönen und Erhabenen Freiheit symbolisiert. Sie trägt daher bei zur „ästhetischen Erziehung“ des Menschen, zur „Veredlung seines Charakters". Das Bemühen um sprachliche Zucht, um „Bestimmtheit und gedämpftes Maß" (Eggers 1977, 115) äußert sich hier in einem rhetorischen Duktus, der anders als bei Herder auf strenger gedanklicher Durchdringung beruht. *Generalisierung* und *Typisierung,* der Blick auf das Allgemeine und Notwendige, das Streben nach gültigen Aussagen treten an die Stelle spontan-einfühlsamer Betrachtung. Der *effektvolle Wechsel* kurzer, prägnanter Behauptungen mit längeren, kunstvoll arrangierten Satzperioden dient sowohl der Sachdarstellung als auch der Überzeugung des Lesers. Die zahlreichen kausalen Konjunktionen, die überraschenden Antithesen, die Beispiele und ausgesuchten Substantiv- und Attributivmetaphern: sie alle erhalten einen festen Platz im *Argumentationsgang,* sind weder zufällig noch rein illustrativ. In diesem Vorrang der „spekulierenden Vernunft" und des „analytischen Denkens" offenbart sich Schiller selber als ein durchaus sentimentalischer Kopf: Die sprachlich-intellektuelle *Organisation* verdrängt die Intuition.

c) August Wilhelm Schlegel: Briefe über Poesie, Silbenmaß und Sprache (1795)

Der Tanz hat in allen seinen Gestalten, von der einfachsten Natur bis zu den sinnreichsten Erweiterungen der Kunst, vom Freudensprunge des Wilden bis zum noverrischen Ballet, nie die Begleitung der Musik entbehren gelernt. Dagegen bestehen jetzt Poesie und Musik ganz unabhängig von einander: ihre Werke bilden sich vereinzelt in den Seelen verschiedner, oft sich mißverstehender Künstler, und müßen absichtlich darauf gerichtet werden, durch die Täuschung des Vortrages wieder eins zu scheinen. Es ist mit diesen Künsten wie mit den Gewerben ergangen. In den altväterlichen Zeiten trieb jeder sie alle für seine eigne Nothdurft; mit dem Fortgange der geselligen Ausbildung schieden sie sich mehr und mehr. Der absondernde Verstand hat sich selbst an dem Eigenthume des Dichtungsvermögens geübt, dessen Wirksamkeit im Verknüpfen besteht. Je mehr er die Oberhand gewinnt, desto mehr gelingt es ihm, jeden Zusammenhang zu lösen, der sich nicht auf die Begriffe zurückführen läßt. Alsdann spielt er gern den Ungläubigen, und behauptet, was seine Geschäftigkeit zerstört hat, sei nie wirklich vorhanden gewesen. Aber der geheimste Zusammenhang ist oft auch der innigste; eben weil er nicht auf dem, was der Begriff erschöpft, sondern auf solchen Beschaffenheiten der Dinge beruht, welche nur durch die unmittelbare Anschauung aufgefaßt werden können, das heißt, auf ihrem eigentlichen Leben. Wir dürfen ihn nicht wegzuklügeln suchen, weil wir ihn bloß fühlen: denn was nicht ist, kann nicht auf uns wirken.

Die Sprache, die wunderbarste Schöpfung des menschlichen Dichtungsvermögens, gleichsam das große, nie vollendete Gedicht, worin die menschliche Natur sich selbst darstellt, bietet uns von dem, was ich eben sagte, ein auffallendes Beispiel dar. So wie sie auf der einen Seite, vom Verstande bearbeitet, an Brauchbarkeit zu allen seinen Verrichtungen zunimmt, so büßt sie auf der andern an jener ursprünglichen Kraft ein, die im nothwendigen Zusammenhange zwischen den

Zeichen der Mittheilung und dem Bezeichneten liegt. So wie die gränzenlose Mannichfaltigkeit der Natur in abgezogenen Begriffen verarmt, so sinkt die lebendige Fülle der Töne immer mehr zum todten Buchstaben hinab. Zwar ist es unmöglich, daß dieser jene völlig verdrängen sollte, weil der Mensch immer ein empfindendes Wesen bleibt, und sein angeborner Trieb, Andern von seinem innersten Dasein Zeugniß zu geben, und es dadurch in ihnen zu vervielfältigen (wie sehr ihn auch die Herrschaft des Verstandes, der sein Wesen, so zu sagen, immer außer uns treibt, schwächen möge), doch nie ganz verloren gehen kann. Allein in den gebildeten Sprachen, hauptsächlich in der Gestalt, wie sie zum Vortrage der deutlichen Einsicht, der Wißenschaft gebraucht werden, wittern wir kaum noch einige verlorne Spuren ihre Ursprunges, von welchem sie so unermeßlich weit entfernt sind; wir können sie fast nicht anders, als wie eine Sammlung durch Uebereinkunft festgesetzter Zeichen betrachten. Indessen liegt doch jene innige, unwiderstehliche, eingeschränkte, aber selbst in ihrer Eingeschränktheit unendliche Sprache der Natur in ihnen verborgen; sie muß in ihnen liegen: nur dadurch wird eine Poesie möglich. Der ist ein Dichter, der die unsichtbare Gottheit nicht nur entdeckt, sondern sie auch Andern zu offenbaren weiß; und der Grad von Klarheit, womit dieß noch in einer Sprache geschehen kann, bestimmt ihre poetische Stärke.
(nach E. Böcking (Hrsg.): A. W. von Schlegel's sämmtliche Werke. Bd. 7. Weidmannsche Buchhandlung: Leipzig 1846, 104f.)

Wie andere Frühromantiker zieht auch Schlegel zur Erklärung von Sprache und Poesie die *Musik* heran, die ja amimetisch ist und nichts vergegenständlicht. Hierin äußert sich die romantische Vorstellung einer *„Universalpoesie“*, in der alle Gattungsgrenzen aufgehoben sind und die zum Ausdruck eines schöpferischen Selbstverständnisses des Menschen wird: Poesie ist die „eigentümliche Handlungsweise des menschlichen Geistes“ (Novalis). So erklärt sich auch das besondere Interesse der Zeit an den mythisch-verwobenen Urformen des Märchens, des Volksliedes und der Sage.

Für Schlegel sind Sprache, Musik und Poesie von ihrem Wesen her „unendlich“ und „gränzenlos“, stehen in „geheimstem Zusammenhang“ und repräsentieren eine „lebendige Fülle“, die nur der unmittelbaren Anschauung der Seele zugänglich ist. Sprache und Poesie leben vom Klang, nicht vom Begriff; von der Assoziation, nicht von der Reflexion. Deshalb beschwört Schlegel diese Ureinheit auch mit andeutenden, *unbestimmten Formeln* (wunderbarste Schöpfung, ursprüngliche Kraft, empfindsames Wesen, innerstes Dasein, unendliche Sprache), mit eindringlichen *Appositionen* und in *bildkräftigen Wendungen* (Herrschaft des Verstandes, verlorne Spuren, todte Buchstaben). Überhaupt erlebt die *Metapher* bei den Romantikern eine neue Blüte, da sie die „Sinnenwelt“ mit den „unsinnlichen Anschauungen“ zu versöhnen vermag (vgl. A. Langen 1957², 1177 und Eggers 1977, 119) und das Ursprünglich-Unbegreifliche unmittelbar einleuchtend zum Ausdruck bringt.

Aufgaben

a) Charakterisieren Sie anhand der drei Texte die Bedeutung der Poesie für das menschliche und gesellschaftliche Leben.
b) Wogegen richtet sich jeweils die hier geäußerte Sprachkritik?
c) Wie zeigen sich in literarästhetischen Schriften der Klassiker und Romantiker Reflexe der Französischen Revolution (vgl. dazu u. a. G.-L. Fink in Glaser 1980)?
d) Beschreiben Sie die Stilideale der Klassik und Romantik (Hilfe u. a.: Korff Bd. 3, 1940).
e) Vergleichen und erklären Sie den unterschiedlichen Metapherngebrauch in den Phasen der „Goethezeit" (sprachliche Formen, Herkunftsbereiche, Funktionen etc.).

6.3.4.2 *Die Sprache der Poesie*

Aus der Fülle möglicher Motive und Themen greifen wir hier Totenklage- und Nachtgedichte heraus, an denen sich die Merkmale klassischer und romantischer Literatur- und Poesiesprache exemplarisch ablesen lassen.

a) Totenklage: Friedrich Schiller, Nänie (1799)

Auch das Schöne muß sterben! Das Menschen und Götter bezwinget,
Nicht die eherne Brust rührt es des stygischen Zeus.
Einmal nur erweichte die Liebe den Schattenbeherrscher,
Und an der Schwelle noch, streng, rief er zurük sein Geschenk.
Nicht stillt Afrodite dem schönen Knaben die Wunde,
Die in den zierlichen Leib grausam der Eber geritzt.
Nicht errettet den göttlichen Held die unsterbliche Mutter,
Wann er, am skäischen Thor fallend, sein Schicksal erfüllt.
Aber sie steigt aus dem Meer mit allen Töchtern des Nereus,
Und die Klage hebt an um den verherrlichten Sohn.
Siehe! Da weinen die Götter, es weinen die Göttinnen alle,
Daß das Schöne vergeht, daß das Vollkommene stirbt.
Auch ein Klaglied zu seyn im Mund der Geliebten ist herrlich,
Denn das Gemeine geht klanglos zum Orkus hinab.

(nach K. Goedeke (Hrsg.): Schillers sämmtliche Schriften. Elfter Teil. Cotta: Stuttgart 1871, 302)

Das Motiv der Totenklage, die Darstellung des Abschieds von einem geliebten Menschen, findet sich sehr häufig in Klassik und Romantik. Hingewiesen sei nur etwa auf Goethes „Euphrosyne" (von der Schiller sich wohl anregen ließ) oder Eichendorffs Zyklus „Auf meines Kindes Tod".

In seiner letzten Elegie gilt Schillers Klage nun bezeichnenderweise nicht einer bestimmten Person, sondern einem *Wert,* dem Schönen, das nach den Darlegungen in dem Aufsatz „Über Anmut und Würde" (1793) im Begriff der Menschheit und ihrer Vollkommenheit selber gegründet ist. Schon die Überschrift verrät, daß es sich hier um philosophisch-moralische *Gedankenlyrik* handelt: Naenia bedeutet im Griech. wie im Lat. die öffentliche Totenklage. Deren feierlich-getragener Duktus durchzieht alle sieben Verspaare, die jeweils eine abgeschlossene syntaktische Einheit bilden. Klassische *Gemessenheit* und *Distanz* vermittelt aber nicht nur die Adaption des antikisierenden Distichons (Hexameter und Pentameter), sondern ebenso die Berufung auf die den Zeitgenossen durchaus geläufige griechische *Mythologie:* Die Sage von Orpheus und Euridike, von Aphrodite und Adonis, von Achilleus und Thetis. Wie eine stilisierte „tragische Festmusik" (Schneider 1958, 180) wirken außerdem die *Abstrakta* (das Schöne, das Vollkommene, das Gemeine) und vor allem die von Homer inspirierten *Attributivfügungen* (die eherne Brust, der schöne Knabe, der zierliche Leib, der göttliche Held, die unsterbliche Mutter etc.), die jeweils ganze Geschichten assoziieren. Sprache wird dadurch vollständig zum Vehikel der *Mimesis,* der Nachahmung des Gewesenen und vergegenwärtigenden Erinnerung. So erscheint auch der Tod des Schönen aufgehoben im Klagelied, der *Elegie,* und in einer autonom gesehenen Welt der Kunst, welche den Mythos bewahrt (zur Interpretation vgl. u. a. N. Oellers in Segebrecht 1984, 182–195). Man darf jedoch nicht übersehen, daß gerade der Versuch Schillers, durch Auseinandersetzung mit der Antike „Simplicität" und „Classicität" zu erreichen, entscheidend zur „Absonderung der Kunstdichtung von den ästhetischen Bedürfnissen der Gesamtgesellschaft" beigetragen hat (W. Promies in Grimminger 1984, 604).

b) Nachtmotiv: Johann Wolfgang Goethe, An den Mond (1788)

Füllest wieder Busch und Thal
Still mit Nebelglanz,
Lösest endlich auch einmal
Meine Seele ganz;

Breitest über mein Gefild
Lindernd deinen Blick,
Wie des Freundes Auge mild
Über mein Geschick.

Jeden Nachklang fühlt mein Herz
Froh= und trüber Zeit,
Wandle zwischen Freud' und Schmerz
In der Einsamkeit.

Fließe, fließe, lieber Fluß!
Nimmer werd' ich froh,
So verrauschte Scherz und Kuß,
Und die Treue so.

Ich besaß es doch einmal,
Was so köstlich ist!
Daß man doch zu seiner Qual
Nimmer es vergißt!

Rausche, Fluß, das Thal entlang,
Ohne Rast und Ruh,
Rausche, flüstre meinem Sang
Melodien zu.

Wenn du in der Winternacht
Wüthend überschwillst,
Oder um die Frühlingspracht
Junger Knospen quillst.

Selig, wer sich vor der Welt
Ohne Haß verschließt,
Einen Freund am Busen hält
Und mit dem genießt,

Was, von Menschen nicht gewußt
Oder nicht bedacht,
Durch das Labyrinth der Brust
Wandelt in der Nacht.

(nach: Goethes Werke, hrgg. im Auftrage der Großherzogin Sophie von Sachsen. Bd. 1. Böhlau: Weimar 1887, 100f.)

Joseph von Eichendorff, Mondnacht (1837)

Es war, als hätt' der Himmel
Die Erde still geküßt,
Daß sie im Blütenschimmer
Von ihm nun träumen müßt'.

Die Luft ging durch die Felder,
Die Ähren wogten sacht,
Es rauschten leis die Wälder,
So sternklar war die Nacht.

Und meine Seele spannte
Weit ihre Flügel aus,
Flog durch die stillen Lande,
Als flöge sie nach Haus.

(nach R. Dietze (Hrsg.): Eichendorffs Werke. Bd. 1. Bibliographisches Institut: Leipzig-Wien 1891, 282)

Wir stellen bei diesen beiden berühmten Beispielen deutscher *Erlebnislyrik* das Motiv der Nacht in den Vordergrund, zumal der Mond jeweils nur in der Überschrift genannt ist. Die Nacht eigentlich ist es, die einlädt zur Besinnung auf die „Innenwelt", zur Lösung der Seele. Natur und Seele werden ganz unterschiedlich miteinander in Beziehung gebracht.

Goethe entwickelt aus einer Art „Zwiesprache mit der Natur" (Schneider 1958, 142), sichtbar in den beherrschenden Anreden an Mond und Fluß, den Preis der Freundschaft und der seelischen Ausgeglichenheit. Die Erlebnissphären sind ganz sparsam und zusammenfassend mit *Zwillingsformeln* charakterisiert (Busch und Tal, froh- und trübe Zeit, Freud und Schmerz, Scherz und Kuß, Rast und Ruh), ineinander verwoben und zugleich symmetrisch um eine Achse gruppiert:

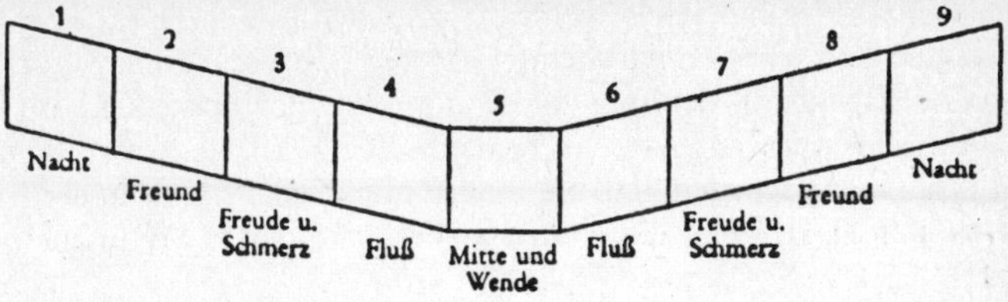

(Schneider 1958, 145)

Damit allein sind liedhaft-kantable Elemente entscheidend reduziert. Unverkennbar ist in der spezifischen Mischung von Konkretem und Abstraktem aber auch, daß Mond und Fluß zum *Sinnbild* werden und symbolisch gemeint sind: Der Mond steht für Ausgeglichenheit der Seele und Freundschaft, der Fluß für Vergänglichkeit. Man muß hier das *Symbolverständnis* heranziehen, wie es Goethe im Brief an Schiller vom 16. August 1897 erläutert: Das Symbol ist auf das „Bedeutende" in allen Einzelerscheinungen gerichtet, es vermittelt eine „Erfahrung in die Tiefe". So führt es auch den Leser zur Erkenntnis des Allgemeinen, des Gesetzmäßigen, das Goethe in der Natur wie im Menschenleben wirksam sieht. Goethes Symbolgestaltung ist jedoch stets unaufdringlich, sie ergibt sich dinghaft-organisch aus dem Fluß der Betrachtung (vgl. z. B. auch die Kurzballade „Der König in Thule" aus dem Faust mit dem „Dingsymbol" des Bechers). Sie deutet nicht aus wie die barocke Allegorie (die Goethe ja ablehnte); sie deutet nur an.

Eichendorffs „Mondnacht", rund ein halbes Jahrhundert später entstanden und durch zahlreiche Vertonungen (Schumann 1840) bekanntgeworden, wurde oft zum Inbegriff des romantischen Kunstliedes erklärt. Dies erscheint schon deshalb berechtigt, weil der ursprüngliche Titel „Im Mondenglanz" Bezug nimmt auf Tiecks programmatisches Gedicht „Mondbeglänzte Zaubernacht". Auch vermittelt Eichendorff in allen drei Strophen eine *einheitliche Grundstimmung,* eine geschlossene Traumatmosphäre, hervorgerufen durch wiederkehrende Schlüsselwörter wie „still", „leis", „sacht", durch die ruhig fließenden dreihebig-jambischen Verse, durch die Verhaltenheit jeder Bewegung, nicht zuletzt durch die ganz einfache *melodische Sprache* und die *parataktische Struktur* der Bilder. Maßgeblich für diesen Eindruck ist aber ebenfalls die vorgestellte Einheit von Himmel und Erde, von Seele und Natur, von Gott und Mensch, die sich aus gegenläufigen Bewegungen (von oben nach unten, von unten nach oben) ergibt. Wenn A. Langen (1957^2, 1250) von einer „Aufschwung-Terminologie", einer „Aufwärtsdynamik" oder einer „Flugsymbolik" spricht, so erscheint eine solche Kennzeichnung zumindest hier schon überzogen. Denn erst aus der *Entgrenzung* von Fern und

Nah, von Hören und Sehen, von Fühlen und Ahnen entsteht das charakteristische Bild eines entwirklichten inneren Lebens, jenseits von Politik und Gesellschaft, in dem nur die Konjunktive der Eckzeilen leise Resignation andeuten. Selten ist ein romantischer Kerngedanke vollkommener ausgedrückt worden: daß die Einheit alles Seienden nur in der *Imagination* gelingt, daß erst die *mystische Versenkung* das Mythische offenbart.

Aufgaben

a) Vergleichen Sie Schillers „Nänie“ und Eichendorffs „Mondnacht“ mit anderen Totenklage- bzw. Nachtgedichten.
b) Erläutern Sie die Kategorien des Schönen, des Erhabenen und des Wunderbaren, und zeigen Sie deren sprachliche Darstellung in den vorgelegten Texten.
c) Erörtern Sie die unterschiedliche Bedeutung des Mythos für Klassik und Romantik.
d) Charakterisieren Sie nach der Fachliteratur das Natur-, Menschen- und Gesellschaftsbild von Klassik und Romantik.
e) Versuchen Sie zu erklären, warum sich die Poesie der Zeit so weit von der gesellschaftlichen Wirklichkeit entfernt.

6.4 Deutsche Sprache von ca. 1830 bis ca. 1920: Bürgerkultur und Realismus

6.4.1 Abgrenzungen und allgemeine Charakteristik

Unsere Darstellung nähert sich einer Zeit, in die nationalpolitische Traditionen, geschichtliche Erinnerungen und persönliche Erlebnisse der älteren Generation unmittelbar hineinreichen. So steht sie auch in besonderer Weise im Widerstreit der Urteile; Abgrenzungen erscheinen noch problematischer als früher. Die Sprachgeschichtsschreibung bevorzugt deshalb eine *großräumige Behandlung*, bei der im Zusammengriff von 19. und 20. Jh. aus Industrialisierungsprozeß und gesellschaftlichen Umschichtungen ein quantitativ und qualitativ neues Verhältnis von Mundarten, Umgangssprachen und Gemein- oder Einheitssprache hergeleitet wird. In diesem Sinne beschreibt A. Bach den „Weg zur modernen Massengesellschaft“ und stellt konsequent den *Lebensraum der Stadt* in den Mittelpunkt. Ähnlich begründet v. Polenz den „Weg zur Einheitssprache“ mit den Veränderungen der *Sozialstruktur* (Industrialisierung, Demokratisierung, nationale Einigung; Massenkommunikation und Medien). Aus marxistischer Sicht (Schmidt 1980[3], Schildt 1983) handelt es sich beim „neuzeitlichen Deutsch" (Ende 18. Jh. bis Mitte 20. Jh.) um die Sprachentwicklung in einer Phase des sich verschärfenden *Klassenkampfes* zwischen Bourgeoisie und Proletariat, also im Kapitalismus und seinem höchsten und letzten Stadium, dem Imperialismus (vgl. z. B. Schmidt 1980³, 136). Eine deutliche Zweiteilung nimmt allein H. EGGERS vor (1977, 121ff.):

- Sprache des Bürgertums (ca. 1830 bis 1870)
- Sprache im Wandel der Gesellschaft (nach 1870)

Er begründet sie mit der sprachlichen *Dominanz des 3. Standes* (des humanistisch gebildeten „citoyen"), zu dem auch die Protagonisten der neuen sozialrevolutionären Bewegung wie Marx und Engels gehören, bis etwa 1870. Spätestens mit dem Naturalismus setzt dann eine Sprachperiode des Übergangs ein, in der unter dem Einfluß des sich formierenden *4. Standes* eine Angleichung von Schrift- und Umgangssprache erfolgt.

Wir halten es mit Eggers für außerordentlich wichtig, Geist und Geltung bürgerlicher Sprachtraditionen im 19. Jh. geschlossen darzustellen. Allerdings sind wir der Ansicht, daß deren Zerfall erst nach dem Ersten Weltkrieg, mit dem offiziellen Ende der alten politischen Ordnungen, sich deutlicher abzuzeichnen beginnt. Auch Eggers verkennt ja nicht, daß nach 1870 eine „Periode der Konsolidierung der deutschen Sprache" (Eggers 1977, 135) einsetzt, mit der sich das liberale *Besitz- und Bildungsbürgertum* zu identifizieren vermag. Unbestritten nimmt das allgemeine *Krisenbewußtsein* schon zur Jahrhundertwende hin zu. Doch erreicht es eine breitere Öffentlichkeit in Deutschland erst im Umfeld des einschneidenden Kriegserlebnisses. Man denke etwa an so berühmt-berüchtigte Bücher wie G. Le Bons „Psychologie der Massen" (1895, deutsch 1908), O. Spenglers „Untergang des Abendlandes" (1922) und Ortega y Gassets „Aufstand der Massen" (1930, deutsch 1931).

Wir verwenden zur Kennzeichnung der Zeit den Ausdruck **„Bürgerkultur"**. Damit meinen wir die beherrschenden Kräfte und Impulse einer *Bildungselite,* die sich im Vormärz als Oppositionsbewegung zu artikulieren begann, später aber dann im Kaiserreich neu in die Pflicht genommen sah für Krone und „Vaterland". Sie formierte in diesen Jahren, auf dem Fundament der seit 1867 billig zugänglichen Klassiker, eine spezifische idealistisch-konservative *Gesinnungsethik,* die das durchaus heterogene Bürgertum homogenisierte und zudem eine Sogwirkung auf die unteren Schichten ausübte – deutlich ablesbar an der damaligen Kolportageliteratur bis hin zum heutigen Trivialroman mit seinen rückwärtsgewandten ständischen Ordnungsvorstellungen. In diesem Sinne ist man berechtigt, von einem „Jahrhundert des Bürgers" zu sprechen (vgl. u. a. Riehl 1861, Palmade 1974, Cherubim 1983).

Die erwähnte idealistisch-moralische Grundhaltung überwölbt jedoch eine Zeiterfahrung, die in besonderer Weise zur Auseinandersetzung mit der *empirischen Wirklichkeit* zwingt. Davon zeugen die Theoreme des *Positivismus* (A. Comte, W. Scherer), des *Historismus* (Ranke) und des *Materialismus* (Feuerbach) ebenso wie die bald maßgebliche Lehre vom alles bestimmenden *„Milieu"* (H. Taine). So nennen wir als zweiten Grundzug der Zeit den **Realismus,** der eine metaphysikfreie Beschäftigung mit der Sinnen- und Sozialwelt des Menschen forderte. Seine Programmatik diskutierte und entwickelte vor allem die einflußreiche Leipziger Zeitschrift „Die Grenzboten" (1841 bis 1922). Die hier vertretene Kunst- und Dichtungstheorie stellte allerdings bald ab auf den „wahren Kern" (J. Schmidt), den „wesentlichen Inhalt" des Lebens (Fr. Th. Fischer), das essentielle „Gesetz des Wirklichen" (O. Ludwig). Damit mündet sie in einen *poetischen Realismus,* der in abstrahierend-symbolisierendem Zugriff *Idealität und Realität* zu versöhnen verstand.

6.4.2 Äußere Rahmenbedingungen

Im folgenden sei wiederum versucht, das Bild der Zeit mit wenigen Strichen zu charakterisieren und somit externe Stimuli für die Sprachentwicklung zu nennen. Wir wählen dafür die *Stichworte* Industrialisierung, Urbanisierung, Modernisierung, Demokratisierung und Ideologisierung. Ausdrücklich verwiesen sei an dieser Stelle auf die Bände 6 bis 8 der von H. A. Glaser herausgegebenen Reihe „Deutsche Literatur. Eine Sozialgeschichte", die mit ihrer Fülle von Material und Aspekten wertvolle Anhaltspunkte bietet.

Die verzögerte Teilhabe Deutschlands am **Industrialisierungsprozeß,** mit Macht beginnend nach 1830, führt zum schnellen Ausbau moderner Großbetriebe und zu einem allgemeinen Wirtschaftswachstum, das schon vor 1900 eine *Expansion* über die Grenzen des Reichs hinaus und eine *Konzentration* der Unternehmen zur Folge hat. Dadurch verschieben sich zunächst entscheidend die *Beschäftigungsverhältnisse* der erwerbstätigen Bevölkerung: Um 1910 beträgt der Anteil der im primären Sektor (Landwirtschaft) Tätigen nur noch ca. 37 %, während der sekundäre Bereich (Gewerbe und Industrie) bereits 38 % anzieht und auch der tertiäre (Dienstleistungen aller Art) entsprechenden Zuwachs verzeichnet. Diese rasche *Umschichtung* verstärkte einerseits die Zahl der unselbständigen Erwerbspersonen, unter denen die Lohnarbeiter mit absolut ca. 18 Millionen die größte Gruppe ausmachten. Sie förderte andererseits *Besitz- und Aufstiegsdenken,* da die Grenzen zwischen Unter- und Mittelschichten sich in einer Gesellschaft, für die neben Kapital die Faktoren Arbeit und Wissen maßgeblich wurden, zwangsläufig fließend gestalten mußten.

Parallel dazu vollzog sich ein Prozeß der **Urbanisierung** (Verstädterung), verbunden mit einer beispiellosen *Bevölkerungsexplosion*. Um 1850 wohnten im Reichsgebiet ca. 35 Millionen Menschen, 1870 ca. 41 Millionen, 1913 bereits 67 Millionen, davon über 21 % in Großstädten. Deren Zahl erweiterte sich von 8 im Jahre 1871 (Berlin, Hamburg, Breslau, Dresden, München, Köln, Königsberg, Leipzig) auf 48 im Jahre 1910. Die Gründe für derartige Zuwächse sind vor allem in besseren Lebensbedingungen und hygienischen Verhältnissen zu suchen, obgleich die Städte mit erheblichen Problemen (Unterbringung, medizinische Versorgung, Infrastruktur) zu kämpfen hatten. Der *Norden* des Reiches ist von dieser Entwicklung vergleichsweise stärker betroffen als der Süden. Die Armut und Abhängigkeit der Lohnarbeiter sowie die Verelendung des Kleinbürgertums bildete hier seit den Tagen des Vormärz ein ständiges *Konfliktpotential*. So steht etwa die Revolution von 1848 in engem Zusammenhang mit einer vorangegangenen Hungerkrise.

Modernisierung wurde deshalb zu einem Gebot der Stunde; die Begriffe „moderne Zeiten“ oder „zeitgemäß“ gerieten zu gängigen Schlagworten. Dies zeigt sich auf vielen Gebieten. *Technische Neuerungen* (Photographie 1841, Schreibmaschine 1866, Dynamo 1866/67, Rotationsdruck in Deutschland ab 1872/73, Telefon 1876, Automobil 1886) setzten sich rasch durch. Sie veränderten Produktions- wie Kommunikationsbedingungen. Das *Eisenbahnnetz* (1835 Eröffnung der ersten Strecke Nürnberg–Fürth) umfaßte 1850 5 822 km, 1888 bereits 33 865 km. Im staatlichen wie im privaten Bereich wuchsen *Bürokratie* und zentralisierte *Verwaltungsapparate*. Den sozialen Spannungen begegnete Bismarck nicht nur mit dem Sozialistengesetz von 1878, sondern auch mit einer aktiven staatlichen *Sozialpolitik* ab 1883 (Versicherungsgesetze).

Zur **Demokratisierung**, welche die horizontale Mobilität durch eine vertikale ergänzt, seien hier nur zwei Aspekte genannt: die Ausweitung politischer Teilhabe und die Veränderung der Bildungsschichten.

Im Norddeutschen Bund wurde 1867 das allgemeine, gleiche und geheime *Wahlrecht* eingeführt, das Bismarck 1871 in die Reichsverfassung übernahm. Preußen selber behielt allerdings das alte Dreiklassenwahlrecht von 1849; und Bismarck betrachtete den Reichstag, dessen Wallot-Bau die schöne Inschrift „Dem Deutschen Volke“ schmückte, als „Schwatzbude“. Immerhin stieg die Wahlbeteiligung zum Reichstag zwischen 1867 und 1912 von 30 auf ca. 85 %, wovon zunehmend die Sozialdemokratische Partei profitierte (1912 fast 35 % aller Wählerstimmen).

Die *Bildungselite* stieg von etwa 1 % der Bevölkerung um 1800 auf fast 20 % um 1900 an. Maßgeblich beteiligt an der *„Demokratisierung des Lesens"* waren zunächst die Leih- und Volksbibliotheken, die mehr und mehr belletristische Literatur (Romane zur „evasorischen Lektüre") anboten. Später kamen für die ärmeren Schichten Kolportage (an Haustüren vertriebene, auf Massengeschmack abgestellte Billigangebote) und – im Umkreis von Gewerkschaften und Sozialdemokratie – Arbeiterbibliotheken hinzu. Eine Zäsur bedeutete 1867 die Freigabe der Klassikerrechte: Im gleichen Jahr beginnt der Verlag Philipp Reclam mit seiner „Universal-Bibliothek"; Cotta, Göschen u. a. folgen mit wohlfeilen Massenauflagen. Schon vorher war mit Meyers „Conversations-Lexikon für die gebildeten Stände" (1840–55; 46 Bde., nach dem Vorbild des zehnbändigen „Brockhaus") das erste umfassende Nachschlagewerk erschienen. Solche *Popularisierung* literarischer Traditionen und wissenschaftlicher Inhalte führte nicht nur zum Niedergang der Leihbibliotheken und zur Homogenisierung von Leserschichten, sondern auch zu einer raschen *Kommerzialisierung* im Verlags- und Vertriebswesen, die nicht ohne Auswirkungen auf Schriftsteller, Kritiker und das Niveau des Publikums blieb. Hand in Hand damit ging der Siegeszug der *Massenpresse* und *Unterhaltungspublizistik*, wobei der neue Typus des *Familienblattes* (universeller Inhalt, wöchentliche Erscheinungsweise) besonders erfolgreich war („Gartenlaube" seit 1853, „Daheim" seit 1864). Die Ausweitung von Lesebedürfnissen hängt sicherlich eng mit dem erwähnten Bildungs- und Aufstiegsdenken der Zeit zusammen. Voraussetzungen dazu schuf auch das dreistufige *Schulwesen*, das vor allem in den Städten ausgebaut wurde (wovon die düsteren Backstein-Neubauten der Jahrhundertwende noch bis heute zeugen). Nach Eggers (1977, 141) gab es 1874 im Reichsgebiet 60 000 Volksschulen (davon zwei Drittel auf dem Lande), 257 Realschulen und 503 Gymnasien. Dieses ungleiche Verhältnis änderte sich aber in den Jahrzehnten bis 1920 schnell, vor allem zugunsten der Realschulen.

Alles in allem entsteht durch die Demokratisierung im 19. Jh. eine formierte *„öffentliche Meinung"*, in der sich der „citoyen" repräsentiert sah. Davon zeugen die neuartigen satirischen Blätter („Kladderadatsch", „Simplicissimus") und Straßenblätter („Berliner Illustrirte Zeitung", seit 1894), aber ebenfalls schon die allegorische Glossierung in J. Offenbachs Operette „Orpheus in der Unterwelt" (1858).

Zu einer Angleichung von Anschauungen im Bürgertum und sogar zu einem gewissen Ausgleich der aufgebrochenen Klassengegensätze trug schließlich die wachsende **Ideologisierung** bei, zumal nach 1871. Sie betraf einmal den aus der Klassik übernommenen, verselbständigten *Wertekanon* mit den Idealen der Toleranz und Humanität, sodann die allgemeine Verherrlichung der systemkonformen Ziele *„Fortschritt"* und

„*Wachstum*", die vielen Menschen vorgaukelte, sie lebten im „goldenen Zeitalter der Sicherheit" und in einer „wohlberechneten Ordnung", die einen „rapiden moralischen Aufstieg" zu Folge habe (Stefan Zweig in seinen Erinnerungen „Die Welt von gestern"). Dem korrespondierte bestens der irrationale Mythos vom germanischen *Deutschtum* (P. de Lagarde, Deutsche Schriften, 1886; J. Langbehn, Rembrandt als Erzieher, 1890) sowie eine in allen Kulturwissenschaften vertretene *Philosophie der Macht* (Fr. Nietzsche, R. Wagner; H. v. Treitschke, H. Delbrück, Fr. Meinecke). Dies alles erzeugte ein gesteigertes *Nationalbewußtsein* und mündete schließlich in die uns heute unverständliche *Kriegseuphorie* des Jahres 1914, der sich weder die Sozialdemokratie noch fortschrittliche Schriftsteller (G. Hauptmann, R. Dehmel; vgl. die aufschlußreiche Sammlung „Der heilige Krieg" bei E. Diederichs) entziehen mochten.

6.4.3 Sprachliche Entwicklungen im Überblick

6.4.3.1 Sprachschichten und Sprachebenen

Im Zuge einer großräumigen Kommunikation und bedingt auch durch die verbesserte Schulbildung verändern sich im 19. Jh. Reichweite sowie Geltung von Gemeinsprache, Umgangssprachen und Mundarten, von Soziolinguistik und Stilistik heute auch als „Sprachschichten" oder „Sprachebenen" bezeichnet (Schmidt 1980, 143; Sanders 1977, 134).

Die Ausbildung einer **Gemein- oder Standardsprache** mit hohem sozialem Ansehen (daher „Hochsprache") verdankt sich zum einen dem Streben des gebildeten Bürgertums nach *Sprachschönheit* und *Sprachrichtigkeit*, zum anderen der Orientierung auch der „*Conversation*", der mündlichen Verständigung in den besseren Kreisen, an schriftlichen Sprachmustern (in der Nachfolge Goethes und Schillers). Besiegelt wurde diese Entwicklung durch die Festlegung einheitlicher *Normen* und *Regeln*: in der Rechtschreibung (Orthographie) und im Wortgebrauch endgültig durch Konrad Dudens „Orthographisches Wörterbuch" (1880) sowie die Orthographische Konferenz von 1901, in der „Hochlautung" (Orthoepie) durch die „Deutsche Bühnenaussprache" (1898) von Theodor Siebs, die sich stark an die Sprechweise in Norddeutschland anlehnt. Die von Adelung verfochtene Regel „Schreib, wie du sprichst" wurde dabei ebenso aufgegeben wie das etymologisch-historische Prinzip von J. Grimm, das uns heute noch im „Deutschen Wörterbuch" entgegentritt. Vereinfachungen der Rechtschreibung betrafen lediglich das alte th (Thor > Tor), ph (erhalten nur in Fremdwörtern: Photograph) und c in Fremdwörtern (ersetzt durch k oder z: Circus > Zirkus). Die Großschreibung der Substantive und die „eingebürgerte" differenzierende Kennzeichnung von Vokaldehnungen bei Homonymen (Leere, Lehre) blieben erhalten. *Duden* und *Siebs* bestimmten fortan den in der Schule gelehrten und für Drucker wie Behörden verbindlichen „amtlichen" Sprachstandard (gültig in Deutschland, Österreich und der Schweiz).

Unterhalb der so normierten und stabilisierten „Hochsprache" entstanden zugleich großräumige **Umgangssprachen**, benutzt in der *Alltagskommunikation* vor allem der mittleren Schichten, z. B. das Rheinische, das Schwäbische, das Sächsische, das Ruhrpottdeutsch. Sie unterscheiden sich durch landschaftliche Besonderheiten der Lautung (Sprechmelodie), der Grammatik (Gebrauch von Tempora, Genus etc.) und der Lexik (fegen – kehren, Sonnabend – Samstag, Schrank – Kasten). Bekanntere Sonderformen wurden in den Duden aufgenommen und dort oft mit „ma." (=mundartlich), „volksm." u. ä. gekennzeichnet. Darin drücken sich allerdings Unsicherheiten bei der Abgrenzung von Umgangssprachen und **Mundarten** aus, die ja oft schwerfällt. Mundarten erhalten sich auch im 19. Jh. als gesprochenes, „geographisch und soziologisch relativ begrenztes Kommunikationsmittel" (Schmidt 1980, 146), in dem der alte niederdt. oder oberdt. Laut- und Formenbestand bewahrt bleibt. In reiner Form finden sich solche Dialekte („Vollmundart") jedoch nur in abgeschlossenen ländlichen Gebieten (z. B. der Mittelgebirge), in denen wenig Mobilität und höchstens ein Austausch von Ort zu Ort stattfindet. In dem Maße, in dem Dialekte von Umgangssprachen überlagert oder sogar abgelöst werden, gehen natürlich charakteristische Elemente in sie über, ähnlich wie sie „von oben" Bestandteile der Hochsprache aufnehmen. Man wird überhaupt die Umgangssprachen als Sammel- und Ausgleichsbecken standardsprachlicher und mundartlicher Einflüsse bezeichnen dürfen (vgl. dazu u. a. Löffler 1980, Mattheier 1980, Wiesinger in Besch u. a. 1985).

Ein besonderes Problem für den sprachlich-sozialen Wandel im 19. Jh. stellen die mundartnahen *Stadtdialekte* dar, oft auch als „niedere Umgangssprache" bezeichnet (Schildt 1983, 672). Unter der Wirkung von Modernisierungsprozessen (Alphabetisierung, Arbeitsteilung, gesellschaftliche und räumliche Mobilität, Popularisierung von Wissen etc.) entstehen in den Großstädten, getragen von den unteren Schichten, ortstypische *Mischungen* aus Elementen verschiedener Mundarten, der Umgangssprache und Fachwortschätzen, die man schon als eine Art *Alltagssprache* im heutigen Sinne ansehen kann (vgl. zur historischen Stadtsprachenforschung vor allem Mattheier 1980 und in Besch u. a. 1985, 1837ff.; weitere Aufschlüsse sind aus noch laufenden Forschungsprojekten, z. B. über die Sprache im Ruhrgebiet und im Industriebetrieb des 19. Jhs., zu erwarten). Da der Gebrauch von Gemeinsprache, Umgangssprache und Mundart an bestimmte standardisierte Situationen mit schicht- und tätigkeitsspezifischen Kontakten gebunden ist, ergibt sich für die meisten Deutschen seit dem 19. Jh. eine *Zweisprachigkeit* (Diglossie): Sie beherrschen sowohl die Hochsprache als auch die Umgangssprache oder die Umgangssprache und den Dialekt.

6.4.3.2 Einzelne Veränderungen

Textematische Aspekte: Allgemein kann im 19. Jh. eine weitere Zunahme *außerliterarischer (nichtfiktionaler) Textsorten* vor allem informatorischer und appellativer Art beobachtet werden. Während im privaten Bereich durch die Romantik *Brief* und *Tagebuch* noch weiter an Einfluß gewinnen (vgl. Ermert 1979), entwickeln sich im Funktionalstil der *Publizistik* allmählich Unterschiede zwischen Meldung („Depesche"), Nachricht, Bericht („Report") und Kommentar, deren Unterscheidungsmerkmale allerdings erst zu Beginn des 20. Jhs. kodifiziert und in den Lexika sowie im Schulunterricht berücksichtigt werden. Politische *Flugschriften* und Broschüren gehen vor allem aus der Arbeiterbewegung und ihrer Vereinstätigkeit hervor. Wahl- und Werbe*plakate*, auch amtliche Anordnungen erreichen eine breitere Öffentlichkeit, seitdem überall Litfaßsäulen aufgestellt werden (beginnend 1855 in Berlin; so genannt nach dem Drucker E. Th. Litfass; vgl. u. a. Fr. Arnolds Dokumentation „Anschläge" 1963).

Syntagmatische Aspekte: Im Bereich des Satzes kommt es vornehmlich zu quantitativen Veränderungen. Die neuen Kommunikationsverhältnisse bedingen allgemein eine *Abnahme von Satzlänge* und *Satzkomplexität*. Nicht nur in dem von Schopenhauer so beklagten „Zeitungsdeutsch", sondern auch in Lexikonartikeln, in sonstiger populärwissenschaftlicher Literatur und vor allem in der vordringenden Umgangssprache wächst der Prozentsatz der *Einfachsätze*, während der Anteil der Satzgefüge entsprechend sinkt. Dies führt zu „strukturellen Verlagerungen" (Admoni in Besch u. a. 1985, 1548), von denen hier nur die Auflösung von Nebensätzen in *komplexe Substantivgruppen* (z. B. durch Präpositionalattribute und Genitivkonstruktionen, kritisiert als „Nominalstil" oder „Papierdeutsch") genannt sei. Der Akzent der sprachlichen Gestaltung geht ganz offensichtlich von der im Satzrahmen ausgedrückten gedanklichen Verarbeitung der Sachverhalte über auf die in Substantiven (zunehmend mehrgliedrigen Komposita) mitteilbaren *Ergebnisse von Denk- und Wahrnehmungsprozessen*. In der schöngeistigen Prosa ist dieser Trend naturgemäß am wenigsten spürbar. Hier stehen kurze Sätze (mehr und mehr auch Ellipsen) weiterhin neben allen möglichen Formen längerer Perioden. Aber bei vielen Schriftstellern des Realismus (Stifter,

Storm) zeigt sich bereits eine Vorliebe für die *Parataxe*; und in die Wiedergabe von Dialogen dringen allmählich umgangssprachlich-konversationelle Elemente ein.

Morphematische Aspekte: In der *Flexion* ergeben sich Vereinfachungen durch die Angleichung starker und schwacher Formen, besonders beim Adjektiv:

lieben Brüder > liebe Brüder, gutes Mutes > guten Mutes.

Der langfristige *Trend zum analytischen Sprachbau* hält unvermindert an (Rückgang des Genitivs, Vordringen präpositionaler Fügungen, Umschreibung des Konjunktivs).

Zur Bezeichnung des Plurals beim Substantiv wird das *Morphemsystem* weiter ausgebaut, was oft zu Konkurrenzen zwischen -er- und -e-Formen führt, die man nachträglich dann semantisch motivierte:

Worte : Wörter   Orte : Örter   Schilde : Schilder

Produktiv wird hier vor allem durch den französischen und später den englischen Einfluß das Plural-s (etwa in Bataillons, Kabinetts, Balkons), das zunehmend auf deutsche Wörter übertragen wird (vgl. Wegera in Besch u. a. 1985, 1505):

Kerls, Jungens, Fräuleins, Albums, Stelldicheins.

Es hat bekanntlich seitdem, zumal in sogenannten Akü-Wörtern, seinen Platz behauptet (siehe heute etwa Autos, PKWs, Spontis, Gruftis u. ä.).

Bei der *Wortbildung* ist, analog zur Entwicklung der Syntax, die Zunahme von *Verbalsubstantiven* (Regelung, Besprechung) und der Trend zu mehrgliedrigen bzw. vielgliedrigen *Substantivkomposita* zu bemerken. Schottelius hatte schon 1663 Bildungen aus „vier Stammwörtern" verzeichnet („Grundhaubtboswicht"). Im 19. Jh. nimmt dann besonders die Zahl dreigliedriger Zusammensetzungen vom Typ „Hauptbahnhof" oder „Danksagungsschreiben" und viergliedriger („Dampfschiffahrtsgesellschaft", „Kleinkinderbewahranstalt") erheblich zu. Regelrechte Reihenbildungen gibt es mit den schon von Schottelius erwähnten Zweitgliedern -gut, -werk, -wesen, -zeug. Muster:

Strandgut, Stückwerk, Kriegswesen, Werkzeug.

Aus Gründen der Sprachökonomie entstehen in Fach- und Umgangssprachen zahlreiche *Univerbierungen* (= Zusammenrücken mehrgliedriger Syntagmen in einem Kompositum):

große Stadt > Großstadt
städt. Krankenhaus, Krankenhaus der Stadt > Stadtkrankenhaus.

In der Umgangssprache und der öffentlichen Rede (z. B. im Parlament) handelt es sich dabei oft um *Spontanbildungen* im konkreten Sprechzusammenhang, die später wieder verschwinden. *Adjektivableitungen* finden sich vermehrt mit den heimischen Suffixen -bar und -mäßig, den Suffixoiden -reich und -froh sowie bei Fremdwörtern mit den aus dem Frz. entlehnten Formen -abel und -ibel (passabel, sensibel). Unter den *Verbalpräfixen* dominieren die ebenfalls bereits bei Schottelius und Adelung genannten er-, ent- und be- (erkämpfen, entblößen, belauben). Vielfach kommt es zu den von Nietzsche so kritisierten *Doppelpräfigierungen* (vereinnahmen, beanspruchen, benachteiligen). Gute Beispiele zur Wortbildung enthält der solide Forschungsbericht von Kühnhold (in Besch u. a. 1985, 1614–1622).

Lexematische Aspekte: Die enorme Ausweitung des Wortschatzes im 19. Jh. wird hauptsächlich aus drei Quellen gespeist: der *Übernahme aus Fachwortschätzen,* der *Entlehnung* aus anderen Sprachen, der *Verdeutschung* fremdsprachiger Wörter nach der Reichsgründung 1871 (z. B. durch Bemühungen des 1885 gegründeten „Allgemeinen Deutschen Sprachvereins" oder einzelner Persönlichkeiten wie Generalpostmeister H. v. Stephan). Diese Quellen fließen stark ineinander über. Wir geben trotzdem einige Beispiele in systematischer Übersicht, um Trends und Tendenzen zu zeigen (s. S. 190). Dabei ist zu beachten, daß manche Ausdrücke in der Fachsprache schon als Lehnwörter gelten, während sie in der Gemeinsprache noch als Fremdwörter wirken (vgl. v. Polenz 1978, 138).

Der Austausch zwischen Fachsprachen und Standardsprache läuft vielfach über *Metaphern* und *bildhafte Redewendungen*. Besonders technische Sachverhalte werden dabei zunächst durch Analogie (vgl. Nieraad 1977, 93) verdeutlicht und später ins Alltagsbewußtsein integriert:

Eisenbahnschwelle, Schiffsschraube, Zahnradbahn, Kurbelwelle;
Dampf machen, Dampf ablassen, die Notbremse ziehen, unter Hochdruck arbeiten, unter Spannung stehen, eine lange Leitung haben (Redewendungen zumeist erst 20. Jh.)

Die gegen Ende des Jhs. scharf bekämpfte *„Engländerei"* und *Frankomanie* findet sich besonders im pathetischen Konversationsstil der adligen Gesellschaft (Briefwechsel des Fürsten v. Pückler-Muskau, Romane der Gräfin Hahn-Hahn; zahlreiche Nachweise bei A. Langen 1957², 1281f.), z. B.:

shocking, all right, last not least, standard of life, komfortabel, fashionabel (> fesch);
dispensieren, etablieren, explizieren, eminent, enorm, grandios, kapriziös, kolossal, sublim, subtil.

Quelle	Bereich	Herkunft	Beispiele
Übernahme aus Fachsprachen (im engeren Sinne)	Chemie	oft griech.-frz., dazu Neubildungen	Asphalt, Kohlensäure, Zellstoff, Bunsenbrenner
	Physik	vielfach nach Erfindernamen	Elektrizität, Dynamit; Watt, Ohm, Ampère; Röntgenstrahlen
	Medizin	griech.-lat., oft frz. oder engl. vermittelt	sterilisieren, desinfizieren; Poliklinik, Therapie, Hygiene, Vegetarier
	Bank- u. Geschäftswesen	zumeist engl.	Banknote, Boykott, Partner, Import-Export, Scheck, Kartell, Trust
Transfer aus anderen Sprachen	Technik	engl.-frz.	Telegraph, Telefon, Telegramm, Film, Panne, Garage, Limousine, Coupé
	Verkehrswesen	engl. (oft mit frz. Aussprache)	Lokomotive, Viadukt, Tunnel, Waggon, Tender; Lift, Tram
	Sport	engl.	Trainer, Handicap, Match, Racket, Fitness, fair; foulen, stoppen
	Presse	engl.	Interview, Essay, Reporter, Artikel
	Kultur u. Mode	engl.	Snob, Dandy, Gentleman, Nobody, Detektiv, Komfort, Flirt, Poker, Twist, Klosett, Smoking, Pullover; Rumsteak, Roastbeef, Toast, Pudding, Sandwich etc.
		amerik.	Revolver, Rowdy, Knickerbocker
Eindeutschungen (Lehnübers., Lehnübertragungen)	vor allem Sport, Verkehr und Kultur	engl. steamship, halfmast, warehouse, leader-article, bookmaker, football, heavy weight	Dampfschiff, halbmast, Warenhaus, Leitartikel, Buchmacher, Fußball, Schwergewicht
		amerikan. skyscraper	Wolkenkratzer (Anfang 20. Jh.)
Verdeutschungen (sprachpflegerische Neologismen)		griech.-lat. Automobil	Kraftwagen (amtl. seit 1917)
		engl. baby, lift, telephone	Kleinkind, Aufzug, Fernsprecher
		frz. chauffeur	Fahrer

Wortschatzerweiterung im 19. Jahrhundert

Schlag- und Modewörter des „feuilletonistischen Zeitalters" (A. Langen) stammen oft aus der politischen Polemik und wurden durch die Presse (mit meist negativen Konnotationen) allgemein verbreitet:

Pauperismus, Proletariat, Kommunismus, Sozialismus, Antisemit; Agitation, Propaganda, Demonstration, Klassenkampf, Barrikadenkampf; Emanzipation der Frauen.

6.4.3.3 *Sprachkritik und Sprachpflege*

Die schon berührte neue Welle der Sprachkritik ist insofern bedeutsam, als sie ein (zumeist konservatives) Unbehagen an Zeitgeist und Sprachveränderung artikuliert und noch hineinwirkt in die sprachpflegerischen Bemühungen unserer Gegenwart. Sie hat zwei Zielrichtungen. Einmal wendet sie sich, wie erwähnt, gegen **Anglomanie** und **Frankomanie**, also gegen den Fremdwortgebrauch und die dadurch entstehende *Mischsprache*. Dabei kann sie sich auf ein systemkonformes deutsch-nationales Bewußtsein in der Öffentlichkeit stützen. Zum anderen richtet sie sich gegen „Sprachschluderei", „Sprachschändung" und „Sprachverderbnis" durch das von Schopenhauer so genannte **„Zeitungsdeutsch"** , das Nietzsche auch als „Schweinedeutsch" apostrophierte.

In zahlreichen Aufsätzen („Über Schriftstellerei und Stil", „Über die Verhunzung der deutschen Sprache"), entstanden schon kurz nach der Jahrhundertmitte, beklagt A. Schopenhauer modische Verkürzungen an Wörtern, Silben und Sätzen, falschen Grammatikgebrauch und „Unworte" (selbstverständlich, bedauerlich, Maßnahme etc.). Ähnlich äußert sich kurz darauf der Wiener Kritiker F. Kürnberger („Sprache und Zeitungen", 1866, „Die Blumen des Zeitungsstils", 1876), der im Zeitungsstil drei Hauptmerkmale ausmachte:

– die Sprache der *Aufregung* (führt zu Übersteigerungen und „pöbelhaftem Zeitungsstil", sichtbar in Redensarten: ins Gesicht schleudern, in den Kot zerren, sich in den Haaren liegen, begeifern etc.);
– die Sprache der *Abspannung* (führt zu Schludrigkeiten und Klischees: es ist angezeigt; Inangriffnahme, Inbetrachtnahme);
– die Sprache der *Höflichkeit* (führt zu nichtssagenden Euphemismen wie: unberechenbare Tragweite, Mission etc.).

Schopenhauers Schüler Fr. Nietzsche schließlich erweiterte diese Kritik durch den Blick auf die „schlechte Prosa" seiner Zeit überhaupt. Als Stilverderber gelten ihm neben den Jungdeutschen vor allem Hegel, D. Fr. Strauß und alle Schreiberlinge, die ihren „Lumpen-Jargon" mit Bildern aus der modernen Technik oder mit überredenden Kurz-Sätzen bestükken und damit eine verworrene Denkweise widerspiegeln. Eine ähnlich konservativ-bildungsbürgerliche Sprachkritik findet sich dann in G. Wustmanns Sammlung „Allerhand Sprachdummheiten“ (1891).

Viel grundsätzlicher und subtiler brandmarkt dagegen K. Kraus in seiner Zeitschrift „Die Fackel“ seit 1899 die „journalistischen Taglöhner“, die „Officiösen der Regierung oder des Capitalismus“: Sprachkritik wird zur moralischen und gesellschaftlich-politischen Kritik, zum Bild einer von materialistischem und imperialistischem Geist beherrschten Epoche. „Radikale Skepsis gegen Sprache und Denken“ (Heringer 1982, 7), Ausdruck der Sprachkrise um 1900, bestimmt auch Fr. Mauthners voluminöse „Beiträge zu einer Kritik der Sprache“ (1901/02). Hier wird immer wieder gezeigt, wie die erstarrte Formelsprache der Gegenwart, besonders die Schriftsprache mit ihren Worthülsen, Phrasen und verhüllenden Metaphern, den Bezug zur (politischen) Realität verliert und deshalb auch nicht mehr der Verständigung der Schichten untereinander dienen kann (vgl. u. a. Arntzen in Trommler 1982, 251f.).

6.4.4 Textanalysen und Aufgaben

6.4.4.1 Die Sprache der „guten Gesellschaft“: Briefkultur

a) Fürst Hermann v. Pückler-Muskau an Gräfin Ida Hahn-Hahn (1845)

Muskau, den 16. März 1845.

Guten Abend, Gräfin Ida! Es wird nun bald dahin kommen, daß ich nicht einschlafen kann, ohne mein Gebet an Sie gerichtet zu haben. Immerhin, ich lasse mich gehen, und da Sie, wie Sie selbst mir schreiben, eine Etüde aus mir machen, so will ich Ihnen heute wieder eine Seance geben. Setzen Sie sich also um ein halbes Jahrhundert in der Welt zurück, und betrachten Sie ein Kind, ein hübsches Kind, vom lebendigsten Geiste und der größten Impressionabilität im Guten wie im Schlimmen; dabei dennoch mit aller Anlage zu tiefem, ja schwärmerischem Gefühl, leicht zum Enthusiasmus gesteigert, von heftiger, inniger Sinnlichkeit, heroisch, gewaltsam, eitel, vornehm in seiner Essenz, aber offen und gutmütig. Jetzt denken Sie sich dieses wilde, aber anmutige kleine Wesen, als den einzigen Erben einer großen, damals fast souveränen Herrschaft, von der so viel Tausende abhingen, von aller Welt möglichst geschmeichelt, verführt und verdorben. Dazu einen Vater, der sich so gut als gar nicht um das Kind bekümmerte, ja dem es wegen seiner ganz und auffallend heterogenen Natur immer mehr zuwider wurde, ferner eine ganz junge, fast noch kindische Mutter, die den Vergnügungen der Welt sehr ergeben, mit ihrem Manne stets in Unfrieden lebend, sich im ganzen ebenso wenig ihres Kindes ernstlich annahm, als dieser, außer wenn Sie, par bouffées, einmal wie mit der Puppe mit ihm spielte, ein anderes Mal nach Maßstab der eben gemachten Lektüre auf den Einfall kam, es heute à la Rousseau, morgen à la

Basedow, übermorgen nach einem anderen Schema zu erziehen, wobei die unglaublichsten Experimente vorfielen, bis man der ganzen Geschichte dann wieder überdrüssig wurde, und nun das Kind auf längere oder kürzere Zeit irgendeinem Offizianten oder einem homme de confiance aus der Dienerschaft zu spezieller und unumschränkter Führung übergab. Von den schönsten und reinsten menschlichen Eindrücken, denen einer edlen und liebevollen Häuslichkeit, erhielt also dies arme Kind nie den entferntesten Begriff. Vor den Eltern hatte es meist nur Ursache zur Scheu und Furcht, und doch war es so empfänglich für Liebe und gute Behandlung, daß es sich an eine alte Bauerfrau, die Amme seiner Mutter, mit einer Leidenschaftlichkeit und Aufopferung anschloß, die alle Welt in dem kleinen Erdwinkel, wo sich diese simple story zutrug, in Erstaunen setzte, und noch heute in manchen Legenden fortlebt. Das Kind hatte also damals noch ein sehr warmes Herz!

b) Gräfin Hahn-Hahn an den Fürsten Pückler (1845)

Greifswald, den 20. März 1845.

Wunderbarer Mensch, der Sie sind! welch einen Brief haben Sie mir geschrieben! Ich würde Ihnen danken, wenn sich für so etwas danken ließe. Es grämt mich, daß ich Ihnen neulich schrieb: Sie wären eine Etüde für mich. Das klingt so eisig, als hätt' ich's mit einer Leiche oder einer Statue zu tun; und ein Mensch, in dem das Gefühl so hell und klingend aufrauscht wie ein Frühlingsbach, dessen Eisdecke ein warmer Sonnenstrahl sprengt – solch ein Mensch hat doch ein Herz, und nicht bloß in der Erinnerung, in der Trauer, in der Vergangenheit, nein! auch in der Sehnsucht wallt es in ihm auf; nur aber hat diese Sehnsucht keinen bestimmten Gegenstand mehr. Wenn ich jetzt an Ihre inneren Seelenzustände denke, wird mir sein, als schaute ich in eine jener zauberhaften Tropfsteinhöhlen, in denen schöne, phantastische, barocke und anmutige Gebilde, ja Altäre und Kapellen und Heiligenbilder stehen – aber alle versteint, weil der Strom des Lebens sich in Tropfen an dem harten Stein zerarbeiten muß, der sich ihm überall entgegenstemmt; – und dunkel alles, weil die Sonne nicht lichtend hineinschaut. Tritt zuweilen eine Fackel hinein, so sieht man wohl die versteinte Herrlichkeit, und das macht sonderbar melancholisch. – Sie haben mich erschüttert durch Ihren Brief! Schon daß ich seine drei Abteilungen auf einmal erhielt, erschreckte mich. Was ist denn geschehen? dacht' ich, als ich die drei Enveloppen abriß, um nur gleich Anfang und Ende zu überfliegen. Der Anfang, daß Sie geweint hätten, ergriff mich noch nicht sehr, denn ich weiß, daß Ihre Natur unerhört impressionabel sein muß. Aber in Nr. 2 zu finden: „nie hat eines Menschen Wort einen tristeren und schmerzlicheren Eindruck auf mich gemacht" – und später „dieses schreckliche Urteil"; – und hernach in Nr. 3 die ganze Skizze der Lebensgeschichte – das klopfte mir so ans Herz, wie ich es mit dürren Worten nicht sagen kann. Das widerrufen, was ich einmal gesagt, kann ich nicht. Das Wort ist gesprochen, hat seine Wirkung getan, weil es als Wahrheit erkannt ist – da gibt's nichts zu widerrufen, zu beschönigen. Ich hab's gesagt, weil es mir aus der Seele gequollen ist, und um dieses Ursprungs willen haben Sie es mir verziehen – nicht wahr, mein lieber Pückler? Sie haben

begriffen, daß ich nur aus dem Innersten heraus sprechen kann; wo nicht – schweigen muß; denn in einem früheren Brief sagten Sie: „Schreiben Sie mir ohne Rücksicht". Ich hab's getan. Nun sitz' ich da, und weiß gar nicht, was ich Ihnen sagen soll! Mir deucht, die Hauptsache ist gesagt. Lassen Sie sich nur nicht deshalb von mir zurückscheuchen, und denken Sie immer, daß ich ehrlich sei, und Ihnen sehr aufrichtig die Hand reiche. Gewiß, gewiß will ich Ihnen schreiben, mög' ich bei einem Buch beschäftigt sein oder nicht; das versprech' ich Ihnen, und was ich verspreche, suche ich auch zu halten. Es tut Ihnen wohl – sagen Sie – und jetzt bin ich sogar bereit, Ihnen zu glauben. Dafür werden Sie mich vielleicht wieder auslachen! Ach, Pückler, zu leben ist doch nicht recht mit Ihnen. N'importe! wie Sie sind, so nehm' ich Sie auch. Wer einmal mit tiefer Zuversicht sein müdes Haupt und sein verödetes Herz an meine Schulter gelehnt hat, der hat ein Recht auf mich, und nicht bloß in jeder Stimmung, nein, sogar in jeder Laune soll er mir willkommen sein.
(nach H. Conrad (Hrsg.): Frauenbriefe von und an Hermann Fürsten Pückler-Muskau. G. Müller: München u. Leipzig 1912, 282–84 und 286–88)

Die Sprache der adligen und bildungsbürgerlichen Gesellschaft ist besonders gut faßbar in der zeitgenössischen Briefkultur, deren Wurzeln in Klassik und Romantik zurückreichen. Bedeutsam sind gerade die Briefe von Frauen, etwa der *Bettina von Arnim,* die mit zahlreichen Persönlichkeiten korrespondierte, so mit Goethe („Briefwechsel mit einem Kinde"), später mit Varnhagen, Schleiermacher, Pückler-Muskau oder, sehr aufschlußreich, mit den Brüdern Grimm (vgl. die schöne Ausgabe bei Insel 1985). Derartige Briefe von *Frauen der Gesellschaft* zeugen nicht nur von einem empfindsamen Gemüt und der *Suche nach Seelenfreundschaft,* sondern auch von literarischem Ehrgeiz sowie oft von Aufgeschlossenheit gegenüber allem Neuen – man denke an die Briefe der Malwida v. Meysenbug, die sich zu demokratischen Idealen bekannte und deshalb 1852 ins Exil nach London gehen mußte.

Stärker im Rahmen unpolitisch-privater Konvention bewegen sich die Briefe des Fürsten v. Pückler-Muskau mit seinen zahlreichen Partnerinnen, zu denen in der Spätzeit auch die Marlitt gehörte. Typisch für Briefkultur überhaupt ist zunächst das ausführliche Eingehen auf die Äußerungen des Gegenübers, eben die *Korrespondenz,* ferner die emphatische Spiegelung von „Seelenzuständen" und „Lebensgeschichten". Solche Emphase äußert sich in einem *schwärmerischen Stil,* einer „Impressionabilität", sichtbar in der abwechslungsreichen Satzgestaltung, der parataktischen Anordnung, der recht individuellen Interpunktion, der Ballung und Steigerung im Ausdruck, den romantisch inspirierten Bildern (vor allem bei der Gräfin Hahn-Hahn). Im Wortgebrauch, der überall auf *Varianz* bedacht ist, mischen sich *heterogene Elemente.* Relikte romantischer Stimmungswörter (schwärmerisch, enthusiastisch; Trauer, Sehnsucht) stehen neben frz. und engl. *Modewendungen* (Étude, Séance, par boufffées, homme de confiance, n'importe, simple story etc.). Überall offenbart sich das narzißtische „Lebensideal der Haute-volée" (A. Langen 1957², 1276), die sich eine schon leicht von Weltschmerz verklärte „komfortable" und „fashionable" (beides Lieblingswörter von Pückler und Hahn-Hahn) Innensicht leistet.

Aufgaben

a) Untersuchen Sie genauer in den beiden Briefen Elemente der Konversation und Korrespondenz.
b) Zeigen Sie am Stil der Texte typische Merkmale der damaligen Gesellschaftskultur und des Gentleman-Ideals.
c) Vergleichen Sie sprachlich-inhaltlich unsere Beispiele mit Briefbüchern der Bettina von Arnim und Sammlungen aus dem 20. Jh. (etwa Stefan Zweig).

6.4.4.2 *Die Sprache der Schriftsteller: Roman*

a) Theodor Fontane: Der Stechlin (1897)

„Melusine, du darfst so nicht weitersprechen", unterbrach hier Armgard. „Sie wissen übrigens, Herr von Stechlin, wie's hier steht und daß ich meine ältere Schwester, die mich erzogen hat (hoffentlich gut), jetzt nachträglich mitunter meinerseits erziehen muß." Dabei reichte sie Melusine die Hand.

„Eben erst ist er fort, der arme Professor, und jetzt schon so schlechte Nachrede. Welchen Trost soll sich unser Freund Stechlin daraus schöpfen? Er wird denken, heute dir, morgen mir."

„Du sollst in allem recht haben, Armgard, nur nicht in diesem letzten. Schließlich weiß doch jeder, was er gilt, ob er geliebt wird oder nicht, vorausgesetzt, daß er ein Gentleman und nicht ein Gigerl ist. Aber Gentleman. Da hab ich wieder die Einhakeöse für England. Das Schönheitskapitel ist erledigt, war ohnehin nur Kaprice. Von all dem andern aber, das schließlich doch wichtiger ist, wissen wir noch immer so gut wie gar nichts. Wie war es im Tower? Und hab ich recht behalten mit Traitors Gate?"

„Nur in einem Punkt, Gräfin, in Ihrem Mißtrauen gegen meine Phantasie. Die versagte da total, wenn es nicht doch vielleicht an der Sache selbst, also an Traitors Gate, gelegen hat. Denn an einer anderen Stelle konnt ich mich meiner Phantasie beinah berühmen und am meisten da, wo (wie mir übrigens nur zu begreiflich) auch Sie persönlich mit so viel Vorliebe verweilt haben."

„Und welche Stelle war das?"

„Waltham Abbey."

„Waltham Abbey. Aber davon weiß ich ja gar nichts. Waltham Abbey kenn ich nicht, kaum dem Namen nach."

„Und doch weiß ich bestimmt, daß mir Ihr Herr Papa gerade am Abend vor meiner Abreise sagte: ‚Das muß Melusine wissen; die weiß ja dort überall

Bescheid und kennt, glaub ich, Waltham Abbey besser als Treptow oder Stralau'."

„So bilden sich Renommées", lachte Melusine. „Der Papa hat das auf gut Glück hin gesagt, hat bloß ein beliebiges Beispiel herausgegriffen. Und nun diese Tragweite! Lassen wir das aber und sagen Sie mir lieber: was ist Waltham Abbey? Und wo liegt es?"

„Es liegt ganz in der Nähe von London und ist eine Nachmittagsfahrt, etwa wie wenn man das Mausoleum in Charlottenburg besucht oder das in der Potsdamer Friedenskirche."

„Hat es denn etwas von einem Mausoleum?"

„Ja und nein. Der Denkstein fehlt, aber die ganze Kirche kann als ein Denkmal gelten."

„Als ein Denkmal für wen?"

„Für König Harald."

„Für den, den Editha Schwanenhals auf dem Schlachtfelde von Hastings suchte?"

„Für denselben."

„Ich habe während meiner Londoner Tage das Bild von Horace Vernet gesehn, das den Moment darstellt, wo die schöne Col de Cygne zwischen den Toten umherirrt. Und ich erinnre mich auch, daß zwei Mönche neben ihr herschritten, Aber weiter weiß ich nichts. Und am wenigsten weiß ich, was daraus wurde."

„Was daraus wurde – das ist eben der Schlußakt des Dramas. Und dieser Schlußakt heißt Waltham Abbey. Die Mönche, deren Sie sich erinnern und die da neben Editha herschritten, das waren Waltham-Abbey-Mönche, und als sie schließlich gefunden hatten, was sie suchten, legten sie den König auf dichtes Baumgezweig und trugen ihn den weiten Weg bis nach Waltham Abbey zurück. Und da begruben sie ihn."

„Und die Stätte, wo sie ihn begruben, die haben Sie besucht?"

„Nein, nicht sein Grab; das existiert nicht. Man weiß nur, daß man ihn dort überhaupt begrub. Und als ich da, die Sonne ging eben unter, in einem uralten Lindengange stand, zwischen Grabsteinen links und rechts, und das Abendläuten von der Kirche her begann, da war es mir, als käme wieder der Zug mit den Mönchen den Lindengang herauf, und ich sah Editha und sah auch den König, trotzdem ihn die Zweige halb verdeckten. Und dabei (wenn auch eigentlich der Papa schuld ist und nicht Sie, Gräfin) gedacht ich Ihrer in alter und neuer Dankbarkeit."

„Und daß Sie mich besiegt haben. Aber das sage nur ich. Sie sagen es natürlich nicht, denn Sie sind nicht der Mann, sich eines Sieges zu rühmen, noch dazu über eine Frau. Waltham Abbey kenn ich nun, und an Ihre Phantasie glaub ich von heut an, trotzdem Sie mich mit Traitors Gate im Stich gelassen. Daß Sie nebenher noch, und zwar Armgard zu Ehren, in Martins le Grand waren, dessen bin ich sicher und ebenso, daß Sie Papas einzige Forderung erfüllt und der Kapelle Heinrichs VII. Ihren Besuch gemacht haben, diesem Wunderwerk der Tudors. Welchen Eindruck hatten Sie von der Kapelle?"

„Den denkbar großartigsten. Ich weiß, daß man die herabhängenden Trichter, die sie Tromben nennen, unschön gefunden hat; aber ästhetische Vorschriften existieren für mich nicht. Was auf mich wirkt, wirkt. Ich konnte mich nicht satt

sehen daran. Trotzdem, das Eigentlichste war doch noch wieder ein andres und kam erst, als ich da zwischen den Sarkophagen der beiden feindlichen Königinnen stand. Ich wüßte nicht, daß etwas je so beweglich und eindringlich zu mir gepredigt hätte wie gerade diese Stelle."

„Und was war es, was Sie da so bewegte?"

„Das Gefühl: zwischen diesen beiden Gegensätzen pendelt die Weltgeschichte. Zunächst freilich scheinen wir da nur den Gegensatz zwischen Katholizismus und Protestantismus zu haben, aber weit darüber hinaus (weil nicht an Ort und Zeit gebunden) haben wir bei tiefergehender Betrachtung den Gegensatz von Leidenschaft und Berechnung, von Schönheit und Klugheit. Und das ist der Grund, warum das Interesse daran nicht ausstirbt. Es sind große Typen, diese feindlichen Königinnen."

Beide Schwestern schwiegen. Dann sagte Melusine, der daran lag, wieder ins Heitere hinüberzulenken: „Und nun, Armgard, sage, für welche von den beiden Königinnen bist du?"

„Nicht für die eine und nicht für die andre. Nicht einmal für beide. Gewiß sind es Typen. Aber es gibt andre, die mir mehr bedeuten, und, um es kurz zu sagen, Elisabeth von Thüringen ist mir lieber als Elisabeth von England. Andern leben und der Armut das Brot geben – darin allein ruht das Glück. Ich möchte, daß ich mir das erringen könnte. Aber man erringt sich nichts. Alles ist Gnade."

„Du bist ein Kind", sagte Melusine, während sie sich mühte, ihrer Bewegung Herr zu werden. „Du wirst noch Unter den Linden für Geld gezeigt werden. Auf der einen Seite die ‚Mädchen von Dahomey', auf der andern du."

Stechlin ging. Armgard gab ihm das Geleit bis auf den Korridor. Es war eine Verlegenheit zwischen beiden, und Woldemar fühlte, daß er etwas sagen müsse. „Welche liebenswürdige Schwester Sie haben!"

Armgard errötete. „Sie werden mich eifersüchtig machen."

„Wirklich, Komtesse?"

„Vielleicht ... Gute Nacht."

Eine halbe Stunde später saß Melusine neben dem Bett der Schwester, und beide plauderten noch. Aber Armgard war einsilbig, und Melusine bemerkte wohl, daß die Schwester etwas auf dem Herzen habe.

„Was hast du, Armgard? Du bist so zerstreut, so wie abwesend."

„Ich weiß es nicht, aber ich glaube fast ..."

„Nun was?"

„Ich glaube fast, ich bin verlobt."

(nach: Gesammelte Werke. Bd. 5. S. Fischer: Berlin 1915, 282–286)

b) E. Marlitt (Eugenie John): Goldelse (1866)

Auf Hollfelds wachsbleicher, glatter Stirn erschienen plötzlich zwei häßliche Falten. Seine Lippen preßten sich aufeinander, und die Farbe trat für einen Augenblick aus seinen Wangen. Er war offenbar sehr zornig. Ein Ausdruck des Hasses glühte in seinem Auge auf, als es auf der jungen Dame haftete, die ihm das Spiel, das er sich so leicht gedacht hatte, wider alles Erwarten erschwerte. Er beherrschte sich jedoch und hob mit sanfter, liebkosender Hand ihr Gesicht in die Höhe. Das arme Wesen zuckte und zitterte unter dieser heuchlerischen Berührung und ließ willenlos ihr zartes Köpfchen auf seiner Hand liegen.

„Du würdest mich also verlassen, Helene“,fragte er traurig, „wenn ich den schweren Schritt tun müßte? Würdest dich von mir abwenden und mich einsam lassen mit einer ungeliebten Frau?“

Sie hob die vom Weinen geröteten Lider in die Höhe, und ein Strahl unsäglicher Liebe brauch aus ihren Augen. Er hatte seine Rolle vortrefflich gespielt und erkannte aus diesem einen Blicke sofort, daß er gewonnenen Boden unter den Füßen habe.

„Du kämpfst jetzt denselben Kampf“, fuhr er fort, „den ich in den letzten Tagen durchmachen mußte, ehe ich zu dem festen Entschlusse kam ... Im Augenblicke mag auch dir der Gedanke schrecklich sein, daß eine dritte Person in unser schönes Verhältnis eintreten soll; ich gebe dir aber mein Wort, daß dies durchaus nicht auf störende Weise geschehen wird ... Bedenke, Helene, daß ich dann viel mehr für dich tun, für dich leben kann als jetzt ... Du kannst mit mir nach Odenberg ziehen, und ich will die Hände unter jeden deiner Schritte legen, will dich behüten und halten wie meinen Augapfel.“

Hollfeld besaß nicht Geist, dafür aber einen hohen Grad von Schlauheit, wie wir sehen, mit der er mehr erreichte als vielleicht ein anderer mit bedeutenden Gedanken. Sein armes Opfer ging mit blutendem, zerrissenem Herzen und völlig zerstörter Willenskraft in sein Netz.

(E. Marlitt: Goldelse. P. Franke: Berlin o. J., 240)

Die beiden Romane wurden, wie damals üblich, zunächst in Zeitschriften veröffentlicht (der „Stechlin“ in „Über Land und Meer“, die „Goldelse“ in der „Gartenlaube“). Die ausgewählten Textstellen dokumentieren gerade in der *Dialoggestaltung* die Spannweite der Literatur des 19. Jhs. zwischen *kritischem Realismus* und *affirmativem Unterhaltungsschrifttum.*

a) Fontane entfaltet das problematisch gewordene Verhältnis von alter und neuer Zeit in zahlreichen *Gesprächen,* in denen die Figuren (hier im 25. Kap. vor allem die Töchter des Grafen Dubslav v. Stechlin, Melusine und Armgard) kontrastiert werden. In dem unmittelbar wiedergegebenen Wortwechsel agieren die Personen aus ihrer jeweiligen gesellschaftlichen Stellung heraus, aber stets verhalten, mit ausgeprägtem Sinn für Abstand und Anstand. Sie fragen, gehen aufeinander ein, explizieren und differenzieren. Dabei werden *Denkhaltungen,* geäußert in Sprachformeln und Redeklischees, ganz vorsichtig entlarvt und relativiert. Über den allgemeinen *Gegensätzen* (Schönheit und Klugheit, Leidenschaft und Berechnung) und den zeittypischen (Gentleman und Gigerl) steht die Frage nach dem wahren Glück, die mit dem Verweis auf Elisabeth v. Thüringen eine deutliche soziale Dimension erhält. *Gefühle* spürt man nur indirekt; sie sind aufgehoben in der Andeutung, in der gekonnten Replik.

b) Bei der Marlitt dagegen dominiert das *Klischee,* die publikumswirksame Vereinfachung: im scharfen Kontrast der kindlichen Helene und des Bösewichts Hollfeld, in der sprachlichen Kennzeichnung (wachsbleiche, glatte Stirn; sanfte, liebkosende Hand; blutendes, zerrissenes Herz; Strahlen unsäglicher Liebe), in den zahlreichen Redewendungen (einen schweren Schritt tun, eine Rolle spielen, Boden unter den Füßen haben, einen Kampf durchmachen, in ein Netz gehen). Zwar versucht die Verfasserin auch hier, wie sie später im Vorwort zur „Reichsgräfin Gisela" (1870) schreibt, „Menschenliebe zu erwecken" und an die „Grundideen der Humanität" zu appellieren; aber sie kommt dem Verstehenshorizont eines *Massenpublikums* entgegen mit einer Personenkonstellation und mit sprachlichen Mitteln, die Walther Killy als „Deutschen Kitsch" (1961) charakterisierte und die heute die kompensatorische Attitüde von Groschenheften und gewissen Fernsehserien bestimmen.

Aufgaben

a) Analysieren Sie im einzelnen die Gesprächsführung der beiden Textstellen.
b) Bestimmen Sie Herkunft und Stellenwert von Modewörtern und Redewendungen im Kontext der Dialoge.
c) Charakterisieren Sie Gemeinsamkeiten und Unterschiede der realistischen Literatursprache in Fontanes „Stechlin" und Th. Manns „Buddenbrooks" (1901).
d) Vergleichen Sie den Sprachstil der Marlitt mit dem anderer Erfolgsschriftstellerinnen der Jahrhundertwende (Courths-Mahler, Rose, Eschstruth) sowie mit heutigen trivialen Frauenromanen.

6.4.4.3 *Die Sprache der Publizisten: Nachrichten und Feuilleton*

a) „Neueste Nachrichten" (Neue Rheinische Zeitung. Organ der Demokratie; Nr. 301 vom 19. 5. 1849)

Solingen, 17. Mai, Abends 7½ Uhr. Trotz der Versicherung und Verpfändung des Ehrenwortes des hiesigen Gemeinderathes in der Person des Herrn Grabe gegenüber dem hier bestandenen Sicherheitsausschusse, daß kein Militär in die Stadt rücken würde, treffen so eben eine Kompagnie Infanterie, eine Schwadron Kavallerie nebst Artillerie mit 4 Kanonen hier ein, besetzten das Hilgers'sche Haus, säuberten einige Straßen und wurde sofort ein Piquet von 10 Mann abgeschickt, um den Herrn Jellinghaus, Chef des Sicherheits-Ausschusses, zu arretiren, was auch gelang.

Die Herrn Roeser und P. J. Gödecke fand man nicht mehr vor. Das Haus des Letztern ist mit Militär von innen und außen besetzt. So eben 9 ½ Uhr wird unsere Stadt nebst mehreren anliegenden Gemeinden in Belagerungszustand erklärt.

b) Johannes Scherr: Goethe. Sein Leben und Dichten in Vorträgen für Frauen geschildert (Aus der „Gartenlaube", 2. Folge, 1873).

Nicht von oben herab also kam die Erlösung unseres Volkes von fremden Geistesfesseln und ausländischen Bildungsformen. Auch nicht ganz von unten herauf, sondern aus der Mitte, d. h. aus dem deutschen Bürgerthume, welches ja überhaupt seit dem Aufblühen der Städte der eigentliche Träger aller gesunden und nachhaltigen Culturarbeit gewesen war. Mit in der ersten Reihe der deutschen Städte aber stand Frankfurt am Main, althergebrachten Ansehens und Wohlstandes froh, von regsamer Gewerkigkeit, blühend durch weitreichende Handelsthätigkeit, belebt durch reichen Fremdenverkehr, als kaiserliche Wahl- und Krönungsstadt der Schauplatz von mancherlei Haupt- und Staatsactionen mit ihrem mittelalterlich-romantischen Apparat und Pomp, geistigen Interessen mit Theilnahme zugewandt, in Förderung von Wissenschaft und Kunst nach Maßgabe der Zeit und der Kräfte nicht karg, bewohnt von echten Main- und Rheingaumenschen, welche, dem auch hier nicht fehlenden äußerlich französischen Zuschnitt des geselligen Thuns und Treibens zum Trotz eine kernhaft deutsche Fühl- und Denkweise befaßen und mit bürgerlicher Tüchtigkeit, Rührigkeit und Ehrenhaftigkeit eine bewegliche, frohsinnige und leichtlebige Führung des Daseins verbanden. Zu alledem kam noch, daß in Frankfurt die Gegensätze des Jahrhunderts so merkbar zu Tage traten wie irgendwo und gerade auch im elterlichen Hause unseres Dichters häufig genug sich kreuzten. Auch in religiöser Beziehung; denn wenn Herr Johann Kaspar in seiner trockenen Verständigkeit für einen richtigen Nationalisten gelten konnte, so war Frau Katharina Elisabeth ihrerseits zu Zeiten nicht abgeneigt, die gemüthlichere Auffassung des Christenthums, wie sie in den frommen Kreisen der Stadt heimisch, auf das eigene reiche Gemüthsleben wirken zu lassen.

(Die Gartenlaube. Illustrirtes Familienblatt. Jg. 1873, Heft 2. Keil's Verlag: Leipzig 1873, 80)

a) Wenn auch, wie erwähnt, im 19. Jh. noch keine Kodifizierung der journalistischen Textsorte **„Nachricht"** existiert, so entwickelt sich doch schon eine Konvention für die kurze und übersichtliche *Mitteilung von Tatbeständen.* Sie bedingt eine *Relevanz* für das Leserpublikum (hier die „sociale Demokratie"), *präzise Angaben* von Zeit, Ort, Umständen etc. sowie eine inhaltliche Dichte *(Prägnanz)* bei möglichst *objektiver Form.* Dadurch ist eine Tendenz zum *Nominalstil* (Häufung von Substantiven, Substantivierungen, vermehrt Komposita) und zur *Blockbildung* (mit Genitivattributen, präpositionalen Objekten, Partizipialkonstruktionen) gegeben. Schlagzeile (headline) und Vorspann (lead) dagegen gibt es noch nicht; auch ist der Aufbau der Nachricht eher am Verlauf als am Ergebnis orientiert. Zahlreiche Beispiele belegen zudem, daß sich oft wertende Vokabeln einschleichen. So heißt es in derselben Nummer der „Neuen Rheinischen Zeitung" (Redakteur en chef Karl Marx):

„Nach heute anlangenden Berichten sind die Russen bei Jablunkan von den Magyaren gründlich geklopft worden.“

Bei zusammenfassenden *Berichten* ist dies durchweg der Fall, vor allem in der politischen *Kampfpresse* der zweiten Jahrhunderthälfte („Vorwärts“, „Kreuzzeitung“). Auch hierzu ein frühes Beispiel aus der „NRZ“ im ausgesprochen polemisch-ironischen Ton (man beachte neben den präpositionalen Fügungen die *Spontanbildungen*):

„Köln, 17. Mai. Die heute aus Deutschland eingehenden Nachrichten sind erfreulich.

In Sachsen kurirt das gottbegnadete Preußenthum durch immer weitere Besetzung von Städten und Dörfern die Bewohner von ihrem bisherigen Bierphlegma.

Die österreichischen Standrechtsbestien sekundiren dem belagerungswollüstigen Hohenzollern nach besten Kräften ... Nach Briefen aus Leipzig sind auch Olmütz und Brunn den belagerungsbegnadeten Städten beigesellt.“

b) Ganz anders die Schilderung von Goethes Lebensweg aus der **„Gartenlaube“**, dem größten damaligen „Familienblatt“ (Auflage 1875 382 000 Exemplare pro Ausgabe; die Marlitt bezeichnete es als „Weltblatt“). Die ‚Gartenlaube“ vereinigte „Wesenszüge verschiedener Periodika zu einem neuen Gattungstyp“ und griff „nach Aufbau und Anordnung auf medienspezifische Darbietungsformen wie Erzählung, Roman, Bericht, Aufsatz, Rubrik, Beilage und Illustration zurück“ (D. Barth in Glaser 1982, 72). Sie sprach ein breites, bildungsbeflissenes und nationalbewußtes *Leserpublikum* an, in der Mehrheit aus dem bürgerlichen Mittelstand, aber auch aus Ober- und Unterschichten. Zu den Mitarbeitern gehören bald bekannte *Autoren* (P. Heyse, Fr. Spielhagen, H. Laube, Th. Fontane) und *Illustratoren* (L. Richter, W. v. Kaulbach).

Auch J. Scherr, Kulturhistoriker und Novellist mit patriotisch-demokratischer Gesinnung, darf zu ihnen gezählt werden. Für ihn kommt die „Erlösung unseres Volkes von fremden Geistesfesseln“ aus dem „deutschen Bürgerthume“, dessen Fortgang er in facettenreichen *attributiven Fügungen* und *Partizipialkonstruktionen* nachzeichnet. Sein Artikel ist eine Fundgrube für *Modewörter* der Zeit, die sich im bürgerlichen Jargon bis ins 20. Jh. erhielten:

„Kern der Nation“, „Geistesfrühling“, „gesunde Culturarbeit“, „geistige Interessen“, „kernhaft deutsche Fühl- und Denkweise“, „reiches Gefühlsleben“.

Aber gerade an ihnen wird deutlich, wie stark sich damals zeitgenössische Schriftsteller dem Massengeschmack anpassen und einem *feuilletonistischen Stil* unterwerfen.

Aufgaben

a) Kennzeichnen Sie anhand der Texte die Merkmale journalistischer Textsorten und des feuilletonistischen Stils im 19. Jh.
b) Erörtern Sie die nivellierende und solidarisierende Funktion der damaligen Presse.
c) Ziehen Sie zum Vergleich die ironisch-kritische Überzeichnung des spätbürgerlichen Stils bei Th. Mann heran (z. B. „Der Tod in Venedig", 1913).

6.4.4.4 Die Sprache der Kulturkritiker: Notizen, Artikel

a) Arthur Schopenhauer: Über die Verhunzung der deutschen Sprache (Aufzeichnungen im Nachlaß, ca. 1857)

Die ganze allgemeine und höchst schändliche deutsche Sprachverhunzung zeugt von bornirtestem Unverstand: ihre Haupthandhaber sind die Löhnlinge der Buchhändler und die Zeitungsschreiber: ihren letzten Grund aber hat sie in der mehr und mehr einreißenden Unkenntniß der alten Sprachen. Durch diese nämlich lernt man es mit dem Werth und der Geltung jedes Wortes scharf und genau nehmen; zumal leistet dies das Lateinschreiben. Unsere Sprachverbesserer sind gewiß (mit höchst wenigen Ausnahmen) unfähig, ohne Hülfsmittel einen fehlerfreien lateinischen Brief zu schreiben. Aus der selben Quelle kommt die Infamie, daß Griechische, ja Lateinische Autoren mit deutschen Erklärungen herausgegeben werden: was auch vorgeschützt werden mag, der wahre Grund ist, daß der Herausgeber nicht latein schreiben kann, und die Schüler nicht fertig und leicht latein lesen können, sondern wie Schusterjungen es in der Muttersprache [haben wollen]. Auf Schulen sollte sogar der Besitz solcher Editionen verboten seyn. Das Jahr 1848 mit seinem saubern Treiben hat einen Samen von Unwissenheit unter den Gelehrten ausgestreut nachdem die Hegelei den Boden dazu gepflügt hatte, und jetzt steht die Saat in Blüthe. Man merkt es an allen Ecken und Enden: daß Cigarren rauchen, politisiren und Eisenbahn fahren an die Stelle ernster Studien getreten ist: und die gelbgerauchten, langbärtigen Brillengesichter mit leeren Köpfen wagen es über die „Zopfzeit" zu spotten, in der die größten Geister gewirkt haben und gründliche Kenntniß der alten Sprachen allgemein war.

Man soll nicht vergessen, daß jeder Mensch, der kein Latein versteht, zum Volke gehört, auch wenn er ein großer Virtuose auf der Elektrisirmaschine ist und das Radikal der Fluß[spath]säure im Tiegel vorzeigen könnte.
(nach P. Deussen (Hrsg.): A. Schopenhauers sämtliche Werke. Bd. 5.2 Piper: München 1913, 479 f.)

b) Karl Kraus: Die Unabhängigen (Die Fackel Nr. 1, April 1899)

Wer selbst den journalistischen Taglöhnern der Lüge, den Officiösen der Regierung oder des Capitalismus jedwede Schweinerei als ein geheiligtes Gewohnheitsrecht nachsehen wollte, den müsste die Heuchelei der angeblich unbefleckten

Wöchnerinnen des Zeitungswesens in Harnisch bringen. Dort, wo zu keinem Amt, keiner Finanzgruppe, ja zuweilen selbst zu keiner Meinung Beziehungen nachweisbar sind, stellt sich pünktlich die Rücksicht auf tausend gesellschaftliche Machtfactoren ein. Hat man sie nicht, so borgt man sich sie von der nächstbesten liberalen Zeitungsredaction aus, und das große Tagesblatt wird nicht verfehlen, bei jeder Gelegenheit auf die junge aufstrebende Revue hinzuweisen, die so freudig ein ansehnliches Segment seines Interessenkreises auf sich genommen hat.

So sehen wir das bischen Aufmerksamkeit, das unser Publicum nach erledigter Leibblattlectüre für bedrucktes Papier noch zu vergeben hat, in unverantwortlicher Weise allwöchentlich von Neuem missbraucht. Wer sich zum Abonnement einer Revue aufgerafft hat, fühlt sich um seine Erwartung, hier noch jene Wahrheit zu finden, die in der Tagespresse Raummangels halber ewig im „Übersatz" bleiben muss, schmählich betrogen: Statt frisch zugreifender Socialkritik und rücksichtsloser Auffassung aller Actualitäten nichts als eine hochmüthige Sachlichkeit, dazu die gangbaren politischen Radicalismen, von einem Hohn durchtränkt, der etwa nach Prossnitz zuständig ist, und einer Unentwegtheit, die nach irgendeinem freisinnigen Bezirksverein weist – und alles dies mit einer Selbstzufriedenheit vorgebracht, als ob der Völkerfrühling ein Quartalswechsel und die Machthaber die „noch rückständigen Abonnenten" wären. Ein ewiges Kokettieren mit der Correctheit einer Verwaltung, die zuweilen sogar die Aufnahme von Bankinseraten verweigert; aber die politisch und financiell so prononciert reinen Hände scheuen sich nicht, dem nächstbesten Literaturdelinquenten, wofern er nur dem bekannten „Wiener Milieu" angehört, willfähig sich entgegenzustrecken ...
(Die Fackel. Bd. 1. Kösel: München 1968, 6 f.)

Beide Texte betreffen die **Sprachkritik** im 19. Jh., von der u. a. schon in 6.4.3 die Rede war. Wir wollen uns deshalb hier mit kurzen Andeutungen begnügen.

Sprachkritik richtete sich seinerzeit, wie erwähnt, vor allem gegen den *Journalismus* und bedient sich wiederkehrender Formeln: Da wird von „Löhnlingen" oder „Taglöhnern" gesprochen, von einer „Verhunzung" der Sprache (ähnlich auch bei Nietzsche; man vgl. den frühen Gebrauch des Verbs „verhunzen" im Sinne der Redensart „auf den Hund bringen" bei Hamann und Lessing) – alles *Schimpfwörter*, derer sich nach Grimms „Deutschem Wörterbuch" die „feinere Sprache" enthält. Der Schimpf gilt aber darüber hinaus der *Kultur* überhaupt, dem Umbruch der Moderne. A. Schopenhauer kritisiert, in typisch liberal-konservativer Weise und mit elitärem Anspruch, wortreich die wachsende Unbildung sowie die Verrohung der Sitten und Verhaltensgewohnheiten nach 1848. Viel subtiler dagegen sieht K. Kraus in der *Phrase* und im journalistischen *Sprachgebrauch* eine „völlig instrumentalisierte Sprache, die aber mangels einer eigenen Gegenständlichkeit nur an sich selber interessiert ist" (H. Arntzen in Trommler 1982, 258) und das Medium an sich zur

Botschaft erhebt. So konstituiert der Journalismus verantwortungslos letztlich ein falsches Bild der Wirklichkeit, eine Welt ohne Sinn.

Aufgaben

a) Charakterisieren Sie den wertenden Stil der beiden Autoren im einzelnen und im Vergleich.
b) Klassifizieren Sie die sprachlichen Erscheinungen, gegen die sich Schopenhauer, Nietzsche oder Kraus wenden.
c) Referieren Sie (z. B. nach Heringer 1982 oder Arntzen 1982) die Entwicklung von Sprach- und Kulturkritik im 19. Jh.

6.4.4.5 Die Sprache der Politiker: Rede, Flugblatt, Plakat

a) Reichskanzler Otto v. Bismarck: Aus der Reichstagsrede vom 9. Oktober 1878

Sobald uns von socialdemokratischer Seite irgend ein positiver Vorschlag entgegenträte oder vorläge, wie sie in vernünftiger Weise die Zukunft gestalten wollen, um das Schicksal der Arbeiter zu verbessern, so würde ich wenigstens mich einer wohlwollenden entgegenkommenden Prüfung der Sache nicht entziehen und würde selbst vor dem Gedanken der Staatshilfe nicht zurückschrecken, um den Leuten zu helfen, die sich selbst helfen, – nicht die Initiative des Staates –, sondern um den Leuten zu helfen, die sich selbst helfen. Es ist das nicht mein Departement, und ich kann darauf nicht näher eingehen, ich wiederhole das nur, um die Ansichten zu bestätigen, die ich in der ersten Lesung ausgesprochen habe, nach denen ich vor 15 Jahren schon gehandelt habe, und um zu bekunden, daß ich noch, wenn nur ein ernster und positiver Antrag vorläge, der auf die Verbesserung des Looses der Arbeiter gerichtet ist, ein freundliches Entgegenkommen zeigen und ihn einer wohlwollenden und geneigten Prüfung des Reichstages und der gesetzgebenden Versammlung empfehlen werde.

Wie steht aber heute die Sache? Hier steht die reine Negation gegenüber dem Einreißen, ohne daß Jemand auch nur eine Andeutung gibt, was anstatt des Daches, das uns jetzt deckt, gebaut werden soll, wenn es niedergerissen ist. Wir befinden uns lediglich im Stadium der Untergrabung und des Umsturzes, im Stadium der Negation. Seit elf Jahren haben wir den Vorzug, mit Socialdemokraten gemeinschaftlich zu tagen; – mein Gedächtniß läßt mich vielleicht im Stiche, aber ich appellire an das eines jeden Anderen: ist Ihnen bei den langen Reden, noch länger als die, welche wir eben hörten, auch nur eine einzige in Erinnerung, wo auch der leiseste Schatten eines positiven Gedankens, eines Vorschlages über das, was künftig werden soll, über die Gestaltung, über das Programm, das diesen Herren vorschwebt, nachdem sie das Bestehende in Bresche gelegt haben ... ist Ihnen etwas Derartiges erinnerlich? Ich wäre dankbar, darauf aufmerksam gemacht zu werden. Ich kenne Nichts der Art, und ich glaube auch den Grund zu wissen, warum die Herren darüber, wie sie die Welt künftig gestalten wollen, wenn sie die Herren wären, sorgfältig schweigen: sie wissen es nicht, sie wissen in dieser Beziehung Nichts, sie haben auch den Stein der Weisen nicht. Sie können die Versprechungen niemals halten, mit denen sie jetzt die Leute verführen.

(Bravo! rechts.)

(nach H. Kohl (Hrsg.): Die politischen Reden des Fürsten Bismarck, Bd. 7, Stuttgart 1893, 277f.)

b) Flugblatt der Berliner Ausgewiesenen (November 1878)

An unsere Freunde und Parteigenossen in Berlin.

Durch Verfügung der Polizei zu Personen gestempelt, von welchen „eine Gefährdung der öffentlichen Ordnung und Sicherheit zu besorgen ist", sind wir sämmtliche Unterzeichnete aus Berlin und dessen Umkreis verwiesen.

Bevor wir dieser Verfügung nachkommen und bevor wir unsere Heimath und unsere Familien verlassen und in die Verbannung gehen, halten wir es für unsere Pflicht an Euch, Genossen, noch ein paar Worte zu richten.

Man wirft uns vor, daß wir die öffentliche Ordnung gefährden.

Genossen und Freunde! Ihr wißt, so lange wir unter Euch waren und durch Wort und Schrift zu Euch sprechen konnten, war es unser erstes und letztes Wort:

Keine Gewalthätigkeiten, achtet die Gesetze, vertheidigt aber innerhalb des Rahmens derselben Eure Rechte.

Diese Worte möchten wir Euch heute zum Abschied noch einmal zurufen und Euch auffordern, sie jetzt mehr als je zu befolgen, mag auch die nächste Zukunft bringen, was sie will.

Laßt Euch nicht provoziren!

Vergeßt nicht, daß ein infames Lügensystem in der Presse es fertig gebracht hat, uns in der öffentlichen Meinung als Diejenigen hinzustellen, welche zu jeder Schandthat fähig sind, deren Ziel nur Umsturz und Gewaltthat sein sollte.

Jeder Fehltritt eines Einzigen von uns würde für Alle die schlimmsten Folgen haben und gäbe der Reaktion eine Rechtfertigung für ihre Gewaltstreiche.

Parteigenossen! Arbeiter Berlin's! Wir gehen aus Eurer Mitte in's Exil; noch wissen wir nicht, wie weit uns die Verfolgungswuth treiben wird, aber deß seid versichert, wo wir auch weilen mögen, stets werden wir treu bleiben der gemeinsamen Sache, stets werden wir die Fahne des Proletariats hoch halten, von Euch aber verlangen wir: Seid ruhig! Laßt unsere Feinde toben und verläumden, schenkt ihnen keine Beachtung.

Weist die Versucher ab, die Euch zu geheimen Verbindungen oder Putschen reizen wollen.

Haltet fest an der Losung, die wir Euch so oft zugerufen: An unserer Gesetzlichkeit müssen unsere Feinde zu Grunde gehen.

Und nun noch ein Wort, Freunde und Genossen! Die Ausweisung hat bis jetzt mit Ausnahme eines einzigen, nur Familienväter getroffen.

Keiner von uns vermag seinen Angehörigen mehr als den Unterhalt der nächsten Tage zurück zu lassen.

Genossen! Gedenkt unserer Weiber und unserer Kinder!

Parteigenossen! Bleibet ruhig!

Es lebe das Proletariat! Es lebe die Socialdemokratie!

Mit social-demokratischem Gruß ...

(nach: Das Sozialistengesetz 1878–1890. Illustrierte Geschichte des Kampfes der Arbeiterklasse gegen das Ausnahmegesetz. Dietz Verlag: Berlin 1980, 62)

c) Wahlplakat der Christlich-Sozialen Partei (1903)

Wahlaufruf.

Zu den Waffen! Am 16. Juni finden die Reichstagswahlen statt. An den deutschen Reichstagswählern liegt es, mit dem Stimmzettel in der Faust eine Aenderung der trostlosen und unhaltbaren Zustände in Deutschland anzubahnen und den energischen Willen kundzugeben, daß unser Volk aus den Klauen des Kapitalismus, des internationalen Ausbeutertums gerettet und die Ketten gesprengt werden, mit welchen das Judentum und dessen Dienstmann, „der Judenliberalismus". in schmählicher Gemeinschaft, mit allen Mitteln der Hinterlist und feigen Grausamkeit unser Volk gefesselt.

Wer noch ein Freund des vaterländischen Bodens, deutscher, christlicher Kultur ist, und wer nicht zugeben will, daß Deutschland zum Versuchskarnikel freihändlerischer, sozialdemokratischer und internationaler Phantasten und Theoretiker herhalten soll, wem es darum zu tun ist, die schaffenden Stände vor dem nahestehenden, vollkommenen Ruin zu retten, wer der reellen, nationalen und produktiven Arbeit den gebührenden Lohn sichern will, der kann nur den Kandidaten der **christlich-sozialen Partei** seine Stimme geben.

Katholiken und Protestanten! Vereinigt euch in brüderlicher Liebe gegen den Todfeind des Deutschtums, den Judenkapitalismus und die asiatische Geldmoral! Zeigt den Mut des stolzen Germanen, indem Ihr Alle, die Ihr unter der **skrupellosen** Konkurrenz des Judentums und der **furchtbaren Geißel des Großkapitals** leidet, am 16. Juni für diejenige Partei eintretet, von welcher das fremde Parasitenvolk mit **Entschlossenheit und nach Gebühr** bekämpft wird.

Christlich-sozial muß jeder Arbeiter, Bürger und Bauer, jeder Künstler, Litterat und Lehrer, jeder Richter, Offizier, Arzt und Rechtsanwalt, jeder Staatsbeamte und Bedienstete, Kaufmann und Handwerker, jeder Kleriker, Philosoph und Forscher sein, der arischen Blutes ist und der seine Muttersprache und seine **Heimat** liebt!

Nieder mit allen Schwächlingen und Humanitätsduselern, die dem Freiheitskampf des deutschen Volkes hinter dem Ofen zusehen wollen!!

Nieder mit denjenigen Parteien, welche zur **Schutztruppe des Judentums** herabgesunken, mit derselben in **volksverräterischen** Beziehungen stehen oder **liebängeln**!!

Nehmt Euch **Alle** ein Beispiel an dem **Heldenmut** der **Christlich-sozialen Wiens** und deren Feldherrn, und sorgt dafür, daß von den Frauentürmen Münchens am 16. Juni das **christlich-soziale** Banner weht!

Zu den Waffen!

(aus: Fr. Arnold (Hrsg.): Anschläge. München 1963, 13)

Im 19. Jh. entbrennt mit aller Macht ein *Kampf um die öffentliche Meinung,* der zu einer ständig wachsenden Frontenbildung und zur ideologischen Verhärtung führt. Mit Recht hat Polenz (1978, 164) bemerkt, daß hier ein düsteres Kapitel im Bereich von „Sprache und Politik" beginnt, das die „Sprache des Dritten Reiches" erst ermöglichte. Es ist geprägt von zunehmender *politischer Polemik,* von der mehr oder weniger offenen Verteufelung des politischen Gegners.

a) Anfänge dazu sind schon sichtbar in *Bismarck*s geschliffener Reichstags-Rhetorik, die Bebel oder Liebknecht „Untergrabung", Umsturz und überhaupt unrealistisches, unpolitisches Denken bescheinigt. In der ersten Lesung des Sozialistengesetzes (17. 9. 1878) rückte Bismarck die Opposition sehr geschickt in die Nähe der „Mörder und Mordbrenner" der französischen Kommune mit ihrem „Evangelium"; und er sprach dort von „socialdemokratischen Elementen". Wirksam in unserem Text ist vor allem, eingebettet in bildungsbürgerliche Höflichkeitsfloskeln, die verhaltene *Metaphorik* („leiseste Schatten", „vorschwebt", „in Bresche gelegt").

b) Von Empörung und ohnmächtigem Zorn getragen sind dagegen die *Abschiedsworte der Betroffenen.* Sie bedienen sich aber gleichwohl aus einem Arsenal der politischen *Übertreibung* („Verbannung", „infames Lügensystem", „Verfolgungswuth"), das bereits Radike in seinem „Lehrbuch der Demagogie" (1848) notierte (treffende Beispiele daraus bei A. Langen 1957², 1275). Der *Appellcharakter* des Flugblatts wird durch Schlagworte, Satzgliederung, Aufbau und Drucktechnik unterstützt.

c) Ein bedrückendes Sprach- und Zeitdokument stellt der Aufruf der *Christlich-Sozialen Partei* (München) dar, mit seiner romantisch-völkischen, antimarxistischen und rassistischen Tendenz. Hier finden sich bereits zahlreiche Elemente der späteren NS-Sprache, die den Gegner zum Feind stempeln, in die Nähe von Ungeziefer rücken und auf sozialdarwinistischer Basis Ängste organisieren:

- *Schlagwörter* (Kapitalismus, Freiheitskampf, arisches Blut, asiatische Geldmoral u. a.);
- *Verallgemeinerungen* (Judentum, Deutschtum);
- *Metaphern* (Klauen, Geißel, Parasitenvolk, Schwächlinge).

Aufgaben

a) Beschreiben Sie die „Sprache der Gewalt" (v. Polenz) in den Beispielen, und berücksichtigen Sie dabei die jeweilige Textsorte.

b) Kennzeichnen Sie genauer die Strategien der „Aufwertung" (der eigenen Seite) und der „Abwertung" (der gegnerischen Seite, vgl. Zimmermann 1975).

c) Vergleichen Sie das Wahlplakat von 1903 mit entsprechenden Anschlägen der Weimarer Zeit und des Hitler-Regimes (Material in Arnold 1963).
d) Charakterisieren Sie die Wirkung der Simplifizierung in der politischen Sprache gestern und heute.

6.5 Deutsche Sprache von ca. 1920 bis zur Gegenwart: Zwischen Tradition und Trend

6.5.1 Einteilung und allgemeine Charakteristik

Auf den ersten Blick erscheint es unmöglich, die Zeit von 1920 bis zur Mitte der 80er Jahre im Zusammengriff darzustellen. Zu stark wirkt das Weimarer Zwischenspiel als inkongruente Übergangsphase, zu stark der Nationalsozialismus als Sonderfall und Entgleisung der deutschen Geschichte, zu stark das Jahr 1945 mit seinen politisch-sozialen Folgen als epochaler Einschnitt. Verständlich deshalb, wenn die sprachgeschichtliche Literatur durchweg zu einer **Zweiteilung** tendiert:

– Peter v. Polenz (1978) gliedert sein zentrales Kapitel „Politik und Sprache" in zwei Abschnitte: vor und nach 1945.
– Hans Glinz (in Althaus u. a. 1980[2], 609ff.) beschreibt die „Deutsche Standardsprache der Gegenwart" im wesentlichen anhand der Materialien nach 1945.
– Hugo Moser (in Besch u. a. 1985, 1678ff.) kennzeichnet die „Entwicklung der deutschen Sprache nach 1945" mit Blick auf eine „deutliche Zäsur", begründet mit der politischen Teilung Deutschlands und neuen soziokulturellen Entwicklungen.
– Joachim Schildt u. a. (1983, 685ff.) verfolgen die „Sprachentwicklung im Kapitalismus" bis zur Mitte des 20. Jhs. und charakterisieren dann, mit Verweis auf die kommunikativen Bedingungen der unterschiedlichen gesellschaftlichen Systeme, das „gegenwärtige Deutsch" beim „Übergang zum Sozialismus".
– Peter Braun (1979) betrachtet die „Tendenzen in der deutschen Gegenwartssprache" ausdrücklich als „Sprachgeschichte nach 1945", für die er die Relativierung fast aller „Sozialgebilde" und einen neuen Sprachskeptizismus reklamiert.

Einzig Hans Eggers (1978[2]) wählt für seine Darstellung zunächst den bescheiden-neutralen Titel „Deutsche Sprache im 20. Jahrhundert", wobei ihm der modische Terminus „Gegenwartssprache" nur als „vorläufiger und recht unzulänglicher Ersatz" (16) für eine Fortschreibung der herkömmlichen Epochenbegriffe dient. Indessen ist auch er der Ansicht, daß die Strukturen der Schriftsprache nach dem Zweiten Weltkrieg „sich deutlich als neuartig charakterisieren lassen" (16), daß sich in ihnen ein neuer „Zeitstil“ artikuliert. Und neuerdings (in Besch u. a. 1984, 45) hat er zum Ausdruck gebracht, daß die „dt. Sprache, wie sie sich seit etwa 1950 darstellt, nach zwölf Jahrhunderten in ein neues, fünftes Stadium der Entwicklung eingetreten ist“.

Kein Zeitgenosse wird nun verkennen wollen, wie stark Sozial- und Bewußtseinsveränderungen nach 1945 unser gegenwärtiges Sprachbild und unseren augenblicklichen Sprachgebrauch bestimmen. Der Abstand von diesem Einschnitt erscheint jedoch zu gering, um die folgenden Entwicklungen endgültig einschätzen und beurteilen zu können. Auch darf nicht übersehen werden, daß sowohl in der BRD wie auch in der DDR mancherlei Einflüsse wirksam sind, die auf die Weimarer Republik bzw. die faschistische Periode zurückverweisen. Wir nennen hier vorläufig einmal fünf für die heutigen Sprachstrukturen wichtige **Tendenzen**, die den Erfahrungen der älteren Generation entsprechen und wohl ebenfalls von den Jüngeren nachvollzogen werden können:

- die Pluralisierung der Gesellschaft,
- die Ideologisierung der Politik,
- die Internationalisierung und Ökonomisierung des Denkens,
- die Technisierung des Alltags,
- die Popularisierung von Wissen.

Sie alle hängen eng mit übergreifenden Problemen einer modernen *Massengesellschaft* im Spannungsfeld zwischen Demokratie und Diktatur zusammen, die schon in den zwanziger und dreißiger Jahren ein allgemeines *Krisenbewußtsein* erzeugten, das später (im Zeichen von Atomkraft und zweiter industrieller Revolution) noch verschärft worden ist. So hat auch Admoni (in Besch u. a. 1985, 1553) zur Periodisierung angemerkt, daß sich „alle Erscheinungen, die in extremaler Zuspitzung nach 1945 auftreten, in gemäßigter Form bereits um 1900“ anmeldeten.

Wir berücksichtigen diesen Grundgedanken, indem wir im folgenden den Schwerpunkt unserer Betrachtung auf das *heutige Deutsch* nach 1945 legen, es aber in enger Beziehung zu den voraufgehenden Jahrzehnten darstellen.

6.5.2 Zur politisch-sozialen und geistigen Situation der Zeit

Es soll hier nicht der Versuch unternommen werden, die politische, soziale oder wirtschaftliche Entwicklung der Jahre nach 1920 zu skizzieren. Daten und Ereignisse sind bekannt, zumal die Auswirkungen der *Schicksalsjahre* 1933, 1945 bzw. 1949 oder 1961/1968 für die deutsche Geschichte. Sie offenbaren die *Instabilität* der Verhältnisse, den raschen *Wechsel*, das *Schwanken* zwischen den Systemen, zwischen Restauration und Revolution, zwischen Konjunkturen und Krisen, zwischen Individualismus und Kollektivismus, zwischen Hoffnung und Resignation.

Wichtiger erscheinen uns als Basis für sprachgeschichtliche Betrachtungen die Reflexe der äußeren Vorgänge in der *kulturkritischen Diskussion.* Diese artikuliert lange vor 1933 und verstärkt wieder nach 1945 das erwähnte **Krisenbewußtsein,** das sich vor allem mit dem Schlagwort von der *„Masse“* verbindet.

Schon GUSTAVE LE BON sprach 1895 vom „Zeitalter der Massen“, welche keiner vernünftigen Überlegung fähig sind und, in triebhafter Erregbarkeit und Leichtgläubigkeit, die Pöbelherrschaft herbeiführen helfen. Die *Masse* bedeutet dabei das Gestaltlose, Amorphe, Heterogene, gefährlich Verführbare. Um 1930 findet sich dieser Leitgedanke allenthalben in der *konservativen Kulturkritik.* So beobachtet ORTEGA Y GASSET (1930/1956, 7) das „Heraufkommen der Massen zur vollen sozialen Macht“. Die „brutale Herrschaft“ der Massen „vernichtet alles, was ausgezeichnet, persönlich, eigenbegabt und erlesen ist“. In Zeiten der modernen „Hyperdemokratie“ gelingt es ihnen, „ihre Stammtischweisheiten durchzudrücken und mit Gesetzeskraft auszustatten“ (Ortega 1956, 12). Überall sind Egalisierung und Primitivismus auf dem Vormarsch (ein Schreckbild schon für Egon Friedell 1927!); sie bestimmen die gegenwärtige Zivilisation und ersticken jede Kultur, die im Grunde stets aristokratischwerthaft ist. Ausdrücklich bezieht sich Ortega dabei auf die pessimistische Kulturphilosophie OSWALD SPENGLERS (1922): Der Kulturzerfall heute macht den Menschen geist- und geschichtslos, unterwirft ihn der Diktatur des Erfolgs, des Geldes, der Maschine.

Im Todesjahr Le Bons erschien dann eine berühmte Abhandlung von KARL JASPERS, „Die geistige Situation der Zeit“, in der die „Krise der gegenwärtigen Daseinsordnung“ auf einen *Substanzverlust* durch die „Zweckhaftigkeit bloßer Daseinsinteressen“ (Jaspers 1931/1955, 76) und den *Verfall* im „Prozeß der Nivellierung“ (77) sowie in der „Konsolidierung des riesenhaften Apparates der Massenordnung“ (36) zurückgeführt wird. Jaspers, der sich ebenfalls explizit auf Le Bon bezieht, sieht seine Sicht im Vorwort zur Neuausgabe 1946 durch die Ereignisse der Hitlerzeit bestätigt. Und er vertieft seine Kritik 1949 in dem Buch „Vom Ursprung und Ziel der Geschichte“. Das *Volk,* orientiert an Werthierarchien und Gliederungen, wird zunächst zum *Publikum,* in dem es noch „öffentliche Lebendigkeit“ gibt. Die Situation erzwingt aber dessen Verwandlung in *Masse;* und Masse ist „die Weise des Daseins in der Auflösung des Menschseins“ (Jaspers 1949/1955, 126).

In den angeführten frühen Äußerungen des Krisenbewußtseins schlägt sich die tiefe Beunruhigung durch *quantitative* und *qualitative* Veränderungen als Folge der *industriellen Revolution* nieder:

- *quantitativ* die enorme Zunahme der Bevölkerung (in Europa von 174 Millionen im Jahre 1800 auf 403 Millionen im Jahre 1900 und schließlich 571 Millionen im Jahre 1941);
- *qualitativ* die „Auflösung der überlieferten Werte" (Jaspers) sowie der gewachsenen Sozial- und Herrschaftsformen.

Solche Prozesse werden seit 1920 auch zum Gegenstand der neuen **Sozial- und Politikwissenschaften,** deren Ergebnisse und Denkmodelle unser Bewußtsein bis heute nachhaltig prägen. Dies sei kurz skizziert in Verbindung mit Forschungen und Schlüsselbegriffen, die das Phänomen der Masse differenzierter zu erfassen versuchen.

Die Untersuchung sozialer Schichtungen operiert seit P. A. Sorokin (1927ff.) mit dem Begriff der gesellschaftlichen *Mobilität.* Unter *horizontaler Mobilität* wird dabei ein Bereichswechsel verstanden, wie er in den Wanderungsbewegungen vom Land in die Stadt bis 1939 und wieder nach 1945, vom Osten in den Westen seit 1941 durch Deportation und Vertreibung, von den Randländern Europas nach 1960 in die westlichen Industriestaaten (Immigration von Arbeitskräften) beobachtet werden kann. *Vertikale Mobilität* meint dagegen den Positions- und Statuswechsel (Aufstieg und Abstieg) durch veränderte Produktions- und Erwerbsverhältnisse, die eine Gruppen- und Schichtdurchlässigkeit erzwingen. Das Ergebnis ist heute eine nivellierte Mittelstands- und Erwerbsgesellschaft, in der die Zahl der Selbständigen allerdings zunehmend sinkt (Ausweitung großbetrieblicher Wirtschaftsformen nach 1920; deren Konzentration nach 1950). Oft ist bemerkt worden, daß es sich in der BRD eher um eine „gebremste Mobilität" (Baumanns/Grossmann 1969, 50ff.) handelt, so daß soziale Gegensätze und mit ihnen ein Konfliktpotential erhalten blieben (vgl. auch Fischer 1986, 65ff.).

In die *Kritik der spätkapitalistischen Industriegesellschaft* hat zunehmend der Begriff der *Entfremdung* Eingang gefunden, den schon Karl Marx in den „Ökonomisch-philosophischen Manuskripten" (1844) aus der Analyse der Lohnarbeit entwickelte: Entfremdete Arbeit mit ihrer „Verwertung" und „Verdinglichung" zerstört das natürliche Verhältnis des Menschen zu Sachen und Tätigkeiten, zu seinem eigenen Wesen und anderen Menschen. J. Habermas (1963), E. Fromm (1964/68 et passim) oder H. Marcuse (1967, 1969) haben schon früh zu zeigen versucht, wie über den ursprünglichen Bereich der Arbeit hinaus die wachsende Entfremdung des Menschen im Konsum- und Freizeitleben sichtbar wird, wie sie soziale Bindung und Identitätsfindung verhindert.

In der *soziologischen System- und Strukturanalyse* wird seit T. Parsons (1937) und R. K. Merton (1938) der *Anomie-Begriff* reflektiert, den bereits Emile Durkheim in seiner Untersuchung über die Arbeitsteilung (1893) eingeführt hatte. Anomie, also Gesetz- und Zügellosigkeit, bezeichnet hier den Zusammenbruch des sozialen Systems durch das Fehlen klarer Orientierungswerte und Rollenanweisungen (vgl. u. a. Dreitzel 1968). *Anpassung,* als Voraussetzung zum Überleben, wird in einer schlecht integrierten Gesellschaft unmöglich gemacht; es kommt zum Zustand der Normlosigkeit, eben der Anomie, der nur durch „abweichendes Verhalten" (Merton), z. B. Rebellion, kompensiert werden kann.

Sozialpsychologische Studien haben sich unter dem Eindruck des Kriegsgeschehens dann eher den Begriffen *Agression* und *Destruktion* zugewandt, die aus S. Freuds Triebtheorie (1915) und Zeitanalyse („Das Unbehagen in der Kultur", 1930!) entnommen wurden. Aggression, vom Neo-Instinktivismus (K. Lorenz 1963) als angeboren bzw. phylogenetisch programmiert betrachtet und vom Neo-Behaviorismus (B. F. Skinner 1953) mit sozialer Konditionierung und Verhaltensformung erklärt, wird von E. Fromm („Anatomie der menschlichen Destruktivität" 1973/74) differenziert auf die spezifischen Bedingungen der modernen Existenz zurückgeführt, die den menschlichen Charakter als „zweite Natur" prägen. Destruktivität und Grausamkeit, wie sie sich zu Kriegszeiten im „Sadismus" Stalins oder Himmlers und in der „Nekrophilie" Hitlers äußerten, hängen also eng mit dem pathologischen Zustand der heutigen Gesellschaft zusammen. Ihre Motoren sind im Grunde Willensschwäche und Lebensangst.

Wissenssoziologie und **Politikwissenschaft** schließlich thematisierten die Zusammenhänge zwischen Ideologie und Gesellschaft. Schon K. Mannheim hatte 1929 *Ideologie* und *Utopie,* als zwei Weisen „seinstranszendenter Vorstellungen", in den Kontext der sozialen Entwicklung und des politischen Kampfes gestellt. Ideologie meint bei ihm die partielle oder totale Interpretation der Wirklichkeit und dient als Motiv subjektiven Handelns; Utopien sind, wie alle Wunschprojektionen, prinzipiell und erklärtermaßen nicht zu verwirklichen, transformieren aber gerade dadurch das gesellschaftlich-historische Sein. In Europa vollzieht sich nun gegenwärtig „der völlige Abbau der Seinstranszendenz" (Mannheim 1978[6], 219), eine „Destruktion aller spirituellen Elemente" (220), so daß eine neue „Bewußtseinslage" entsteht: Ideologische wie utopische Gehalte werden auf die sozialökonimische Ebene hin relativiert; totale Ideologie als „falsches Bewußtsein" (Marx) synthetisiert die „unendliche Mannigfaltigkeit der Welt" (63) und bezeichnet nurmehr die „Irrealität des gegnerischen Denkens" (66). Das „Verschwinden der Utopie bringt eine statische Sachlichkeit zustande, in der der Mensch selbst zur Sache wird" (225).

Ähnlich spricht K. D. Bracher (1982) heute von einem „Jahrhundert der Ideologie", das dem allgemeinen „Bedürfnis nach Orientierung und

Sicherheit" durch die „Tendenz zu einer extremen Vereinfachung komplexer Realitäten" (17) begegnet und dadurch Ideen wie Freiheit oder Gleichheit zu politischen Zwecken funktionalisiert.

Mit diesen Bemerkungen sind wir in der unmittelbaren Gegenwart angelangt und in der Lage, die *Verschärfung des Krisenbewußtseins* zu charakterisieren. Schon zahlreiche Buchtitel offenbaren die wachsende **Gesellschaftskritik:** „Deformierte Gesellschaft?" (Baumanns/Grossmann 1969), „Die verantwortungslose Gesellschaft" (Ortlieb 1971), „Die freudlose Gesellschaft" (Syberberg 1981), „Die Therapie-Gesellschaft" (Kursbuch 82/1985). In den fünfziger Jahren dominiert noch die konservative Warnung oder die Klage (so auch bei Sedlmayr 1948, Freyer 1955 und Schelsky 1957). An ihre Stelle tritt später zunehmend das Gefühl einer massiven Bedrohung menschlicher Existenz überhaupt; die Krisenmetapher wird ersetzt durch die Formel von der nahenden Katastrophe. Sehr deutlich bringt dies die **Fortschrittskritik** der siebziger Jahre zum Ausdruck:

- im Lagebericht „Die Grenzen des Wachstums" des Club of Rome (1972), bezogen vor allem auf Technologie und Ökologie;
- in den „Acht Todsünden der zivilisierten Menschheit" von K. Lorenz (1972), z. B. „Verwüstung des Lebensraumes", „Wärmetod des Gefühls", „Genetischer Verfall";
- in der zeitcharakterologischen Studie „Haben oder Sein" von E. Fromm (1976);
- in der geschichtlichen Anthropologie „Der Garten des Menschlichen" von C. F. v. Weizsäcker (1977): Das „naturwissenschaftlich-technische Zeitalter" offenbart die „Ambivalenz des Fortschritts" (z. B. in Hungerkatastrophen, Umweltzerstörung).

So konnte dann J. Habermas 1979 („Stichworte zur ‚Geistigen Situation der Zeit'") als „zeitsymptomatische Erscheinungen" typische Formen von Protest und Konflikt diagnostizieren: Der *Protest* artikuliert sich in sozialen Bewegungen (ökologische Bewegung, Alternativbewegung, feministische Bewegung, autonomistische Bewegungen); *Konflikte* verschieben sich ins „Private und Psychische" (Suchtphänomene, Jugendkriminalität). Auch die „Fluchtburgen" des linken oder rechten Dogmatismus, des Traditionalismus, des neuen Rationalismus oder des Subjektivismus können nicht überdecken, daß es zu einer wachsenden „Verödung der kommunikativen Kapazitäten der Lebenswelt" kommt (Habermas 1979, Bd. 1, 27).

Nirgends zeigen sich solche Tendenzen wohl deutlicher als im schrankenlosen, „klassenübergreifenden" *Konsumismus* (Pasolini) und im frontenbildenden *dichotomischen Denken* (Freund-Feind; West-Ost), das Dialog und Diskurs verweigert. Auch Lösungsangebote („Revolution",

„Normalität", „Kritische Rationalität", „Kommunikation", „Kommunikatives Handeln") haben für viele heute nur Alibifunktion und *Fetischcharakter* (vgl. etwa Helms 1969, Held 1973, Feyerabend 1980). Kennzeichnend für die achtziger Jahre wird damit das Gefühl einer „gesellschaftlichen Frustration" (Pasolini). Es äußert sich aktional im internationalen *Terrorismus* und im *Drogenkonsum,* intellektuell in kulturkritischer *Verweigerung* (N. Postman: „Das Verschwinden der Kindheit", 1982, „Wir amüsieren uns zu Tode", 1985; P. Watzlawick, „Anleitung zum Unglücklichsein", 1983) oder in spielerischen *Zynismen* zur „Psychosomatik des Zeitgeistes" (P. Sloterdijk, „Kritik der zynischen Vernunft", 1983).

6.5.3 Fakten und Faktoren der Sprachentwicklung

Die dargestellten Tendenzen beeinflussen heute auf vielfältige Weise Sprache und Bewußtsein. Vor allem die *Mobilität* der Bevölkerung und der Sog der *Massenmedien* haben die sozialen und kommunikativen Verhältnisse im 20. Jh. entscheidend verändert. Seit den fünfziger Jahren versucht nun die Sprachwissenschaft, die entstandenen sprachlichen Formen deskriptiv zu erfassen und aus spezifischen Kontexten zu erklären. Dabei vollzog sich zwangsläufig ein **Paradigmenwechsel**: Die *strukturalistische Betrachtung* (in der Nachfolge von de Saussure oder Chomsky) und die *klassifikatorische Semiotik* (etwa bei Morris) wurde abgelöst durch interdisziplinäre *Bindestrich-Linguistiken,* welche sprachinterne und sprachexterne Faktoren in eine neue Beziehung brachten:

- die *Psycholinguistik* (mit Untersuchungen über das Verhältnis von Sprache und Denken, z. B. zum Spracherwerb);
- die *Soziolinguistik* (mit Untersuchungen zum Verhältnis von Sprache und Gesellschaft, z. B. Sprache und soziale Schicht);
- die *Pragmalinguistik* (mit Untersuchungen zum situations- und funktionsbedingten Sprachgebrauch, z. B. in Sprechhandlungen);
- die *Historiolinguistik* (mit Untersuchungen zu den Grundlagen sprachlichen Wandels, z. B. bei semantisch-lexikalischen Elementen).

Diese Untersuchungsansätze berühren und ergänzen sich. Sie haben auch trotz mancher Irrwege (man denke an die Defizithypothese Bernsteins oder die Sprachbarrierendiskussion der siebziger Jahre) neue *Perspektiven der Sprachanalyse* erschlossen, die in die folgende Übersicht einfließen. Parallel und oft im Kontrast zu den Sprachwissenschaften bildete sich zudem eine neue *Sprachkritik* aus, die sich umfassend mit der Sprachkrise der Gegenwart beschäftigt und deren Ergebnisse ebenfalls zu berücksichtigen sind.

6.5.3.1 *Standardsprache und Sondersprachen*

Die Standardsprache als durchschnittliche Sprech- und Schreibsprache des „Normalverbrauchers" (Glinz in Althaus u. a. 1980, 610) ist heute geprägt von zahlreichen, oft divergierenden Einflüssen aus regionalen, sozialen und funktionalen Sondersprachen, so daß zu ihrer Beschreibung das alte, vornehmlich am Kriterium der Reichweite orientierte *Dreischichtenmodell* (Hochsprache, Umgangssprache, Dialekt, vgl. S. 185 f.) allein nicht mehr ausreichend erscheint. Zwar findet sich der Begriff **„Umgangssprache"** nach wie vor in fast allen Darstellungen der deutschen Gegenwartssprache (siehe etwa Schildt 1983, 430ff.; Braun 1979a, 118ff.). Auch werden auf verschiedenen Ebenen die Besonderheiten der Umgangssprache charakterisiert (z. B. Interjektionen, Verkürzungen, Vereinfachungen grammatisch-syntaktischer Art, Allerweltswörter, Betonungen). Eine umfangreiche Liste solcher Wörter und Wendungen hat P. *Braun* (1979a, 123ff.) zusammengestellt. Einige Beispiele:

– abhauen, abknöpfen, abmurksen, aufrappeln, berappen, blaumachen, dünnmachen, durchdrehen, flötengehen, hinunterschlucken, kaltmachen, verschüttgehen, versohlen, vorknöpfen, zuschanzen;
– Balg, Dämelack, Ekel, Hungerleider, Knilch, Lokus, Schlammassel, Schrieb, Schwatz, Schwips, Schwof, Tratsch;
– das Hasenpanier ergreifen, etwas satt haben, die Nase voll haben, eine Stippvisite machen, übergeschnappt sein, einem eins übergeben, etwas verbraten, den Mund zu voll nehmen etc.

Doch gerade *Redensarten* wie „eine Lippe riskieren", „über die Hutschnur gehen", „die Kurve kratzen" oder „aus einem Furz einen Donnerschlag machen" zeigen, wie stark Umgangssprache heute aus verschiedenartigen sozialen Quellen gespeist wird und als Muttersprache zweiter Ordnung mit recht unterschiedlichen Konnotationen belastet ist. Zudem kann trotz landschaftlicher Besonderheiten (z. B. „komm nach/bei meine Omma", „offenmachen" neben „aufmachen", „zugange sein" im rheinisch-westfälischen Raum) von einer *Entregionalisierung* der Umgangssprache gesprochen werden. Dieser Prozeß betrifft ebenfalls die Dialekte, die an die Stelle der früheren großräumigen Umgangssprachen getreten sind (vgl. etwa die „Sprachhefte" des Verlages Schwann-Bagel). So rückt bei ihrer Betrachtung die Art bzw. die Funktion der Sprachverwendung (mündliche Kommunikation, Affektbetonung, Gruppenkontakt, „Medium der Entlastung"; vgl. Braun 1979a, 118) in den Vordergrund. Entsprechend bezeichnet U. *Bichel* (in Althaus u. a. 1980, 381) die Umgangssprache als eine *Sprachvarietät*, deren Extremfall die Mundarten darstellen. Und er beschreibt die „deutsche Gesamtsprache als ein Gefüge von primär pragmatisch determinierten Gruppensprachen". In diesen bilden sich *gebrauchsorientierte Regeln* heraus, die eher mit einem *soziolinguistischen Normbegriff* („Kommunikationsnormen", „kommunikative Adäquatheit") als mit einem engen linguistischen Differential erfaßt werden können (vgl. dazu vor allem Gloy in Althaus u. a. 1980, 364f.). Wir betonen diese *pragmatische Komponente,* wenn wir uns dem Einfluß von Sondersprachen auf die Standardsprache zuwenden.

Unter *Gruppen- oder Sondersprachen* verstehen wir zunächst in einem weiteren Sinne alle sozial- und sachgebundenen Sprachvarianten (vgl. Bußmann 1983, Lewandowski 1985[4]). Zu unterscheiden wäre dann aber

– der Einfluß der sozialen Kommunikation;
– der Einfluß der Fachkommunikation.

Sozialgebundene Sprachvarietäten (Soziolekte, Dialekte) entstehen durch spezifische Arbeits- und Lebensbedingungen einer Gruppe, die zu einer sprachlichen Sonderung führen. Die Wir-Gruppe mit ihrem festen Rollengefüge bietet die Möglichkeit zur *Abgrenzung* nach außen und zur *Solidarisierung* nach innen. Extraverbale Faktoren (Kleidung, Haartracht, Freizeitverhalten) demonstrieren diese Absonderung ebenso wie die sprachlichen Gruppennormen. Ein derartiger *Gruppenjargon* zeichnet sich nach D. Möhn (in Althaus u. a. 1980, 386f.) vor allem durch Neuschöpfungen, Metaphernreichtum, spezifische Flexions- und Wortbildungsmuster aus, aber auch durch Reduktion gemeinsprachlicher Strukturen („restricted codes"). So entstehen „Kontrasprachen" (Bausinger) mit bildhaft-kreativem und stark emotionalem Charakter, die durchweg eine „Attitüde der Kritik" gegenüber der „Attitüde der Konformität" (Hartig 1986, 227) in der anerkannten Kultur zum Ausdruck bringen. Ein frühes Beispiel dafür ist das bis ins 13. Jh. zurückreichende, jiddisch-zigeunerisch angereicherte *Rotwelsch* (Bettler- und Gaunersprache), aus dem viele Elemente in die *Knastsprache* und in die heutige *Alltagssprache* übergegangen sind, wie die folgende Gegenüberstellung (nach Puchner 1974, 6f.) erweist:

Der ist ganz im Eimer.	jidd. emo Furcht
Der hat an Sylvester mit der kessen	kess: Anfangsbuchstabe von jidd. kochem klug
Biene, die du auch duft fandst,	zig. pen Schwester, jidd. tow gut
geschickert, bis ihm der Stoff aus	jidd. schickern trinken
den Kürbiswedeln floß, vorgestern	dt. Kappes Kohlkopf zu lat. caput Kopf
und gestern blau gemacht, jetzt ists	jidd. belo ohne, rw. blau nicht, nichts (blauer Brief etc.)
mit dem Schinagl Essig, er hat	schin: Anfangsbuchstabe von jidd. schofel schlecht,
einen blauen Brief bekommen,	

	jidd. agole Wagen (Schubkarren); jidd. hesek Schaden
die Schickse ist ihm auch flöten gegangen, hat ihn aber erst ordentlich	jidd. schicksel Nichtjüdin, zu jidd. schekez Greuel, vgl. Scheich; jidd. pleite fort, vgl. Pleitegeier „Fortgeher"
auf die Schippe genommen,	jidd. chiba Liebe, „süße Tour"
und gezastert hat er wie meschugge,	zig. saster Eisen, jidd. meschuggo verrückt
jetzt hat ers Schlammassel, ich hab	dt. schlimm + jidd. masol Stern, Glück, vgl. Massel jidd. chole krank, also Tautologie
ihm wie einem kranken Gaul zugeredet, jetzt hat er einen Mords-	zig. morsch Hengst, Mann; dt. verstärkende Vorsilbe
bammel wegen Moos und Polypen.	jidd. baal emo Furchtsamer, vgl. Eimer, jidd. moess Geld (Mäuse); dt. Poli + jidd. pe, Anfangsbuchstabe von Peizaddik Polizei.

Bis ins 20. Jh. reicht der Einfluß der Studenten- und Pennälersprache (vgl. Henne/Objartel 1984):

anpumpen, berappen, burschikos etc.; Bude, büffeln, pauken.

Produktiv wurde im Umkreis der beiden Weltkriege dann die *Soldatensprache*:

Etappenschwein, Latrinengerücht, Schlunz (für Lazarett), türmen, abhauen (für fliehen), zackig (für straff); kalte Füße haben (für Angst haben), den Kanal voll haben (für leid sein).

Das gegenwärtige Deutsch wird vor allem lexikalisch-semantisch angereichert

- aus der Gruppensprache der *„Neuen Linken"*: Establishment, Systemveränderung, Monopolkapitalismus, US-Imperialismus, Sit-in;
- aus der Gruppensprache der *Alternativbewegung*: Demo, AKW, instandbesetzen, Realo, Öko-Freak, Öko-Trip, Fundi, Sponti;
- aus der *Arbeitersprache*: Maloche, Kumpel, klarkommen, krankfeiern;
- aus den *Jugend-* und *Szenensprachen*: geil, scharf, fetzig, galaktisch, cool, ätzend; beknackt, abgewichst, abgefuckt, angepunkt; geldmäßig, jobmäßig, sahnemäßig, checken, raffen, anpowern, ausflippen, aufreißen, angraben, anmachen, rummotzen, abschnallen; Tussi, Disco-Torte, Drogen-Freak, Grufti, Softi; Zweierkiste etc. (vgl. Hoppe 1984, Müller-Thurau 1985; Beispiele aus der DDR bei Schildt 1983, 448).

Für den hohen Bekanntheitsgrad solcher Ausdrücke sowie die zahlreichen Übernahmen in die Gemeinsprache dürfte u. a. deren Öffnung für die gesprochene Sprache überhaupt, der spielerisch-lockere Umgang mit Inhalten, die Auflösung von Tabus und präskriptiven Normen auch in der Erwachsenenkultur sowie der aktuell-modische Charakter verantwortlich sein. Jugendsprachen oder andere Gruppensprachen stellen sich jedenfalls heute nicht mehr als Geheimsprachen dar; Medien und Werbung vermitteln zwischen ihnen und der Standardsprache.

Sachgebundene Sprachvarianten (Funktiolekte) dienen „in erster Linie der Kommunikation innerhalb von im weitesten Sinne technisch und wissenschaftlich orientierten Handlungs- und Arbeitssystemen" (v. Hahn in Althaus u. a. 1980, 390). In ihrer strengsten Form, der *Theorie-* oder *Wissenschaftssprache*, ist eine hohe Abstraktion, Formalisierung und Normierung sowie die Ordnung monoreferentieller und situationsunabhängiger *Termini* in *Nomenklaturen* zu beobachten. Zwei Beispiele:

Hypophysennahe Kerngebiete des Hypothalamus geben tonisch und pulsatil Neurohormone ab, die als Dekapeptide identifiziert werden und inzwischen auch synthetisiert worden sind (Medizin; Gynäkologie).

Um für eine Logik von Ereignissen und Handlungen Schlußregeln, Bedeutungspostulate, pragmatische Implikationen oder Präsuppositionen zu finden, muß der Widerspruchstest auf Ereignisbeschreibungen und Handlungsbeschreibungen angewandt werden (Linguistik; Texttheorie).

Hier wird deutlich, daß Wissenschaftssprachen in unterschiedlicher Weise Elemente der Standardsprache aufnehmen und *terminologisieren*. Umgekehrt findet bei der Rückführung von Fachausdrücken in die Gemeinsprache eine *Determinologisierung* statt, da sie dann in einen Alltagszusammenhang geraten. Beispiele aus typischen Bereichen:

Technik: Scheibenwischer, Pedal, Getriebe, Gang, Differential, Nockenwelle, Querlenker-Hinterachse etc. (Autoproduktion)
Wirtschaft: Marktwirtschaft, Marktlücke, Zuwachsrate, Investition
Politik: Tarifautonomie, Ecklöhne, Lastenausgleich, Gesamthochschule, öffentliche Hände
Medizin: Herzinfarkt, Kreislaufstörung, Hirntumor, Krise, chronisch
Geisteswissenschaft: Erkenntnis („die Erkenntnisse der Polizei"), Philosopie („die Philosophie des Konzerns"), Kommunikation, Interaktion
Sport: Abseits, Dribbling, Foul, Libero etc.

Hingewiesen sei an dieser Stelle auch auf den hohen Anteil von *Verben* und *Redensarten* in der Standardsprache, die aus technischen Fachsprachen stammen bzw. abgeleitet sind:

- bremsen, entgleisen, abdampfen, absaugen, abspalten, abfahren, einschalten, umschalten, leerlaufen;
- den Anschluß verpassen, unter Druck stehen, unter Dampf stehen, Sand im Getriebe haben, auf Touren bringen, auf Draht sein, eine lange Leitung haben, auf gleicher Wellenlänge liegen.

Um derartige Prozesse des Übergangs bzw. des Austauschs genauer erfassen zu können, sind von verschiedener Seite *Schichtengliederungen* vorgeschlagen worden. So unterscheidet W. v. Hahn (in Althaus u. a. 1980, 391f.) im Anschluß an Möhn (1968) neben der *Theoriesprache* noch die *fachliche Umgangssprache* („Werkstattsprache"; Fachjargon) mit gemeinsprachlichem Einfluß und einer sozialen Komponente im Sprechakt sowie die technisch-industrielle *Verteilersprache* (mit populärwissenschaftlicher und werblicher Orientierung). Die letztere stellt die eigentliche Nahtstelle zwischen Fachsprache und Standardsprache dar. Ähnlich teilte schon W. Schmidt (1969, 19f.) den Fachwortschatz ein in Termini, Halbtermini und Fachjargonismen. Nach dem Abstraktionsgrad und dem Kommunikationskreis entwickelte L. Hoffmann (1976, 184ff.) ein idealtypisches *Fünf-Schichten-Schema:*

(1) Sprache der theoretischen *Grundlagenwissenschaften* (höchste Abstraktionsstufe und Formalisierung; Wissenschaftler als Kommunikationsteilnehmer);
(2) Sprache der *experimentellen Wissenschaften* (künstliche Symbole für Elemente, natürliche Sprache für Relationen; Wissenschaftler und Techniker als Kommunikationsteiln.);
(3) Sprache der *angewandten Wissenschaft und Technik* (natürliche Sprache mit sehr hohem Anteil an Fachtermini; Wissenschaftler und Leiter der materiellen Produktion);
(4) Sprache der *materiellen Produktion* (natürliche Sprache mit hohem Anteil an Fachtermini; Leiter und Facharbeiter der materiellen Produktion);
(5) Sprache der *Konsumtion* (natürliche Sprache mit einigen Fachtermini und ungebundener Syntax, zahlreichen Jargonismen und niedriger Abstraktionsstufe; Vertreter der materiellen Produktion und des Handels, Konsumenten).

In diesem Modell kennzeichnet der Sprachtyp (3) den Übergangsbereich zwischen Fachsprache und Gemeinsprache. Seine Kommunikationsteilnehmer sorgen mit ihrem sozialen Ansehen dafür, daß Wissenschaft und Technik einem breiten Publikum als fortschrittsrelevant erscheinen und Fachausdrücke determinologisiert in die Sprache der Konsumtion übergehen.

Insgesamt verdeutlicht der Blick auf die sondersprachlichen Einflüsse in der deutschen Gegenwartssprache einige auffallende **Tendenzen**:

- die Tendenz zum *Abbau schriftsprachlicher Normen* (Vorrang der mündlichen Rede und umgangssprachlicher Wendungen);
- die Tendenz zur *Aufhebung von Sprachgrenzen* (regional, funktional, national);
- die Tendenz zur *Veränderung von Bedeutungen* (denotativ, konnotativ);
- die Tendenz zur *Sprachmischung* und *Sprachmobilität* (Jargonisierung, Ad-hoc-Bildungen, Neologismen).

6.5.3.2 Standardsprache und Massenmedien

Die oben dargestellten Tendenzen verdanken sich zu einem nicht geringen Teil auch dem Einfluß der heutigen Massenmedien. Unter Massenmedien oder Massenkommunikationsmitteln verstehen wir hier mit E. Straßner (in Althaus u. a. 1980, 328) „Nachrichten oder Informationsträger mit einer die raumzeitlichen und sozialen Distanzen überwindenden Verbreitungs- und Vervielfältigungskapazität" (vgl. auch Silbermann/Krüger 1973). Darunter fallen *Printmedien* (Massenpresse) und *elektronische Medien* (Film, Funk, Fernsehen), die in sprachlicher Hinsicht nur bedingt einer gesonderten Behandlung bedürfen. Gemeinsam ist ihnen die veränderte *Kommunikationssituation*: Massenkommunikation vollzieht sich in einer Richtung und ohne unmittelbares Feed-back („Einwegkommunikation", „asymmetrische Kommunikation"); sie bedient sich bestimmter Strategien und optischer sowie akustischer Wirkungsmittel (Signale); sie passiviert den Rezipienten, bestimmt sein Alltags- und Sprachbewußtsein unmerklich, sie ritualisiert seine Lebensgewohnheiten. Dies alles wird besonders augenfällig, wenn man an die Tendenzen zur *Sprachvereinfachung* im „Häckselstil" der Sensationspresse (BILD), zur *Sprachvereinheitlichung* in Nachrichtensendungen oder -magazinen (Tagesschau, DER SPIEGEL) und zur *Sprachlenkung* in der Meinungspresse („Völkischer Beobachter" im Dritten Reich; „Neues Deutschland" in der DDR) erinnert. Alle Massenmedien „verkaufen" heute zudem vor allem die gewünschte *Unterhaltung*; d. h. auch Informationsprogramme werden als leichtgängig-aufgelockerte Ware verpackt (z. B. als „Story"), um hohe Verkaufszahlen bzw. Einschaltquoten zu erzielen (vgl. Burger 1984, 41f.).

Im einzelnen sei zu unserem Thema festgehalten:

Die **Massenpresse** (heute in erster Linie Boulevardblätter, Gesamtauflage 1985 täglich 10 Millionen; Publikumszeitschriften, Gesamtauflage 1985 in der BRD wöchentlich ca. 96 Millionen) orientierte sich zwar lange Zeit am schriftlichen Sprachgebrauch und setzte damit eine Linie fort, die H. Eggers (1977, 129) mit Blick auf das ausgehende 19. Jh. als eine „Demokratisierung der Schriftsprache" bezeichnete. Sie nahm jedoch recht früh die allgemeinen *Nominalisierungstendenzen* (Großkomposita, Blockbildung, „Kompaktbauweise" durch Präpositionalattribute, vgl. S. 237) auf und verstärkte sie, entwickelte ein System der optisch-appellativen *Leseanreize* (Schlagzeilenbildung) und *Textgliederung* (Zwischentitel) und verbreitete Mode- oder Jargonwörter, Formeln und Klischees aus dem Bereich der *Umgangssprache* (vgl. Straßner in Althaus u. a. 1980, 331). So konnte schon L. Mackensen (1973, 166) auf *Manipulationstendenzen* verweisen („Reizeffekte wie Sensation, Attraktion,

Spekulation") oder E. Dovifat (1976, Bd. I, 158ff.) Zeitungssprache negativ ausgrenzen („Sprache der Anlehnung", „Sprache der Übersteigerung", „Sprache der Ermattung", „Sprache der Abkürzung"). Die Aufgabe der strengen *Spartengliederung* in den Massenblättern sowie der Fernsehkonsum tragen dazu bei, daß die Grenzen zwischen einzelnen Textsorten (Nachricht-Kommentar, Bericht-Reportage) verschwimmen; für Abonnementszeitungen gilt dies natürlich nur mit Einschränkungen. Jedenfalls kann konstatiert werden, daß die „Mixtur von Sprach- und Stilformen" (Straßner) im „Schmelztiegel Massenpresse" (Nail in Besch u. a. 1985, 1668) den jeweils aktuellen Sprachstand aufnimmt und Neuerungen durchsetzt. Sie bestimmt damit maßgeblich die *Popularisierung* von Inhalten und die *Nivellierung* von Formen.

Der **Hörfunk** begann seinen Siegeszug 1923 in Deutschland und 1924 in Österreich mit der Ausstrahlung eines regelmäßigen Programms und wurde 1933 gleich dem Propagandaministerium unterstellt (ein „Volksempfänger" in jedes Haus!). Die tägliche Sendezeit stieg von 6 Stunden im Jahre 1924 über 16 Stunden 1933– 1945 bis schließlich 24 Stunden; die Zahl der angemeldeten Teilnehmer betrug 1925 ca. 800.000, 1943 ca. 16 Millionen und 1985 25,6 Millionen in der BRD, in der DDR ca. 7 Millionen (genauere Angaben bis 1983 bei Brandt in Besch u. a. 1985, 1670ff.). Wichtig ist, daß die im „Wörterbuch des Unmenschen" (Sternberger u. a. 1962) genannten Ausdrücke wie „Anliegen", „Ausrichtung", „Betreuung", „Menschenbehandlung" und überhaupt die „LTI" (= Lingua Tertii Imperii, Klemperer 1969) über Ansprachen, Reden, Sondermeldungen im Staatsfunk weiteste Verbreitung fanden.

Der Hörfunk ist ein *„Medium der gesprochenen Sprache"* (Straßner); seine Sendetexte entstehen jedoch meistens am Schreibtisch und sind entsprechend schriftsprachlich-komplex. Er bildete neue Text- und Vermittlungsformen aus: zur Unterhaltung und Belehrung die kommentierte *Musiksendung* und das *Hörspiel*, zur Information die *Nachrichtensendung* nach dem Lead-Prinzip (Schema abnehmender Wichtigkeit), zur aktuellen Berichterstattung das *Interview*, die *Gesprächsrunde* und die *Reportage*. In diesen Formen läßt sich der Trend zum „Wörterbäckerdeutsch", zu modischen Abkürzungen (Initialwörter wie „Bafög", „Azubi", „SDI") und zu Kurzsätzen (Einfachsätzen, durchschnittliche Satzlänge 17,5 Wörter) bzw. Satzverkürzungen (prädikatslose Setzungen, z. B. im Wetterbericht oder in Sportreportagen) beobachten.

Über den *Einfluß des Hörfunks* auf die Gegenwartssprache gehen die Meinungen auseinander. E. Straßner (in Althaus u. a. 1980, 330) verweist darauf, daß der Funk zwar in die Intimsphäre eindringt, aber doch wenig Dispositionsmöglichkeiten gestattet, da beim Hören meist noch andere Tätigkeiten ausgeübt werden. W. Brandt (in Besch u. a. 1985,

1673) betont, daß der Funk allgemein nur als Multiplikator, Verstärker und Beschleuniger vorhandener sprachlicher Trends fungiert und eher die „passive Kompetenz" der Sprachteilnehmer erweitert. Immerhin hat der *Rundfunk* (=Hörfunk und Fernsehen) dazu beigetragen, die gemäßigte Hochlautung der Standardsprache allgemein durchzusetzen und zugleich die „Kenntnis regionaler Sprechcharakteristika" (Brandt) zu verbreiten.

Das **Fernsehen**, 1952 in der BRD eingeführt (DDR 1955, Österreich 1957) und von 1967 an allmählich auf Farbsendungen umgestellt, dominiert heute weitgehend die Medienlandschaft sowie das Freizeitverhalten der Bevölkerung (1985 ca. 23 Millionen Fernsehhaushalte in der BRD, ca. 6 Millionen in der DDR; durchschnittliche tägliche Sehdauer bei Kindern ab 8 Jahre 1,5 Stdn., bei Jugendlichen ab 14 Jahre 2 Stdn.). Seine Faszination beruht auf der *Doppelkodierung* von Text und Bild, die Inhalte zugleich ikonisch, symbolisch und aktional präsentiert. Abwechslungsreichtum, Dichte der Darstellung, die Fülle von Textsorten und die beliebig wiederholbare Rezeption (jetzt auch über Video) üben einen außerordentlichen Einfluß auf das *Alltagsbewußtsein* aus. So konstatiert etwa W. Brandt (in Besch u. a. 1985, 1677), daß in *Fernsehnachrichten* allein sechs Textsorten abwechseln: Sprechermeldung, Filmbericht, Korrespondentenbericht, Kommentar, Interview, Statement. Und er bemerkt, daß Strukturmerkmale und Bauprinzipien solcher Formen („bis zu den sprachlichen Eingangs-, Übergangs- und Schlußsignalen") allgemein „geläufig" geworden sind. Auf diese Weise entsteht im Bewußtsein des Rezipienten eine Art *sekundäre Wirklichkeit*, die erfahrbare Realität ständig überlagert und filtriert. Verständlich und berechtigt deshalb, wenn sich die gegenwärtige *Medienkritik* vor allem dem Fernsehen zuwendet und sich zur allgemeinen *Kulturkritik* verdichtet:

- M. Winn spricht von der „Droge im Wohnzimmer" (1977);
- N. Postman beklagt das „Verschwinden der Kindheit" durch das „Medium der totalen Enthüllung" (1983) oder die „neue Epistemologie" durch die „Guckguck-Welt" (1985);
- U. Lohmar sieht uns alle auf dem Weg in eine hierarchisch geordnete „Antwort-Gesellschaft", die Fragen, Zweifel oder Zwischentöne negiert (DIE ZEIT, Nr. 18 vom 27. 4. 84);
- für G. Gaus führt die „Verwechslung von fremdfabriziertem Bild mit dem eigenen" zu einem „zunehmenden Bewußtseinsschwund", der „Demokratisierung auf dem bisher niedrigsten Niveau" bedeutet und unsere politische Kultur gefährdet (DIE ZEIT, Nr. 44 vom 26. 10. 84).

In der Argumentation aller Kritiker spielt eine Rolle, daß unsere Kultur seit der Erfindung des Buchdrucks technisch-medial geprägt ist. Massenmedien und Massenkommunikation, vor allem via Fernsehen, haben den

Kulturbegriff jedoch qualitativ verändert. Sie bilden nicht mehr auf traditionell-bürgerliche Weise wie noch das Buch eine Elite, sondern zielen auf eine „Alltagskultur, die alle Ausformungen unserer Gesellschaft umfaßt“ (Stolte in DIE ZEIT, Nr. 31 vom 27. 7. 84). Dies wird gerade bei *Show- und Pop-Sendungen* oder den seriellen „Seifenopern“ (Dallas, Denver, Schwarzwaldklinik) schmerzvoll bewußt. Auch die oft beobachtete sprachliche *Liberalisierung* und *Regionalisierung* in Funk und Fernsehen (z. B. Dialekt-Verwendung, vgl. etwa Burger 1984, 213ff.) läßt sich vor solchem Hintergrund kritisch interpretieren.

6.5.3.3 *Standardsprache und Alltagssprache*

Der Begriff „Alltagssprache“ wird bis heute vielfach gleichgesetzt mit „Umgangssprache“ oder „gesprochener Sprache“ (vgl. Küpper 1971, Bußmann 1983, Lewandowski 1984). Seine zunehmende Verwendung zeigt zunächst an, daß der Alltag (als das Übliche, Normale, Gewöhnliche, vgl. Ramge 1978 oder Kügler/Melenk 1983) stärker als früher ins öffentliche Bewußtsein dringt und eine nivellierte *Alltagskultur* entwikkelt, die sich von überkommenen Leitbildern oder tradierten Verhaltensnormen entfernt. Er signalisiert zugleich in der neueren *Sprachpragmatik* ein verändertes Forschungsinteresse, das sprachliche Strukturen auf Alltagshandeln und Alltagsbewußtsein zu beziehen sucht.

Die Wurzeln für einen derartigen **Paradigmenwechsel** liegen in einer Annäherung der modernen *Sprachphilosophie* und der verstehenden *Soziologie*. Schon L. Wittgenstein (posthum 1953) hatte in seiner *Sprachspiel-Konzeption* das Sprechen einer Sprache als Teil einer „Tätigkeit oder einer Lebensform“ (§ 23) bezeichnet und damit den Gebrauchs-Aspekt der Bedeutung hervorgehoben, den später die Begründer der *Sprechakt-Theorie*, Austin (1962/72) und Searle (1969/71), unter Verwendung der Begriffe „Konvention“ und „Regel“ weiter ausbauen konnten. Parallel dazu untersuchte die amerikanische *Ethnomethodologie* das „Betriebswissen der Alltagswelt“ (H. Garfinkel: „commonsense knowledge“; A. Schütz: „everyday knowledge“; vgl. u. a. Weingarten/Sack 1976), z. B. in indexikalischen Ausdrücken von Alltagsgesprächen. Und A. Cicourel (1972/75) beschrieb die Prinzipien und Interpretationsverfahren alltagssprachlichen Sinnverstehens. J. Habermas schließlich führte die beiden Stränge in seiner universalpragmatischen *„Theorie des kommunikativen Handelns“* (1981) zusammen (vgl. u. a. auch Wiggershaus 1975).

Wichtig ist in unserem Zusammenhang der Grundsatz einer „generativen Sprachanalyse“ (Habermas), daß alltagssprachliche Äußerungsformen auf die allgemeinen Strukturen der jeweiligen Lebenswelt verweisen. Es kann also bei der Betrachtung von Gegenwartssprache (sowie früheren Sprachzuständen) nicht allein um die empirische Erfassung oder Klassifikation von Oberflächenphänomenen der Sprache gehen. Zentral ist vielmehr die Rekonstruktion und hermeneutische Interpretation der kommunikativen *Tiefenstrukturen* (d. h. der Bedeutungs- und Handlungsmuster, vgl. Wolff 1981, 79ff.). Für Alltagssprache ist in diesem Sinne eine Mischung oder Interferenz von Zweckrationalität und Verständigungsorientierung festzustellen. Sie ergibt für jede Zeit eine spezifische Spannung zwischen allgemein anerkanntem *Kommunikationsbedarf* und individuellen *Kommunikationsbedürfnissen.*

Zweckrationalität resultiert heute aus dem dominanten Erfolgs- und Karrieredenken der Wettbewerbsgesellschaft. Sie äußert sich im Vorrang *appellativer Textsorten* (Werbung, Wahlpropaganda) sowie in typischen *Sprecherstrategien* (Aufwertung, Abwertung, vgl. die Beispiel-Analyse bei Wolff 1981, 82 ff.). Verfestigt und sanktioniert wird dieser auf *kompetitives Handeln* ausgerichtete Kommunikationsbedarf durch den normativen Druck der ständig erweiterten *institutionellen Kommunikation,* d. h. den Austausch mit „Formen des gesellschaftlichen Verkehrs zur Bearbeitung gesellschaftlicher Zwecke" (Ehlich/Rehbein in Althaus u. a. 1980, 338). Hierzu zählen Institutionen der primären und sekundären Erziehung (Familie, Schule, Lehrwerkstatt), aber auch diejenigen der Justiz, Politik und Kultur (Rechtspflege, Verwaltung, Wirtschaft, Sport, Tourismus, Kirche etc.). Hier muß sich der einzelne Mensch behaupten und beweisen, aus ihnen bezieht er sein Sprach- und Alltagswissen. In gleicher Richtung wirkt die bereits besprochene mediale Massenkommunikation. Institutionelle und mediale Kommunikation bedingen eine *Ritualisierung* von Handlungsmustern und eine *Formalhaftigkeit* des Ausdrucks, wie sie uns heute in Slogans („Frauen tragen Gallus"), in phraseologischen Wendungen („in Umlauf setzen," „zur Entscheidung bringen") und Stereotypen („Türken sind schmutzig", vgl. Quasthoff 1973) entgegentritt. Auch die *Reduzierung* komplexer Inhalte durch griffige Schlagworte („Freiheit oder Sozialismus") und Metaphern („Netz der sozialen Sicherheit") im politischen Meinungskampf oder die *verbale Hochwertung* in der Werbung („Supermarkt", „Schuh-Center") verraten solch zweckrationales Denken. Nach Habermas (1981, Bd. I, 385) ist es in allen erfolgsorientierten („strategischen") Handlungen zu finden, die ja auf *Perlokutionen* (Wirkungen, Folgen) abzielen.

Verständigungsorientierung dagegen meint den „Prozeß der Einigung unter sprach- und handlungsfähigen Subjekten", der als „Telos der menschlichen Sprache innewohnt" (Habermas 1981, Bd. I, 386f.). Sie äußert sich auf der Ebene interpersonaler Begegnungen und Beziehungen, sofern „alle Beteiligten illokutionäre Ziele vorbehaltlos verfolgen, um ein Einverständnis zu erzielen" (Habermas a. a. O., 397). Unterstellt ist damit ein Grundbedürfnis des Menschen nach *Kooperation,* wie es auch in den Konversationsmaximen von H. P. Grice (vgl. Braunroth u. a. 1975, 180, oder Wolff 1981, 45 f.) erscheint. Primär verständigungsorientiert sind Alltagsgespräche in informell-symmetrischen Situationen: auf der Straße, in der Kneipe, in der peer-group. In ihnen vermittelt der Austausch gemeinsamer Alltagserfahrungen soziale Sicherheit und Identität. Eine stabilisierende und *solidarisierende Funktion* haben dabei regionale oder soziale Sondersprachen. Im *Dialekt* oder der *Jugendsprache* beispielsweise ist der ungeschminkt-direkte, emotional-expressive Ausdruck möglich, sind Wortbedeutungen konnotativ aufgeladen, rekurrieren Sprachformeln (Sprichwörter, Redensarten, Sprüche) auf einen anerkannten Erfahrungsschatz. Das dort übliche (und heute bis in die Umgangssprache reichende) Poltern und *Schimpfen,* oft mit skatologischer Drastik, kennt keine Tabus und dient der *Entlastung*. Nicht unberücksichtigt bleiben darf dabei die Rolle *nonverbaler Kommunikationsweisen* (Mimik, Gestik, Proxemik) und *paraverbaler Mittel* (Betonung, Sprechrhythmus etc.), die besonders den *Gefühlen* einen „beredten" Ausdruck verleihen (vgl. Argyle 1979, Scherer/Wallbott 1979).

Neuere Pilotstudien zu *Alltagsgesprächen* (Martens 1974, Ramge 1978, Neuland 1980) oder zum *Erzählen im Alltag* (Ehlich 1980, Quasthoff 1980, Neuland 1983) haben andeutungsweise gezeigt, wie heute strategisch-zweckrationales Handeln und Verständigungsorientierung zusammenwirken. Modelle zur *pragmatisch-funktionalen Analyse* ermöglichen eine systematische Erfassung von Tiefenstrukturen (Hannappel/Melenk 1979, Wolff 1981). Es fehlen jedoch doch detaillierte soziolinguistische Untersuchungen darüber, wie Wirtschaft oder Politik Alltagsbedürfnisse aufgreifen, instrumentalisieren und damit zur „Entindividualisierung der Erfahrung" (Leithäuser 1979, 34) beitragen. Eine Möglichkeit dazu bietet die Analyse von *Präsuppositionen* und *Implikationen* (Schmidt 1974, v. Polenz 1985), beispielsweise bei Slogans.

Immerhin ist in den letzten Jahren deutlich geworden, daß die Kategorie der „Alltagssprache" der Diskussion über die Beziehungen zwischen Standardsprache und Umgangssprache eine neue, sozial-pragmatische Richtung zu geben vermag. Standardsprache bedeutet dann eine allgemein verbreitete, im Duden locker normierte *Verkehrssprache* der Gesamtgesellschaft, die gespeist wird

a) aus der Sprache des Alltags und einer nivellierten Alltagskultur (vgl. die zahlreichen Neubildungen und „ugs." Wendungen in der Dudenausgabe Mannheim 1986);
b) aus der Sprache der Medien, die den jeweils modisch-aktuellen Sprachstand verbreiten;
c) aus der Sprache der Literatur im weitesten Sinne, die ihrerseits auf recht unterschiedliche Weise den Alltag und das Alltagsbewußtsein reflektiert.

6.5.3.4 Standardsprache und Literatursprache

Zu diesem komplexen Thema müssen hier wenige Andeutungen genügen. Wir gehen dabei von drei *Entwicklungstendenzen* aus:
- der Aufgabe einer normierten Literatursprache;
- der Demokratisierung des literarischen Lebens;
- der Relativierung der literarischen Kultur.

Die **Aufgabe einer normierten Literatursprache** oder einer eigenständigen poetischen Sprachschicht beginnt um 1910 mit dem *Expressionismus,* der sich nicht nur gegen überkommene literarische Muster und Betrachtungsweisen wandte, sondern auch die „bürgerliche Spracharchitektur" (J. R. Becher) zerstören wollte, indem er Grammatik, Syntax und Logik bewußt mißachtete. Dieser Weg führte zum „Anderssagen, zur dichterischen Verfremdung und Verrätselung der Sprache" (v. Polenz 1978, 158), also zu einem betont *experimentellen Umgang* mit Sprache. In extremer Form praktiziert ihn der *Dadaismus* (H. Ball, H. Arp) und nach 1950 wieder die *Konkrete Poesie* (Gomringer, Mon, Jandl). Vergleichbares ist in der *epischen Literatur* zu beobachten: Schon Döblins Roman „Berlin Alexanderplatz" (1929) überraschte durch den ständigen Wechsel von Erzählperspektiven und Erzählweisen, durch die Auflösung des Zeitkontinuums und die Montagetechnik. Zu höchster Perfektion und Artistik getrieben wird später das *literarische Spiel* mit Inhalten, Bedeutungen, Sprachformen und Sprachschichten in den Werken von A. Schmidt (z. B. „Zettels Traum", 1970). Ein eher gemäßigter Gebrauch von modernen Stilmitteln und Kompositionselementen findet sich in der Kunstprosa von Böll, Frisch, Grass oder Walser. Aber auch hier wird die „Unterwanderung der regulierten Normalsprache" (Heißenbüttel in Althaus u. a. 1980, 755) und zugleich die Auseinandersetzung mit dem Alltagsleben so dominant, daß Literatursprache eigentlich „aufgehört hat, eine eigene Größe zu sein" (Kaempfert in Besch u. a. 1985, 1833).

Von einer **Demokratisierung des literarischen Lebens** kann in mehrfacher Hinsicht und durchaus kritisch gesprochen werden. Einmal tritt neben den Dichter ein neuer Typus des *Schriftstellers,* der Zeiterscheinungen aufarbeitet und zudem politisch Stellung bezieht (Fallada, v. Salomon, Tucholsky; Böll, Grass). Die wachsende *Politisierung* der literarischen Szene (schon in der Weimarer Republik, dann in der Gleichschaltung des Dritten Reiches, später durch den „Sozialistischen Realismus" der DDR und die Restauration in der BRD) stellte ihn jedoch oft ins Kreuzfeuer polemischer Kritik („entartete Kunst", „Avantgardeismus", „Ratten und Schmeißfliegen") oder nahm ihn als „poeta laureatus" in Anspruch. Ein ähnlich zwiespältiges Bild vermittelt der Blick auf die *Buchmarktproduktion.* Seit 1951 setzen sich die großen *Taschenbuchrei-*

hen (Rowohlt, S. Fischer) durch; es folgt der Siegeszug der *Buchgemeinschaften* (Bertelsmann, Holtzbrinck). Beide erschließen neue Leserschichten (Arbeiteranteil an allen Buchgemeinschaften 20 %, bei der gewerkschaftseigenen „Büchergilde Gutenberg" sogar 44 %, vgl. Fischer 1986, 158). Verlegt wird jedoch vor allem leichte bis gehobene *Unterhaltungsliteratur,* zu der in der Weimarer Zeit schon die weit verbreitete *historische Belletristik* (E. Ludwig, St. Zweig) zu zählen war. Darüber etablierten sich nach dem Kriege die mit großem Werbeaufwand lancierten Bestseller der *Literatenliteratur* („der neue Lenz", „der neue Grass"); darunter die in Heftform dargebotene triviale *Massenliteratur* (Vorläufer: die „Kriegshefte" im Dritten Reich!). So ergab sich ein literarisch-soziales *Dreischichtengefüge,* das u. a. H. D. Zimmermann (1979, 21ff.) ausführlich beschrieben hat. In allen drei Sparten werden die Erwartungen der angesprochenen Lesergruppen durch den gezielten Einsatz spezieller Stilmittel weitgehend erfüllt („Schemaliteratur"), wobei die Voraussagbarkeit von Inhalten und Formen bei der Literatenliteratur natürlich am niedrigsten liegt.

Die enorme Steigerung der Buchproduktion (in der BRD heute jährlich über 88 000 Neuerscheinungen) ist aber weder quantitativ noch qualitativ ein Indikator für das tatsächliche *Leseverhalten.* Man kann (nach Fischer 1986, 152) davon ausgehen, daß zwei Drittel der Bevölkerung gar nicht oder nur sporadisch lesen und daß der Konsum trivialer, serieller Heftchenromane der verschiedensten Art (vom Frauen- und Ärzteroman bis zum Gruselkrimi und zum Porno; wöchentliche Auflage ca. 6 Millionen) allgemein dominiert. Daß die Demokratisierung des Lesens zumindest in der BRD nicht zu einer neuen *Lesekultur* führte, hat gewiß eine ganze Reihe von Gründen: Die kommerziellen Interessen der auf Massenabsatz erpichten Verlage und deren Preiskalkulation spielen dabei ebenso eine Rolle wie die Lesebarrieren, die eine esoterisch-hermetische „hohe Literatur" mit sich brachte, oder die mangelnde kulturelle Tradition und Teilhabe, welche die aufstrebende Unterschicht und die untere Mittelschicht auszeichnet. Die *Literatur der Arbeitswelt* (Werkkreis-Literatur; Industriereportagen) hat sich nur vorübergehend und vereinzelt durchsetzen können, wobei G. Wallraffs Erfolge („Ganz unten", 1985, ca. 2 Millionen Auflage im ersten Jahr nach Erscheinen) als Ausnahme anzusehen sind. Auch die *Schule* der siebziger und achtziger Jahre vermochte keinen Zugang mehr zum literarischen Erbe oder überhaupt zu einem reflektorischen Leseverhalten zu eröffnen. Sie verlegt sich neuerdings sogar darauf, verschiedene „Leseweisen" (identifikatorisches Lesen, kritisches Lesen, evasorisches Lesen etc., vgl. z. B. Baurmann 1980, 45ff.) zu vermitteln und damit literarische Bildung zu reduzieren. So führte die Demokratisierung des literarischen Lebens in der BRD dazu, daß das Buch und das Lesen selbst nur noch als Appendix eines von der „Bewußtseinsindustrie" kalkulierten „Freizeit-Alltags" figurieren (vgl. auch Fischer 1986, 163).

Eine derartige **Relativierung der literarischen Kultur** bedeutet nun schließlich, daß der *direkte Einfluß* der Literaten-Literatursprache auf die Standardsprache zunehmend verschwindet. Er war bis zum Naturalismus (G. Hauptmann) und Neo-Realismus (Th. Mann) gesichert durch den gesellschaftlichen Rang und die maßgebliche Rolle, die dem Dichter zufiel bei der Bestimmung schriftsprachlicher Normen, welche bis in die mündliche „Konversation" hineinreichten (man denke etwa an Büchmanns „Geflügelte Worte"). Heute verdrängt ihn weitgehend der Trivialverbund von elektronischen Medien und Massenliteratur, die dem Rezipienten die immer gleichen stereotypen Formeln und Klischees servieren. Höchstens *indirekt* wirkt Literatursprache sich aus bei der Fixierung des Sprachstands in Sprachlexika (man vgl. die Quellenverzeichnisse etwa im „Großen Wörterbuch der deutschen Sprache" 1976). Allein in dieser Hinsicht ist Schildt u. a. (1983, 689ff.) zuzustimmen, wenn sie die Entwicklungstendenzen des heutigen Deutsch in Verbindung mit dem „Sprachsystem der Literatursprache" besprechen. Die Ansicht indessen, daß die „entscheidenden sprachlichen Veränderungen gegenüber der vorangehenden Periode" sich in der Literatursprache der DDR vollziehen, da diese zu einer „vom ganzen Volk getragenen Sprachform" geworden sei (Schildt a. a. O., 688), wird man füglich bezweifeln können.

6.5.3.5 Sprachkrise und Sprachkritik

Sprachkritik, noch um die Jahrhundertwende vor allem auf das Zeitungsdeutsch, die Überfremdung oder einzelne „Sprachdummheiten" (Wustmann) gerichtet, hat sich seit 1945 derart ausgeweitet, daß man wohl von einer verbreiteten **Sprachskepsis** oder vom Bewußtsein einer allgemeinen **Sprachkrise** ausgehen muß (vgl. auch v. Polenz 1983, 13). Jedenfalls drängt sich dieser Eindruck auf, wenn man die lange Reihe der einschlägigen Beiträge von L. Reiners (1961) bis D. E. Zimmer (1986) mustert. Dabei fällt es schwer, einen Überblick zu gewinnen: So divergent sind die Aspekte, so verschieden die Apologeten. Sprachkritik gibt es z. B. als

- *sprachpflegerische Bemühung* („Sprachdienst", „Muttersprache", „Der öffentliche Sprachgebrauch" 1980–83; Stave 1968, Gauger 1986);
- *Glossierung* gegenwärtigen Sprachgebrauchs (Reimann 1964, Leonhardt 1983, Henscheid 1985, Zimmer 1986);
- *Stilkritik* (Reiners 1961, Sowinski 1972; vgl. auch Beutin 1976);
- *literarische Satire* (Orwell, „1984"; Koeppel, „Starckdeutsch", 1980);

- *Kultur- und Gesellschaftskritik* (Sternberger et al. 1957, Adorno 1964, Glaser 1973, Mackensen 1973, Weigel 1974, Weinrich 1985, Kursbuch 84/1986);
- philosophische *Erkenntniskritik* (Wittgenstein 1953, Kamlah/Lorenzen 1973, Apel 1973, Tugendhat 1976);
- *Sprachbarrierendiskussion* (Bernstein 1972 u. a.);
- *„Sprachkampf"* von rechts und links (Kaltenbrunner 1975, Fetscher/Richter 1976).

Die Autoren bemühen ganz unterschiedliche *Korrespondenzen:* Sprache und Denken, Sprache und Logik, Sprache und Wahrnehmung, Sprechen und Handeln, Sprache und Gesellschaft, Sprache und Norm, Sprache und Kultur, Sprache und Nation. Ähnlich breit ist die Palette der in diesen Zusammenhängen verwendeten *Schlagworte:* Da ist die Rede von Spracharmut, Sprachmißbrauch, Sprachverflachung, Sprachverwilderung, Sprachverfall, Sprachmanipulation, Sprach-Störung, Sprachspaltung.

Gemeinsam ist den meisten Sprachkritiken allenfalls eine *konservativ-bewahrende Grundhaltung* und ein gewisser *Mangel an sprachtheoretischer Fundierung.* So ergab sich zunächst eine scharfe *Opposition Sprachkritik – Sprachwissenschaft* (vgl. u. a. Braun 1979 a, 14ff.). Erst in den letzten Jahren setzt sich die Erkenntnis durch, daß eine *normativ-wertende Sprachkritik* der Beratung und Ergänzung durch die *deskriptiv-neutrale Sprachwissenschaft* bedarf (vgl. z. B. Weinrich 1985; Zimmer 1986, 212; Gauger 1976, 24).

Bei der Suche nach sachbezogenen **Einteilungskriterien** für Sprachkritik unterscheidet H.-M. Gauger (1986, 15ff.) die Kritik am *Sprachbesitz* (in Bezug auf Erkenntnis; in Bezug auf kommunikative Funktionen) und an *Sprachäußerungen* (in Bezug auf Reinheit, Schönheit, Angemessenheit und Moral). Angesichts der Vagheit und Spannweite solcher Leitbegriffe folgen wir hier eher einem Vorschlag von P. v. Polenz (in Heringer 1982, 70ff.), der in seinem sehr instruktiven Beitrag sprachgeschichtlich argumentiert und Sprachkritik zugleich kritisch betrachtet. Wir übernehmen allerdings nur das Schema, modifizieren es und füllen es mit neuen Aspekten bzw. Beispielen auf. Im sozialen Bereich differenziert v. Polenz zwischen der Kritik am Sprachverkehr, am Sprachsystem, am Sprachgebrauch und an der Sprachnorm.

Sprachverkehrs-Kritik betrifft die Sprachverwendung bestimmter Gruppen in bestimmten Situationen, soweit sie eine (interne oder externe) Kommunikationsbehinderung darstellt. Wir fassen darunter (allgemeiner als v. Polenz) vor allem die häufig geäußerte Kritik am *Jargon*, d. h. am unverständlichen bzw. verschleiernden *Gruppenidiom.* Eine Jargonisierung wird beispielsweise gesehen

- in der Hyperbolik und den Mischformeln der *Jugendsprache:* irre, total, tierisch, super, ätzend; alles gelaufen, tote Hose, action ist angesagt, alles paletti, den Scheiß durchpowern (kritisiert als Wahrnehmungsverlust oder Desemantisierung, vgl. Hess-Lüttich 1983, Bayer 1984, DER SPIEGEL Nr. 28 vom 9. 7. 1984);
- in den Redewendungen der *Psycho-Szene:* bring dich ein, paß auf dich auf, sei authentisch (vgl. Zimmer 1986, 83ff.);
- in den Anglizismen der *Pop-Kultur:* Flop, Top, Stop, Hit, Gag, Fan, Freak, Drink etc. (siehe Zimmer 1986, 23ff.).

Strenggenommen gehört auch die Kritik am *„Jargon der Eigentlichkeit"* mit seinen „marktgängigen Edelsubstantiven" (Auftrag, Aussage, Anliegen, Bindung etc.; vgl. Adorno 1964), an der *Semantik der politischen Sprache* (faschistischer oder „roter Code"; siehe Glaser 1973, Kaltenbrunner 1975) und an der *Werbung* hierher (Gesundheitsstudio, Secondhand-Boutique, Euro-Antik-Market; vgl. Zimmer 1986, 45ff.). In diesem Zusammenhang taucht auch in den siebziger Jahren öfter der Begriff der *„Sprachmanipulation"* auf (Mackensen 1973, Wolff 1978). Die Ursachen der Sprach- und Kommunikationsbehinderung werden jedoch in den meist essayistischen Darstellungen kaum aufgearbeitet.

Sprachsystem-Kritik wird oft als „Ansatzpunkt für Kultur- und Sozialkritik" (v. Polenz in Heringer 1982, 77) genommen. Dies geschieht in der konservativ-liberalen Auseinandersetzung mit der *Sprache des Dritten Reiches* („Aus dem Wörterbuch des Unmenschen") und der *Gegenwart* („Sprache in der verwalteten Welt"), aber ebenso in den Polemiken der feministischen Linguistik gegen die *„Männersprache"* („Richtlinien zur Vermeidung sexistischen Sprachgebrauchs", vgl. Trömel-Plötz 1982 und 1984, Pusch 1984). Mit Recht sieht v. Polenz in solchen Versuchen generell die Gefahr, „Sprache als billiges Arsenal, als Steinbruch zur Gewinnung passender Materialien" zu benutzen (v. Polenz in Heringer 1982, 79; vgl. auch die Kritik an der feministischen Linguistik bei Rank 1983 und Käge 1983).

Sprachbrauch-Kritik ist das „fruchtbarste Feld kritischer Sprachbetrachtung" (v. Polenz in Heringer 1982, 79). Sie konzentrierte sich in den Jahren nach dem Kriege auf die *Sprache des Dritten Reiches* (Klemperer 1946/69, Sternberger u. a. 1962, Winckler 1970), ohne jedoch immer die Kontexte von Vokabeln wie „Sonderbehandlung", „Einsatz", „Härte", „marxistischer Völkerbetrug" genügend zu berücksichtigen oder über die Weimarer Zeit und die Wilhelminische Epoche eine historische Dimension zu erreichen. Sprachkritik wird hier vor allem als *Wortkritik* verstanden. Sie müßte aber auch zur *Satzkritik* vordringen („im Sinne einer kontextbezogenen pragmatischen Satzsemantik", vgl. v. Polenz 1985, 47). In diesem Zusammenhang verweist v. Polenz (in Heringer 1982, 83) zudem darauf, daß im „Wörterbuch des Unmenschen" (Sternberger u. a. 1962) zahlreiche *spezifische Ausdrücke* (Sendung, Glaube, deutsches Wesen, Schicksal, arteigen, Abendland) und *Archaismen* (deutsches Schwert, Schutzwall, Gaue, Ostmark) fehlen und andere Erscheinungen wie der *kollektive Singular* zur Polarisierung von Freund-Feind-Verhältnissen (der deutsche Soldat, der Jude, der Russe) besprochen werden müßten.

Sprachbrauch-Kritik wendet sich daneben den *Schlagwörtern* und *Schlüsselwörtern,* den *Leerformeln* und Metaphern, den *Floskeln* und *Stereotypen* in der politischen Rhetorik nach 1945 zu, die den „entleerten Sprachidealismus des späten 19. Jhs." nicht wirklich hat überwinden können (Glaser 1973, 80; vgl. ferner Mackensen 1973, Greiffenhagen 1980). Hier ist dann auch wiederholt vom *Niedergang politischer Sprachkultur* oder von *Sprachmanipulation* die Rede gewesen: Im Hinblick auf den Voluntarismus und Aktionismus paramilitärischer Kampfbegriffe der Neuen Linken (Lübbe, Maier und Biedenkopf in Heringer 1982) bzw. auf die Parolen und semantischen Strategien der Konservation (Fetscher/Richter 1976). Allerdings hat eine kritische Sprachwissenschaft auf diesem Feld inzwischen fundierte theoriebezogene Beiträge geliefert (z. B. Dieckmann 1975² zur „ideologischen Polysemie"; Hannappel/Melenk 1979 zur „strategischen Begriffsverschiebung", zur „Sprachsteuerung" und zu „Wertbegriffen"; Zimmermann 1975³ zu „Schlüsselbegriffen").

Eine ähnliche Konvergenz zwischen Sprachkritik und Sprachwissenschaft gibt es heute in der bei uns stets virulenten *Fremdwort-Diskussion.* Wenn auch der anglo-amerikanische Einfluß unbestritten „die stärkste einzelne Triebkraft in der Entwicklung der deutschen Sprache ist" (Korlén in Braun 1979 b, 75) und überall die Gefahren einer *Sprachmischung* gesehen werden, wird doch kaum mehr ein extremer *Sprachpurismus* verfochten, den schon L. Reiners (1943/61) erheblich einschränkte. An seine Stelle getreten sind differenzierte Betrachtungen zu den komplexen Wegen der *Sprachkultur* (Braun 1979c, Weinrich 1985, Wimmer 1985).

Sprachnormen-Kritik schließlich ist relativ neu. Sie bezieht sich auf die dem Sprachgebrauch zugrunde liegenden verbindlichen *Konventionen, Handlungsmuster* und *Deutungsschemata,* welche „komplexitätsreduzierend, stabilisierend und typisierend" wirken (Gloy in Ermert 1979, 20). Es kann kein Zweifel darüber bestehen, daß die Verbindlichkeit kodifizierter und präskriptiver Normen in Gesellschaft und Schule ins Wanken geraten ist (vgl. dazu die vorangehenden Abschnitte). H. Helmers unterscheidet (in Mogge/Radtke 1982, 80ff.) grammatische, artikulatorische, orthographische, kalligraphische, stilistische und literarästhetische Normen. Und er meint damit die *Normen der Hochsprache,* die nach seiner Auffassung weiterhin als „Lernziel in einem demokratischen Deutschunterricht" (S. 89) zu gelten habe. Wie problematisch eine solche Forderung ist, hat v. Polenz (in Heringer 1982, 88f.) am Beispiel von „brauchen" gezeigt, das allmählich dem System der deutschen Modalverben (anstelle von „dürfen") integriert worden ist, also ohne „zu" gesetzt werden kann; er nennt dort auch die „stereotype Diskriminierung der Hilfsverben".

Bei der Sprachnorm-Kritik lassen sich insgesamt vier Richtungen unterscheiden:

- die *puristisch-konservative Kritik* an der Auflösung von Normen (die nach wie vor das „recte" und „bene" im Sinne hochsprachlicher Normen verficht und konsequent zur Sprachverfalls-Ideologie tendiert; Helmers u. a.);
- die *soziolinguistische Kritik* an den schichtspezifischen Normen der Hochsprache (die allein nicht mehr gelten können; Jäger, Ammon, Zabel);
- die *sprechakttheoretische Kritik* an Normen und dem Normbegriff überhaupt (der durch den Begriff der „Regel" zu ersetzen sei; Heringer);
- das sprachgeschichtlich begründete *Plädoyer für eine kontinuierliche Sprach- und Sprechkritik* sowie eine allmähliche Normveränderung (wobei es um den Erhalt einer Sprachkultur, um das „gute" anstelle des „richtigen" Deutsch geht; Weinrich, Knoop, v. Polenz).

Reichhaltiges Material zur Normendiskussion bieten die von der „Deutschen Akademie für Sprache und Dichtung" im Rahmen eines Forschungsprojekts herausgegebenen drei Bände „Der öffentliche Sprachgebrauch" (1980–82).

6.5.4 Trends und Tendenzen der Gegenwartssprache

Im folgenden sollen die wichtigsten Phänomene der gegenwärtigen Standardsprache noch einmal übersichtlich zusammengestellt werden. Dabei handelt es sich um eine Abstraktion aus den verschiedensten Funktionalstilen. Auch sei ausdrücklich darauf verwiesen, daß solche Merkmale der „Oberflächengrammatik" einer Interpretation im Sinne der in 6.5.2 und 6.5.3 gegebenen Anhaltspunkte bedürfen.

6.5.4.1 Textematische Aspekte

Vor allem durch die Ausweitung medialer Vermittlung ist im 20. Jh. eine Fülle neuer **Gebrauchs-** oder **Alltagstextsorten** entstanden (siehe z. B. Wimmer in Besch u. a. 1985, 1926f.). So verwundert es nicht, daß die *Textlinguistik* bisher nicht zu einer gültigen Einteilung kam (vgl. die Diskussion in Gülich/Raible 1972 und 1974). Wenn man mit Chr. Gniffke-Hubrig (1972) das Bühlersche Organonmodell als Grundlage für eine vorläufige Klassifikation nimmt, so betrifft die enorme Zunahme *alle* **Texttypen:**

- die *werbenden (appellativen) Texte:* Formen der politischen Rede, Arten des Kommentars, Werbespot, Wahlanzeige, Werbeprospekte;
- die *darstellenden oder sachverbindlichen* (informatorischen, expositorischen) *Texte:* Meldung, Nachrichtenformen, Sachbuch;
- die *sozialverbindlichen Texte* (Vertrag, Satzung, Erlaß, Verfügung, Verordnung, Verwaltungsformulare);
- die *persönlich-mitteilenden Texte* (Interview, Statement, Diskussion; Tagebuch, Brief und Briefwechsel).

Dabei darf nicht übersehen werden, daß sich informatorisch-appellative Elemente im Sprachgebrauch von Politik, Werbung oder Sport oft mischen (Lasswell: „intensiver Stil") und daß sich Formen wie Funktionen von Textsorten ständig verändern. So gehen in der Zeitung beispielsweise Sportbericht und Sportreportage unter dem Einfluß des Fernsehens ineinander über. Die private *Brief-Korrespondenz* wird durch das Telefon allenthalben zurückgedrängt und orientiert sich kaum mehr an literarischen Vorbildern. Geschäftsbriefe werden mit Hilfe von Computern standardisiert und „entpragmatisiert" (v. Polenz 1985, 194).

Auch im Bereich **literarisch-fiktionaler Texte** gibt es bedeutsame Veränderungen. Es entsteht z. B. eine ausgedehnte *„Schema-Literatur"* (Zimmermann 1979), die nach Inhalten (Western, Science fiction, Krimi, Frauenromanen etc.) oder nach einem Schichtenmodell (Trivialliteratur, Unterhaltungsliteratur) klassifiziert und dann der innovativ-reflexiven *Literaten-Literatur* gegenübergestellt werden kann (vgl. 6.5.3.4).

6.5.4.2 Syntagmatische Aspekte

Bei der Fülle von Textsorten kann im Bereich der Syntax nicht von einer einheitlichen Entwicklung die Rede sein. Grundsätzlich sollte mit Admoni (in Besch u. a. 1985, 1553) davon ausgegangen werden, daß auch die deutsche Schriftsprache von heute „auf die Beibehaltung und sogar auf den weiteren Ausbau der Fülle von synonymen grammatischen Konstruktionen" ausgerichtet ist. Die *Sprachroutine* von Journalisten und Politikern, die *zeit- und raumsparende Darbietung* komplexer Inhalte und die Rücksichten auf ein *Massenpublikum* bedingen jedoch Veränderungen, die wir drei hauptsächlichen Tendenzen zuordnen: Satzverkürzung, Satzvereinfachung und Satzverdichtung. Bei der folgenden Darstellung muß dreierlei berücksichtigt werden:

- Satzstrukturen bedeuten immer auch *Informationsgliederungen*. So ist es nötig, von der Syntax zu einer pragmatischen *Satzsemantik* vorzudringen, wie sie P. v. Polenz (1985) gefordert und entwickelt hat.
- Informationsgliederungen spiegeln nicht allein die Strukturen von Sachverhalten, sondern ebenso die *Wahrnehmungs-* und *Verarbeitungsmöglichkeiten* des implizierten Lesers. Eine geringere Satzkomplexität rechnet also mit einer höheren *Akzeptabilität* (Verständlichkeit) beim Rezipienten.
- Es geht nicht allein um die Veränderung des syntaktischen Regelsystems, sondern auch um dessen andersartige *Anwendung in Gebrauchskontexten.*

Die **Tendenz zur Verkürzung** bedeutet zunächst, daß vor allem in Gebrauchs- und Verbrauchstexten (Zeitungsnachrichten, Beipackzettel etc.) die durchschnittliche *Satzlänge* zurückgeht. P. Braun (1979a, 38) gibt für die „Bildzeitung" eine mittlere Satzlänge von 11,7 Wörtern, für die „Westdeutsche Allgemeine Zeitung" von 18,2 Wörtern an. Dabei liegen (mit ca. 60 % für BILD, mit ca. 33 % für die WAZ) die meisten Sätze im Bereich zwischen 5 – 12 Wörtern. Dies steht mit der Beobachtung von H. Eggers (1978^2, 41ff.) in Einklang, daß vermehrt *Setzungen* (grammatisch unvollständige, also elliptische Sätze) und *Einfachsätze* (in Zeitungen bis 46 %) verwendet werden. Hier vollzieht sich deutlich eine *Angleichung* von Schriftsprache und gesprochener Sprache.

Die **Tendenz zur Vereinfachung** führt zu einer *„geradlinigen Satzstruktur"* (Admoni in Besch u. a. 1985, 1552), d. h. einer Reihung nur weniger Satzglieder und einer linearen Ordnung der Informationseinheiten. So werden von den in der Duden-Grammatik (Mannheim 1984, 606ff.) erläuterten insgesamt 37 Satzbauplänen (Satzmustern, Satzmodellen) nur 5 intensiv genutzt:

1 Subjekt + Prädikat + Raumergänzung	„Er bleibt in München"
2 Subjekt + Prädikat + Akkusativobjekt	„Hans baut ein Haus"
3 Subjekt + Prädikat	„Die Rosen blühen"
4 Subjekt + Prädikat + Präpositionalobjekt	„Inge achtet auf ihre Schwester"
5 Subjekt + Prädikat + Artergänzung	„Die Rose ist schön"

Über 60 % aller Sätze sind heute nach diesen Mustern gebildet; das entspricht nach Braun (1979a, 43) etwa der Operationsbasis von Neunjährigen.

Die Vereinfachung zeigt sich aber auch in der seit dem letzten Jh. zu beobachtenden „Tendenzwende vom *hypotaktischen* zum *parataktischen Satzbau*" (v. Polenz 1985, 41). Komplizierte Satzgefüge mit expliziter Kennzeichnung kausaler Abhängigkeit werden vermieden, konjunktionale bzw. relative Nebensätze in nominale Blöcke übergeführt. Aus

Gründen der besseren Übersichtlichkeit und Verständlichkeit dringt auch die *Ausklammerung* vor (= Aufhebung der Satzklammer):

Er führte sie ins Zimmer zurück > Er führte sie zurück ins Zimmer.

Bei Nebensätzen und satzwertigen Infinitiven verhindert die Ausklammerung den sogenannten „Nachklapp“:

Sie sprach die Hoffnung aus, daß sie bald fahren könne (Duden).

Vor allem stilistische Gründe (z. B. Hervorhebung) hat die Ausklammerung in der Literatur (vgl. Duden-Grammatik 1984, 720):

Ich möchte nicht verreisen in diesem Sommer (Th. Mann).
Er wird sich rächen für seinen eigenen Verrat (M. Frisch).

Eine weitere Vereinfachung im Satz betrifft den Gebrauch der *Tempora.* Die Formkategorien des Futurs I und II sind weitgehend in das *Präsens* übergegangen, das wiederum in manchen Textsorten (z. B. Trivialroman und Sachbuch) als Erzähl- oder Berichttempus dominiert. Das Plusquamperfekt wird vom *Präteritum* oder vom *Perfekt* verdrängt. Überhaupt konzentriert sich das Untersuchungsinteresse heute auf die Opposition Präteritum – Perfekt. In der gesprochenen Umgangssprache breitet sich (vom Oberdeutschen her, daher „oberdeutscher Präteritumsschwund“) das Perfekt stark aus, während sich das „prägnantere Präteritum“ in Nachrichtensendungen der Medien und in der Literatursprache behauptet (vgl. Drosdowski/Henne in Althaus u. a. 1980, 628, und Braun 1979a, 62ff.).

Eine Vereinfachung bei der Wiedergabe von Sachverhalten wie für das Verstehen beim Leser/Hörer bedeutet schließlich die Zunahme von Phraseosyntagmen, d. h. feststehender Wortverbindungen und idiomatischer Wendungen, die K. Daniels unter der Bezeichnung „sprachliche Schematismen“ zusammenfaßt (Pilz 1981 bevorzugt den Begriff „Phraseolexem“ und „Paralexem“). In den Verkehrsnachrichten einer Tageszeitung (Kölner Stadtanzeiger, Ende Juli 1986) fanden sich u. a. mehrfach die folgenden Beispiele:

in einen Unfall verwickelt werden
von der Fahrbahn abkommen / die Fahrbahn blockieren
ins Schleudern/ins Schlingern geraten
eine Schranke/die Leitplanke durchbrechen
die Gewalt über den Wagen/die Kontrolle verlieren
die Vorfahrt rauben/mißachten
gegen einen Baum prallen
in Flammen aufgehen / Feuer fangen
ums Leben kommen / den Verletzungen erliegen
für den Verkehr wieder freigeben

Die schwache *Metaphorik* solcher Wendungen hilft zwar dem Leser, den Vorgang bildhaft zu erfassen, zu gliedern und perspektivisch zu deuten. Die starke *Formelhaftigkeit* („Idiomatizität") trägt jedoch dazu bei, Sachverhalte nach festen syntaktisch-strukturellen und semantischen Mustern zu reproduzieren und sie damit als unausweichliches Alltagsgeschehen erscheinen zu lassen. Vereinfachung wird so zur *Simplifizierung*, die strategisch und manipulativ genutzt werden kann (vgl. auch Koller 1975, 404).

Stabile sprachliche Schematismen dieser Art sind unterschiedlich klassifiziert worden (vgl. Burger 1973, Röhrich/Mieder 1977, Pilz 1981, Agricola 1985). Wir nennen einige Formen und Beispiele aus dem heutigen Sprachgebrauch:

Funktionsverbgefüge: Einfluß nehmen, Erfolg haben, Partei ergreifen, Dank sagen, in Erwägung ziehen, zum Ausdruck bringen
einfache Redensarten (Gebrauchsmetaphern): über den Haufen werfen, auf die schiefe Bahn kommen, sich zu Herzen nehmen; unter Druck geraten, Dampf ablassen
sprichwörtliche Redensarten (älterer Herkunft): ins Bockshorn jagen, die Kastanien aus dem Feuer holen, sein Licht unter den Scheffel stellen, Maulaffen feilhalten
Zwillingsformeln und Wortpaare: Hals über Kopf, Knall und Fall, Hab und Gut, Nacht und Nebel, Schlag auf Schlag, in Hülle und Fülle, Roß und Reiter, Mann und Maus
phraseologische Vergleiche: wie Sand am Meer, wie ein Weltmeister, Geld wie Heu, dumm wie ein Esel

Im Grunde gehören auch (vollständige oder elliptische) *Sätze* hierher, die Erfahrungen zusammenfassen, Einstellungen verdeutlichen oder appellativ wirken sollen. Sie müssen rhetorisch-stilistisch einprägsam sein:

Sprichwörter: Gottes Mühlen mahlen langsam. Morgenstund hat Gold im Mund. Eine Hand wäscht die andere.
Sprüche: Wer früher stirbt, ist länger tot. Morgenstund ist ungesund. Lieber Feste feiern als feste arbeiten. Jede Wende hat ein Ende. Atomkraft? Nein Danke.
Slogans: Wohlstand ist für alle da. Es geht ums Ganze. Auf den Kanzler kommt es an. Weiter so, Deutschland. Alle Welt wählt Wella. badedas befreit vom Alltag. Kurz und gut. Polo. Geld spielt keine Rolex. Was lacostet die Welt...
Stereotype und Gemeinplätze: Aller Anfang ist schwer. Wir sind alle nur Menschen. Was sein muß, muß sein. Wie es im Leben so geht.

Weniger Beachtung fanden bisher alltagssprachliche *phraseologische Gesprächselemente,* die sich z. T. mit den Gemeinplätzen berühren:

wie dem auch sei; wolln wir mal so sagen; da steckt man nicht drin; was heißt hier schon „Ferien"?; da hast du Töne; du ahnst es nicht; du bist ja verrückt; alles klar.

Am Rande sei auf die in den obigen Beispielen auch dokumentierte Tendenz zur *Abwandlung von Formeln* verwiesen (z. B. in Jugendsprüchen oder in Schlagzeilen, vgl. Braun 1979 a, 164), mit der Spannung erzeugt, Aufmerksamkeit erregt oder Distanz zur Alltagskultur ausgedrückt werden soll. Eigene Untersuchungen zur Pressesprache (im Anschluß an Koller 1977 und Lüger 1983) haben ergeben, daß der Gebrauch von sprichwörtlichen Redensarten im letzten Jahrzehnt ständig zurückging zugunsten einfacher Formen (Funktionsverbgefüge, Gebrauchsmetaphern).

Die *Tendenz zur Verdichtung* betrifft vor allem die *„Blockbildung"* (Eggers) oder *Kompaktbauweise,* die sich aus der Auflösung von Nebensätzen und der Eingliederung in attributive Fügungen ergibt (= Auffüllen der Satzglieder). So entstehen, als *präpositive* oder *postpositive Attribute* (Admoni 1973, 36ff.), oft umfangreiche und komprimierte Nominalgruppen:

Die Verwirklichung der in Betracht kommenden Tatbestände der Vorteilsgewährung und -annahme sowie Bestechung und Bestechlichkeit...
Die zwischen Bund und Ländern vereinbarte Billigkeitsregelung zur Entschädigung für Folgen des Reaktorunglücks von Tschernobyl... (Beispiele aus: Kölner Stadtanzeiger vom 24. 7. 86)

In diesem Zusammenhang kommt es zu weiteren, oft beobachteten Erscheinungen:

- einer *Desemantisierung von Verben* (die nur noch einen Zustand bezeichnen: enthalten, beimessen, erzielen, vornehmen);
- einer Zunahme *passivischer Fügungen* (ohne persönliches Subjekt: „es wird ausdrücklich der Wunsch bekundet");
- einer *Akkusativierung* (einem den Mut nehmen > jemanden entmutigen; vgl. Weisgerbers These vom „inhumanen Akkusativ", 1962^3, 181f.);
- einer *Reduzierung präpositionaler Fügungen* auf wenige Typen („Verfahren um die Verfilzung von Macht und Millionen"; „Abschluß der Beweisaufnahme zu diesem Komplex"; „Welle von Verfahren um Ärzte"; „Informationen über den Verlauf der Gespräche"; Ansprüche gegenüber dem Wasserkopf Wien"; „Mobilisierung von Ängsten nach Tschernobyl").

Syntagmatische Verdichtungen der erwähnten Art zwingen nun den Leser dazu, kausale oder temporale Bezüge aus dem Kontext zu erschließen und zudem stärker als früher „hintergründige Satzinhalte" (v. Polenz 1985, 298ff.) zu realisieren, also „zwischen den Zeilen zu lesen". v. Polenz unterscheidet hier

a) aus dem *Sprachwissen* Mitzuverstehendes (semantische Präsuppositionen und Implikationen);
b) aus dem *Handlungskontext* Mitzuverstehendes (pragmatische Präsuppositionen und stille Folgerungen).

Das sei an einem relativ einfachen Beispiel erläutert:

Die galoppierende Schwindsucht der nordrhein-westfälischen Landesfinanzen ist gestoppt (Kölner Stadtanzeiger 14. 7. 86).

Semantisch-logisch präsupponiert der Satz, daß der Landeshaushalt sich schon lange in Schwierigkeiten befindet. Er impliziert (mitbedeutet) auch grammatisch-syntaktisch über die entsprechende Aktivform, daß jemand (eine Person oder eine Institution) in den Prozeß eingegriffen hat. Als pragmatische Präsupposition kann die allgemeine Erwartung gelten, daß Haushaltsstabilität und Haushaltssanierung zu den vordringlichen Zielen der Landespolitik gehören. Der metaphorische Ausdruck „galoppierende Schwindsucht" gibt dem Vorgang zusätzliches Gewicht und wertet den Eingriff als eine besondere Tat, da er sich sozusagen gegen eine sonst tödlich verlaufende Krankheit richtet.

6.5.4.3 *Morphematische Aspekte*

Im **Bereich der Flexion** setzt sich die langfristige Tendenz zum *analytischen Sprachbau* fort: so bei der Umschreibung des Konjunktivs (er käme > er würde kommen), beim Eindringen von Verlaufsformen aus der Umgangssprache (im Kommen sein) und beim Wegfall von Kasusendungen (ebenfalls analog zur gesprochenen Sprache, vgl. Drosdowski/Henne in Althaus u. a. 1980, 624):

Genitiv: die Erfindung des Radar, ein Vertreter des Vatikan;
Dativ: sich am Automat bedienen; am Strand liegen;
Akkusativ: auf den Präsident hören, sich einen Teddybär wünschen.

In der *Pluralbildung* ist besonders das -s produktiv, etwa nach vokalischem Auslaut und bei Kurzwörtern:

Nackedeis, Gruftis, Demos, Softis; AKWs, PKWs

Bei der *Flexion des Verbs* treten weiterhin weniger gebräuchliche Wörter in die schwache Klasse über:

gären, gärte, gegärt	(statt gor, gegoren)
saugen, saugt, gesaugt	(statt sog, gesogen)
sieden, siedete, gesiedet	(statt sott, gesotten)

Im **Bereich der Wortbildung** ist zunächst die Tendenz zur **Univerbierung** zu nennen, d. h. die Zusammenfassung von Wortgruppen zu Worteinheiten (vgl. zu einzelnen Kompositionstypen u. a. Braun 1979 a, 89 und Lühr 1986, 153ff.). Dabei nimmt die Zahl der *Mehrfachkomposita* derart zu, daß man schon von einem „Wörterbäckerdeutsch" spricht:

Energieversorgungsunternehmen, Lehrerausbildungskommission.

Viele davon sind *Spontan-* oder *Ad-hoc-Bildungen,* die dann oft mit Bindestrich geschrieben werden:

U-Bahn-Tunnelsystem, Flachdach-Deckenkonstruktion

Harlass/Vater (1974) haben hier *Präzisierungen* (Elektrorasur, Fernsehjournalisten) und *Intensivierungen* (Qualitätsprismenglas, Supertiefstpreise) unterschieden. P. Braun (1979 a, 90ff.) verweist noch darauf, daß der starke Benennungsbedarf im öffentlichen Leben zahlreiche zweigliedrige Bildungen mit spezifischen Grundmorphemen (Polizei, Arbeit, Politik etc.) produziert. So verzeichnen heute die beiden großen Wörterbücher zur Gegenwartssprache in West und Ost zum Stichwort „Arbeit" etwa 200 entsprechende Einträge. Dabei kommt es ständig zu quantitativen und qualitativen Veränderungen, wie ein Vergleich der beiden letzten Ausgaben des Mannheimer Rechtschreib-Duden zeigt:

Grundmorphem	zweigliedrige Komposita im Duden '80	Duden '86	Neuaufnahmen '86
Arbeit	43	40	Arbeitslager, -vermittlung
Atom	15	16	Atomwaffe, -zeitalter
Markt	27	26	------
Polizei	24	28	Polizeiauto, -meister
Sicherheit	18	19	Sicherheitsbeauftragte
Umwelt	9	15	Umweltbelastung, -kriminalität, -schützer

Solche Neubildungen sind stets *motiviert.* Häufiger und längerer Gebrauch kann aber auch zur *Demotivierung* oder *Idiomatisierung* führen (Nachtarbeit, Großstadt, Augenblick, vgl. Fleischer 1975, 13). Bei *Reihenbildungen* ist der Übergang zu gebundenen Morphemen *(Suffixoiden)* zu beobachten (siehe auch Lühr 1986, 173f.):

-gut: Pflanzgut, Streugut, Steingut, Stückgut
-werk: Triebwerk, Laufwerk, Lesewerk, Machwerk
-wesen: Geldwesen, Bildungswesen, Gesundheitswesen

-bereich: Fachbereich, Finanzbereich, Grenzbereich
-sektor: Bausektor, Bildungssektor
-ebene: Bedeutungsebene, Fakultätsebene, Entscheidungsebene
-elemente: Bauelemente, Strukturelemente, Satzelemente

An zweiter Stelle nennen wir eine Tendenz zur **Verkürzung,** welche die mit der Univerbierung verbundene Erweiterung ökonomisch-kommunikativ wieder auffängt. Sie betrifft fast ausschließlich häufig gebrauchte Substantive. Nach der Bildungsart können wir mit W. Fleischer (1975, 210ff.) und Harlass/Vater (1974, 58ff.) unterscheiden:

Initialwörter: LKW, UKW, VEB, EWG, EKG, CDU, BMW, UB (aber auch: D-Zug (Durchgangszug), S-Bahn (Schnellbahn); Radar (aus: radio detection and ranging), Jeep (aus: general purpose)
„Kopfwörter": Auto(mobil), Akku(mulator), Lok(omotive), Limo(nade), Demo(nstration), Pop(ular), Kat(alisator)
„Schwanzwörter": (Omni)Bus, (Violon)Cello, (Ton)Band
Silbenwörter: Leica (Leitz-Camera, 1913), Moped (Motor Pedale), Agitprop (Agitation + Propaganda)
Klammerwörter: Motel (Motorhotel), Eurovision (Europäische Television)

Bei den *Ableitungen (Suffigierungen)* sind zunächst die traditionellen Wortbildungsmittel weiterhin produktiv, jedoch oft mit neuen semantischen Trends (vgl. etwa v. Polenz 1986, 18):

Substantive
-ung: Verteufelung, Spezialisierung, Verringerung (oft mit Präfigierung verbunden)
-heit/keit: Widersprüchlichkeit, Transformierbarkeit; Neuheit, Bezogenheit, (Trend zur vermehrten Abstraktion)
-ion: Emanzipation, Kommunikation, Generalisation (oft bei Internationalismen)
-ismus: Perfektionismus, Aktionismus
-er: Auftraggeber, Kreditnehmer; Kocher, Blinker (also auf Gegenstände bezogen)
-ler: Arbeitsrechtler; Zuchthäusler, Abweichler (also oft pejorativ)
-ei: Wäscherei, Molkerei; Raserei, Phrasendrescherei (Verstärkung des Pejorativen)
-bar: fahrbar, eßbar, zahlbar (Eignungsadjektive)
-mäßig: fahrplanmäßig, schulmäßig; sprachmäßig, wohnungsmäßig, urlaubsmäßig (Trend zur halbironischen Verwendung in der Jugendsprache; vgl. Braun 1979 a, 96)
-weise: massenweise, vertretungsweise, hilfsweise (Trend zum attributiven Gebrauch)
-falls: widrigenfalls, gegebenenfalls, notfalls
-seitig: bauseitig, hörerseitig

Daneben werden in Werbung, Politik, Technik und Wissenschaft zunehmend ursprünglich freie Morpheme reihenbildend und als *Suffixoide* (Kühnhold u. a. 1978, 477) verwendet:

-arm: kalorienarm, nikotinarm, alkoholarm (mit semantischer Umwertung)
-fest: wetterfest, kochfest, trinkfest
-aktiv: atmungsaktiv, stoffwechselaktiv, waschaktiv
-intensiv: lohnintensiv, kostenintensiv
-tüchtig: funktionstüchtig, gebrauchstüchtig
-freundlich: umweltfreundlich, arbeitnehmerfreundlich
-freudig: drehfreudig, spurtfreudig
-schwach: lernschwach, entscheidungsschwach, einkommensschwach

Bei der *Präfigierung von Verben* in spezifischen (ganz gegensätzlichen) Anwendungsbereichen sind besonders produktiv:

ver-: verbilligen, verbirken; verarschen, veräppeln
er-: errechnen, erschließen, ermelken; ergattern, ergeiern
be-: begrünen, bezuschussen; begaffen, befummeln
ent-: entpflichten, entfristen, entfichten
ab-: abstellen, abdriften; abstauben, abstottern; abschlaffen, abgeilen
über-: überkommen, überarbeiten, überfragen

Bildungen mit ver- und be- in der Verwaltungssprache gehören zum Typ der *ornativen Verben* (d. h. eine Sache wird mit etwas versehen). Oft ergeben sich dabei *Doppelpräfigierungen* (verbeamten, verabreden, vorenthalten, übervorteilen). Neue Reihenbildungen führen zu *Präfixoiden* (man beachte die schwankende Betonung):

vollinhaltlich, vollgültig, vollwertig
hochloben, hochstilisieren, hochputschen, hochwerten
Scheißbetrieb, Scheißleben; scheißfreundlich, scheißegal

Hingewiesen sei noch auf die Ausbreitung deutscher und lateinischer *Verneinungsformen:*

nichtamtlich, nichtöffentlich; unsachlich, unschön, unrichtig; amusisch, amoralisch; inkompetent, insuffizient

6.5.4.4 Lexematische Aspekte

Der westdeutsche Rechtschreib-Duden (Mannheim, 19. Aufl. 1986) erwähnt im Vorwort eine „geradezu explosionsartige Ausfächerung" der deutschen Gegenwartssprache. Er verzeichnet ca. 3 000 Neuaufnahmen gegenüber der letzten Ausgabe (1980; vgl. auch „Der große Duden", Leipzig 18. Aufl. 1985, im etwa gleichen Umfang). Das ebenfalls von der Mannheimer Duden-Redaktion bearbeitete „*Große Wörterbuch der deutschen Sprache" (6 Bde., 1976ff.) enthält 500 000 Stichwörter, der „Brockhaus Wahrig"* (6 Bde., 1980) 220 000 Stichwörter und 550 000 Definitionen. MENTRUP (1976) gibt allein für die Fachsprache der Chemie 100 000 Lexeme, für Elektronik bereits 160 000 und für Medizin (mit Randgebieten) 500 000 an.

Wir wollen uns hier auf drei für die gegenwärtige Standardsprache maßgebliche Tendenzen beschränken: die Tendenz zur Popularisierung, zur Internationalisierung, zum strategischen Wortgebrauch.

Die **Tendenz zur Popularisierung** bedeutet ein Eindringen von Wörtern aus den verschiedensten Lebens- und Wissensgebieten, wobei sich Bedeutungsinhalte verändern und Bewußtseinshorizonte erweitern (vgl. 6. 4. 2). Viele Ausdrücke werden dann allgemeiner bzw. übertragen verwendet. Wir fassen den Begriff „Popularisierung" damit allerdings weiter als Drosdowski/Henne (in Althaus u. a. 1980[2], 629f.). Zur Illustration noch einige Beispiele:

- *Freizeit/Sport:* Kurlaub, Animateur, Saison; Timing, Jogging, Tie-Break
- *Bildung/Kultur:* Förderstufe, integriert, curricular, Gesamthochschule
- Fachsprachen: Diagnostik, Digitalisierung; Herzinfarkt (als populären Sammelausdruck für „Herzschlag", „Hirnschlag", „Embolie" etc.)
- *Szenensprachen:* Typ, Chaoten, Spontis, Trouble, anmachen, antörnen, labern, rumsülzen; klasse, stark
- *Umgangssprachen:* Gerangel, durchdrehen, sich vorbeibenehmen, herauskristallisieren, krummnehmen, miesmachen; Klamotten; bekloppt, bestußt etc.

Eine solche *Entgrenzung von Sondersprachen* fördert natürlich die Vermischung verschiedenartiger Elemente, die Jargonisierung und auch die Verbreitung kurzlebiger *Modewörter:*

Größenordnung, Frustration, Fehlleistung, Sicherheitsrisiko, vertrauensbildende Maßnahmen, Entscheidungsbedarf; kreativ, speziell, klar

Die *Tendenz zur Internationalisierung* zeigt sich bei uns am deutlichsten in den *lexikalischen Lehneinflüssen* aus dem *Englisch-Amerikanischen.* Sie gehen zurück auf die politisch-wirtschaftlich-kulturelle Verflechtung mit den USA, die soziale Geltung („Mehrwert") fremder Ausdrücke und die Eigenheit des Engl., Kurzwörter zu reihen bzw. zu kombinieren. Die Komplexität solcher Einflüsse hat vor allem BR. CARSTENSEN (in Braun 1979c, 90ff.) dargestellt. Wir geben eine übersichtliche Auswahl:

Evidente Einflüsse

a) direkte Übernahme: Flop, Zoom, Midlife Crisis, Freak, Talk-Show, Skateboard, Recycling, Sex, Power
b) Scheinentlehnung: Dressman, Showmaster, Pullunder, Teenies, Mokick (und andere Pseudo-Anglizismen)

c) semantische Veränderung: City („Innenstadt"), Gag („originelle Neuerung"), Slip (engl. pants, briefs), Smoking (engl. dinner jackett)
d) formale Veränderung: Happy-End (engl. happy ending), last not least (engl. last but not least)
e) Mischkomposita: Haarspray, Fernseh-Feature, Popsänger, Film-Festival, Matchball

Latente Einflüsse
a) Lehnübersetzung: Geburtenkontrolle (birth-control), Lebensqualität (quality of life), schweigende Mehrheit (silent majority), einmal mehr (once more), Blutbank (blood bank)
b) Lehnübertragung: Einbahnstraße (one-way-street), Flughafen (airport), Marschflugkörper (cruise missile), Luftbrücke (air-lift)
c) Lehnschöpfung: Kunststoff (für plastics), bügelfrei (für non-iron), oben ohne (für topless), Luftpirat (für skyjacker), Fließheck (fastback)
d) Lehnbedeutung: kontrollieren „beherrschen" (nach „to control"), realisieren „erkennen, bemerken" (nach „to realize"), Ebene (nach „level"), feuern „entlassen" (nach „to fire"), Kopie „Exemplar" (nach „copy")
e) Lehnwendung: grünes Licht geben (to give the green light); das macht keinen Sinn (that does not make sense); die Schau stehlen (to steal a show); das kannst du vergessen (forget it)
f) Lehnsyntax: in 1986 (statt „im Jahre 1986"); in anderen Worten (statt „mit"); für eine Woche (statt „eine Woche lang")

Der starke anglo-amerikanische Einfluß bringt *lexikalisch-semantische Interferenzen* mit sich; man denke z. B. an Konkurrenzen wie „Beruf/Job", „Liebhaber/Fan", „Kleinkind/Baby", „Liebe/Sex" (vgl. dazu v. Polenz 1978, 145). Ferner wurden zahlreiche *Entlehnungen aus dem Französischen* zurückgedrängt bzw. verdrängt:

Mannequin durch Modell, Revue durch Show, Bonvivant oder Beau durch Playboy, Tendenz (tendance) durch Trend, Fête durch Party (vgl. Burger in Braun 1979 c, 246ff.)

Manche Entlehnungen sind allerdings auch *Internationalismen* im engeren Sinne, die sich (mit lat.-griech. Bildungselementen) heute in allen Kultursprachen finden:

Demonstration, Distribution, Kompetenz, Kybernetik etc.

Die **Tendenz zum strategischen Wortgebrauch,** auf die schon mehrfach verwiesen wurde, hätte auch unter den textematischen Aspekten besprochen werden können. Denn *Strategien* sind „Funktionspläne für den Dialog zwischen Schreiber, Text und Leser" (Grimminger in Rucktäschel 1972, 16), haben also „eindeutig Instrumentalcharakter" (Hannappel/Melenk 1979, 19). Sie können folglich nicht allein der Wortebene zugeordnet werden. In typischen Sprachhandlungen, die der Verteidigung oder dem Angriff dienen und das „Wort als Waffe" benutzen, reichen sie jedoch in Wortbildung und Wortschatz hinein. So wollen wir eine solche *pragmatische Kategorie* hier einfügen.

Sprachliche *Aufwertungen* bietet heute nicht nur die Werbung:

der „Motor" wird ersetzt durch das „Triebwerk", das „Armaturenbrett" durch das „Cockpit", die „Imbißstube" durch den „Grill-Shop", die „Putzfrau" durch die „Raumpflegerin", der Bauer durch den „Landwirt", der Lehrling durch den „Auszubildenden", der Arme durch den „Sozialschwachen", die Hilfsschule durch die „Sonderschule", die Alten durch die „Senioren", das Altersheim durch die „Seniorenresidenz".

D. E. Zimmer (1986, 45) spricht hier vom euphemistischen „Hang zur Verschönerung", von „Renommiersucht". Sprachliche Aufwertungen oder Sprachsteuerungen der genannten Art zeugen jedoch auch vom jeweiligen gesellschaftlichen Bewußtsein, das entweder auf Kampf und Auseinandersetzung oder auf Harmonisierung von Gegensätzen und den Abbau von Ungleichheit abgestellt ist. Dies gilt besonders für positiv besetzte *Schlagwörter* und *Schlüsselbegriffe,* die den politischen Meinungskampf emotionalisieren und polarisieren:

Weimarer Zeit: Notwehr, Notverordnungen, Schutz der Republik, Sicherheit und Ordnung, Wiederaufbau, Pflichtgefühl, Nationalbewußtsein
Drittes Reich: Volksgemeinschaft, Großdeutschland, tausendjähriges Reich, Rassenbewußtsein; Treue, Ehre etc.
BRD: Solidarität, Integration, Emanzipation, Grundwerte, Reformen, Wachstum, Chancengerechtigkeit, Lebensqualität; freie Welt, Sozialstaat
DDR: Arbeiterklasse, Kollektiv, sozialistischer Aufbau, nationales Kulturerbe; Perspektive, Agitation

In diesem Zusammenhang wäre auch an die *Metaphorik* zu erinnern (z. B. unserer „Wende": Aufschwung für alle, Weltwirtschaftsgipfel). Am Rande erwähnt sei die „superlativische Semantik", die in *Entzückungswörtern* (klasse, super, stark) und *Bekräftigungswörtern* (echt, unheimlich, wahnsinnig) der Jugendsprache aufgebaut wird (vgl. Drosdowski/Henne in Althaus u. a. 1980, 630; ferner Müller-Thurau 1985).

Einer gegenläufigen *Strategie der Abwertung* (und der *Abwehr)* dienen im Kontext ebenfalls *Schlagwörter* (Neofaschismus, Militarismus, Sozialismus, Neue Armut) und *Metaphern* (Streikbrecher, Streikwelle; Erblast, Asylantenstrom). Im Alltag kommen mannigfache Formen des *Beleidigens* und *Diffamierens* (von Personen, Gruppen, Institutionen) hinzu, die *Schimpfwörtern* heute in der Öffentlichkeit eine weitere Verbreitung als früher sichern:

Horde, Bande, Klüngel; Lügner, Scheißkerl, Arschkriecher etc.

Gerade die Etablierung einer wissenschaftlichen *Maledictologie* (Kiener 1983) beweist, wie stark verbale Agression und strategischer Wortgebrauch als gesellschaftliches Problem erkannt worden sind.

6.5.4.5 *Prosodische und graphematische Aspekte*

Im Bereich der **Orthoepie** (Orthophonie) hat sich in den letzten Jahrzehnten gezeigt, daß die von Th. Siebs („Deutsche Bühnenaussprache", 1898) normierte *Hochlautung* den tatsächlichen Gegebenheiten nicht mehr entspricht. Längst hat das Theater seine Rolle an die Massenmedien Funk und Fernsehen abgeben müssen; zudem intervenieren bei der Aussprache die Einflüsse von Umgangs- und Alltagssprache. In der *Sprechwirklichkeit* wird z. B. das „r" nicht mehr in allen Stellungen konsonantisch artikuliert, sondern (wie in Bier, Tier) dem vorangegangenen Vokal assimiliert. Eine Reduktion findet sich auch beim Endsilben-e (laufen, sprechen).

Viele solcher Veränderungen wurden in der DDR bereits 1964 im „Wörterbuch der deutschen Aussprache" berücksichtigt, das sich an der *Gebrauchsnorm* orientiert, d. h. als normgerecht festlegt, was die „gesellschaftliche Sprachpraxis" ergibt (Neubearbeitung unter dem Titel „Großes Wörterbuch der deutschen Aussprache", 1982). In der BRD wurde noch länger explizit an einer *gemäßigten Hochlautung* festgehalten („Wörterbuch der Deutschen Aussprache", 1969). Das „Duden-Aussprachewörterbuch" (1974[2]) und die Duden-Grammatik (Mannheim 1984[4]) unterscheiden heute eine *Standardlautung* (als überregionale, deutlich lautdifferenzierende, schriftnahe Gebrauchsnorm) und eine *Nichtstandardlautung* (Umgangslautung und Überlautung, beide ungenormt). In der Standardlautung wird (beispielsweise beim konsonantischen [r] und beim vokalischen r) auf verschiedene Verwendungsweisen je nach Inhalt, Stil oder Sprechlage verwiesen und oft mit Kann-Bestimmungen operiert. Auch die „Neigung zur Anfangsbetonung" bei Fremdwörtern ist erfaßt. Für die Umgangslautung („in der gewöhnlichen Unterhaltung" und „für die Wiedergabe sprachlich und inhaltlich weniger anspruchsvoller Texte") werden vorsichtig häufige Abweichungen von der Standardlautung angegeben (z. B. Vokalkürzungen oder Vokaleinebnungen), die in manchen Gegenden noch als „unfein" oder „fremdartig" gelten. Damit setzt sich dann allerdings implizit doch die *gemäßigte Hochlautung* fort, wenn auch unter anderem Namen (vgl. dazu etwa Althaus in Althaus u. a. 1980, 791). Ob dies den gesellschaftlichen Gegebenheiten entspricht, sei dahingestellt. Immerhin bietet das System noch Anhaltspunkte für Schule und Ausbildung. Und es ermöglicht es dem Sprachteilnehmer, die zahlreichen Abweichungen von der Norm in Alltag und Medien (viele Politiker äußern sich ja bereits ungeniert mit umgangssprachlicher Einfärbung) zu erkennen, einzuordnen und eben auch zu werten.

Im Bereich der **Orthographie** ist nach der Kodifizierung 1901 immer wieder eine grundlegende Vereinfachung auf der Basis der Phonem-Graphem-Beziehungen gefordert worden. Die gemeinsame *Orthographie-Konferenz 1954* in Stuttgart (mit Vertretern der BRD, der DDR, Österreichs, Luxemburgs und der Schweiz) brachte jedoch vor allem Diskussionen über die Auswirkungen des *grammatischen Prinzips,* das z. B. die Groß- und Kleinschreibung bestimmt. Entsprechend konzentrierten sich die „Stuttgarter Empfehlungen" (1954) und die „Wiesbadener Empfehlungen" (1958) auf die sogenannte *gemäßigte Kleinschreibung* (Großschreibung nur bei Satzanfängen, Eigennamen und Anredepronomina). Die Reform scheiterte schließlich am Einspruch Österreichs (1961), der Schweiz (1963) und dem zahlreicher Interessenverbände (vgl. zu einzelnen Argumenten pro und contra Althaus in Althaus u. a. 1980, 790f.). In der neuentfachten Debatte der siebziger Jahre hat Nerius (1975, 57; vgl. auch Drewitz/Reuter 1974) zwei Grundsätze formuliert:

1. Größtmögliche Einfachheit im Interesse der Erlernbarkeit und Handhabbarkeit der geschriebenen Sprache;
2. möglichst direkte Bedeutungsverdeutlichung und leichte Überschaubarkeit im Interesse der raschen Informationsentnahme aus den geschriebenen Äußerungen.

Bisher sind aber im Duden (Mannheim) lediglich einzelne *Positionsregeln* (z. B. für Minuskel/Majuskel: recht bekommen – sein Recht bekommen, R 64; für Zwischenräume (Spatien): infolge, imstande, anstelle, R 208) und wenige *Funktionsregeln* (z. B. für die Schreibweise von Fremdwörtern) geändert bzw. modifiziert worden – also nur dort, wo Substantive in „verblaßter Bedeutung" gebraucht werden oder eine Eindeutschung erfolgen soll. Versuche, die gemäßigte internationale Kleinschreibung in *Fachzeitschriften* publik zu machen (Zeitschrift für germanistische Linguistik, Praxis Deutsch) und damit eine Reform zu beflügeln, haben sich durchweg nicht halten können.

6.5.5 Texte und Aufgaben

Die weitgreifenden Hinweise in den vorstehenden Abschnitten erlauben es uns, bei den Texten zur Gegenwartssprache auf ausführliche Sprachanalysen zu verzichten. Wir erweitern dafür das Spektrum der Textsorten und der Beispiele, jeweils mit kurzen Anmerkungen versehen. Damit bieten wir Material und Anregungen für eine eigene *kontrastive Betrachtung* in diachronischer sowie synchronischer Hinsicht. Maßgeblich wird so das Sprachwissen und *Sprachempfinden* des Benutzers selbst.

6.5.5.1 *Sprache der Literatur: Romane*

Wir stellen *Anfänge* von Romanen nebeneinander und legen den Schwerpunkt der Betrachtung damit auf die *Erzählstrukturen*. So ergeben sich auch Vergleichsmöglichkeiten mit den folgenden Texten zur *Alltagssprache*.

a) Trivialroman: Tanja von Arnau, „... und dann sah sie ihn wieder" (1976)

„Tante Ludmilla! Tante Ludmilla!"

Die helle Stimme der Komteß Anette von Molzheim klang aus der Halle zur Galerie hinauf, wo eben eine hohe, schlanke Gestalt in fliederfarbenem Negligé erschien.

Anette schwenkte einen Brief und nahm leichtfüßig die ersten Stufen des Aufganges.

„Stell dir vor, sie kommt! Belinda kommt tatsächlich zu meiner Hochzeit! Morgen schon wird sie hier eintreffen. Dieser verflixte Brief war vier Tage unterwegs. Wir müssen gleich das Gästezimmer richten lassen. Wo steckt denn nur die Annemarie?"

Bedächtig schritt Ludmilla Fürstin zu Willreuth-Haddenbach die Treppe hinab.

„Die Annemarie wird uns zunächst einmal das Frühstück servieren, liebes Kind – dann sehen wir weiter", bemerkte die alte Dame unbeeindruckt von der freudigen Erregung ihrer Nichte.

„Aber Tante Ludmilla – wir haben doch furchtbar viel vorzubereiten. Natürlich bekommt Belinda das große Schlafzimmer zum Park hinaus, das mit der Terrasse. Und Behnken soll zur Blumenhandlung fahren, Rosen sind Belindas Lieblingsblumen. Ich werde gleich selbst ..."

„Nichts wirst du gleich – außer mit mir frühstücken!" Fürstin Ludmilla betrachtete ihre junge Nichte mit gerunzelter Stirn und spöttisch gekräuselten Lippen.

„Du bist ja ganz außer dir, Kind. Mir scheint, es ist tatsächlich an der Zeit, daß dich ein kluger, vernünftiger Mann an die Leine nimmt und dein unbändiges Temperament ein wenig zügelt. Du benimmst dich wie ein Schulmädchen. Wann wirst du endlich einmal erwachsen werden? Ich fürchte, das erlebe ich nicht mehr."

Die junge Dame warf trotzig die blonde Lockenpracht in den Nacken.

„Wir haben uns eine Ewigkeit nicht gesehen, mehr als sechs Jahre ist es her, seit Belinda damals nach England gehen mußte."

(aus: Silvia-Auslese-Roman Bd. 700, Bastei o. J. (1976), S. 4)

b) Unterhaltungsroman: Heinz G. Konsalik, „Das einsame Herz" (ca. 1975)

Durch den staubigen Sand der Landstraße mahlten die Räder.

Knarrend schwankte der hölzerne, gelb lackierte Kasten der Postkutsche auf den ächzenden, morschen Achsen, um die der Staub wirbelte und die Steine hochgeschleudert wurden, während die beiden müden Pferde an der langen Deichsel die Beine kräftiger nach vorn warfen, die nahe Poststation und damit Ruhe und volle Tröge witternd. Der schläfrige Postillion auf dem breiten Bock, hinter dem sich die Koffer, Kisten und Säcke zu Bergen stauten, wohl verschnürt mit einem dicken Seil, das den ganzen Wagen kreuz und quer von dem Dach aus überspannte, griff widerwillig zu seinem Horn und setzte es an den Mund.

„Eine Pulle Schnaps wäre besser", murmelte er, und blies dann ins Horn, daß der Ton von den Bergen widerhallte und im langsam verebbenden Abendrot zitternd untertauchte.

Im Innern der Kutsche saßen, durch die hüpfenden Räder hin und her geschleudert, zwei Männer und eine ältere Frau, die durch eine Lorgnette hinaus in die abendliche Landschaft blickte und ab und zu ihre Mitreisenden durch schrille Ausrufe des Erstaunens oder des Schreckens aus einem gefühllosen Halbschlaf aufschreckte.

(aus: Heyne Jahresband 1979, München, S. 249)

c) Literatenroman: Günter Grass, „Die Rättin" (1986)

Das Erste Kapitel, in dem ein Wunsch in Erfüllung geht, in Noahs Arche kein Platz für Ratten ist, vom Menschen nur Müll bleibt, ein Schiff oft seinen Namen wechselt, die Saurier aussterben, ein alter Bekannter auftritt, eine Postkarte einlädt, nach Polen zu reisen, der aufrechte Gang geübt wird und mächtig Stricknadeln klappern.

Auf Weihnachten wünschte ich eine Ratte mir, hoffte ich doch auf Reizwörter für ein Gedicht, das von der Erziehung des Menschengeschlechts handelt. Eigentlich wollte ich über die See, meine baltische Pfütze schreiben; aber das Tier gewann. Mein Wunsch wurde erfüllt. Unterm Christbaum überraschte die Ratte mich.

Nicht etwa zur Seite gerückt, nein, von Tannenzweigen überdacht, dem tiefhängenden Baumschmuck zugeordnet, anstelle der Krippe mit dem bekannten Personal, hatte, mehr lang als breit, ein Drahtkäfig Platz gefunden, dessen Gitterstäbe weißlackiert sind und dessen Innenraum mit einem hölzernen Häuschen, der Saugflasche und dem Futternapf möbliert ist. Wie selbstverständlich nahm das Geschenk seinen Ort ein, als gäbe es keinen Vorbehalt, als sei diese Bescherung natürlich: die Ratte unterm Weihnachtsbaum.

Nur mäßige Neugierde, sobald Papier knisterte. Huschig raschelte sie im Streu aus gelockten Hobelspänen. Wie sie nach kurzem Sprung auf ihrem Haus kauerte, spiegelte eine gülden glänzende Kugel das Spiel der Witterhaare. Von Anbeginn war erstaunlich, wie nackt ihr Schwanz lang und daß sie fünffingrig ist wie der Mensch.

Ein sauberes Tier. Hier und dort: nur wenige Rattenköttel kleinfingernagellang.

Jener nach altem Rezept hergestellte Heiligabendgeruch, zu dem Kerzenwachs, Tannenduft, ein wenig Verlegenheit und Honigkuchen beitrugen, übertönte die Ausdünstung des geschenkten Jungtieres, das einem Schlangenzüchter abgekauft wurde, der, in Gießen ansässig, Ratten als Schlangenfraß züchtet.

Gewiß überraschten auch andere Gaben: Nützliches, Überflüssiges links rechts beigeordnet. Es fällt ja immer schwerer zu schenken. Wo ist noch übriger Platz? Oh, dieses Elend, nicht mehr zu wissen, was wünschen. Alles ist in Erfüllung gegangen. Was fehlt, sagen wir, ist der Mangel, als wollten wir den uns zum Wunsch machen. Und schenken weiterhin ohne Erbarmen. Niemand weiß mehr, was wann von wem wohlwollend über ihn kam. Satt und bedürftig hieß mein Zustand, als ich mir, nach Wünschen befragt, auf Weihnachten eine Ratte wünschte.

(aus: G. Grass, Die Rättin. Luchterhand: Darmstadt/Neuwied 1986, S. 7f.)

Aufgaben

a) Erläutern und besprechen Sie Merkmale sowie Einteilungsprinzipien der gewählten Textarten (nach Zimmermann 1979, 21ff.).
b) Vergleichen Sie das Verfahren der Exposition (Einführung in das Geschehen).
c) Analysieren Sie die Erzählstrukturen (Erzählgegenstand, Erzählperspektive, Personenkonstellation etc.), und entwickeln Sie daraus das jeweilige Wirklichkeitsbild.
d) Welche sprachlichen Formen gehören nach Ihrer Ansicht der Literatursprache (im engeren Sinne) an? In welcher Weise greifen Alltagssprache und Alltagsbewußtsein in die Gestaltung ein?
e) Bestimmen Sie anhand sprachlicher Bilder und Redewendungen die Rolle von Symbol und Klischee (Reflexionssignale bzw. Identifikationssignale) für den jeweiligen Text.
f) Vergleichen Sie diese Romananfänge mit Beispielen aus der Literatur vor 1920 (Courths-Mahler, Th. Mann).
g) Erweitern Sie die Analyse durch einen Blick auf Inhalte und Formen moderner Lyrik (etwa G. Eich: „Latrine“, „Nacht in der Kaserne“).

6.5.5.2 Sprache des Alltags: Erzählen

Erzählen ist auch ein „aktives Element des alltäglichen Lebens“ (Ehlich 1980, 18). Es offenbart die Auffassung von Wirklichkeit beim „kleinen Mann“ und die Strategien sozialer Interaktionsprozesse – vgl. dazu die Beispiele a) und b) auf S. 250 f.

a) Alltagsgespräch (1980)

These (0)		W_1:	Nä, un wenn de/ un wenn man so auf de Schuln
			widder hört, wat die da alle verlangn,
			da wolln se . bei de Einschulung bald
			reich/ reine Pro f e s soren habn.
A		C_1:	Dat hab ich der hab ich der Bruckhoff ja ma
			in/ ... auf de Bruchstrasse gesacht.
K	RE_C		Ich sach: ‚Frau Bruckhoff', ich sach, ä ä
			‚Normalerweise sind sie ja dafür da,
			[um den Kindern das beizubringen.
		W_2:	[um den Kindern das beizubringen.
		C_2:	Un nich, daß sie schon direkt Profes s o r en
			auf de Schule habn wolln.'
	RE_B		‚Was heißt denn das?' meint se.
	RE_C		‚Ja', ich sach, ‚wat heißt'n das.'
	RE_C		Ich sach: ‚Meinn sie vielleicht', ich sach,
			‚de Thomas muß schon mit mit ä ä G e t e i l t
			rechnn könn?'
	RE_C		Ich sach: ‚Sie sind doch nich gescheit!'
	RE_C		Ich sach: ‚S i e sind doch dafür d a, dat
			zu lernn.
			Meinen sie, wofür sie Lehrer ge w o r dn sind.'
	RE_C		Ich sach: ‚Un wenn se dat nich tun wolln,
			denn müssn se den Beruf a u f gebn.
			Oder wenn se zu alt dafür sind.'
R			Da hat die mich angekuckt.
		W_3:	Ja da f (fehltn)
E		C_3:	Seitder ä/ Seitdem war ich ja unten durch
			bei der.
			Aber dat war mir ja auch egal.
			ich mein, dafür is die doch da, um dat ä
			den Kindern zu lernn.
			Nein, die hatte ihre Lieblinge,
			un die hatte die die/ von den Lieblingn
			eben die Eltern, die konnt se besser leidn,
			die brachtn ihr auch schon ma'n paar Blumn
			oder Dosn Pralinn, so fingn die an zu schmiern.
			Un dat seh ich ja nich ein, wofür denn. Nä.[43]

Transkriptionserläuterungen: W = Sprecher, C = Sprecherin, W_1 – W_n = Anzahl der Gesprächsschritte, [= simultanes Sprechen, ... = Pausen innerhalb von Gesprächsschritten, ↗↘ = ungewöhnliches Heben oder Senken der Stimme, ( ) = unverständlicher, vermuteter Wortlaut, (( )) = nichtsprachliche Vorgänge, z. B. Lachen, gesperrt = betont, 1 – n = Zeilenzählung; O = Orientierung, A = Abstract, K = Komplikation, R = Resultat/Auflösung, E = Evaluation, Co = Coda.

[43] RE_C = Redeerwähnung Sprecherin, RE_B = Redeerwähnung Lehrerin

(aus: E. Neuland, Alltagsgespräche. In: Linguistik und Didaktik 43/44 1980, S. 192f.)

b) Alltagssong: BAP (1981), Jupp

Sitze frühstückend im Clodwigeck. Ausser mir, meinem Hund und der Bedienung sitzt noch ein Penner an der Theke. Offensichtlich einer der Jungs, die man aus irgendwelchen obskuren Resozialisierungsgründen morgens um sieben aus dem benachbarten 'Männerübernachtungsheim - Johannishaus' vor die Tür setzt.

Er bemüht sich, pausenlos englische Wortfetzen in ein zahnloses, kölsches Genuschel einflechtend, mit dem Typ hinterm Tresen ins Gespräch zu kommen, wobei er jedoch aufläuft.

Es vergeht einige Zeit, bis er das gecheckt hat, von seinem Hocker steigt und an meinem Tisch vorbei in Richtung Klo schlurft, wobei ihm schließlich mein Hund auffällt, dessen Rassenzugehörigkeit sich (cum grano salis) irgendwo zwischen Kängeruh und Wüstenfuchs einpendelt.

Eine Chance für ein kleines Schwätzchen witternd, bleibt er natürlich prompt stehen und verrät mir mit einer Stimme, neben der die von Lee Hazelwood und Bruce Low zu Eunuchengezwitscher verblassen würden: 'Der Schäferhund ist der beste Freund des Mannes. Mir hat in Alaska einmal einer das Leben gerettet...'

1.) Ahn der Vringspooz triffsten
met singe Kumpels un dä Mammutfläsch Lambrusco.
Op dä Plastiktüüt
met singe paar Klamotte steiht: Eduscho
jo, dä Jupp trick jraad sing Sejel huh
un hä nemp dich met, jedenfalls meint er et
un hä verzällt sich fruh.

2.) Om Projramm steiht Weltreis.
Wie jeden Daach verzällte, wat ihm wo passiert ess
Kokosnöss un Packeis...
und wie hä övver dä Äquator balanciert ess
un övverhaup, die dausend Fraue, die hä kannt
un die Messerstecherei, sick der dä Duhme fählt,
ahn singer räächte Hand.

3.) Un eez en Katmandu,
wo hä met zwei Yetis Skat jeklopp hätt
do woot manche Nejer blass
vun dämm, wat uns're Jupp och jeistich-alles drophätt
un dann die Wahnsinnszick als Robinson
en singer eijene Welt, jänz op sich selfs jestellt
oh Mann, wer kann dat schon?

4.) Jupp verzällt vum Joldrausch
un, wie hä Twist jedanz hätt met 'ner Cobra
vun'nem karierten Zebra,
dä blonde Fee us Peking, namens Lola.
Nur vun Stalingraad verzällte nie
'Wo litt dann Stalingraad? En welchem Land ess dat'?
Stalingraad pack hä nie, irgendwie.

(Text von W. Niedecken. Aus: BAP für uszeschnigge. Musikproduktion West/Emi Electrola 1981. Beiheft)

Aufgaben

a) Bestimmen Sie die Sprachschicht der beiden Texte, und kennzeichnen Sie mit Hilfe des Grammatik-Duden (1986) die Abweichungen von der Standardsprache.
b) Welche lexikalischen, syntaktischen und prosodischen Merkmale sind typisch für gesprochene Sprache?
c) Charakterisieren Sie Inhalte sowie Funktionen des Alltagserzählens und die mit ihnen verbundenen Alltagsbedürfnisse. Achten Sie dabei auf das „Aufschneiden“ und „Angeben“.
d) Erörtern Sie anhand der Erzählstrategien das Ineinander von zweckrationalem und verständigungsorientiertem Sprachhandeln (vgl. 6.5.3.3).
e) Klären Sie die Rolle von Dialekt und Umgangssprache für die soziale Interaktion.
f) Untersuchen Sie im Anschluß hieran die Abwandlung von Sprichwörtern und Redensarten in Sprüchen (Graffiti) der Jugendszene. (Material in der Shell-Studie „Jugend '81“ und in Kreuzer 1986).

6.5.5.3 Sprache des Journalismus: Nachricht und Story

Die „Textsorte Nachricht“ dokumentiert besonders deutlich Sprachveränderungen der letzten 60 Jahre und zugleich die Spannweite des Sprachgebrauchs in verschiedenen Medien. Dabei findet sich die „Story“ nicht nur bei den „soft news“ der Sensationspresse, sondern auch in Nachrichtenmagazinen.

a) Diachronischer Vergleich

Ermordung von Walther Rathenau (1922)

Berlin, 24. Juni. Heute vormittag wurde Minister Rathenau, kurz nachdem er seine Villa im Grunewald verlassen hatte, um sich in das Auswärtige Amt zu begeben, erschossen und war sofort tot. Der Täter fuhr im Auto nebenher und sauste nach vollendeter Tat weiter ...

Der Minister fuhr um 10 Uhr 45 von der Wohnung ab. Um 10.50 bereits fielen drei Schüsse, gefeuert von drei Männern in gelben Lederjacken und ebensolchen Lederkappen. Außer ihnen saß in dem Kraftwagen der Mörder noch der gleichgekleidete Chauffeur. Der erste Schuß durchschlug die Rückenpolsterung des offenen Rathenauschen Automobils und durchschlug den Brustkasten. Die zweite Kugel schlug von seitwärts in die Brust. Der tödliche Kopfschuß drang in den Mund ein. Eine ferner in das Automobil geschleuderte Handgranate durchschlug den Wagenboden.

Die Mörder entkamen in Richtung Schmargendorf.

Dr. Rathenau war verschiedentlich gewarnt, aber lehnte leider die Begleitung durch Kriminalbeamte ab.

(Deutsche Allgemeine Zeitung, Nr. 288 vom 24. 6. 1922, S. 1)

Ermordung von Anwar el-Sadat (1981)

Kairo, 6. September (dpa/AP/Reuter/AFP). Der ägyptische Staatspräsident Sadat ist am Dienstag bei einem Attentat getötet worden. Dies wurde am Nachmittag in Kairo offiziell bestätigt. Zu der Tat hat sich mit einem Anruf im Beiruter Büro der amerikanischen Nachrichtenagentur UPI eine „Unabhängige Organisation für die Befreiung Ägyptens" bekannt. Bei dem Anschlag wurden ferner mindestens ein Leibwächter und ein Adjutant Sadats getötet sowie Vizepräsident Mubarak, Verteidigungsminister General Abu Ghazale, Generalstabschef Rab el-Nabi Hafis und mehrere Diplomaten verletzt.

Der Anschlag wurde während einer Militärparade aus Anlaß des achten Jahrestages des Oktoberkrieges gegen Israel 1973 verübt. Wie Augenzeugen berichteten, rollten gerade amerikanische M-60-Panzer an der Ehrentribüne in einem östlichen Kairoer Stadtteil vorüber, während in der Luft Düsenjagdbomber aus französischer und sowjetischer Produktion Flugkunststücke vorführten, als plötzlich drei Soldaten und ein Offizier aus einem Fahrzeug sprangen und zwei Handgranaten auf die Tribüne warfen. Anschließend feuerten sie mit Maschinenpistolen in die Reihen der Ehrengäste.

Der Leibwächter Fauzi Abdel Hafis warf sich sofort auf den Präsidenten, um ihn mit seinem Körper zu decken, und war auf der Stelle tot. Andere Leibwächter erwiderten das Feuer und töteten die drei angreifenden Soldaten. Der Offizier wurde überwältigt. Sadat wurde mit schweren Verletzungen in das Militärhospital im Stadtteil Maadi geschafft, wo indes jegliche ärztliche Hilfe zu spät kam.

Das ägyptische Kabinett trat noch am Nachmittag unter Leitung des offensichtlich nur leicht verletzten Vizepräsidenten Mubarak zu einer Sondersitzung zusammen. Das Parlament wurde für diesen Mittwochnachmittag einberufen.
(Frankfurter Allgemeine Zeitung, Nr. 232/41 D vom 7. 10. 1981, S. 1)

b) Synchronischer Vergleich
Verurteilung von Karl-Heinz Hoffmann (1986)

BILD, Nr. 149/27 vom 1. 7. 1986, S. 1

9 ½ Jahre! Wehrsport Hoffmann lächelte
Neuneinhalb Jahre Haft für „Wehrsport-Hoffmann". Das Nürnberger Landgericht verurteilte den Neo-Nazi Karl-Heinz Hoffmann (48) gestern u. a. wegen Geldfälschung, Freiheitsberaubung, gefährlicher Körperverletzung. Von der Doppelmord-Beihilfe am jüdischen Verleger Shlomo Levin (69) und dessen Lebensgefährtin Frida Poeschke (57) wurde Hoffmann freigesprochen. Hoffmann, der während der Verhandlung immer wieder lächelte, kündigte Revision an.

Kölner Stadtanzeiger, Nr. 149 vom 1. 7. 1986, S. 1

Haftstrafe für Wehrsportchef Hoffmann
Freispruch zu Mordvorwurf

Nürnberg (ap, dpa, ddp) – Zu neuneinhalb Jahren Freiheitsstrafe ist der Rechtsradikale Karl-Heinz Hoffmann am Montag verurteilt worden. Die Dritte

Große Strafkammer des Nürnberger Landgerichts sprach den 48jährigen Grafiker nach fast zweijähriger Prozeßdauer zwar vom Vorwurf frei, vor sechs Jahren den Mord an dem jüdischen Verleger Shlomo Lewin und dessen Lebensgefährtin Frida Poeschke in Erlangen befohlen zu haben. Die Strafrichter in Nürnberg fanden Hoffmann aber schuldig, Gefolgsleute gefoltert und mißhandelt zu haben, die ihm nach dem 1980 ausgesprochenen Verbot der Wehrsportgruppe in der Bundesrepublik in ein Lager im Libanon nahe Beirut gefolgt waren.

DER SPIEGEL, Nr. 28 vom 7. 7. 1986, S. 51 f.

Im Prozeß gegen den Wehrsportgruppen-Chef Hoffmann zeigte sich: Über Polit-Straftäter von rechts wird anders geurteilt als in Terroristenverfahren gegen die RAF.

Rudolf Koob, 60, war fast am Ende seiner vierstündigen Urteilsbegründung angelangt. Immer wieder hatte er sich verhaspelt, kraftlos und müde die Argumente aneinandergereiht – ganz so, als wollte der Vorsitzende des Nürnberger Schwurgerichts die Bedeutung dieses Mordprozesses gegen Karl-Heinz Hoffmann, den Gründer der berüchtigten Wehrsportgruppe (WSG), noch am allerletzten Verhandlungstag selber auf Null bringen. Als sich die Mittagshitze im geschichtsträchtigen Saal des Nürnberger Kriegsverbrecherprozesses ausbreitete, entfuhr dem Richter ein Schlüsselsatz.

Er hatte gerade die Schindereien und Mißhandlungen Hoffmanns an einem abtrünnigen WSG-Mann im Libanon geschildert und war zu den Erwägungen übergegangen, welche Einzelstrafe dafür angemessen erschien. Koob: „Bei allem Wohlwollen ließen sich hier keine Gründe zur Strafmilderung finden."

Im wichtigsten Anklagepunkt hatten die Richter allerdings Entlastung gefunden. Hoffmann wurde letzte Woche vom Hauptvorwurf, er sei als Mittäter am Erlanger Doppelmord vom 19. Dezember 1980 an dem jüdischen Verleger Shlomo Lewin und seiner Lebensgefährtin Frida Poeschke beteiligt gewesen, freigesprochen. Der 1981 im Libanon ums Leben gekommene WSG-Mann Uwe Behrendt, zur Tatzeit Hoffmanns Hausgenosse und engster politischer Mitstreiter, müsse als Alleintäter angesehen werden. Für Verstöße gegen das Waffengesetz, wegen Freiheitsberaubung, Körperverletzung und Geldfälschung erhielt Hoffmann eine Freiheitsstrafe von neuneinhalb Jahren.

Wer von den Zuhörern zur Urteilsverkündigung gekommen war, um nach 21 Monaten Prozeßdauer Abrechnung mit Gedanken und Werken des bekanntesten deutschen Rechtsextremisten zu vernehmen, der mußte sich wie im falschen Gerichtssaal vorkommen. Die Worte „rechtsradikal", „rechtsextremistisch" oder gar „Neonazi" tauchten in der langatmigen Urteilsbegründung an keiner Stelle auf, nicht mal die schlichte Silbe „rechts" brachte der Schwurgerichtsvorsitzende über die Lippen. Es war, als wollte Richter Koob damit unbedingt beweisen, daß es sich eben nur um ein ganz normales Strafverfahren und nicht etwa um einen politischen Prozeß gehandelt habe.

Schon diese Anstrengung machte deutlich, daß der politische Hintergrund im ganzen Verfahren verdrängt wurde. Überdies liefert gerade der Hoffmann-Prozeß neues Anschauungsmaterial für die verschiedenen Sehweisen der Justiz im Umgang mit politisch motivierten Straftätern – je nachdem, ob sie rechter oder linker Herkunft sind.

Aufgaben

a) Vergleichen Sie Informationsgliederung und Sprachgestaltung der beiden ersten Texte. Ziehen Sie dafür auch die Beispielanalyse von H. Eggers (1978, 18 ff.) heran. Wie und wodurch hat sich die Textsorte Nachricht in den letzten Jahrzehnten verändert?
b) Untersuchen Sie den Aufbau der Nachricht und typische Elemente der heutigen Nachrichtensprache (Blockbildung, Komposita, Satzmuster) bei Bild und dem Kölner Stadtanzeiger.
c) Bestimmen Sie die Rolle optischer und stilistischer Mittel (Schlagzeilen etc.) bei der Informationsübermittlung der Presse und die Wirkung auf den Leser.
d) Zeigen Sie, wie in den Texten auf Hintergrundinformationen verwiesen wird.
e) Analysieren Sie Besonderheiten der SPIEGEL-Sprache (vgl. auch Enzensberger 1967 und Grimminger in Rucktäschel 1972), und erörtern Sie die Funktion des Story-Eingangs.
f) Vergleichen Sie die Text- und Sprachformen bei Nachrichten und Kommentaren der Tagespresse. Welche Rolle spielen dabei Gebrauchsmetaphern und sprichwörtliche Redensarten?

6.5.5.4 Sprache der Politik: Meinungssprache

Appellativer Sprachgebrauch in der Politik kann an sehr verschiedenen Textsorten studiert werden (Wahlanzeigen, Parteiprogrammen, Parlamentsreden, Kommentaren der Meinungspresse etc.). Dabei muß jeweils der Kontext (Kommunikationssituation, mediale Vermittlung) bedacht werden. So treffen Neujahrsansprachen im Hörfunk auf ein breites, festlich gestimmtes Publikum und präsentieren die Gegenwart als Übergang zwischen Vergangenheit und Zukunft, verklärt mit einem Hauch von Geschichte. Politische Propaganda reicht aber bis in Gesetzestexte hinein – wohl nicht nur in totalitären Systemen.

a) Neujahrsansprachen im Hörfunk (Ausschnitte)

Adolf Hitler am 31. 12. 1939

Möge das Jahr 1940 die Entscheidung bringen. Sie wird, was immer auch kommen mag, unser Sieg sein! Alles, was in dieser Zeit an Opfern vom Einzelnen gefordert wird, steht in keinem Verhältnis zu dem Einsatz, den die deutsche Nation vollzieht, in keinem Verhältnis zum Schicksal, das ihr drohen würde, wenn die verlogenen Verbrecher von Versailles noch einmal die Macht erhielten. Wir haben daher ein klares Kriegsziel: Deutschland und darüber hinaus Europa müssen von der Vergewaltigung und dauernden Bedrohung befreit werden, die vom früheren und heutigen England ihren Ausgang nehmen.

Den Kriegshetzern und Kriegserklärern muß diesmal endgültig die Waffe aus den Händen geschlagen werden. Wir kämpfen dabei nicht nur gegen das Unrecht von Versailles, sondern zur Verhinderung eines noch größeren Unrechtes, das an seine Stelle treten soll. Und in positivem Sinn: Wir kämpfen für den Aufbau eines neuen Europas, denn wir sind zum Unterschied des Herrn Chamberlain der Überzeugung, daß dieses neue Europa nicht gestaltet werden kann von den alt gewordenen Kräften einer im Verfall begriffenen Welt, nicht von den sogenannten Staatsmännern, die in ihrem eigenen Lande nicht in der Lage sind, auch nur die primitivsten Probleme zu lösen, sondern daß zum Neuaufbau Europas nur jene Völker und Kräfte berufen sind, die in ihrer Haltung und in ihrer bisherigen Leistung selbst als junge und produktive angesprochen werden können. Diesen jungen Nationen und Systemen gehört die Zukunft. Die jüdisch-kapitalistische Welt wird das 20. Jahrhundert nicht überleben!

Nationalsozialisten und Nationalsozialistinnen! Deutsche Volksgenossen! Im vergangenen Jahr hat unser deutsches Volksreich dank der Gnade der Vorsehung geschichtlich Wunderbares und Einzigartiges geleistet! Wir können am Beginn des Jahres 1940 den Herrgott nur bitten, daß er uns weiterhin segnen möge im Kampf um die Freiheit, die Unabhängigkeit und damit um das Leben und die Zukunft unseres Volkes! Wir selbst wollen in der Erkenntnis der vor uns liegenden Zeit mit Fleiß und Tapferkeit die uns gestellte Aufgabe lösen. Durch unsere eigene Kraft und Hilfe wollen wir so den Herrgott bitten, dem deutschen Volk im Jahre 1940 auch die seine nicht zu versagen. Dann muß und wird es uns gelingen!"
(Text nach M. Domarus: Hitler. Reden und Proklamationen 1932–45, Bd. II/1. R. Löwit: Wiesbaden 1973, S. 1443)

Helmut Schmidt am 31. 12. 1979

Meine Damen und Herren! Das kommende Jahrzehnt kann schwierig werden, nicht nur wegen der Unsicherheiten der Energieversorgung. Die ganze Welt ist in Unruhe. Denken wir an Afrika, an den Nahen und Mittleren Osten, an die amerikanischen Geiseln in Teheran, mit denen wir uns solidarisch fühlen; denken wir an Südostasien. Die Aussichten dafür, daß wir Deutsche mit unserem Teil dieser Schwierigkeiten fertigwerden, beurteile ich mit Zuversicht. Über drei Jahrzehnte hat sich unsere Bundesrepublik Deutschland als ein Land von vielfach beneideter Stabilität erwiesen. Mit unserer ganzen Kraft werden wir dafür sorgen, daß uns diese Stabilität, daß uns der innere und äußere Frieden auch im kommenden Jahrzehnt erhalten bleiben. Dazu braucht es die enge Partnerschaft mit unseren Freunden im Westen, dazu braucht es auch das ehrliche Bemühen um Zusammenarbeit mit den Nachbarn im Osten. Dabei können wir unsere Beunruhigung über das Vorgehen der Sowjetunion und ihrer Verbündeten in Asien und Afrika nicht verschweigen. Die Zusammenarbeit zwischen Ost und West in Europa wird umso erfolgreicher sein, je stärker der Wille zur Entspannung und zur Zusammenarbeit das politische Handeln auch in anderen Teilen der Welt prägt. Natürlich werden wir keine Berge versetzen können; aber jeder Schritt, auch der kleinste Schritt, der den Frieden in Europa sichern und den Zusammenhalt unserer Nation bewahren hilft, der geht in die richtige Richtung.

Wir haben in den letzten Jahren und auch 1979 viele Dinge ein Stück in der richtigen Richtung vorangebracht. Bei mir zu Hause gibt es dafür ein plattdeutsches Sprichwort, und ich bitte meine westdeutschen und süddeutschen Landsleute um Verständnis. Das heißt so: Wenn de Mensch doun dait, wat he kann, dann kann he nich meh doun, als he dait. Auf Hochdeutsch bedeutet das ungefähr dieses: wenn einer alles tut, was er kann, dann kann man nicht noch mehr von ihm verlangen. Wir haben im siebziger Jahrzehnt fast alles getan, was wir konnten. Deshalb können wir mit gutem Gewissen in das neue Jahrzehnt gehen und mit sehr viel Selbstvertrauen. Wer selber seine Pflicht tut, der darf getrost auf die Zukunft vertrauen. Und viele werden sagen: er darf auf Gott vertrauen.

Meine Damen und Herren, lassen Sie uns mit Vertrauen und Hoffnung in das neue Jahr 1980 gehen. Ich wünsche Ihnen ein gutes, ein fröhliches Neues Jahr!
(Text nach eigener Tonbandaufnahme)

Helmut Kohl am 31. 12. 1983

Noch wichtiger aber, liebe Mitbürgerinnen und Mitbürger, wichtiger als alle nüchternen Daten, die zum Optimismus berechtigen, ist das spürbar wachsende Vertrauen in die Zukunft. Ich weiß, daß die Regierung die Pflicht hat, die richtigen Rahmenbedingungen für die Entfaltung der wirtschaftlichen Kräfte zu schaffen. Ich weiß aber auch, daß unsere Wirtschaft dauerhaft Dynamik nur entfalten wird, wenn wir alle mit Zuversicht nach vorne blicken. In unserer freien Gesellschaft ist es nicht der Staat, es ist immer der Einzelne, mit seiner Arbeit, mit seinem Pflichtbewußtsein, mit seiner Menschlichkeit und seiner Bereitschaft zum Dienst am Nächsten, der über die Zukunft unseres Landes und über sein persönliches Glück selbst entscheidet. Wir Deutsche haben allen Grund, auf unsere Leistungsfähigkeit und auf unsere moralische Kraft zu vertrauen. Mit unserer Freude am Entdecken und Erfinden, am Erforschen und Entwickeln, mit unseren Talenten und unserer technischen Begabung haben wir die Welt von heute entscheidend mitgeprägt. Wir haben unsere Erfolge erreicht durch Unternehmungsgeist, durch Tüchtigkeit, Fleiß, Zuverlässigkeit und Geduld unserer Bürger, nicht durch Pläne eines allgegenwärtigen, alles lenkenden Staates. Deshalb setzen wir und setze ich auf die Erneuerung der sozialen Marktwirtschaft. Wir werden bürokratische Schranken abbauen und dazu beitragen, möglichst vielen die Gründung einer eigenen Existenz zu ermöglichen. Wir werden auch darauf hinwirken, daß sich Bildung und Ausbildung künftig wieder stärker an den Herausforderungen orientieren, die unser Land im Wettbewerb der Welt bestehen muß. Wohlstand und politische Stabilität können nur durch Leistungen, besonders durch wirtschaftliche und wissenschaftliche Höchstleistungen, gesichert werden. Ziel dieser Politik, meine lieben Mitbürgerinnen und Mitbürger, ist nicht einfach die Erreichung eines möglichst hohen materiellen Lebensstandards. Das wäre zuwenig. Wir handeln auch in der moralischen Verantwortung für die kommende, für die nächste Generation.
(Text nach eigener Tonbandaufnahme)

b) Gesetzesartikel

Deutsches Beamtengesetz in der Fassung vom 25. 3. 1939

Abschnitt II: Pflichten der Beamten.

1. Allgemein.

§ 3. (1) Die Berufung in das Beamtenverhältnis ist ein Vertrauensbeweis der Staatsführung, den der Beamte dadurch zu rechtfertigen hat, daß er sich der erhöhten Pflichten, die ihm seine Stellung auferlegt, stets bewußt ist. Führer und Reich verlangen von ihm echte Vaterlandsliebe, Opferbereitschaft und volle Hingabe der Arbeitskraft, Gehorsam gegenüber den Vorgesetzten und Kameradschaftlichkeit gegenüber den Mitarbeitern. Allen Volksgenossen soll er ein Vorbild treuer Pflichterfüllung sein. Dem Führer, der ihm seinen besonderen Schutz zusichert, hat er Treue bis zum Tode zu halten.

(2) Der Beamte hat jederzeit rückhaltlos für den nationalsozialistischen Staat einzutreten und sich in seinem gesamten Verhalten von der Tatsache leiten zu lassen, daß die Nationalsozialistische Deutsche Arbeiterpartei in unlöslicher Verbundenheit mit dem Volke die Trägerin des deutschen Staatsgedankens ist. Er hat Vorgänge, die den Bestand des Reichs oder der Nationalsozialistischen Deutschen Arbeiterpartei gefährden könnten, auch dann, wenn sie ihm nicht vermöge seines Amtes bekanntgeworden sind, zur Kenntnis ... zu bringen.

(3) Der Beamte ist für gewissenhafte Erfüllung seiner Amtspflichten verantwortlich. Durch sein Verhalten in und außer dem Amte hat er sich der Achtung und des Vertrauens, die seinem Berufe entgegengebracht werden, würdig zu zeigen. Er darf nicht dulden, daß ein seinem Hausstande angehörendes Familienmitglied eine unehrenhafte Tätigkeit ausübt.

(aus: C. Tiemann, Die Amtsführung des Lehrers. Schwann: Düsseldorf 1940[7], S.7f.)

Verfassung der Deutschen Demokratischen Republik vom 6. April 1968

Artikel 2

1 Alle politische Macht in der Deutschen Demokratischen Republik wird von den Werktätigen ausgeübt. Der Mensch steht im Mittelpunkt aller Bemühungen der sozialistischen Gesellschaft und ihres Staates. Das gesellschaftliche System des Sozialismus wird ständig vervollkommnet.

2 Das feste Bündnis der Arbeiterklasse mit der Klasse der Genossenschaftsbauern, den Angehörigen der Intelligenz und den anderen Schichten des Volkes, das sozialistische Eigentum an Produktionsmitteln, die Planung und Leitung der gesellschaftlichen Entwicklung nach den fortgeschrittensten Erkenntnissen der Wissenschaft bilden unantastbare Grundlagen der sozialistischen Gesellschaftsordnung.

3 Die Ausbeutung des Menschen durch den Menschen ist für immer beseitigt. Was des Volkes Hände schaffen, ist des Volkes Eigen. Das sozialistische Prinzip „Jeder nach seinen Fähigkeiten, jedem nach seiner Leistung" wird verwirklicht.

4 Die Übereinstimmung der politischen, materiellen und kulturellen Interessen der Werktätigen und ihrer Kollektive mit den gesellschaftlichen Erfordernissen ist die wichtigste Triebkraft der sozialistischen Gesellschaft.

(Staatsverlag der DDR. Berlin 1968, S. 9f.)

Aufgaben

a) Erläutern Sie anhand einzelner Begriffe die besondere Semantik der Sprache des Dritten Reiches (heranziehen: Berning 1958, Sternberger et al. 1962, Klemperer 1969, Winckler 1970). Wie wird hier durch „Vokabelmusik" (Pareto) und das „Worte-Sprechen auf Kosten des Sätze-Sprechens" (v. Polenz 1978, 172; vgl. auch die Dokumentation von Maser 1973) Bewußtseinslenkung und Sprachsteuerung betrieben?
b) Bestimmen Sie genauer die Kommunikationssituation und die Intention von Neujahrsansprachen führender Politiker.
c) Untersuchen und vergleichen Sie in den Texten die Strategien der Aufwertung und Abwertung (nach Zimmermann 1975, 18f.).
d) Analysieren Sie einzelne Wirkungsmittel (Wir-Duktus, Schlagwörter, Leerformeln; vgl. Bachem 1979) im historischen Vergleich.
e) Welche Rolle spielen dabei die „ideologische Polysemie" (Dieckmann 1975, 70ff.) und Präsuppositionen bzw. Konnotationen?
f) Vergleichen Sie anhand typischer Schlagwörter und Schlüsselbegriffe den politischen Sprachgebrauch im Dritten Reich mit dem in der BRD und der DDR. Achten Sie dabei auch auf das zeit- und gesellschaftsbedingte Wertebewußtsein. Welche Auffassung von Politik spiegelt sich jeweils in typischen Redewendungen? Wo berührt sich der Nachklang des „alten revolutionären Pathos der deutschen Arbeiterbewegung" (v. Polenz 1978, 177) mit der faschistischen Sprache?
g) Erweitern Sie die Betrachtung durch einen Vergleich von Slogans und Metaphern in Wahlanzeigen 1983 und 1986/87 (Basismaterial z. B. in Wolff 1983).

6.5.5.5 Sprache der Wirtschaft: Werbung

Zu den appellativen Textsorten gehören auch *Werbeanzeigen*, die (vornehmlich als „Geschäftsreklame") bereits in den Zeitungen der Jahrhundertwende mehrere Seiten belegten. Die Werbung dokumentiert ebenfalls den Wandel der Sprache und des Wertebewußtseins.

a) Werbeanzeige 1933 („Juno") und
b) Werbeanzeige 1986 („Gillette") – s. Abb. auf S. 260

Aufgaben

a) Beschreiben Sie Aufbau und Stilmittel der beiden Anzeigen. Berücksichtigen Sie dabei auch die Rolle visueller Zeichen (etwa nach der AIDA-Formel, vgl. Sowinski 1979, 54).
b) Welche Konnotationen verbinden sich mit dem Schlüsselwort „frisch" hier und in anderen Beispielen („Alles frisch!")?
c) Wie schlägt sich das Bewußtsein der Zeit in den Anzeigen nieder?

„Juno" Anzeige aus: Potsdamer Tageszeitung, Nr. 161 vom 12. 7. 1933, S. 3. – „Gillette"-Anzeige aus: Hör Zu, Nr. 25 vom 13. 6. 1986, S. 51 (im Original vierfarbig).

d) Untersuchen und deuten Sie in aktuellen Werbeanzeigen (z. B. von Computer- und Kommunikationsfirmen im „SPIEGEL") semantische Aufwertungen („Hochwertwörter"), sprachliche Lehneinflüsse und die Aufnahme von Sprichwörtern oder Redensarten.
e) Erörtern Sie den problematischen Zusammenhang von Wirtschafts- und Wahlwerbung in der BRD (vgl. dazu Abromeit 1972; Wolff 1976, 28ff.).
f) Analysieren Sie zusätzlich die sprachlichen Strategien und die Funktion von Metaphern in Börsenreporten (DIE ZEIT, Capital).

6.5.5.6 *Sprache der Technik: Theorie- und Verteilersprache*

Die ausgewählten Beispiele beziehen sich auf den „Fortschritt" im Bereich des Motor- und Automobilbaus. Dabei erhalten Fachtermini je nach Kontext und Textsorte einen ganz unterschiedlichen Stellenwert.

a) Fachlexikon (1975)

Getriebe, *Stellgetriebe*, ein Wandler für Drehmomente und Drehzahlen. Das G. dient z. B. zur Untersetzung der Drehzahl von elektrischen Stellmotoren in langsamere Rotations- oder Translationsbewegungen, mit denen mechanisch betätigte Stellglieder verstellt werden. Der Bereich der Untersetzung liegt zwischen 30 : 1 und 30 000 : 1. Die G. übertragen nur kleine Leistungen (20 bis 100 W). Trotzdem können erhebliche Stellkräfte bei geringer Stellgeschwindigkeit erzeugt werden. Das Getriebespiel muß möglichst klein sein, da es in geschlossenen Regelkreisen die Schwingneigung fördert. Nicht stellbare G. sind z. B. Stirnrad-, Schnecken- und Planetengetriebe. Motordrehzahl, Motorleistung, Stellkraft, Ausgangsbewegung und Stellgeschwindigkeit sowie ökonomische Bedingungen bestimmen die Ausführungsform des G.

(aus: brockhaus abc automatisierung. VEB F. A. Brockhaus: Leipzig 1975, S. 225)

b) Betriebsanleitung (1981)

Automatic-Getriebe ZF 3 HP 22

Die ZF-Automatic besteht aus einem 3-Gang-Planetengetriebe mit vorgeschaltetem Drehmomentwandler. Der Anfahrvorgang wird vom **Drehmomentwandler** übernommen, der als Strömungskupplung und Drehmomentssteigerer wirkt (Wandlerbereich). Sind Getriebe-Eingangsdrehzahl und Motor-Drehzahl annähernd gleich, arbeitet der Drehmomentwandler nur noch als Strömungskupplung und überträgt das Motordrehmoment ohne Steigerung auf die Getriebe-Eingangswelle (Kupplungsbereich).

Dem in allen Gängen wirksamen Wandler ist ein mechanisches **Planetengetriebe** mit drei Vorwärtsgängen und einem Rückwärtsgang nachgeschaltet. Als Schaltelemente dienen hydraulisch betätigte **Lamellenkupplungen**. Sie sind unempfindlich gegen Abnutzung und benötigen keine Nachstellung.

Durch zwei eingebaute Freiläufe geht der Gangwechsel ohne Zugkraftunterbrechung vor sich. In der vorderen Stirnwand des Getriebes ist eine verlustarme **Ölpumpe** untergebracht. Sie übernimmt die Ölversorgung für den Wandler, die Automatic, die Schaltung und die Schmierung. Die Abtriebswelle des Planetenradsatzes ist mit einer Außenverzahnung versehen, in die eine Klinke eingelegt werden kann, um das Fahrzeug gegen Wegrollen zu sichern (Parkstellung).

Die **Steueranlage** mit dem Gangwählschieber, den Steuerkolben und Druckventilen ist im unteren Teil des Getriebegehäuses untergebracht. Die Schaltpunkte sind abhängig von der Stellung des Gaspedals und der Fahrgeschwindigkeit des Fahrzeuges. Die der Geschwindigkeit entsprechenden Impulse werden von einem **Fliehkraftregler** gegeben, der auf der Abtriebswelle sitzt. Das ganze System arbeitet hydraulisch.

Je nach Wahl des Fahrbereiches werden die Gänge zu den vorbestimmten Zeitpunkten automatisch gewechselt.

Bei völligem Durchtreten des Gaspedals über den Druckpunkt kann in besonderen Fällen die maximale Motorleistung ausgenutzt werden. Das Getriebe schaltet dann bis zu einer vorgegebenen Geschwindigkeit in einen niedrigeren Gang zurück und das Hochschalten erfolgt erst bei einer höheren Fahrzeuggeschwindigkeit.

(aus: Betriebsanleitung BMW. München 1981, Teil 6–40)

c) Werbeanzeige (1986)

Männern gewidmet, die etwas bewegen wollen

Es gibt Männer, die den Dingen eine Richtung geben. Die kreative Lösungen suchen. Die klare Ziele verfolgen. Diesen Männern ist der 520i gewidmet.

Ein Automobil, das ihrer Wesensart entspricht.

Der 520i hat ein Triebwerk, das ruhige, souveräne Kraft produziert: 6 Zylinder in Reihe geben ihm die hohe Laufkultur.

95 kW/129 PS geben ihm die Dynamik und lassen ihn in nur 11,4 Sekunden von 0 auf 100 km/h sprinten.

Er hat jetzt neu die Schraublenker-Hinterachse und breitere Reifen für noch besseres Fahrverhalten.

Er hat jetzt neu Faustsattel-Scheibenbremsen vorn und hinten. Für maximale Verzögerungswirkung und Standfestigkeit.

Und er hat eine umfangreiche serienmäßige Ausstattung – von der exakten Servolenkung über das 5-Gang-Getriebe bis zur Energie-Control.

Es ist die Summe aller Eigenschaften, die den 520i auszeichnet und ihn zu einem besonderen Automobil macht.

Der 520i.
Kauf, Finanzierung oder Leasing – Ihr BMW Händler ist der richtige Partner.

BMW in Btx * 20900 #

Freude am Fahren

(aus: DIE ZEIT, Nr. 18 vom 25. 4. 1986, S. 48. Die Headline nimmt in der Anzeige mehr Platz ein als der hier reproduzierte Text.)

Aufgaben

a) Beschreiben Sie anhand der Texte die Unterschiede von Theorie- und Verteilersprache. Welches Schichten-Schema (S. 219) erscheint Ihnen angemessen?
b) Untersuchen Sie genauer Struktur und Funktion der Fachtermini in dem Lexikoneintrag und in der Betriebsanleitung.
c) Auf welche Weise werden die Termini in der Verteilersprache desemantisiert?
d) Zeigen Sie an typischen Wendungen in der BMW-Werbung („kreative Lösungen", „souveräne Kraft" etc.), wie das aktuelle Selbstbild des Mannes entworfen und an den technischen Fortschritt gebunden wird.
e) Erörtern Sie, mit welchen Denk- und Handlungsmustern damit dem Krisenbewußtsein der Zeit entgegengewirkt wird.

6.5.5.7 *Die Sprache des Sports: Regelsprache und Jargon*

Die Teilhabe der Zeitgenossen am technischen Fortschritt und am zweckrationalen Wettbewerbsdenken vollzieht sich auch im Sport, vor allem über den Massensport „Fußball". Nirgends zeigt sich die Jargonisierung der Alltagssprache so deutlich wie hier.

a) Fußballregel (1971)

Regel 11/ Abseits

Ein Spieler ist abseits, wenn er im Augenblick, in dem der Ball gespielt wird, näher der gegnerischen Torlinie ist als der Ball – ausgenommen:
a) er befindet sich in seiner eigenen Spielfeldhälfte;
b) zwei Spieler der gegnerischen Mannschaft sind ihrer Torlinie näher als er;
c) der Ball wurde zuletzt von einem Gegner berührt oder gespielt;
d) er bekommt den Ball direkt von einem Abstoß, Eckstoß oder von einem Schiedsrichterball.

(aus: H.-J. Winkler, Taschenlexikon des Sports. Humboldt: München 1971, S. 153) Beispiel b) s. S. 264.

Aufgaben

a) Die Regelsprache ist statisch und definitorisch, die Reportage dagegen dynamisch und emotional. Weisen Sie dies nach an Wortwahl und Satzbauplänen. Wie sind darüber hinaus die zahlreichen Verkürzungen (von Sätzen, Namen, Prädikaten) zu erklären?
b) Untersuchen Sie im einzelnen die Sprachmischung und Jargonisierung im BILD-Text (z. B. Lehneinflüsse, Fachwörter, Metaphern, umgangssprachliche Wendungen; vgl. auch Dankert 1969 und Kroppach 1970).
c) Zeigen Sie, wie der Rekurs auf Alltagswissen in sprachlichen Schematismen eine Symmetrieachse zwischen dem Geschehen und dem Leser bildet.

b) Fußballreportage (1986)

2. Halbzeit 0:2, 2:2!

Hoffnung, aber dann das Aus...

Überraschung, als unsere Elf aus der Kabine kommt. Kalle bleibt in der Mannschaft, Völler kommt dazu. Und Allofs muß Platz machen.

Anstoß. Argentinien spielt sofort zurück, bis zum Torwart. Wenn das nur nicht symbolisch für die 2.Halbzeit wird . . .

Burruchaga marschiert, zwei Kameraden begleiten ihn. Ein Glück, daß Förster im Strafraum den Ball noch wegspitzelt. In höchster Not gerettet. Gut gemacht, Karlheinz (50.).

Brown, der Torschütze und Abwehrchef, liegt am Boden, wird vom Platz geführt. Mit schmerzverzerrtem Gesicht hält er sich die rechte Schulter. Aber er macht weiter (53.).

Briegel wühlt sich zwischen drei Argentinier durch, die nächsten drei sind zuviel. Aber er erkämpft einen Eckball (53.). Ihm merkt man an, daß er nicht aufgibt. Er kämpft selbst dann, wenn es aussichtslos erscheint.

Olartichoecea foult Eder. Freistoß. Brehme zirkelt auf Briegel, der wird abgedrängt, kann nicht richtig köpfen (55.).

Die Argentinier kontern – und wie! Enrique flitzt über den Platz. Warum greift denn keiner an. Der Raum zum Steilpaß ist da, links geht Valdano. Und wird prompt und gefühlvoll bedient. Wo ist Förster, sein Gegenspieler? Warum greift Jakobs nicht an. Der Mann von Real Madrid läßt sich Zeit, läuft fünf Schritte in den Strafraum. **Souverän schiebt er am herausstürzenden Schumacher vorbei flach ins rechte Eck – 0:2 (56.).**

Kalle mit rechts, Rudi mit dem Kopf

Wir müssen zugeben: Auch das ist verdient! Argentinien ist besser! Technisch! Kombiniert viel sicherer, ist schneller.

Beckenbauer versucht sein letztes Mittel: **Dieter Hoeneß kommt, der Bayern-Joker (62.).** Magath geht, er hat in diesem Spiel nicht überzeugt, gehörte zu den Schwachen. Er hat sich sein letztes Spiel bevor er HSV-Manager wird, sicher anders vorgestellt.

Briegel sieht Gelb, weil er mit dem Schiri meckert (64.).

Argentinien zieht sich zurück, will nur noch den Vorsprung halten. Briegel tobt weiter, schießt aus 20 Metern. Wieder abgeblockt. Ist das eine Abwehr, alle Achtung!

Es hätte noch schlimmer für uns werden können. Wenn nicht Eder gerade noch mit der Fußspitze vorm überragenden Burruchaga gerettet hätte (72.)

Und dann gibt es doch noch Hoffnung. Als Brehme einen Eckball auf den Kopf von Völler legt. **Der verlängert, Kalle rutscht mit dem rechten Fuß in den Ball. Jaaaa, Toooor! Nur noch 1:2 (74.). Haut rein, Jungs! Ihr schafft das noch!**

Gelb für Olarticoechea, weil er Zeit schindet (79.) Gelb für Enrique, weil er mault (82.)

Und dann wird das Märchen wahr: Wieder ist es ein Eckball von Brehme. Diesmal köpft Eder zu Völler. Der köpft aus 5 m ins Netz. **2:2, das darf doch nicht wahr sein. Rudi, laß dir deine Birne vergolden (83.)!**

Dem Jubel folgt der Schock: Maradona überlistet mit einem Traumpaß unsere Abseitsfalle. Burruchaga zieht los. Mein Gott, ist der schnell! **Toni zögert, stürzt dann doch raus. Zu spät, der Argentinier schiebt an ihm vorbei flach ins linke Eck – 2:3 (85.).**

Das ist die Entscheidung. Aus, vorbei, Schluß! Es wär' so schön gewesen . .

(aus BILD, Nr. 148/27 vom 30. 6. 1986, S. 11)

d) Stellen Sie Redewendungen aus Sportreportagen zusammen, die in die Standardsprache eingedrungen sind.
e) Erörtern Sie die These von W. Haubrich (1968), die Sportsprache sei ein „Spiegel des Lebenskampfes" in der modernen Industriegesellschaft.
f) Wirkt der Sport tatsächlich systemstabilisierend (z. B. durch Wettbewerbsdenken, die Darstellung der Welt als Arena und der Wirklichkeit als Spiel, die Personalisierung von Konflikten)?

6.5.5.8 Die Sprache des Rechts und der Verwaltung: Funktionssprache

Die Rechts- und Verwaltungssprache zeugt vom Streben nach Genauigkeit und Vollständigkeit, nach Objektivierung und Rationalisierung (vgl. Metz 1976). Solch kalte Funktionalität der „Sprache in der verwalteten Welt" (Karl Korn), die überall in unser Leben eingreift, hat ganz besonders zur Sprach- und Kulturkritik herausgefordert.

a) Bürgerliches Gesetzbuch (1975)

§ 883. [Wesen und Wirkung der Vormerkung] (1) Zur Sicherung des Anspruchs auf Einräumung oder Aufhebung eines Rechtes an einem Grundstück oder an einem das Grundstück belastenden Rechte oder auf Änderung des Inhalts oder des Ranges eines solchen Rechtes kann eine Vormerkung in das Grundbuch eingetragen werden. Die Eintragung einer Vormerkung ist auch zur Sicherung eines künftigen oder eines bedingten Anspruchs zulässig.

(2) Eine Verfügung, die nach der Eintragung der Vormerkung über das Grundstück oder das Recht getroffen wird, ist insoweit unwirksam, als sie den Anspruch vereiteln oder beeinträchtigen würde. Dies gilt auch, wenn die Verfügung im Wege der Zwangsvollstreckung oder der Arrestvollziehung oder durch den Konkursverwalter erfolgt.

(3) Der Rang des Rechtes, auf dessen Einräumung der Anspruch gerichtet ist, bestimmt sich nach der Eintragung der Vormerkung.
(aus: BGB. dtv: München 1975[20], S. 177f.)

b) Verwaltungsanordnung (1986)

Steuerliche Maßnahmen im Zusammenhang mit dem Reaktorunglück in Tschernobyl

Die infolge des Reaktorunglücks in der UdSSR notwendig gewordenen Schutzmaßnahmen für die Bevölkerung haben insbesondere im landwirtschaftlichen Bereich erhebliche Belastungen bewirkt. So erscheint es angebracht, den Geschädigten durch steuerliche Maßnahmen zur Vermeidung unbilliger Härten entgegenzukommen.

Der Finanzminister des Landes NRW hat deshalb durch Erlaß vom 14. 5. 1986, hier eingegangen am 30. 6. 1986, folgendes angeordnet:

1. Die nachweislich unmittelbar und nicht unerheblich betroffenen Steuerpflich-

tigen können bis zum Eingang der geplanten staatlichen Hilfen, längstens bis zum 30. 9. 1986, unter Darlegung ihrer Verhältnisse Anträge auf Stundung der bis zu diesem Zeitpunkt fällig werdenden Steuern des Bundes und des Landes sowie Anträge auf Anpassung der Vorauszahlungen auf die Einkommensteuer (Körperschaftssteuer) stellen. Diese Anträge sind nicht deshalb abzulehnen, weil die Steuerpflichtigen die entstandenen Schäden wertmäßig nicht im einzelnen nachweisen können. Bei der Nachprüfung der Voraussetzungen für Stundungen sind keine strengen Anforderungen zu stellen. Auf die Erhebung von Stundungszinsen kann in der Regel verzichtet werden.

2. Anträge auf Stundung der nach dem 30. 9. 1986 fälligen Steuern sowie Anträge auf Anpassung der Vorauszahlungen sind besonders zu begründen.

3. Bei den unmittelbar und nicht unerheblich Betroffenen ist bis zum Eingang der geplanten staatlichen Hilfen, jedoch längstens bis zum 30. 9. 1986, von Vollstreckungsmaßnahmen bei allen rückständigen oder bis zu diesem Zeitpunkt fällig werdenden Steuern abzusehen. Ab 1. 5. 1986 sind bis zum 30. 9. 1986 Säumniszuschläge für diese Steuern nicht zu erheben.

Ich bitte die betroffenen Bürger, hiervon Kenntnis zu nehmen ...

(aus: Mitteilungsblatt für die Gemeinde Lohmar, Nr. 28 vom 11. 7. 1986, S. 4)

Aufgaben

a) Analysieren Sie Tendenzen der Vereinfachung und Verdichtung in den beiden Texten (z. B. Blockbildung, Nominalisierung, siehe 6.5.4.2). Welche Unterschiede stellen Sie fest? Wie lassen sie sich von der Textsorte her erklären?
b) Vergleichen Sie das Bemühen um sprachlich-sachliche Ökonomie hier und in den Nachrichten der Tagespresse.
c) Zeigen Sie die Funktion typischer Ausdrücke der Behördensprache („Maßnahmen", „Steuerpflichtiger", „Betroffener" etc.; vgl. Mackensen 1973, 146ff.).
d) Diskutieren Sie die These von K. Korn (1962, 59 u. 138), hier handele es sich um ein „flaues Organisationsidiom" und ein „Vokabular der Domestikation" (siehe dagegen Wagner 1972², 105).
e) Erörtern Sie Vorschläge zur Verbesserung der Verwaltungssprache (z. B. bei Grosse und Rickheit in Radtke 1981).

7. Ausblicke

7.1 Die Frage des Sprachzerfalls

In der SPIEGEL-Titelgeschichte Nr. 28/1984 wird das heutige Deutsch als eine „unsäglich scheußliche Sprache" bezeichnet und als *Kauderwelsch* („Ächz, Würg") apostrophiert. Zahlreiche der auf S. 228 f. angeführten sprachkritischen Beiträge diagnostizieren einen unaufhaltsamen *Sprachzerfall*. Steht das Ende der eigenständigen deutschen Sprache und Sprachgeschichte bevor?

In einem Überblick der gesamten Entwicklung stellt SONDEREGGER (1979, 219ff.) **konstante,** durchlaufende Tendenzen einigen **inkonstanten,** uneinheitlichen Merkmalen gegenüber, die auch wir immer wieder berührt haben (zu a) s. S. 219, zu b) s. S. 319):

a) *äußere Konstanten*
- sprachliche Selbstbezeichnung
- Entfaltung des Sprachraums bis 1918/1945
- Überstaatlichkeit der Sprachgeltung
- Vervolkssprachlichungs- bzw. Verdeutschungsprozeß von Überlieferung und Sprachschichten
- umgekehrt proportional verlaufende Entwicklung von Mundarten und Schreibsprachen bzw. Schriftsprache
- Fremdeinflüsse auf das Deutsche
  - in der Lexik
  - durch Übersetzung von Texten
- kontinuierliche Zunahme des Wortschatzes

innere Konstanten
- Konstanten der Lautsystementwicklung
  - Umlautwirkung
  - Reduktion der Nebensilbenvokale
  - Vereinfachung der konsonantischen Geminaten
- Konstanten der Morphematikentwicklung
  - Steuerung der Flexion
  - Reduktion und Umstrukturierung der Flexionsmorpheme
  - gestaffelte Kasusreduktion
  - Abbau des grammatischen Wechsels beim starken Verb
- Konstanten der Wortbildungsentwicklung
  - Entfaltung der Komposition
  - Abbau der starken Verben, Zunahme der schwachen Verben
- Konstanten der Syntaxentwicklung
  - in enger Verbindung mit der Formensystementwicklung
  - als Herausbildung neuer Oppositionen im syntaktisch-morphologischen System

- Umstrukturierung der Wortstellung
- logische Verknüpfung von Hauptsatz und Nebensatz

b) *inkonstante Merkmale der äußeren Sprachgeschichte*
- Schichten der sprachlichen Überlieferung
- Schrift- und Schreibsysteme
- Entwicklung zur Literatur- und Schriftsprache

inkonstante Merkmale in der Geschichte des Sprachsystems
- Akzentsystem
- Lautsystem
    - Entwicklung des Stammsilbenvokalismus
    - Entwicklung des Konsonantensystems
- Formensystem
    - Verhältnis zwischen starker und schwacher Deklination des Substantivs und Adjektivs
    - einzelne Neuerungen im Formensystem der neuhochdeutschen Schriftsprache

Diese Übersichten verdeutlichen, daß Sprachwandel aus einer „Vermischung beider Prinzipien“ (Sonderegger 1979, 217) erklärt werden kann. Durchlaufend ist eine kontinuierliche *Vereinfachung* von Formen (in Syntax und Morphemik) sowie eine wachsende *Differenzierung* (vor allem der Lexik). Daneben stehen sprunghaft-instabile Veränderungen durch wechselnde Außeneinflüsse oder politisch-soziale Umbrüche. Diese bedingen heute ohne Zweifel einen rascheren Wandel als früher, zumal bei der Auswahl und Durchsetzung von Sprachvarianten andere Faktoren (z. B. Druck der Medien oder der Werbung) wirksam werden. So kommt es zu einer *Entgrenzung* und *Sprachmischung*, die für viele Beobachter als qualitative Einbuße, als „Sprach-Ärgernis“ (v. Hentig) oder eben als „Sprach-Störung“ (Gauger 1986) erscheint. Natürlich muß konstatiert werden, daß ein *Sprachgefühl* und *Normempfinden*, wie es im bürgerlichen Zeitalter und noch bis in die sechziger Jahre hinein gepflegt wurde, allgemein schwächer geworden ist. Der Beziehungsverlust der heutigen Generation äußert sich oft in *Formlosigkeit* und in der Abkehr von vertrauten Konventionen. Doch fällt bei der Wortbildung und Morphosyntax von Fachsprachen wie bei Neubildungen im „Disco-Deutsch“ (Hess-Lüttich) auf, daß sie durchweg „gemeinsprachliche Mittel“ verwenden (Moser in Besch u. a. 1985, 1696). Insofern ist Gegenwartssprache nicht nur ein getreuer „Spiegel“, sondern auch ein „Motor ihrer Zeit“ (Moser in Braun 1979b, 67) – und zwar auf der Basis sich konstant verändernder Strukturen.

Sprachliche Reduktionen und Sonderungen sollten demnach nicht überbewertet werden, schon deshalb, weil sie bewußt bleiben und im Sprachgebrauch vielfach auf Gegengewichte stoßen. Die zukünftige Entwicklung wird aber davon abhängen,

- wie weit die Internationalisierung („Überfremdung"!) und die neuen Kommunikationstechniken („Sprachlosigkeit"!) das Sprachsystem selber nachhaltig prägen;
- wie weit der mündliche Sprachbrauch im Medien-Alltag die schriftliche Äußerung überwuchert;
- wie weit das neuerwachte Interesse an Sprachpflege und Sprachkultur sich gegen „Wildwuchs" (Moser) durchzusetzen und ein Sprachempfinden zu erhalten vermag.

7.2 Die Frage der Sprachspaltung

Eine zusätzliche Problematik ergibt sich für Sprachwandel und Sprachgeschichte allerdings durch die **Teilung** in zwei selbständige deutsche Staaten mit unterschiedlicher politisch-wirtschaftlicher Organisation und ideologischer Ausrichtung. Es ist stets darauf verwiesen worden, daß sich das **grammatisch-syntaktische System** in Ost und West kaum auseinanderentwickelt hat (Moser in Besch. u. a. 1985, Hellmann in Althaus u. a. 1980, Moser und Korlén in Braun 1979b). Gemeinsam sind beiden Varianten der Sprache „Deutsch" auch manche der erwähnten Tendenzen (Substantivierung, Reduktion von Satzmodellen, Abkürzungen; strategischer Wortgebrauch). Sogar die „Attitüde permanenten Klassenkampfes" (Hellmann in Althaus u. a. 1980, 522) in der DDR ergibt noch keine durchgreifende sprachliche Sonderung. Gravierende **semantische Unterschiede** sind nur im Bereich ideologie- und wertbezogener Begriffe zu beobachten. Worte wie „Kommunismus", „Sozialismus", „Demokratie", „Arbeiter", „Werktätiger" etc. haben schon ganz verschiedene Inhalte und Konnotationen (vgl. u. a. Kinne 1980). *Schlagwörter*, die bei uns relativ frei und vage verwendet werden, erhalten in der DDR einen festumgrenzten und „besonderen Stellenwert im Gesamtfeld des Systems" (Braun 1979 a, 169). Dazu zwei Beispiele:

	Das große Wörterbuch der deutschen Sprache (West)	Wörterbuch der deutschen Gegenwartssprache (Ost)
Fortschritt	positiv bewertete Weiterentwicklung, Erreichung einer höheren Stufe in der sozialen, technischen, wissenschaftlichen o. ä. Entwicklung (Bd. 2, 884).	dial. Mat.: der gesellschaftliche Fortschritt, die gesetzmäßige, objektive Höherentwicklung der Gesellschaft (Bd. 2, 1357).
Manipulation	undurchschaubares, geschicktes Vorgehen, mit dem man sich einen Vorteil verschafft, etw. Begehrtes gewinnt (Bd. 4, 1730).	Lenkung der öffentlichen Meinung durch die imperial. Bourgeoisie mit dem Ziel, das Bewußtsein der Menschen mit der herrschenden Ideologie gleichzuschalten (Bd. 4, 2434).

Im Bereich der politisch-gesellschaftlichen und wirtschaftlichen Organisationen sind zudem hüben wie drüben zahlreiche *Neubildungen* und *Abkürzungen* entstanden. Verschärft werden solche *terminologischen Differenzierungen* durch eine sehr bewußte **Sprachlenkung** und *Sprachpolitik* in der DDR, die auf Dauer wohl ihre Wirkung nicht verfehlt. Ihnen stehen jedoch *Ausgleichstendenzen* gegenüber, die seit Mitte der siebziger Jahre durch politische, wirtschaftliche, kulturelle und wissenschaftliche Kontakte offenkundig stärker geworden sind. Sogar Anglizismen wie „Meeting", „Hearing", „Team", „Pop" oder „Life-Show" werden im „Neuen Deutschland" heute ständig benutzt. Umgekehrt weiß inzwischen bei uns fast jeder, was eine „Kooperative", ein „VEB" oder ein „Kombinat" bedeutet.

So wird auch die These von der **Sprachspaltung** oder einer sprachlichen Sonderung gegenwärtig von den meisten Wissenschaftlern in der BRD und der DDR abgelehnt. H. Moser (in Besch u. a. 1985, 1691) spricht von einer *„DDR-Variante"*, die gleichwohl für ein allseitiges Verstehen andersartige Barrieren bietet als die Eigenentwicklungen Österreichs und der Schweiz (vgl. hierzu z. B. Sonderegger und Wiesinger in Besch u. a. 1985). Verbindendes Element bleibt das Deutsche, das man aber nicht mehr als „Nationalsprache" im Sinne der romantischen Auffassung des 19. Jhs. auffassen sollte.

Anhang

1. Glossar

Das Glossar verzeichnet einige Grundbegriffe. Es soll die fortlaufende Lektüre erleichtern und einen ersten Zugang zur diachronischen sowie zur allgemeinen Sprachwissenschaft ermöglichen. Für weitere Auskünfte sei auf Bußmann 1983 und Lewandowski 1984/85 verwiesen.

Ablaut: regelmäßiger Vokalwechsel in etymologisch zusammengehörigen Wörtern, z. B. zur Kennzeichnung der Zeitstufen: b*i*nden – b*a*nd – geb*u*nden

Äquivalenz: Gleichwertigkeit, z. B. von Aussagen

Affixe: gebundene (unfreie) Morpheme, die als Präfixe (ver-, zer-) oder Suffixe (-lich, -keit) dem Wortstamm angefügt werden

Alliteration: Gleichklang von Buchstaben im Silbenanlaut: *M*ann und *M*aus. In frühdeutscher Zeit im Stabreim verwendet.

Anamnese (griech.-lat., „Erinnerung"): Vorgeschichte, z. B. einer Krankheit. Übertragen gebraucht u. a. bei religiösen Texten.

Antinomie: unaufhebbarer Gegensatz; Widerspruch

Antonymie: in der Semantik der Bedeutungsgegensatz. Antonyme (Gegenwörter) sind z. B.: klein – groß.

Aorist: Tempus-Kategorie im Altgriech. und Altind., vergleichbar dem lat. Perfekt.

Apokope (griech., „Abstoppung"): Wegfall von Lauten am Wortende, z. B. in der Deklination: dem Mann(e)

Brechung: Vokalangleichung an die Folgesilbe (Harmonisierung); z. B. werden germ. i, u, eu zu ahd. e, o, eo vor a, e, u in der Folgesilbe: germ. wulfaz > ahd. wolf.

Derivation (auch: Ableitung): Haupttyp der Wortbildung neben der Komposition. Im weiteren Sinne (etwa bei Erben) Oberbegriff für Präfixbildung und Suffigierung; im engeren Sinne (z. B. bei Fleischer 1975[5]) nur für die Suffigierung verwendet.

Diachronie: historisch-vergleichende Sprachbetrachtung (de Saussure), welche die Dynamik von Entwicklungsvorgängen berücksichtigt. Gegenbegriff: → *Synchronie.*

Diagliederung: Binnengliederung eines Sprachraums zu einer gegebenen Zeit, z. B. des Ahd.

Dialekt (griech., „Redeweise"): regionale Form gesprochener Sprache. Heute meist trotz der Differenzierung von J. Grimm („germanische Dialekte") synonym verwendet mit „Mundart".

Dichotomie (griech., „Zweiteilung"): zweiteilige begriffliche Einteilung, Begriffspaar. Z. B. langue-parole, Kompetenz-Performanz

Diphthongierung: Lautwandel, bei dem lange Vokale zu „Zweilauten" werden; z. B. neuhochdt. Diphthongierung: mhd. mîn niuwez hûs > nhd. mein neues Haus

Dual: alte Numerus-Kategorie zur Bezeichnung der Zweizahl, z. B. noch im Griech.

Energeia: Ausdruck zur Kennzeichnung des dynamischen Charakters der Sprache bei W. v. Humboldt („energetische Sprachauffassung")

Ethnographie: Beschreibung des Verhaltens ethnischer Gruppen, z. B. ihrer Kommunikationsstrukturen

Ethnologie: Völkerkunde

Ethnomethodologie: Forschungsrichtung in den USA zur Rekonstruktion des Alltagsverständnisses und der Alltagsverständigung (H. Garfinkel, A. Cicourel)

Etymologie (griech. etymos „wahr"): Lehre von Ursprung und Entwicklung der Wörter in inhaltlicher und formaler Hinsicht

extraverbal: die außersprachlichen (nonverbalen) Aspekte der Kommunikation betreffend, z. B. Gestik, Mimik, Blickkontakt. → *Kinesik.*

final: Zweck, Ziel oder Funktion (z. B. einer Sprachäußerung) betreffend

Graphem: kleinste unterscheidbare (distinktive) Einheit des Schriftsystems; schriftliche Realisierung eines Phonems

heuristisch: eine „entdeckende" Methode betreffend, die mit Hypothesen und Modellen arbeitet

Hyperbel (Hyperbolik): Stilfigur der Übertreibung

Hypotaxe (griech., „Unterordnung"): syntaktische Verknüpfung von Gliedsätzen durch Konjunktionen (weil, so daß) oder Relativpronomen (der, welcher). Gegensatz: → *Parataxe.*

Idiomatik: die Lehre von den idiomatischen (feststehenden) Wortverbindungen. Meist synonym verwendet mit → *Phraseologie.*

Implikation (lat., „Verflechtung"); Folgerungsbeziehung oder Verknüpfung von Aussagen (wenn-dann; A impliziert B). In der Pragmasemantik das vom Sprachwissen her Mitbedeutete („Haus" impliziert „Wohnung", „Unterkunft"; ein Passivsatz impliziert den entsprechenden Aktivsatz).

intentional: die einer Äußerung zugrunde liegende, auf Ergebnis oder Wirkung zielende Absicht betreffend (Sprechakttheorie)

Kinesik (griech., „Bewegung"): die Lehre von Struktur und Funktion nonverbaler Kommunikationsmittel wie Gestik, Mimik etc.

Koordination: hier die Nebenordnung oder Reihung von Wörtern, Wortgruppen, Sätzen. → *Parataxe.*

langue: bei de Saussure (1916) die Sprache als abstraktes System von Zeichen und Regeln. Gegensatz: → *parole.*

Lexem: Basiseinheit des Wortschatzes (Lexikon-Eintrag)

Maledictologie: die Lehre von den Schimpfwörtern (Kiener 1983)

Monophthongierung: Lautwandel, bei dem Diphthonge zu langen Vokalen reduziert werden, z. B. mhd. liebe guote brueder > nhd. liebe gute Brüder

monoreferentiell: eindeutig; auf einen einzigen Sachverhalt (Referenten) bezogen

Morphem: kleinste bedeutungstragende Einheit der Sprache. Man unterscheidet wortfähige (freie) und gebundene (unfreie) Morpheme.

Notation: System von Zeichen oder Symbolen einer Beschreibungssprache, durch Konvention festgelegt; z. B. unser Alphabet

Onomasiologie (griech., onoma „Name"): Bezeichnungslehre. Sie fragt danach, wie Sachverhalte oder Begriffe zu bestimmten Zeiten benannt wurden.

Orthoepie: (Orthophonie): Lehre von der korrekten, normgerechten Aussprache

Palatalisierung (lat. palatum „Gaumen"): Angleichung (Assimilation) von Konsonanten und Vokalen (Umlaut) an folgende i-haltige Silben durch Verlegung der Artikulationsstelle nach vorne. → *Umlaut.*

Paradigma (griech., „Beispiel", „Vorbild"): in der traditionellen Sprachwissenschaft Flexionsmuster; in der Wissenschaftstheorie bei Th. Kuhn ein zeitweilig anerkanntes Denkmodell für Problemlösungen, z. B. der Strukturalismus für die gültige Beschreibung von Sprache

paradigmatische Assoziationen: Bedeutungsbeziehungen zwischen Elementen der gleichen grammatischen Wortklasse, die im Gedächtnis gespeichert und prinzipiell austauschbar sind (→ *Synonymie, Antonymie*)

paralingual (paraverbal): die sprachbegleitenden Ausdrucksmittel wie Tonhöhe, Tonstärke, Sprechtempo etc. betreffend

Parameter: Bezugs- oder Hilfsgrößen zur Bestimmung von Variablen innerhalb eines Systems, z. B. grammatische Termini wie „Konjugation", „Deklination" etc.

Parataxe (griech., „Beiordnung"): Reihung oder Nebenordnung von Sätzen durch koordinierende Konjunktionen (und, oder). Gegensatz: → *Hypotaxe.*

parole: bei de Saussure (1916) die Realisierung von Elementen der „langue" im konkreten Sprachvollzug

performativ: den Vollzug einer Äußerung betreffend. Gegensatz: konstativ (feststellend, behauptend). Bei Austin (1962/1972) gilt für performative Äußerungen das Erfolgskriterium (sie gelingen oder mißlingen), für konstative dagegen das Wahrheitskriterium (sie sind wahr oder falsch).

Phonem: kleinste bedeutungsunterscheidende Einheit der Sprache, z. B. /r/ gegenüber /t/ in rot, tot.

Phonetik: die Lehre von der Ausdrucksseite der Sprache, d. h. den konkret vorkommenden Lauten

Phonologie: die Lehre vom abstrakten System der Laute und der Lautwerte, d. h. den Phonemen.
Phraseologie: die Lehre von den festen oder stehenden Wortverbindungen (Wortketten), z. B. Redensarten. Zwischen Syntax und Lexikologie anzusiedeln.
Präfigierung: Wortbildung durch Vorsetzen gebundener Morpheme (Präfixe) vor den Stamm. → *Derivation.*
Präsupposition: das bei einer Äußerung implizit Mitgemeinte oder Mitbehauptete, das als selbstverständliche Voraussetzung gilt. Nach Stalnaker (1974) unterscheidet man semantische (sachlogische) und pragmatische (kommunikationsbezogene) Pr.
Pragmatik (griech., „Handeln", „Tun"): In der Linguistik die Lehre von der Verwendung sprachlicher Ausdrücke in konkreten und spezifischen Situationen (Kontexten). In der Semiotik von Morris der wichtigste Teilbereich im Zeichenprozeß (Semiose).
Proxemik: nach Hall (1963) die Lehre von Raum und Distanz im Kommunikationsverhalten (soziokulturell bedingt)

Semantik: Lehre von der Bedeutung (dem Inhalt) sprachlicher Ausdrücke. Wichtiger Teilbereich in der Semiotik von Morris.
Semasiologie: älterer Ausdruck für Bedeutungslehre. Im engeren Sinne heute die Lehre vom Bedeutungswandel sprachl. Ausdrücke.
Semiotik: Lehre von den sprachlichen und nichtsprachlichen Zeichensystemen.
skatologisch: fäkalsprachliche Schimpfwörter betreffend
Sprechakttheorie: durch Austin und Searle begründete Lehre von Konventionen, Regeln und Funktionen konkreter Sprachäußerungen
Stratifikation (lat. stratum „Schicht"): Schichtengliederung, z. B. bei der Grammatik nach dem Komplexitätsgrad
Strukturalismus: Sammelbezeichnung für Richtungen in der Sprachwissenschaft, die allein die (synchrone) Struktur des Sprachsystems untersuchen (ausgehend von de Saussure)
Subordination: Unterordnung syntaktischer Einheiten, → *Hypotaxe*
Suffigierung: Wortbildung durch Anfügen gebundener Morpheme (Suffixe) an den Stamm. → *Derivation.*
suprasegmentale Merkmale: Lauterscheinungen, die nicht wie Phoneme segmentiert („herausgeschnitten") werden können; z. B. Intonation, Sprechrhythmus
Synchronie: Untersuchung der Sprache auf der Achse der Gleichzeitigkeit, als geordnetes und geschlossenes (strukturiertes) Zeichensystem (de Saussure). → *Strukturalismus.*
Synkope: Wegfall von Vokalen im Wortinnern, z. B. mhd. dienest > nhd. Dienst
Synonymie: Bedeutungsgleichheit bzw. Bedeutungsähnlichkeit
Syntagma: Folge von zusammengehörigen Ausdrücken, Wortgruppe
syntagmatische Assoziationen: kombinatorische Verknüpfung von Elementen verschiedener Wortklassen in Sätzen, z. B. Ball – werfen, Katze – laufen
Syntaktik: bei Morris Teilbereich der Semiotik, der sich mit der formalen Struktur von Zeichen beschäftigt

Taxonomie: systematische und hierarchische Klassifikation der Elemente eines Systems; verwendet z. B. im amerikanischen Strukturalismus

Umlaut: Vokalangleichung der Haupttonsilbe an die (unbetonte) Folgesilbe, z. B. im Ahd.: got. gasti > ahd. gesti. → *Palatalisierung.*

Virgel (lat., „Strich"): Schrägstrich zwischen Wörtern. Als Vorläufer des (informationsgliedernden) Kommas bis in die Barockzeit hinein zur Bezeichnung von Sprechpausen verwendet.

2. Literaturhinweise

Die folgende Auswahlbiographie ist auf die Erfordernisse eines Studienbuches abgestellt. Sie beschränkt sich daher mit wenigen Ausnahmen auf den Nachweis der im Text genannten Kurztitel und folgt der Kapiteleinteilung. Nur am Anfang wurde weitergehend systematisiert. Untertitel sind allein dort aufgenommen, wo sie die Orientierung erleichtern. Bei der Nennung werden übliche Abkürzungen verwendet, so z. B.:
DU = Der Deutschunterricht
Jh. = Jahrhundert
WW = Wirkendes Wort
ZGL = Zeitschrift für germanistische Linguistik (siehe dort auch die Abbreviaturen auf der letzten Umschlagseite).
Im übrigen sei auf die Literaturangaben im Handbuch „Sprachgeschichte“ (Besch u. a. 1984/85) und im „Lexikon der Germanistischen Linguistik“ (Althaus u. a. 1980²; = LGL) verwiesen.

1. Theoretische Grundlagen

1.1 Sprachbeschreibung / Allgemeine Sprachwissenschaft

Arens, H.: Sprachwissenschaft. Der Gang ihrer Entwicklung von der Antike bis zur Gegenwart. 2 Bde. Athenäum Fischer: Frankfurt/M. o. J.

Austin, J. L.: Zur Theorie der Sprechakte (How to do things with words). Reclam: Stuttgart 1972 (Original 1962).

Bünting, K.-D.: Einführung in die Linguistik. Athenäum: Königstein/Ts. 1984¹¹.

Chomsky, N.: Current Issues in Linguistic Theory. Mouton & Co.: The Hague 1964.

Ders.: Aspekte der Syntax-Theorie. Suhrkamp: Frankfurt/M. 1969 (Original 1965).

Drosdowski, G. (Hrsg.): Duden. Grammatik der deutschen Gegenwartssprache. Bibliograph. Institut: Mannheim/Wien/Zürich 1984⁴.

Gloy, K.: Sprachnormen I – Linguistische und soziologische Analysen. Frommann-Holzboog: Stuttgart 1975.

Grimm, J.: Deutsche Grammatik. Dieterich: Göttingen 1819 (Vorreden in: Kleinere Schriften, Bd. 8. Bertelsmann: Gütersloh 1890).

Heidolph, K. E., u. a.: Grundzüge einer deutschen Grammatik. Akademie-Verlag: Berlin 1981.

Helbig, G.: Geschichte der neueren Sprachwissenschaft. Rowohlt: Reinbek 1974.

Heringer, H. J. (Hrsg.): Der Regelbegriff in der praktischen Semantik. Suhrkamp: Frankfurt/M. 1974.

Humboldt, W. v.: Schriften zur Sprachphilosophie. Wissenschaftl. Buchges.: Darmstadt 1972⁴.

Klein, E./H. Koch: Übungsbuch zur deutschen Stilistik. Naukowe: Warszawa 1979.
Lühr, R.: Neuhochdeutsch. Eine Einführung in die Sprachwissenschaft. Fink: München 1986.
Martinet, A.: Grundzüge der Allgemeinen Sprachwissenschaft. Kohlhammer: Stuttgart etc. 1963.
Messelken, H.: Empirische Sprachdidaktik. Quelle & Meyer: Heidelberg 1971.
Morris, Ch. W.: Grundlagen der Zeichentheorie. Ästhetik und Zeichentheorie. Hanser: München 1972 (Original 1938).
Paul, H./H. Stolte: Kurze deutsche Grammatik. Niemeyer: Tübingen 1951².
Polenz, P. v.: Deutsche Satzsemantik. de Gruyter: Berlin/New York 1985.
Porzig, W.: Das Wunder der Sprache. Francke: Bern 1957².
Sanders, W.: Linguistische Stiltheorie. Vandenhoeck & Ruprecht: Göttingen 1973.
Saussure, F. de: Grundlagen der allgemeinen Sprachwissenschaft. de Gruyter: Berlin 1967² (Original 1916).
Schildt, J. (Hrsg.): Kleine Enzyklopädie Deutsche Sprache. VEB Bibliograph. Institut: Leipzig 1983.
Schneider, H. J.: Pragmatik als Basis von Semantik und Syntax. Suhrkamp: Frankfurt/M. 1975.
Searle, J. R. Sprechakte. Ein sprachphilosophischer Essay. Suhrkamp: Frankfurt/M. 1971 (Original 1969).
Whorf, B. L.: Sprache – Denken – Wirklichkeit. Rowohlt: Reinbek 1963 (Original 1956).
Wittgenstein, L.: Philosophische Untersuchungen. Suhrkamp: Frankfurt/M. 1971 (Original 1953).
Wright, G. H. v.: Erklären und Verstehen. Athenäum: Frankfurt/M. 1974 (Original 1971).

1.2 Fachlexika und Wörterbücher

Agricola, E. (Hrsg.): Wörter und Wendungen. Wörterbuch zum deutschen Sprachgebrauch. VEB Bibliograph. Institut: Leipzig 1985¹².
Althaus, H. P., u. a. (Hrsg.): Lexikon der Germanistischen Linguistik (LGL). 4 Bde. Niemeyer: Tübingen 1980².
de Boor, H., u. a. (Hrsg.): Siebs Deutsche Aussprache. de Gruyter: Berlin 1969.
Bußmann, H.: Lexikon der Sprachwissenschaft. Kröner: Stuttgart 1983.
Duden-Aussprachewörterbuch. Bibliograph. Institut: Mannheim/ Wien/Zürich 1974².
Duden. Das große Wörterbuch der deutschen Sprache. 6 Bde. Bibliograph. Institut: Mannheim/Wien/Zürich 1976ff.
Duden. Rechtschreibung der deutschen Sprache und der Fremdwörter. Bibliograph. Institut: Mannheim/Wien/Zürich 1980¹⁸, 1986¹⁹.
Görner, H.: Redensarten. Kleine Idiomatik der deutschen Sprache. VEB Bibliograph. Institut: Leipzig 1984.
Grimm, J. u. W.: Deutsches Wörterbuch. 32 Bde. S. Hirzel: Leipzig 1854–1963 (Nachdruck bei dtv 1984).

Klappenbach, R./W. Steinitz (Hrsg.): Wörterbuch der deutschen Gegenwartssprache. 6 Bde. Akademie-Verlag: Berlin 1961–1977.

Kluge, F./W. Mitzka: Etymologisches Wörterbuch der deutschen Sprache. de Gruyter: Berlin 1967[20].

Küpper, H.: Wörterbuch der deutschen Umgangssprache. 6 Bde. Claassen: Hamburg 1975[21].

Lewandowski, Th.: Linguistisches Wörterbuch. 3 Bde. Quelle & Meyer: Heidelberg 1984–85[4].

Siebs, Th. (Hrsg.): Deutsche Bühnenaussprache. Ahn-Verlag: Berlin/Köln/Leipzig 1898.

Stötzer, U., u. a. (Hrsg.): Großes Wörterbuch der deutschen Aussprache. VEB Bibliograph. Institut: Leipzig 1982.

Wahrig, G. (Hrsg.): Brockhaus Wahrig. Deutsches Wörterbuch. 6 Bde. Brockhaus/DVA: Wiesbaden u. Stuttgart 1980.

Wasserzieher, E./ W. Betz: Woher? Ableitendes Wörterbuch der deutschen Sprache. Dümmlers: Bonn 1952[13].

1.3 Sprachgeschichtsschreibung / Sprachwandel

Augst, G.: Sprachnorm und Sprachwandel. Vier Projekte zu diachroner Sprachbetrachtung. Athenaion: Wiesbaden 1977.

Besch, W., u. a. (Hrsg.): Sprachgeschichte. Ein Handbuch zur Geschichte der deutschen Sprache und ihrer Erforschung. 1. Halbband. de Gruyter: Berlin/New York 1984.

Boretzky, N.: Einführung in die historische Linguistik. Rowohlt: Reinbek 1977.

Cherubim, D. (Hrsg.): Sprachwandel. Reader zur diachronischen Sprachwissenschaft. de Gruyter: Berlin/New York 1975.

Ders.: Sprachgeschichte im Zeichen der linguistischen Pragmatik. In: Besch u. a. 1984, S. 802–815.

Coseriu, E.: Synchronie, Diachronie und Geschichte. Fink: München 1974 (Original 1958).

Ders.: Synchronie, Diachronie und Typologie. In: Cherubim 1975, S. 134–149 (Original 1965).

Gumpertz, J. J.: Zur Ethnologie des Sprachwandels. In: Cherubim 1975, S. 335–355.

Hartig, M.: Sprache und sozialer Wandel. Kohlhammer: Stuttgart etc. 1981.

Höfler, O.: Stammbaumtheorie, Wellentheorie, Entfaltungstheorie. In: Pauls u. Braunes Beiträge zur Gesch. d. dt. Sprache u. Lit. 77, Tübingen 1955, S. 30–66.

Keller, R.: Zur Theorie sprachlichen Wandels. In: ZGL 10.1 (1982), S. 1–27.

Labov, W.: Zum Mechanismus des Sprachwandels. In: Cherubim 1975, S. 305–334.

Lehmann, W. P.: Historiolinguistik. In: LGL III, 1980[2], S. 547–557.

Lieb, H.-H.: Sprachstadium und Sprachsystem. Kohlhammer: Stuttgart etc. 1970.

Lüdtke, H. (Hrsg.): Kommunikationstheoretische Grundlagen des Sprachwandels. de Gruyter: Berlin/New York 1980.

Mattheier, K. J.: Allgemeine Aspekte einer Theorie des Sprachwandels. In: Besch u. a. 1984, S. 720–730.

Paul, H.: Prinzipien der Sprachgeschichte. Niemeyer: Tübingen 1970⁹ (Erstdruck 1880).

Polenz, P. v.: Zur Pragmatisierung der Beschreibungssprache in der Sprachgeschichtsschreibung. In: Sitta 1980, S. 35–51.

Ders.: Die Geschichtlichkeit der Sprache und der Geschichtsbegriff der Sprachwissenschaft. In: Besch u. a. 1984, S. 1–8.

Ders.: Grundsätzliches zum Sprachwandel. In: DU Jg. 38, Heft 4/1986, S. 6–24.

Scherer, W.: Zur Geschichte der deutschen Sprache. Weidmann: Berlin 1868.

Schleicher, A.: Die Darwinsche Theorie und die Sprachwissenschaft. Böhlau: Weimar 1863.

Schmidt, J.: Die Verwandtschaftsverhältnisse der indogermanischen Sprachen. Böhlau: Weimar 1872.

Sitta, H. (Hrsg.): Ansätze zu einer pragmatischen Sprachgeschichte. Züricher Kolloquium 1978. Niemeyer: Tübingen 1980.

Stötzel, G.: Deutsche Sprachgeschichten und die Oberstufen-Curricula. In: SuL Heft 52/1983, S. 88–96.

Trubetzkoy, N.: Gedanken über das Indogermanenproblem. In: Applied Linguistics 1 (1939), S. 81–89.

Whitney, W. D.: Language and the Study of Language. Trübner: London 1870³ (1. Auflage New York 1867).

Ders.: The Life and Growth of Language. New York/London 1875 (deutsch bei Brockhaus: Leipzig 1876).

Wolf, H.: Zur Periodisierung der deutschen Sprachgeschichte. In: German.-roman. Monatsschrift. Neue Folge 21, 1971, S. 78–105.

Ders.: Die Periodisierung der deutschen Sprachgeschichte. In: Besch u. a. 1984, S. 815–823.

Themenhefte in Fachzeitschriften:

Dieckmann, W./G. Voigt (Hrsg.): Sprache und Geschichte. PD 40/1980.

Stötzel, G. (Hrsg.): Sprachgeschichte. SuL 52/1983.

Augst, G. (Hrsg.): Sprachgeschichte als Sozialgeschichte. DU Jg. 38, Heft 4/1986.

Wolff, G. (Hrsg.): Deutsche Sprachgeschichte. WW Jg. 37, H. 2/1987.

1.4 Sprachgeschichten

Bach, A.: Geschichte der deutschen Sprache. Quelle & Meyer: Heidelberg 1970⁹.

Behaghel, O.: Geschichte der deutschen Sprache. de Gruyter: Berlin/Leipzig 1928⁵.

Besch, W., u. a. (Hrsg.): Sprachgeschichte. Ein Handbuch zur Geschichte der deutschen Sprache und ihrer Erforschung. 2. Halbband. de Gruyter:Berlin/New York 1985.

Bodmer, F.: Die Sprachen der Welt. Geschichte – Grammatik – Wortschatz in vergleichender Darstellung. Kiepenheuer & Witsch: Köln/Berlin o. J.

Eggers, H.: Deutsche Sprachgeschichte. 4 Bde. Rowohlt: Reinbek 1963–1977 (überarbeitete Neuauflage in 2 Bdn. Reinbek 1986).

Grimm, J.: Geschichte der deutschen Sprache. Hirzel: Leipzig 1848.

Jungandreas, W.: Geschichte der deutschen und der englischen Sprache. 2 Bde. Vandenhoeck & Ruprecht: Göttingen 1947–49.

Langen, A.: Deutsche Sprachgeschichte vom Barock bis zur Gegenwart. In: Dt. Philologie im Aufriß, hrgg. von W. Stammler, Bd. 1. E. Schmidt: Berlin 1957[2], Sp. 931–1396.

Mackensen, L.: Deutsche Etymologie. Ein Leitfaden durch die Geschichte des deutschen Wortschatzes. Schibli-Doppler: Birsfelden bei Basel 1977.

Moser, H.: Deutsche Sprachgeschichte. Niemeyer: Tübingen 1965[5].

Moser, H./N. Wellmann/R. Wolf: Geschichte der deutschen Sprache. Bd. 1: Althochdeutsch – Mittelhochdeutsch. Quelle & Meyer: Heidelberg 1981.

Polenz, P. v.: Geschichte der deutschen Sprache (Neubearb. der Darstellung von H. Sperber). de Gruyter: Berlin/New York 1978[9].

Schildt, J.: Abriß der Geschichte der deutschen Sprache. Akademie-Verlag: Berlin 1984[3].

Schmidt, W., u. a.: Geschichte der deutschen Sprache. Mit Texten und Übersetzungshilfen. Volk u. Wissen VEB: Berlin 1980[3].

Schwarz, E.: Kurze deutsche Wortgeschichte. Wissenschaftliche Buchgesellschaft: Darmstadt 1982[2].

Schweikle, G.: Germanisch-deutsche Sprachgeschichte im Überblick. Metzler: Stuttgart 1986.

Sonderegger, St.: Grundzüge deutscher Sprachgeschichte. Diachronie des Sprachsystems. Bd. 1: Einführung. Genealogie. Konstanten. de Gruyter: Berlin/New York 1979.

Tschirch, F.: Geschichte der deutschen Sprache. 2 Bde. E. Schmidt: Berlin 1971ff.[2].

Wolff, G.(Hrsg.): Deutsche Sprachgeschichte. Reclam: Stuttgart 1984 (Arbeitstexte für den Unterricht).

2. Vorgeschichte der deutschen Sprache

Bodmer o. J., Humboldt 1972, Mackensen 1977, Moser 1965, v. Polenz 1978, Schweikle 1986, Sonderegger 1979: siehe 1.4. – Humboldt 1972, Whorf 1963: siehe 1.1.

Bopp, F.: Vergleichende Grammatik des Sanskrit, Zend, Armenischen, Griechischen, Lateinischen, Litauischen, Altslawischen, Gothischen und Deutschen. 6 Bde. Dümmler: Berlin 1833–1852.

Eggers, H.: Deutsche Sprachgeschichte I. Das Althochdeutsche. Rowohlt: Reinbek 1963 (Neuauflage 1986).

Maurer, F.: Nordgermanen und Alemannen. Bibliotheca Germanica 3. Francke-Lehnen: Bern/München 1952[3].

Müllenhoff, K.: Deutsche Altertumskunde. Bd. 3. Weidmann: Berlin 1898.
Schirmer, A.: Deutsche Wortkunde (bearbeitet von W. Mitzka). de Gruyter: Berlin 1965[5].
Tacitus: Germania. Hrgg. von M. Fuhrmann. Reclam: Stuttgart 1972.
Verner, K.: Eine Ausnahme der I. Lautverschiebung. In: Zeitschr. f. vergl. Sprachforsch. auf d. Gebiet d. idg. Sprachen 23. Göttingen 1877.

3. Frühgeschichte der deutschen Sprache (Althochdeutsch)

Behaghel 1928, Eggers 1963, Mackensen 1977, Moser 1965, Moser/Wellmann/Wolf 1981, v. Polenz 1978, Schweikle 1986, Sonderegger 1979: siehe 1.4 – v. Polenz 1981: siehe 4.

Betz, W.: Deutsch und Lateinisch. Die Lehnbildung der althochdeutschen Benediktinerregel. Dümmlers: Bonn 1965[2].
de Boor, H./R. Newald: Geschichte der deutschen Literatur von den Anfängen bis zur Gegenwart. Bd. 1. C. H. Beck: München 1960[4].
Gerdes, U./G. Spellerberg: Althochdeutsch – Mittelhochdeutsch. Grammatischer Grundkurs zur Einführung und Textlektüre. Athenäum: Frankfurt/M. 1986[6].
Schlosser, H. D.: Die literarischen Anfänge der deutschen Sprache. E. Schmidt: Berlin 1977.
Ders.: Die Aufzeichnung des Hildebrandsliedes im historischen Kontext. In: GRM Neue Folge Bd. 28, 1978, S. 217–224.
Ders. (Hrsg.): Althochdeutsche Literatur. Mit Proben aus dem Altniederdeutschen. Fischer:Frankfurt/M. 1980[2].
Schwab, U.: Arbeo laosa. Philologische Studien zum Hildebrandslied. Francke: Bern 1972.
Sonderegger, St.: Althochdeutsche Sprache und Literatur. Eine Einführung in das älteste Deutsch. de Gruyter: Berlin/New York 1974.
Ders.: Althochdeutsch. In: LGL III, 1980[2], S. 569–576.
Splett, J.: Wortbildung im Althochdeutschen. In: Besch u. a. 1985, S. 1043–1052.
Wolff, G. (Hrsg.): Theorie des Erzählens. Reclam: Stuttgart 1987 (Arbeitstexte für den Unterricht).

4. Das mittelalterliche Deutsch (Mittelhochdeutsch)

Bach 1970, Moser 1965, Moser/Wellmann/Wolf 1981, v. Polenz 1978, Schmidt 1980, Schweikle 1986, Sonderegger 1979: siehe 1.4. – Gerdes/Spellerberg 1986: siehe 3.

Beyschlag, S.: Die Metrik der mittelhochdeutschen Blütezeit in Grundzügen. Carl: Nürnberg 1969[6].
de Boor, H./R. Newald:Geschichte der deutschen Literatur von den Anfängen bis zur Gegenwart. Bd. 2. C. H. Beck: München 1960[4].

Bumke, J.: Höfische Kultur. Literatur und Gesellschaft im hohen Mittelalter. 2 Bde. dtv: München 1986.

Eggers, H.: Deutsche Sprachgeschichte II. Das Mittelhochdeutsche. Rowohlt: Reinbek 1965 (ergänzte Neuauflage 1986, Bd. 1).

Grosse, S.: Reflexe gesprochener Sprache im Mittelhochdeutschen. In: Besch u. a. 1985, S. 1186–1191.

Hahn, G.: Walther von der Vogelweide. Eine Einführung. Artemis: München/Zürich 1986.

Halbach, K. H.: Walther von der Vogelweide. Metzler: Stuttgart 1983⁴.

Hufeland, K.: Rhetorik und Stil des Mittelhochdeutschen. In: Besch u. a. 1985, S. 1191–1201.

Lexer, M.: Mittelhochdeutsches Handwörterbuch. 3 Bde. Metzler: Stuttgart 1965 (Erstausgabe 1872–78).

Lindgren, K. B.: Mittelhochdeutsch. In: LGL III, 1980², S. 580–584.

Luhmann, N.: Liebe als Passion. Zur Codierung von Intimität. Suhrkamp: Frankfurt/M. 1984⁴.

Menge, H. H.: Die Diagliederung des Mittelhochdeutschen. In: Besch u. a. 1985, S. 1180–1185.

Nellmann, E. (Hrsg.): Das Annolied. Mittelhochdeutsch und Neuhochdeutsch. Reclam: Stuttgart 1979².

Polenz, P. v.: Der ausdruck von sprechhandlungen in poetischen dialogen des deutschen mittelalters. In: ZGL 9.3 (1981), S. 249–273.

Rautenberg, U.: Soziokulturelle Voraussetzungen und Sprachraum des Mittelhochdeutschen. In: Besch u. a. 1985, S. 1120–1129.

Schaefer, J. (Hrsg.): Walther von der Vogelweide. Werke. Wissenschaftl. Buchgesellsch.: Darmstadt 1972.

5. Die frühneuhochdeutsche Periode

Bach 1970, Jungandreas 1947, Mackensen 1977, Moser 1965, v. Polenz 1978, Tschirch 1966: siehe 1.4. – Schildt 1983: siehe 1.1. – Bumke 1986: siehe 4.

Bach, H.: Die Rolle Luthers für die deutsche Sprachgeschichte. In: Besch. u. a. 1985, S. 1440–1447.

Besch, W.: Frühneuhochdeutsch. In: LGL III, 1980², S. 588–597.

Bolte, K. M. (Hrsg.): Deutsche Gesellschaft im Wandel. Leske: Opladen 1966.

Burdach, K.: Vorspiel. Gesammelte Schriften zur Geschichte des deutschen Geistes. Bde. I,1 u. I,2. Niemeyer: Halle/Saale 1925/26.

Dallapiazza, M. (Hrsg.): Wie ein Mann ein fromm Weib soll machen. Mittelalterliche Lehren über Ehe und Haushalt. Insel: Frankf. 1984.

Eggers, H.: Deutsche Sprachgeschichte III. Das Frühneuhochdeutsche. Reinbek 1969 (ergänzte Neuauflage 1986, Bd. 2).

Erben, J.: Syntax des Frühneuhochdeutschen. In: Besch u. a. 1985, S. 1341–1348.

Kettmann, G. (Hrsg.): Frühneuhochdeutsche Texte. VEB Bibliograph. Institut: Leipzig 1971.

Lemmer, M. (Hrsg.): Sebastian Brant. Das Narrenschiff. Nach der Erstausgabe (Basel 1494). Niemeyer: Tübingen 1968².
Mentrup, W.: Vom Schreibgebrauch zur totalen Schreibnormierung im Deutschen. In: WW Jg. 34, H. 3/1984, S. 190–216.
Penzl, H.: Frühneuhochdeutsch. P. Lang:Bern 1984.
Philipp, G.: Einführung in das Frühneuhochdeutsche. Sprachgeschichte – Grammatik – Texte. Quelle & Meyer: Heidelberg 1980.
Schirokauer, A.: Frühneuhochdeutsch. In: Deutsche Philologie im Aufriß, Hrgg. von W. Stammler, Bd. 1. E. Schmidt: Berlin 1957², Sp. 855–930.
Seibicke, W.: Die Personennamen im Deutschen. de Gruyter: Berlin/New York 1982.
Stolt, B.: Neue Aspekte der sprachwissenschaftlichen Luther-Forschung. In: Text und Kritik. Sonderband Martin Luther. München 1983, S. 6–16.
Wolf, D.: Lexikologie des Frühneuhochdeutschen. In: Besch u. a. 1985, S. 1323–1341.
Wolf, H.: Martin Luther. Eine Einführung in germanistische Lutherstudien. Metzler: Stuttgart 1980.

6. Die neuhochdeutsche Zeit

6.1 *Allgemeine Vorklärungen*

Bach 1970, Besch u. a. 1985, Langen 1957, v. Polenz 1978, Sonderegger 1979: siehe 1.4. – Lühr 1986: siehe 1.1. – Boretzky 1977: siehe 1.3.

Braun, P.: Tendenzen in der deutschen Gegenwartssprache. Kohlhammer: Stuttgart etc. 1979.
Drosdowski, G./H. Henne: Tendenzen der deutschen Gegenwartssprache. In: LGL III, 1980², S. 619–632.
Eggers, H.: Deutsche Sprachgeschichte IV. Das Neuhochdeutsche. Rowohlt: Reinbek 1977 (ergänzte Neuauflage 1986, Bd. 2).
Sapir, E.: Die Sprache. Eine Einführung in das Wesen der Sprache. Hueber: München 1961.

6.2 *Deutsche Sprache 1650–1770: Barock und Aufklärung*

v. Polenz 1978: siehe 1.4.

Alewyn, R./K. Sälzle: Das große Welttheater. Die Epoche der höfischen Feste in Dokument und Deutung. Rowohlt: Hamburg 1959.
Browning, R. M./G. Teuscher: Deutsche Lyrik des Barock 1618–1723. Kröner: Stuttgart 1980.
Ewers, H.–H. (Hrsg.): Kinder- und Jugendliteratur der Aufklärung. Eine Textsammlung. Reclam: Stuttgart 1980.
Grimminger, R. (Hrsg.): Deutsche Aufklärung bis zur Französischen Revolution 1680–1789. Hansers Sozialgeschichte der deutschen Literatur Bd. 3.1 u. 3.2. dtv: München 1984².

Kaempfert, M.: Die Entwicklung der Sprache der deutschen Literatur in neuhochdeutscher Zeit. In: Besch u. a. 1985, S. 1810– 1837.

Langen, A.: Der Wortschatz des deutschen Pietismus. Niemeyer: Tübingen 1968^2.

Martens, W. (Hrsg.): Johann Christoph Gottsched: Der Biedermann. Faksimiledruck. Metzler: Stuttgart 1975.

Piirainen, I. T.: Deutsche Standardsprache des 17./18. Jahrhunderts. In: LGL III, 1980^2, S. 598–603.

Steinhagen, H. (Hrsg.): Zwischen Gegenreformation und Frühaufklärung: Späthumanismus, Barock 1572–1740. Deutsche Literatur – Eine Sozialgeschichte Bd. 3. Rowohlt: Reinbek 1985.

6.3 Deutsche Sprache 1770–1830: Klassik und Romantik

Langen, 1957, v. Polenz 1978: siehe 1.4. – Eggers 1977, Grimminger 1984, Kaempfert in Besch u. a.: siehe 6.2.

Büchmann, G.: Geflügelte Worte. Der Zitatenschatz des deutschen Volkes (Neubearbeitung G. Haupt und W. Hofmann). Haude & Spener: Berlin 1972^{32} (1. Auflage 1864).

Engelsing, R.: Der Bürger als Leser. Lesergeschichte in Deutschland 1500–1800. Metzler: Stuttgart 1974.

Gervinus, G. G.: Geschichte der poetischen National-Literatur der Deutschen. 5 Bde. Engelmann: Leipzig 1835–42.

Glaser, H. A. (Hrsg.): Zwischen Revolution und Restauration: Klassik, Romantik. Deutsche Literatur – Eine Sozialgeschichte Bd. 5. Rowohlt: Reinbek 1980.

Korff, H. A.: Geist der Goethezeit. Versuch einer ideellen Entwicklung der klassisch-romantischen Literaturgeschichte. 4 Bde. J. J. Weber: Leipzig 1923ff. (Teil I: 1964^7).

Scherer, W.: Geschichte der deutschen Literatur. Weidmann: Berlin 1922^{15} (1. Auflage 1883).

Schneider, W.: Liebe zum deutschen Gedicht. Herder: Freiburg 1958^3.

Segebrecht, W. (Hrsg.): Gedichte und Interpretationen Bd. 3: Klassik und Romantik. Reclam: Stuttgart 1984.

6.4. Deutsche Sprache 1830–1920: Bürgerkultur und Realismus

Langen 1957, v. Polenz 1978: siehe 1.4. – Eggers 1977: siehe 6.1. Schildt 1983: siehe 1.1. – Siebs 1898: siehe 1.2.

Admoni, W.: Syntax des Neuhochdeutschen seit dem 17. Jh. In: Besch u. a. 1985, S. 1538–1556.

Arnold, F. (Hrsg.): Anschläge. Deutsche Plakate als Dokumente der Zeit 1900–1960. Langewiesche-Brandt: Ebenhausen 1963.

Cherubim, D.: Zur bürgerlichen Sprache des 19. Jhs. Historisch-pragmatische Skizze. In: WW Jg. 33, Heft 6/1963, S. 398–422.

Ermert, K.: Briefsorten. Untersuchungen zu Theorie und Empirie der Textklassifikation. Niemeyer: Tübingen 1979.

Glaser, H. A. (Hrsg.): Deutsche Literatur – Eine Sozialgeschichte. Bd. 6 (B. Witte), 7 (H. A. Glaser), 8 (F. Trommler). Rowohlt: Reinbek 1980ff.
Heringer, H. J. (Hrsg.): Holzfeuer im hölzernen Ofen. Aufsätze zur politischen Sprachkritik. Narr: Tübingen 1982.
Hoffmann, W./K. J. Mattheier: Stadt und Sprache in der neueren deutschen Sprachgeschichte: eine Pilotstudie am Beispiel von Köln. In: Besch u. a. 1985, S. 1837–1865.
Killy, W.: Deutscher Kitsch. Vandenhoeck & Ruprecht: Göttingen 1961.
Kühnhold, I.: Wortbildung des Neuhochdeutschen seit dem 17. Jh. In: Besch u. a. 1985, S. 1614–1622.
Löffler, H.: Probleme der Dialektologie. Eine Einführung. Wissenschaftl. Buchgesellsch.: Darmstadt 1980^2.
Mattheier, K. J.: Pragmatik und Soziologie der Dialekte. Einführung in die kommunikative Dialektologie des Deutschen. Quelle & Meyer: Heidelberg 1980.
Nieraad, J.: „Bildsegnet und bildverflucht". Forschungen zur sprachlichen Metaphorik. Wissenschaftl. Buchges.: Darmstadt 1977.
Palmade, G. (Hrsg.): Fischer Weltgeschichte Bd. 27: Das bürgerliche Zeitalter. Fischer: Frankfurt/M. 1974.
Riehl, W. H.: Die bürgerliche Gesellschaft. Cotta: Stuttgart 1861^6.
Sanders, W.: Linguistische Stilistik. Vandenhoeck & Ruprecht: Göttingen 1977.
Trommler, F. (Hrsg.): Jahrhundertwende: Vom Naturalismus zum Expressionismus. Deutsche Literatur – Eine Sozialgeschichte. Bd. 8. Rowohlt: Reinbek 1982.
Wegera, Kl.-P.: Morphologie des Neuhochdeutschen seit dem 17. Jh. In: Besch u. a. 1985, S. 1501–1510.
Wiesinger, P.: Die Diagliederung des Deutschen seit dem 17. Jh. in: Besch u. a. 1985, S. 1633–1651.

6.5 *Deutsche Sprache 1920 bis zur Gegenwart: Zwischen Tradition und Trend*

6.5.1 *Allgemeine Charakteristik*

v. Polenz 1978: siehe 1.4. – Schildt 1983: siehe 1.1. – Eggers 1977, Braun 1979a: siehe 6.1. – Admoni in Besch u. a. 1985: siehe 6.4.

Eggers, H.: Deutsche Sprache im 20. Jahrhundert. Piper: München 1978^2.
Ders.: Deutsche Sprache und Gesellschaft in historischer Sicht. In: Besch u. a. 1984, S. 38–44.
Glinz, H.: Deutsche Standardsprache der Gegenwart. In: LGL III, 1980^2, S. 609–619.
Moser, H.: Die Entwicklung der deutschen Sprache seit 1945. In: Besch u. a. 1985, S. 1678–1707.

6.5.2 *Zur politisch-sozialen und geistigen Situation der Zeit*

Baumanns, H. L./H. Grossmann: Deformierte Gesellschaft? Soziologie der Bundesrepublik Deutschland. Rowohlt: Reinbek 1969.

Bracher, K. D.: Zeit der Ideologien. Eine Geschichte des politischen Denkens im 20. Jh. DVA: Stuttgart 1982.

Dreitzel, H. P.: Die gesellschaftlichen Leiden und das Leiden an der Gesellschaft. dtv-Enke: Stuttgart 1972.

Durkheim, E.: De la division du travail social. Alcan: Paris 1926[5] (1. Auflage 1893).

Feyerabend, P.: Erkenntnis für freie Menschen. Suhrkamp: Frankfurt/M. 1980.

Fischer, L. (Hrsg.): Literatur in der Bundesrepublik Deutschland bis 1967. Hansers Sozialgeschichte der deutschen Literatur Bd. 10. dtv: München 1986.

Freud, S.: Das Unbehagen in der Kultur. Gesammelte Werke Bd. 14. S. Fischer: Frankfurt/M. 1968[4].

Freyer, H.: Theorie des gegenwärtigen Zeitalters. DVA: Stuttgart 1955/1961.

Friedell, E.: Kulturgeschichte der Neuzeit. Die Krisis der europäischen Seele von der schwarzen Pest bis zum Ersten Weltkrieg. C. H. Beck: München 1927–31.

Fromm, E.: Das Menschliche in uns. Diana-Verlag: Konstanz 1968 (Original 1964).

Ders.: Anatomie der menschlichen Destruktivität. Rowohlt: Reinbek 1977 (Original 1973).

Ders.: Haben oder Sein. Die seelischen Grundlagen einer neuen Gesellschaft. DVA: Stuttgart 1976.

Habermas, J.: Theorie und Praxis. Suhrkamp: Frankfurt/M. 1971[4](1. Auflage 1963).

Ders. (Hrsg.): Stichworte zur „Geistigen Situation der Zeit". 2 Bde. Suhrkamp: Frankfurt/M. 1979.

Held, K.: Kommunikationsforschung – Wissenschaft oder Ideologie? Hanser: München 1973.

Helms, H. G.: Fetisch Revolution. Marxismus und Bundesrepublik. Luchterhand: Neuwied/Berlin 1969.

Jaspers, K.: Die geistige Situation der Zeit. de Gruyter: Berlin 1955[5] (1. Auflage 1931).

Kursbuch 82/1985: Die Therapie-Gesellschaft. Hrgg. von K. M. Michel und T. Spengler. Kursbuch-Verlag: Berlin 1985.

Le Bon, G.: Psychologie der Massen. Kröner: Stuttgart 1982[15] (Original 1895).

Lorenz, K.: Das sogenannte Böse. Zur Naturgeschichte der Aggression. Borotha-Schoeller: Wien 1963 (Tb-Ausgabe dtv 1985[12]).

Ders.: Die acht Todsünden der zivilisierten Menschheit. Piper: München 1973.

Mannheim, K.: Ideologie und Utopie. Schulte-Bulmke: Frankfurt/M. 1978[6] (1. Auflage 1929).

Marcuse, H.:Der eindimensionale Mensch. Luchterhand: Neuwied/ Berlin 1967.

Ders.: Ideen zu einer kritischen Theorie der Gesellschaft. Suhrkamp: Frankfurt/M. 1969.

Marx, K.: Ökonomisch-philosophische Manuskripte. Marx-Engels-Werke Bd. 1. Dietz: Berlin 1956, S. 568ff.

Meadows, D., u. a.: Die Grenzen des Wachstums. Bericht des Club of Rome zur Lage der Menschheit. DVA: Stuttgart 1972.

Merton, R. K.: Social Theory and Social Structure. The Free Press: New York 1957[2] (1. Auflage 1938).

Ortega, José y Gasset: Der Aufstand der Massen. Rowohlt: Hamburg 1956 (Original 1930).

Ortlieb, H.-D.: Die verantwortungslose Gesellschaft oder wie man die Demokratie verspielt. Goldmann: München 1971.

Parsons, T.: The Structure of Social Action. The Free Press: Glencoe Illinois 1949 (1. Auflage 1937).

Postman, N.: Das Verschwinden der Kindheit. S. Fischer: Frankfurt/M. 1983 (Original 1982).

Ders.: Wir amüsieren uns zu Tode. Urteilsbildung im Zeitalter der Unterhaltungsindustrie. S. Fischer: Frankfurt/M. 1985.

Schelsky, H.: Die skeptische Generation. Eine Soziologie der deutschen Jugend. Diederichs: Düsseldorf/Köln 1957.

Sedlmayr, H.: Verlust der Mitte. O. Müller: Salzburg 1948.

Skinner, B. F.: Wissenschaft und menschliches Verhalten. Kindler: München 1973 (Original 1953).

Sloterdijk, P.: Kritik der zynischen Vernunft. 2 Bde. Suhrkamp: Frankfurt/M. 1983.

Sorokin, P. A.: Social and Cultural Mobility. London 1964 (Original 1927).

Spengler, O.: Der Untergang des Abendlandes. Umrisse einer Morphologie der Weltgeschichte. dtv: München 1983[7] (1. Auflage 1923).

Syberberg, H. J.: Die freudlose Gesellschaft. Notizen aus dem letzten Jahr. Hanser: München/Wien 1981.

Watzlawick, P.: Anleitung zum Unglücklichsein. Piper: München/ Zürich 1983/1984[12].

Weizsäcker, C. F. v.: Der Garten des Menschlichen. Beiträge zur geschichtlichen Anthropologie. Hanser: München/Wien 1977.

6.5.3 Fakten und Faktoren der Sprachentwicklung

Austin 1972, Searle 1971: siehe 1.1. – Bußmann 1983, Lewandowski 1985: siehe 1.2. – v. Polenz 1978: siehe 1.4. – Braun 1979a: siehe 6.1. – Kaempfert in Besch u. a. 1985: siehe 6.2. – Fischer 1986: siehe 6.5.2.

Adorno, Th. W.: Jargon der Eigentlichkeit. Zur deutschen Ideologie. Suhrkamp: Frankfurt/Main 1974[7] (Erstausgabe 1964).

Apel, K.-O.: Transformation der Philosophie. Suhrkamp: Frankfurt/M. 1973 (Tb-Ausgabe in 2 Bdn. 1976).

Argyle, M.: Körpersprache und Kommunikation. Junfermann: Paderborn 1979 (Original 1975).

Baurmann, J., u. a.: Textrezeption und Schule. Kohlhammer: Stuttgart etc. 1980.

Bausinger, H.: Dialekte – Sprachbarrieren – Sondersprachen. Deutsch für Deutsche Bd. 2. Fischer: Frankfurt/M. 1972.

Bayer, K.: Veränderungen im Sprachverhalten von Jugendlichen. In: WW Jg. 34, Heft 6/1984, S. 453–467.

Bernstein, B.: Studien zur sprachlichen Sozialisation. Schwann: Düsseldorf 1972.

Beutin, W.: Sprachkritik – Stilkritik. Kohlhammer: Stuttgart etc. 1976.

Bichel, U.: Umgangssprache. In: LGL II, 1980², S. 379–383.

Brandt, W.: Hörfunk und Fernsehen in ihrer Bedeutung für die jüngste Geschichte des Deutschen. In: Besch u. a. 1985, S. 1669–1678.

Braun, P. (Hrsg.): Deutsche Gegenwartssprache. Entwicklungen – Entwürfe – Diskussionen. Fink: München 1979b.

Ders. (Hrsg.): Fremdwortdiskussion. Fink: München 1979c.

Braunroth, M., u. a.: Ansätze und Aufgaben der linguistischen Pragmatik. Athenäum Fischer: Frankfurt/M. 1975.

Burger, H.: Sprache der Massenmedien. de Gruyter: Berlin/New York 1984.

Cicourel, A. V.: Sprache in der sozialen Interaktion. List: München 1975 (Original 1972).

Dieckmann, W.: Sprache in der Politik. C. Winter: Heidelberg 1975².

Dovifat, E./Wilke, J.: Zeitungslehre. de Gruyter: Berlin/New York 1976⁶.

Ehlich, K. (Hrsg.): Erzählen im Alltag. Suhrkamp: Frankfurt/ M. 1980.

Ders./J. Rehbein: Sprache in Institutionen. In: LGL II, 1980², S. 338–345.

Ermert, K. (Hrsg.): Gibt es die „Sprachbarriere“ noch? Soziolinguistik – Sprachdidaktik – Bildungspolitik. Schwann: Düsseldorf 1979.

Fetscher, I./H. E. Richter (Hrsg.): Worte machen keine Politik. Beiträge zu einem Kampf um politische Begriffe. Rowohlt: Reinbek 1976.

Gauger, H.-R. (Hrsg.): Sprach-Störungen. Beiträge zur Sprachkritik. Hanser: München/Wien 1986.

Glaser, H.: Weshalb heißt das Bett nicht Bild? Soziolinguistische Paradigmata zur Sprache der Gegenwart. Hanser: München 1973.

Gloy, K.: Sprachnorm. In: LGL II, 1980², S. 363–368.

Greiffenhagen, M. (Hrsg.): Kampf um Wörter? Politische Begriffe im Meinungsstreit. Hanser: München/Wien 1980.

Habermas, J.: Theorie des kommunikativen Handelns. 2 Bde. Suhrkamp: Frankfurt/M. 1981.

Hahn, W. v.: Fachsprachen. In: LGL II, 1980², S. 390–395.

Der. (Hrsg.): Fachsprachen. Wissensch. Buchges.: Darmstadt 1981.

Hannappel, H./H. Melenk: Alltagssprache. Semantische Grundbegriffe und Analysebeispiele. Fink: München 1984².

Hartig, M.: Aspekte der Jugendsprache. In: WW Jg. 36, Heft 3/1986, S. 220–238.

Heißenbüttel, H.: Deutsche Literatursprache der Gegenwart. In: LGL IV, 1980², S. 752–756.

Henne, H./G. Objartel: Bibliothek zur historischen deutschen Studenten- und Schülersprache. Bd. 1. de Gruyter: Berlin/New York 1984.

Henscheid, E., u. a.: Dummdeutsch. Ein satirisch-polemisches Wörterbuch. Fischer: Frankfurt/M. 1985.

Hess-Lüttich, E. W. B.: Alternative Dialoge? In: Kühlwein, W. (Hrsg.): Texte in Sprachwissenschaft, Sprachunterricht und Sprachtherapie. Narr: Tübingen 1983, S. 24–46.

Hoffmann, L.: Kommunikationsmittel Fachsprache. Akademie-Verlag: Berlin 1976.

Hoppe, U.: Von Anmache bis Zoff. Ein Wörterbuch der Szene-Sprache. Heyne: München 1984.

Käge, O.: Sprache und Geschlecht. In: WW Jg. 33, H. 4/1983, S. 258–269.

Kaltenbrunner, G.-K. (Hrsg.): Sprache und Herrschaft. Die umfunktionierten Wörter. Herder: München 1975.

Kamlah, W./P. Lorenzen: Logische Propädeutik. Vorschule des vernünftigen Redens. Bibliograph. Institut: Mannheim/Wien/ Zürich 1973[2].

Klemperer, V.: „LTI". Die unbewältigte Sprache. dtv: München 1969[3].

Koeppel, M.: Starckdeutsch. Sämtliche Gedichte. Edition Kleber: Tegel etc. 1980.

Kügler, H./H. Melenk (Hrsg.): Alltag. PD Heft 60/1983.

Küpper, H.: Wörterbuch der deutschen Alltagssprache. 2 Bde. dtv: München 1971.

Kursbuch 84/1986: Sprachlose Intelligenz? (Hrsg. von K. M. Michel und T. Spengler). Kursbuch/Rotbuch Verlag: Berlin 1986.

Leithäuser, Th.: Formen des Alltagsbewußtseins. Campus: Frankfurt/M./New York 1979[2] (1. Auflage 1976).

Leonhardt, R. W.: Auf gut deutsch gesagt. Ein Sprachbrevier für Fortgeschrittene. Piper: München/Zürich 1983.

Martens, K.: Sprachliche Kommunikation in der Familie. Scriptor: Kronberg/Ts. 1974.

Möhn, D.: Sondersprachen. In: LGL II, 1980[2], S. 384–390.

Mogge, B./I. Radtke (Bearb.): Schulen für einen guten Sprachgebrauch. Der öffentliche Sprachgebrauch Bd. III. Klett-Cotta: Stuttgart 1982.

Müller-Thurau, C. P.: Lexikon der Jugendsprache. Econ: Düsseldorf/ Wien 1985.

Nail, N.: Zeitungssprache und Massenpresse in der jüngeren Geschichte des Deutschen. In: Besch u. a. 1985, S. 1663–1669.

Neuland, E.: Alltagsgespräche. Untersuchungen zu ihrer Struktur, Funktion und didaktischen Relevanz. In: LuD 43/44 1980, S. 179–198.

Dies.: „Ja, laß doch erzählen!". Konversationelles Erzählen im Alltag. In: WW Jg. 33, Heft 6/1983, S. 361–383.

Polenz, P. v.: Sprachkritik und Sprachnormenkritik. In: Heringer 1982 (siehe 6.4), S. 70–93.

Ders.: Deutsche Satzsemantik. de Gruyter: Berlin/New York 1985.

Puchner, G.: Kundenschall das Gekasper der Kirschenpflücker im Winter. Übersetzungen ins Rotwelsch. Heimeran: München 1974.

Pusch, L. F.: Das Deutsche als Männersprache. Aufsätze und Glossen zur feministischen Linguistik. Suhrkamp: Frankfurt/ M. 1984.

Quasthoff, U. M.: Soziales Vorurteil und Kommunikation – Eine sprachwissenschaftliche Analyse des Stereotyps. Athenäum Fischer: Frankfurt/M. 1973.

Dies.: Erzählen in Gesprächen. Niemeyer: Tübingen 1980.

Ramge, H.: Alltagsgespräche. Diesterweg: Frankfurt etc. 1978.

Rank, B.: Sprache und Geschlecht. In: DU Jg. 35, H. 2/1983, S. 55–74.

Reimann, H.: Vergnügliches Handbuch der deutschen Sprache. Econ: Düsseldorf/ Wien 1964.

Reiners, L.: Stilkunst. Ein Lehrbuch deutscher Prosa. C. H. Beck: München 1961 (1. Auflage 1943).

Scherer, K. R./ H. G. Wallbott (Hrsg.): Nonverbale Kommunikation. Forschungsberichte zum Interaktionsverhalten. Beltz: Weinheim/Basel 1979.

Schmidt, S. J.: Texttheorie. Fink: München 1973.

Schmidt, W.: Charakter und gesellschaftliche Bedeutung der Fachsprachen. In: Sprachpflege Jg. 18, Heft 1. Leipzig 1969.

Silbermann, A./ U. M. Krüger: Soziologie der Massenkommunikation. Kohlhammer: Stuttgart etc. 1973.

Sowinski, B.: Deutsche Stilistik. Beobachtungen zur Sprachverwendung und Sprachgestaltung im Deutschen. Fischer: Frankfurt/ M. 1978[2] (1. Auflage 1972).

Stave, H.: Wörter und Leute. Glossen und Betrachtungen über das Deutsch in der Bundesrepublik. Bibliograph. Institut: Mannheim/ Wien/Zürich 1968.

Sternberger, D., u. a.: Aus dem Wörterbuch des Unmenschen. dtv: München 1962 (Erstausgabe 1957).

Straßner, E.: Sprache in Massenmedien. In: LGL II, 1980[2], S. 328–337.

Trömel-Plötz, S.: Frauensprache: Sprache der Veränderung. Fischer: Frankfurt/M. 1982.

Tugendhat, E.: Vorlesungen zur Einführung in die sprachanalytische Philosophie. Suhrkamp: Frankfurt/M. 1976.

Weigel, H.: Die Leiden der jungen Wörter. Ein Antiwörterbuch. Artemis: Zürich/ München 1975[4].

Weingarten, E., u. a. (Hrsg.): Ethnomethodologie. Beiträge zu einer Soziologie des Alltagshandelns. Suhrkamp: Frankfurt/M. 1976.

Weinrich, H.: Wege der Sprachkultur, DVA: Stuttgart 1985.

Wiggershaus, R. (Hrsg.): Sprachanalyse und Soziologie. Suhrkamp: Frankfurt/M. 1975.

Wimmer, R. (Hrsg.): Sprachkultur. Jahrbuch 1984 des Instituts für deutsche Sprache. Schwann-Bagel: Düsseldorf 1985.

Winckler, L.: Studie zur gesellschaftlichen Funktion faschistischer Sprache. Suhrkamp: Frankfurt/M. 1970.

Winn, M.: Die Droge im Wohnzimmer. Rohwohlt: Reinbek 1984 (Original 1977).

Wolff, G.: Sprachmanipulation. Crüwell-Konkordia: Dortmund 1978.

Ders.: Sprechen und Handeln. Pragmatik im Deutschunterricht. Scriptor: Königstein/Ts. 1981.

Zimmer, D. E.: Redens Arten. Über Trends und Tollheiten im neudeutschen Sprachgebrauch. Haffmanns: Zürich 1986.

Zimmermann, H. D.: Die politische Rede. Der Sprachgebrauch Bonner Politiker. Kohlhammer: Stuttgart etc. 1975[3].

Ders.: Schema-Literatur. Ästhetische Norm und literarisches System. Kohlhammer: Stuttgart etc. 1979.

6.5.4 *Trends und Tendenzen der Gegenwartssprache*

Lühr 1986, v. Polenz 1985: siehe 1.1. – Agricola 1985, Aussprache-Wörterbücher: siehe 1.2. – v. Polenz 1986: siehe 1.3. – v. Polenz 1978: siehe 1.4.Drosdowski/Henne 1980, Eggers 1978: siehe 6.1. – Admoni, Kühnhold in Besch u. a. 1985: siehe 6.4. – Braun 1979b, c; Hannappel/Melenk 1979, Müller-Thurau 1985, Zimmer 1986, Zimmermann 1979: siehe 6.5.3.

Admoni, W.: Die Entwicklungstendenzen des deutschen Satzbaus von heute. Hueber: München 1973.

Althaus, H. P.: Orthographie/Orthophonie. In: LGL IV, 1980², S. 787–792.

Burger, H.: Idiomatik des Deutschen. Niemeyer: Tübingen 1973.

Carstensen, B.: Evidente und latente Einflüsse des Englischen auf das Deutsche. In: Braun 1979c, S. 90–94.

Daniels, K.: Zur Konstituierung des Lernbereichs „Reflexion über Sprache" am Beispiel „Sprachliche Schematismen". In: Boueke, D. (Hrsg.): Deutschunterricht in der Diskussion, Bd. 1. Schöningh: Paderborn 1979², S. 288–308.

Drewitz, I./E. Reuter (Hrsg.): vernünftiger schreiben. reform der rechtschreibung. Fischer: Frankfurt/M. 1974.

Fleischer, W.: Wortbildung der deutschen Gegenwartssprache. Niemeyer: Tübingen 1975⁴.

Gniffke-Hubrig, C.: Textsorten. In: DU Jg. 22, Heft 4/1970, S. 39–52.

Grimminger, R.: Kaum aufklärender Konsum. Strategie des Spiegel in der gegenwärtigen Massenkommunikation. In: Rucktäschel, A. (Hrsg.): Sprache und Gesellschaft. Fink: München 1972, S. 15–68.

Gülich, E./W. Raible (Hrsg.): Textsorten. Differenzierungskriterien aus linguistischer Sicht. Athenäum: Frankfurt/M. 1972.

Gülich, E., u. a.: Linguistische Textanalyse. Überlegungen zur Gliederung von Texten. Buske: Hamburg 1974.

Harlass, G./H. Vater: Zum aktuellen deutschen Wortschatz. Narr: Tübingen 1974.

Kiener, F.: Das Wort als Waffe. Zur Psychologie der verbalen Aggression. Vandenhoeck & Ruprecht: Göttingen 1983.

Koller, W.: Redensarten in Schlagzeilen. In: Muttersprache 85/1975, S. 400–408.

Ders.: Redensarten. Niemeyer: Tübingen 1977.

Lüger, H.-H.: Pressesprache. Niemeyer: Tübingen 1983.

Mentrup, W.: Gemeinsprache und Fachsprache. In: WW Jg. 26, Heft 6/1976, S. 431–443.

Nerius, D.: Untersuchungen zu einer Reform der deutschen Orthographie. Akademie-Verlag: Berlin 1975.

Pilz, D.: Phraseologie. Redensartenforschung. Metzler: Stuttgart 1981.

Röhrich, L./W. Mieder: Sprichwort. Metzler: Stuttgart 1977.

Weisgerber, L.: Die sprachliche Gestaltung der Welt. Schwann: Düsseldorf 1962³.

Wimmer, R.: Die Textsorten des Neuhochdeutschen seit dem 17. Jh. In: Besch u. a. 1985, S. 1623–1633.

6.5.5 *Texte und Aufgaben*

v. Polenz 1978: siehe 1.4. – Eggers 1978: siehe 6.1. – Mackensen 1973: siehe 6.5.2. – Ehlich 1980, Klemperer 1969, Winckler 1970, Zimmermann 1975, 1979: siehe 6.5.3. – Dieckmann 1975, Grimminger in Rucktäschel 1972: siehe 6.5.4.

Abromeit, H.: Das Politische in der Werbung. Westdeutscher Verlag: Opladen 1972.
Bachem, R.: Einführung in die Analyse politischer Texte. Oldenbourg: München 1979.
Berning, C.: Die Sprache des Nationalsozialismus. Diss. Bonn 1958.
Dankert, H.: Sportsprache und Kommunikation. Niemeyer: Tübingen 1969.
Enzensberger, H. M.: Einzelheiten I. Bewußtseins-Industrie. Suhrkamp: Frankfurt/M. 1967[4].
Haubrich, W.: Die Metaphorik des Sports in der deutschen Gegenwartssprache. In: DU Jg. 20, Heft 5/1968, S. 112–133.
Jugendwerk der Deutschen Shell: Jugend '81. Leske & Budrich: Opladen 1982.
Korn, K.: Sprache in der verwalteten Welt. dtv: München 1962.
Kreuzer, P.: Das Graffiti-Lexikon. Heyne: München 1986.
Kroppach, H. D.: Die Sportberichterstattung in der Presse. Untersuchungen zum Wortschatz und zur Syntax. Diss. Marburg 1970.
Maser, W.: Hitlers Briefe und Notizen. Econ: Düsseldorf/Wien 1973.
Radtke, I. (Bearb.): Die Sprache des Rechts und der Verwaltung. Der öffentliche Sprachgebrauch Bd. II. Klett-Cotta: Stuttgart 1981.
Sowinski, B.: Werbeanzeigen und Werbesendungen. Oldenbourg: München 1979.
Wolff, G. (Hrsg.): Sprache im Wahlkampf. PD Heft 18/1976.
Ders.: Analysen zur Alltagssprache. Bagel: Düsseldorf 1983.

7. Ausblicke

Sonderegger 1979: siehe 1.4. – Braun 1979a: siehe 6.1. – Moser in Besch u. a. 1985: siehe 6.5.1. – Gauger 1986: siehe 6.5.3.

Hellmann, M. W.: Deutsche Sprache in der Bundesrepublik Deutschland und der Deutschen Demokratischen Republik. In: LGL III, 1980[2], S. 519–527.
Kinne, M.: Kleines Wörterbuch des DDR-Wortschatzes. Schwann: Düsseldorf 1980.
Korlén, G.: Führt die Teilung Deutschlands zur Sprachspaltung? In: Braun 1979b (siehe 6.5.3), S. 69–92.
Moser, H.: Wohin steuert das heutige Deutsch? In: Braun 1979b, S. 49–68.

3. Personenregister

Unter Verzicht auf Vollständigkeit werden zur besseren Orientierung einige Autoren aufgeführt, die für Sprachgeschichte und Sprachgeschichtsschreibung (bis Anfang des 20. Jhs.) von Bedeutung sind.

4. Sachregister